Über dieses Buch

»Seit zwanzig Jahren und mehr wird es immer offensichtlicher, daß die Wucht, mit der die Technologie auf die menschliche Gesellschaft prallte, sich in ihren Auswirkungen als wesentlich ambivalenter und weitreichender erwiesen hat, als gemeinhin angenommen wurde. Daß sich die täglichen Verhaltensmuster verändern würden, hatten viele vorausgesehen — der Stapel von Science-Fiction-Literatur spricht dafür —, aber niemand scheint sich gefragt zu haben, welche ökonomischen Strukturen für die neue technologische Gesellschaft notwendig sind, welche politischen Implikationen und Gefahren sie birgt oder inwieweit die menschliche Psyche den neuen Belastungen gewachsen ist. (Vor zwanzig Jahren versuchte ich, die Aufmerksamkeit auf die letzte Frage zu lenken, doch erweckte sie kaum Interesse.) Es ist daher ermutigend, daß sich heute eine Zahl begabter Autoren diesen Problemen zugewandt hat. François de Closets gehört zu ihnen, und sein neues Buch bringt neue erhellende Einblicke.«

Aus dem Vorwort von Gordon Rattray Taylor

Ergänzende Informationen zu Aspekten dieses Buchs bieten folgende Fischer Taschenbücher: G. R. Taylor ›Die Biologische Zeitbombe‹ (1213) und ›Das Selbstmordprogramm‹ (1369); Don Widener ›Kein Platz für Menschen‹ (1249) und Wolfgang Bartsch ›Umweltschutz — Menschenschutz‹ (1241).

Der Autor

François de Closets, geboren 1933 in Enghien (Seine et Oise), studierte in Paris, promovierte in Rechtswissenschaft und erwarb 1958 sein Diplom am Institut d'Etudes Politiques. Nach seiner Tätigkeit in der Presseagentur *France-Presse* wurde er 1965 wissenschaftlicher Fernsehkommentator. Außerdem ist er seit 1964 regelmäßiger Mitarbeiter der Zeitschrift *Science et Avenir*. U. a. veröffentlichte er das Buch ›L'espace, Terre des hommes‹.

François de Closets

Vorsicht! Fortschritt

Über die Zukunft der Industriegesellschaft

Mit einem Vorwort
von Gordon Rattray Taylor

Fischer
Taschenbuch
Verlag

Fischer Taschenbuch Verlag
Oktober 1973
Ungekürzte Ausgabe
Umschlagentwurf: Jan Buchholz/Reni Hinsch
Titel der französischen Originalausgabe ›En Danger de Progrès‹
Erschienen bei Editions Denoël, Paris
Aus dem Französischen von Ulrich Friedrich Müller
Fischer Taschenbuch Verlag GmbH, Frankfurt am Main
Lizenzausgabe mit freundlicher Genehmigung
des S. Fischer Verlages GmbH, Frankfurt am Main

Gesamtherstellung: Hanseatische Druckanstalt GmbH, Hamburg
Printed in Germany
ISBN 3 436 01760 4

Vorwort

Seit zwanzig Jahren und mehr wird es immer offensichtlicher, daß die Wucht, mit der die Technologie auf die menschliche Gesellschaft prallte, sich in ihren Auswirkungen als wesentlich ambivalenter und weitreichender erwiesen hat, als gemeinhin angenommen wurde. Daß sich die täglichen Verhaltensmuster verändern würden, hatten viele vorausgesehen – der Stapel von Science-Fiction-Literatur spricht dafür –, aber niemand scheint sich gefragt zu haben, welche ökonomischen Strukturen für die neue technologische Gesellschaft notwendig sind, welche politischen Implikationen und Gefahren sie birgt oder inwieweit die menschliche Psyche den neuen Belastungen gewachsen ist. (Vor zwanzig Jahren versuchte ich, die Aufmerksamkeit auf die letzte Frage zu lenken, doch erweckte sie kaum Interesse.) Es ist daher ermutigend, daß sich heute eine Zahl begabter Autoren diesen Problemen zugewandt hat. François de Closets gehört zu ihnen, und sein neues Buch bringt neue erhellende Einblicke.
De Closets hat für dieses Buch, das in letzter Minute kommt, unverkennbar gründliche Recherchen geleistet, doch langweilt er uns nicht mit Statistiken. Lebhaft und brillant führt er uns Problem nach Problem vor Augen, deckt die Perspektiven auf, die wir ignorierten oder zu überdenken unterließen. Besonders eine Idee, die er erwähnt, scheint mir von großer Originalität zu sein: daß wir die planenden und ausführenden Funktionen der Regierung trennen sollten. Die Ziele festzulegen ist eine Sache; zu wissen, welchen Einfluß sie auf die soziale Situation haben und wie sie mit bereits gegebenen Zielen in Einklang zu bringen sind, eine andere. Die gegenwärtigen Regierungen versuchen beides, und es wird dementsprechend chaotisch. Manchmal wird die Diskussion wichtiger Probleme aus Zeitmangel abgeschnitten. Eine kollektive Organisation, insistiert de Closets, ist die unentbehrliche Grundlage für das neue System, das zu schaffen wir sicher nicht umhinkönnen.

Seine wichtigste Leistung, so scheint mir, ist die Aufdeckung von Perspektiven in den ungeheueren ökonomischen Umwandlungen, die sich jetzt vollziehen und die weitgehend von den Interpreten gesellschaftlicher Zusammenhänge vernachlässigt worden sind. So zeigt er, wie Regierungen, die bislang Monopole zu limitieren und zu reduzieren trachteten, nun in der Tat zu Zusammenschlüssen ermutigen. Mehr noch, gleichzeitig schaffen die Regierungen selber Monopole, wie zum Beispiel die Körperschaften, die für die Atomenergie verantwortlich sind, und die Monopole, ob nun kapitalistisch oder nicht, sind in der Lage, ungeheuere Macht in der Verfolgung ihrer besonderen Interessen auszuüben, – wie es im Fall der amerikanischen Atomenergiebehörde nur allzu sichtbar wurde. Ähnlicher Druck, versteht sich, geht von den staatlichen Verbänden in den sozialistischen Ländern aus.
Sozialistische und kapitalistische Länder sehen sich ebenfalls mit dem Problem konfrontiert, wie bei Veränderung der industriellen Strukturen die Einbeziehung menschlicher Arbeitskraft neu zu bestimmen ist, und Sozialisierung der Produktionsmittel scheint keine Lösung des Problems zu geben. Kurzum, wie de Closets argumentiert, ist ein neues ökonomisches Modell im Entstehen, das wenig mit den gegenwärtigen politischen Voraussetzungen zu tun hat.
Ein Problem scheint de Closets meiner Ansicht nach nicht ausführlich genug behandelt zu haben: die Frage der Zeitverzögerung in der Anwendung. Wenn Veränderung schneller vor sich geht, muß auch die Anwendung schneller geschehen. Doch ist sie momentan langsam, besonders wenn es um die Behandlung menschlicher Aspekte geht. So sind zum Beispiel mehr als zwanzig Jahre vergangen, seitdem gruppendynamische Techniken zuerst in dem National Training Laboratory der National Educational Association in den USA gelehrt wurden. Noch heute werden sie in der Industrie als eine neue Methode angesehen, und das mit tiefem Mißtrauen. Wenn Arbeiter in ihrem Leben viermal umgeschult werden, sollten dann nicht Manager, Offiziere, Polizisten, Professoren, Politiker und – wer weiß? – Schriftsteller noch sehr viel öfter umgeschult werden?
Einige Propheten sagten massive Arbeitslosigkeit als Folge wachsender Automatisierung voraus. Doch stellt sich mir das Problem anders dar: es geht nicht darum, den Überschuß an Produktivität zur Befriedigung künstlich stimulierter Bedürfnisse auszunutzen oder sinnlose Modeströmungen zu füttern, sondern darum, die Arbeit und den industriellen Apparat zu verbessern, um das Leben befriedigen-

der zu gestalten. Wie Maynard Keynes bin ich der Ansicht, daß die Folge wahrscheinlich eher allgemeine Frustration oder Depression sein wird.
Durch einen unglücklichen Widerspruch im menschlichen Handeln wächst das Maß an gesellschaftlicher Veränderung genau zu der Zeit, da die Fähigkeit des Menschen, sich der Veränderung anzupassen, nachläßt. Denn der wesentliche Faktor beim gesellschaftlichen Wandel ist die menschliche Lebenserwartung, die sich verlängert und sich weiterhin verlängern mag. Für eine neue Generation ist es relativ einfach, die Bedingungen zu akzeptieren, die sie in der Welt vorfindet; für die ältere Generation ist gerade diese Anpassung die Schwierigkeit, wenn sie bereits ihre Kenntnisse und Fähigkeiten erworben, ihre psychischen Investitionen gemacht und es gelernt hat, mit dem Gegebenen zu leben. Nach Aussagen des amerikanischen Arbeitsministeriums (wie François de Closets uns mitteilt) werden die Menschen in absehbarer Zeit damit zu rechnen haben, viermal in ihrem Leben einen völlig neuen Beruf erlernen zu müssen. Kann man jedoch wieder und wieder neu geboren werden, oder wird es zu einem psychischen Kollaps kommen?
Die Wucht, mit der sich unaufhörlich beschleunigend der Wandel vollzieht, ist wahrscheinlich das ernsteste aller Probleme, mit denen die Menschheit konfrontiert wird.
Wir sehen bereits Risse in der sozialen Struktur: Frustration und Unzufriedenheit sind weit verbreitet. Wird die Gesellschaft lange genug zusammenhalten, damit sich die technologischen Prophezeiungen, die de Closets diskutiert, erfüllen können? Vielleicht tritt das ein, was Futorologen unvollkommen als ›eine plötzliche Diskontinuität‹ in der gesellschaftlichen Evolution bezeichnen.
Die einzige Lösung, die vorzuschlagen die meisten Autoritäten sich in der Lage zu sehen scheinen, ist die, daß der Mensch sich dem ›Fortschritt‹ anpassen solle, unter dem sie eine fortwährende Vervollkommnung der technischen Mittel verstehen. Aber Anpassung hat Grenzen, die schnell erreicht werden. Man kann sich nicht anpassen, wenn man aus einem Flugzeug stürzt, so sehr man sich auch bemühen mag. Und Evolution ist ein Prozeß, der Millionen von Jahren bedarf. Ich vermute, daß der Mensch sich bereits jetzt so weit wie irgend möglich anpaßt. Wenn wir überleben wollen, müssen wir den ›Fortschritt‹ dem Menschen anpassen.

Gordon Rattray Taylor

Einleitung

Alle fragen nach der Zukunft der Industriegesellschaft. Der Papst und der Politiker, der berühmte Philosoph und der unbekannte Fernsehzuschauer – jeder möchte die Gegenwart verstehen und die Zukunft voraussehen. Irgendwo ist etwas nicht in Ordnung; die große Weltmaschine läuft nicht rund. Optimistisch sind die meisten, wirklich zuversichtlich die wenigsten. Viele würden am liebsten den Kopf in den Sand stecken, so mißtrauisch sind sie geworden. Die Menschheit durchlebt schwierige Zeiten.

Was hat ein Journalist in dieser Unsicherheit zu bieten? Ganz gewiß keine fertigen Antworten. Er kann nur seine gegenüber anderen privilegierte Stellung ausnutzen. Denn in einer Welt der Spezialisierung des einzelnen und des Erfolgsdenkens der Gemeinschaft hat er eine geradezu anachronistisch anmutende Stellung. Weil er nicht selber Forschung betreibt, ist er nicht gezwungen, sein Interesse auf einen bestimmten Gegenstand zu beschränken. Er kann beobachten, wie die wissenschaftsgeprägte Gesellschaft entsteht.

Natürlich ist seine Betrachtungsweise um so oberflächlicher, je weiter er seine Blicke schweifen läßt. Sie kann falsch sein, aber auch nützlich. Sie ermöglicht es, manche Beziehungen, manche allgemeinen Züge herauszuarbeiten, die bei einer enger angelegten und eingehenderen Untersuchung nicht unbedingt zum Vorschein kommen. Auf diese Weise könnte er seinen bescheidenen Teil zu den vielen Erwägungen, Analysen und Synthesen beitragen, zu denen die Entwicklung unserer Welt schon angeregt hat.

Es kann hier nicht darum gehen, einmal mehr darzulegen, wie groß der Einfluß des Fortschritts auf die heutige Gesellschaft in den verschiedenen Ländern ist. Diese Feststellung ist inzwischen zum Gemeinplatz geworden. Es kommt vielmehr darauf an, die Mechanismen zu beobachten, über die unsere modernen Erfindungen und Neuerungen das Leben des einzelnen und der Gesellschaft verändern. Eine

solche Beobachtung zeigt eine stets vorhandene Ursache-Wirkung-Beziehung zwischen Wissenschaft und Technologie einerseits und den Umwälzungen in Politik, Wirtschaft und Gesellschaft andererseits. Daß diese Beziehung unbedingt und immer gegeben und gänzlich unvermeidlich ist, das bedenken nur die Allerwenigsten, selbst wenn sie es sich gelegentlich in nachdenklichen Augenblicken klarmachen.
Sollte es nicht möglich sein, unsere heutigen Probleme einmal zu betrachten, indem man grundsätzlich vom wissenschaftlich-technischen Aspekt ausgeht und nach diesen Ursache-Wirkung-Beziehungen sucht? Würde ein solches Verfahren nicht bessere Grundlagen für die Suche nach Lösungen schaffen? So lautet unsere Frage.
Wissenschaftliche oder technische Fakten sind für die ganze Welt gültig; denn physikalische Gesetze und Grundprinzipien der Mechanik haben nichts mit ideologischen Meinungsverschiedenheiten zu tun. Aber inwieweit sind die Auswirkungen dieser Fakten in der ganzen Welt gleich? Inwieweit zwingen sie alle politischen Systeme zu einem gewissen Maß an Gemeinsamkeit im Handeln? Oder, anders gefragt, inwieweit führen ideologisch begründete Entscheidungen bei gleicher Ausgangslage zu völlig verschiedener Politik?
Will man eine solche Studie versuchen, muß man zunächst zurückblicken. Es gilt festzustellen, ob die schweren Krisen, die in der Industrie, im Unterrichtswesen und auf dem Arbeitsmarkt eingetreten sind, ihren Ursprung wirklich in der wissenschaftlich-technischen Entwicklung haben. Die Wirkungen kennen wir alle. Wissen aber sollten wir, ob die Ursachen tatsächlich da liegen, wo wir sie vermuten, oder ob die Krisen nicht vielmehr durch die mangelnde Kenntnis der Vorgänge entstanden sind.
Andererseits kann man in der heutigen Wissenschaft schon eine ganze Reihe von Fakten finden, die vermutlich zu weiteren Krisen in der Zukunft führen. Da geht es also nicht mehr um die Suche nach den Ursachen in der Vergangenheit, die ihre Wirkungen in der Gegenwart haben, sondern um das Bemühen, das vorauszusehen, was solche Ursachen erst noch bewirken könnten.
Die Absicht des vorliegenden Buches ist denkbar bescheiden. Hier sollen keine Patentlösungen für alle Probleme angeboten, kein allgemeingültiges Regierungsprogramm vorgeschlagen werden. Das Ziel ist einzig und allein, an einigen konkreten Beispielen Grundzüge des Handelns aufzuzeigen, wie sie von den wissenschaftlich-technischen Fakten notwendig gemacht werden, und zwar unabhängig von allen politischen Erwägungen. Aus diesen Einzelbeispielen läßt sich eine

sehr allgemein gehaltene Darstellung der notwendigen Denk- und Handlungsweise ableiten: so etwas wie eine Bedienungsanleitung für den Fortschritt.

Aber mit diesen Regeln ist die Absicht auch schon erreicht. Das Eigentliche bleibt dann erst zu tun, wenn es nämlich darum geht, die Probleme unter den im Einzelfall gegebenen Bedingungen nun auch wirklich zu lösen. Und das geht weit über die Kompetenzen eines Wissenschaftsjournalisten hinaus.

Jedes politische Engagement würde dem Geist eines solchen Vorhabens zuwiderlaufen, das ja nur dann sinnvoll sein kann, wenn es die allen politischen Systemen gemeinsamen Grundlagen für das Handeln herauszuarbeiten bemüht ist. Würde es sich herausstellen, daß die Methode einer bestimmten Ideologie verpflichtet ist, so hätte sie ihren Zweck verfehlt.

1. KAPITEL

Der fragwürdig gewordene Fortschritt

Die moderne Welt hat sich für die Naturwissenschaft entschieden. Das ist ein gefährliches Abenteuer. Weil sie den Trugbildern des Fortschritts nachgelaufen ist, erlebt die technische Zivilisation Krisen und gerät in Zweifel. Die Symptome sind eindeutig. Die Diagnose ist es nicht.

Was soll denn so schrecklich sein an diesen pfeiferauchenden Physikern mit Strubbelhaaren, diesen Biologen mit gepflegten Händen und weißen Kitteln, diesen eben von der Hochschule gekommenen jungen Forschungsingenieuren? Sie wirken eher harmlos vor ihren grünen Wandtafeln, über ihren schwarzen Mikroskopen, wie sie mit rührender Geduld an ihren Experimenten arbeiten. Dabei hat die Tätigkeit dieser Männer die Geschicke der Menschheit in neue Bahnen gelenkt.

Von den nach weiten Räumen und unbekannten Gefahren dürstenden Abenteurern, die in unbekannte Fernen aufbrachen, um das Unvorstellbare zu suchen – von ihnen war nichts zu befürchten. Alles zu befürchten aber ist von den friedlichen, verschwiegenen Leuten, die für uns, in unserem Namen, mit unserem Geld das Unergründliche erforschen. Und: alles zu erhoffen. Dieser Zwiespalt zwischen Furcht und Hoffnung verstört die Menschen unserer Tage.

Erst die Tätigkeit der Naturwissenschaftler erlaubt es dem Menschen, seine biologischen Grenzen zu überschreiten. Denn zunächst ist ihm, was möglich und unmöglich ist, in 23 Chromosomenpaaren vorgeschrieben. Diese in die Sprache der Chemie verschlüsselten Informationen determinieren für ihn das Sein und das Können. Sie verurteilen ihn zu einem mühsam gefristeten, stets gefährdeten Leben. Seine Angriffs- und Verteidigungsmöglichkeiten, seine Sinne, sein Gang sind völlig unzulänglich. Er ist seiner Umwelt ausgeliefert.

Ein nicht determiniertes Geschlecht

Die unauffällige Verschwörung der Forschungslaboratorien weigert sich, dieses genetische Determiniertsein hinzunehmen. Sie setzt sich an die Stelle der biologischen Evolution, indem sie sich bemüht, das Menschengeschlecht zu ändern. Sie vergrößert sein Sehvermögen bis hin zum Molekül, zum Atom, zum Teilchen und bis an die Grenzen des Weltalls. Sie vertausendfacht seine Fortbewegungsgeschwindigkeit, seine Kommunikationsfähigkeiten, seine Rechenleistung. Sie ermöglicht ihm nach und nach die Herrschaft über seinen Körper, die Kenntnis seiner Psyche. Sie unterstützt seine Leibeskräfte durch technische Sklaven, die den Bereich des Möglichen ins Unendliche ausdehnen.

In ihrem Kampf ums Überleben hat die Menschheit den einzigen Trumpf ausgespielt, den sie hatte: ihre Intelligenz. Das war ein Trumpf, der alles stach: jetzt hat sie die Macht. Wie in den klassischen Komödien, wo der Diener schließlich das Heft in die Hand nimmt, weil er klüger ist als sein Herr, hat sich der Schmarotzer die Natur untertan gemacht. Seine Lebensbedingungen sind völlig verändert. Der Mensch ist nicht mehr der Mensch. Die Natur ist nicht mehr die Natur. Die ein für allemal gültigen Beziehungen zwischen dem Lebewesen und seiner Umwelt sind nicht mehr dieselben.

Durch die Kraft der Gleichungen, Experimente, Beobachtungen und Erfindungen ist die Conditio humana in Bewegung geraten. Die Uhr tickt schneller. Die Sonne geht jeden Tag über einer etwas anders gewordenen Welt auf. Die Menschheit hat sich auf den Weg gemacht. Nicht auf einen erkundeten, vorbereiteten, ausgesteckten Touristenpfad, sondern ins Unbekannte. Ins Abenteuer. Ein neuer Marsch in ein gelobtes Land.

Und wer hat ihr dieses gelobte Land gezeigt? Der Fortschritt. Denn auch die neuen Könige folgen einem Stern. Sie gehen ins Unbekannte, aber sie wissen, daß der Weg der richtige ist, weil sie wissen, daß er in die Richtung des Fortschritts führt. Oder: daß er dem Lauf der Geschichte entspricht.

So ist jede Gefahr ausgeschlossen. Das neue Land wird fruchtbar sein, das Klima paradiesisch. Nur hinkommen muß man noch. Ein glückliches Zeitalter, das seinen Stern gefunden hat! Aber offenbar fällt es niemandem ein, erst einmal eine Spektralanalyse vorzunehmen. Was steckt in den Strahlen dieser Laterna magica?

Der Fortschritt des Machbaren – ein Fortschritt ohne Ziel?

Fortschritt, das heißt zunächst einmal Weiterkommen in den Naturwissenschaften und vor allem in den Techniken. So gesehen müßte der Fortschritt wertfrei sein. Denn es gibt keinen Grund, der von vornherein dafür spräche, daß der wissenschaftliche Mensch, der technische Mensch glücklicher sein sollte als sein Vorfahre. Nach der heutigen Auffassung aber ist Fortschritt für die Menschheit ›das Bessere‹. Der Begriff hat einen Eigenwert bekommen, eine Finalität.

Mit jeder Erweiterung der Kenntnisse, jeder technologischen Verbesserung müßten demnach die Lebensumstände des Menschen automatisch besser werden. Dieses Eindrucks kann man sich nur schwer erwehren, weil er den trügerischen Anschein des Selbstverständlichen hat. Auto, Atomenergie, Relativität, elektronische Datenverarbeitung – lauter Fortschritte, lauter Siege für die Menschheit. Wer wollte das zu bestreiten wagen?

So rechtfertigt sich die Entwicklung von Wissenschaft und Technik offenbar selber. Sie braucht nicht organisiert, gesteuert und nach anderen Zielen ausgerichtet zu werden. Es genügt, den wundertätigen Prozeß einfach ablaufen zu lassen. Der Fortschritt um des Fortschritts willen führt ins Glück.

Leider widerlegen die Ergebnisse diese Vorstellung. *Ein* Fortschritt ist nicht der Fortschritt. Ohne auferlegte Ordnung akkumuliert, sind selbst tausend Fortschritte nicht der Fortschritt.

Die Technik ist von jeher und in alle Zukunft wertfrei. Sie liefert stets nur Mittel zum Handeln. Und an solchen Mitteln ist der Mensch jetzt reicher, als er es sich je hätte träumen lassen. Er kann das Antlitz der Erde verändern, Wohlstand für viele schaffen, die meisten Krankheiten besiegen, die Welt menschlich machen. Aber er hat nach wie vor die Ziele nicht bestimmt. Deshalb kann er auch den kollektiven Selbstmord auslösen, die Erde verwüsten, die Welt unmenschlich werden lassen, den einzelnen in die Entfremdung treiben usw. Die Dynamik der menschlichen Existenz hat keine Vorfahrtsstraßen, schon gar nicht in das Glück und die Weisheit. Der Mensch vermengt das Beste und das Schlimmste zu einem unentwirrbaren Chaos.

Unter diesen Bedingungen *muß* das Abenteuer Wissenschaft gefährlich sein. Nur von Zeit zu Zeit erinnert ein mahnender Ruf an diese Wahrheit.

Vor einiger Zeit erklärte Sir Julian Huxley bei einem Kolloquium: »Wir leben in einer Krisenzeit. Lassen wir den Dingen ihren Lauf, so wird die Menschheit schon im Jahre 1999 mitten in der Katastrophe sein.«

Pierre Piganiol, der ehemalige französische Generaldelegierte für wissenschaftliche Forschung, schreibt in seinem Buch *Maîtriser le progrès:* »Wir spüren heute, daß die Gefahren einer nicht beherrschten wissenschaftlichen Zivilisation sich im besten Falle als Selbstentfremdung des Menschen, im schlimmsten als seine völlige Vernichtung darstellen.«

Schon vor Jahren hat der britische Physiker Dennis Gabor geschrieben: »Wenn wir überleben wollen, dürfen wir die Technologie nicht unkontrolliert lassen.«

Tausend bekannte und unbekannte Fakten beweisen diesen latenten Krisenzustand.

Fakten, aber keine Zivilisation

Wir verdanken es der Automatisierung, daß Produktivität und Lebensstandard steigen. Das ist gewiß etwas Gutes. Aber als die OECD 1964 in Washington die besten Fachleute für Arbeitsmarktprobleme aus der ganzen Welt versammelte, konnten selbst diese Experten nicht sagen, welche Auswirkungen die Automatisierung auf die Beschäftigungslage haben würde. Die einen meinten, die Menschheit gehe einer allgemeinen Arbeitslosigkeit entgegen, die anderen sahen das goldene Zeitalter kommen.

Das war 1964. Die Techniken begannen sich erst auszubreiten und ihren Beschleunigungseffekt auszuüben. Wenige Jahre später waren alle Industriezweige betroffen. Aber die Sachverständigen waren und sind nach wie vor nicht in der Lage, die Automatisierung in die Gesellschaft zu integrieren.

Als die ersten Atomexplosionen in der Atmosphäre ausgelöst wurden, glaubte man, die radioaktiven Niederschläge würden örtlich eng begrenzt sein. Nach den Explosionen zog das radioaktive Strontium um den ganzen Erdball. Entgegen den Voraussagen der Fachleute, die von Amts wegen um ihre Stellungnahme gebeten worden waren, hatten die verschiedenen Luftschichten nicht wie ein Schutzschild gewirkt.

Die Lektion war offenbar nicht deutlich genug. In den sechziger Jahren beschloß die Regierung der Vereinigten Staaten, einen atomaren Sprengsatz in großer Höhe zu zünden. Im Oktober 1961 richtete die Internationale Astronomische Union einen Aufruf an alle Länder, sie sollten solche Experimente unterlassen. Dennoch fand im April

1962 die Explosion ›Starfish‹ statt. Sie beschädigte zwei in dieser Himmelsgegend fliegende Satelliten und schuf Strahlengürtel, die noch etwa dreißig Jahre bestehen bleiben werden.
Eine Düsenmaschine benötigt für den Flug von Paris nach Rom zwei Stunden. Die Technik hat die Entfernung besiegt. Aber der Fluggast, der in Orly am Vormittag landet, braucht mindestens eine Stunde, um nach Paris hineinzukommen. Der Fortschritt bietet ihm Autos an, deren Tacho über 200 Stundenkilometer hinausgeht, aber der Stadtverkehr ist im Zeitalter des Kraftwagens langsamer als mit der Pferdedroschke vor hundert Jahren.
Auch das Überschallflugzeug ist durchaus nicht problemlos. Mit der Concorde oder der Tu 144 werden die Fluggäste die Schallmauer durchbrechen. Die wenigen Vielreisenden, die jeden Monat einmal den Atlantik überqueren, freuen sich über den Zeitgewinn von maximal vier Stunden. Aber gleichzeitig müssen die Pendler und die Städter Tag für Tag unbequeme öffentliche Verkehrsmittel benutzen. Und die Amerikanische Akademie der Wissenschaften hat sogar in einem Bericht die Ansicht vertreten, der Überschall-Knallteppich dieser Flugzeuge werde das Überfliegen bewohnter Gebiete mit mehr als 1 Mach unmöglich zulassen. Der Fortschritt der Technologie wird zum Wettlauf um Macht und eindrucksvolle Leistung.
1966 war ein Jahr, das in der Geschichte der Medizin einen Ehrenplatz verdient. Die Bilharziose, diese furchtbare Krankheit, an der 250 Millionen Menschen leiden, wurde durch ein neues Heilmittel besiegt. Wer wollte sich über eine solche Entdeckung nicht freuen? Die Bevölkerungsstatistiker allerdings blickten auf ihre Kurven. Um wieviel würde der Wegfall dieser Menschheitsgeißel den Bevölkerungszuwachs erhöhen? Was nützt die Medizin, wenn es offenbar unmöglich ist, sich zusammenzutun für den Kampf gegen die einfachste und heilbarste aller Krankheiten: den Hunger.
Die Großmächte haben ihre ganze Kraft an die Eroberung des Weltraums gesetzt. In einem Jahrzehnt haben sie viele Milliarden Dollar und Rubel daran gewendet. Schon ist die eigentliche Raumfahrt mit Stationen auf Umlaufbahnen, mit Mondstützpunkten und Reisen zum Mars in den Bereich des Möglichen gerückt. Das ganze Sonnensystem steht dem Menschen offen.
Weil die USA das große Weltraumabenteuer nicht rechtzeitig vorhergesehen haben, mußten sie der Eroberung des Mondes den Vorrang geben. Seit dem 20. Juli 1969 steht das Sternenbanner über dem Mare Tranquillitatis. Aber in Ermangelung eines zusammenhängen-

den Programms in der Startphase sieht es ganz so aus, als würden die Jahre nach dem Sieg enttäuschend werden. Die Vereinigten Staaten werden ihre aufwendige Mondfahrttechnik abschreiben und Raumstationen bauen müssen, die billiger und rentabler sind als Stützpunkte auf dem Mond. Wenn Menschen längere Zeit auf dem Mond leben und arbeiten sollen, so bedarf es dazu der Zusammenarbeit vieler Nationen. Aber leider ist die Menschheit entzweiter denn je, und es ist durchaus möglich, daß sie die Sache gerade in dem Augenblick aufgibt, da sie sich an die eigentlichen Aufgaben machen könnte.

In einigen Jahren wird die Sendeleistung der Fernmeldesatelliten so groß geworden sein, daß ganz normale Fernsehgeräte mit der üblichen Antenne die Signale empfangen können. Leider werden die Geräte häufig nicht ›verstehen‹, was sie da hereinholen. Denn das Fernsehen hat sich in völliger Anarchie entwickelt. Jedes Land hat sich unabhängig für ein System entschieden. Zahl der Bilder je Sekunde, Zahl der Zeilen, Modulationssystem, Farbfernsehverfahren – jeder hat seine Lösung gesucht. Noch heute weiß niemand, ob es jemals gelingen wird, Ordnung in dieses Chaos zu bringen und ein echtes weltweites Fernsehen zu schaffen. Von dem Frequenzensalat, der für die achtziger Jahre zu erwarten ist, ganz zu schweigen.

Fusionen von Firmen sind an der Tagesordnung. Nach und nach geraten die Industriestaaten unvermeidlich auf den Weg in die Monopolwirtschaft mit wenigen Riesenbetrieben. Die Regierungen greifen immer nachdrücklicher in die Privatindustrie ein, und die Unternehmen selber bemühen sich, international zu werden.

Keine Theorie des vorigen Jahrhunderts hat ein solches System empfohlen, das die Nachteile von Kapitalismus und Kommunismus in sich zu vereinigen scheint. Ob Gewerkschaften oder Arbeitgeberverbände, Rechtsparteien oder Linksparteien: keiner findet darin die Bestätigung seiner Ideologie. Und dennoch ist diese Evolution in allen Industriestaaten im Gange. Offenbar wird sie von der Entwicklung der Techniken erzwungen. Von Krise zu Krise konzentrieren und internationalisieren sich die Unternehmen ein wenig mehr, und der Staat greift ein wenig mehr ein. Aber niemand scheint die gesellschaftspolitischen Folgen einer solchen tiefgreifenden Veränderung voraussehen zu können. Der Fortschritt hat das alte Industriesystem gemordet, und es entsteht ein neues, das niemand so recht begreift.

Moderne 100.000- bis 500.000-Tonnen-Tanker haben die Frachtraten spektakulär gedrückt. Das ist ein Fortschritt – der im Falle des

Schiffbruchs zu echten Katastrophen führen kann. Aber das bekümmerte niemanden bis zu jenem 18. März 1967, als die ›Torrey Canyon‹ vor der Küste von Cornwall in Seenot geriet und 100.000 Tonnen Erdöl sich in den Ärmelkanal ergossen. Die Ingenieure hatten von immer größeren Schiffseinheiten geträumt, und die Tankreedereien wollten am liebsten sogar den Skandal des Ölablassens auf hoher See vertuschen. Als die Katastrophe dann da war, gab es keine wirksamen Methoden zur Bekämpfung der Ölpest. Der massive Einsatz von Detergentien, das zeigte sich sehr schnell, hatte schlimmere Auswirkungen als die bekämpfte Gefahr. Seither sind Dutzende von Verfahren erprobt worden – ohne überzeugenden Erfolg. War es denn wirklich so schwierig, die Folgen eines solchen Schiffbruchs vorauszusehen, als man sich damit beschäftigte, diese Riesentanker zu bauen? Aber es gibt kein Gesetz, keine Koordination für die Weltmeere, und es ist des Streits kein Ende unter den Rechtsgelehrten, ob das Meer nun allen oder niemandem gehört. Unterdessen werden die Wale ausgerottet, und die Tanker lassen Tausende von Tonnen Erdöl ins Wasser laufen.

Überall, in Landwirtschaft, Verkehrswesen, Hygiene, Städtebau, Industrie und Medizin – die gleichen Widersprüche.

Die angepaßte Menschheit

Ja, die Dinge sind nicht, wie sie sein sollten. Aber sie sind es nie gewesen. Warum sollte man sich ausgerechnet heute darüber aufregen? Eben weil der Fortschritt da ist. Weil ›die Dinge‹ vom Menschen gemacht werden und er an seiner eigenen Unzufriedenheit schuld ist. Er hat die Mittel. Entsprechen die Ergebnisse nicht seinen Erwartungen, so kann er nicht mehr das unbarmherzige Schicksal anklagen. Solange die Menschheit machtlos war, hatte sie ein Recht auf Nachsicht. Die Menschheit, die ihr Schicksal beherrscht, darf mit aller Strenge beurteilt werden. Weil die Welt von heute die Natur bezwungen hat, aber den Fortschritt nicht bezwingt, hat sie, um Malraux zu zitieren, »die erste Zivilisation, die mit sich selber uneins ist«, hervorgebracht.

Aber ist die Behauptung nicht stark übertrieben, die Welt von heute habe sich ohne Ziele, ohne Organisation, ohne Kontrolle der Wissenschaft und der Technik einfach ausgeliefert? In allen Ländern beruht die Gesellschaft auf einer Ideologie und auf Institutionen, die von sich behaupten, sie zwängen den Fortschritt in die gewünschte Richtung.

Wir wissen, wie es in der Praxis aussieht: der Fortschritt wird nicht kontrolliert und die Ideologien durchaus nicht von allen anerkannt. Überall spricht man von einer ›schmerzlichen Neubesinnung‹ und versucht die alten Ideen den neuen Fakten anzupassen. Und überall reden die Konservativen vom Verrat an der reinen Lehre, überall fordern die Progressiven eine raschere Entwicklung.

Durch die Dynamik der Wissenschaft geraten alle statischen Ideologien zwischen die Stühle. Veränderung auf der einen, Unbeweglichkeit auf der anderen Seite. Schon ist die Krise da. Wissenschaft und Technik liefern durchaus nicht die Erklärung für alle Krisen unserer Zeit. Hitler war nicht das Produkt einer wissenschaftlichen Erfindung, Stalin und Mao Tse-tung ebensowenig. Es kommen jeweils viele andere Phänomene hinzu. Aber das widerstrebende Zurückbleiben der Ideologien gegenüber der Eigendynamik des Fortschritts ist der gemeinsame Nenner aller Krisen. Das wird besonders deutlich, wenn man sich in jenen längst vergangenen Zustand zurückversetzt, der durch Jahrtausende unverändert geblieben war.

Die Menschheit hatte sich ihrer Umwelt angepaßt. Nolens volens. Sie hatte sich ›natürliche Ordnungen‹ geschaffen, die den Zwang der Umwelt in anderer Form an den einzelnen weitergaben. Denn die Lebensbedingungen waren aufgezwungen, und die individuelle Bewegungsfreiheit gering. Die Gesellschaft organisierte sich so, wie es für das Überleben nötig war, auf statischen Grundlagen. Sie konnte die Forderungen der einzelnen nach Freiheit oder individuellem Glück nicht berücksichtigen. Als ein organisches Ganzes bot sie ihm ein prädeterminiertes Los in einem starren sittlichen, religiösen und politischen Rahmen.

Der Mensch lebte von der Natur als mehr oder minder erfolgreicher Schmarotzer. Er war vollkommen von den Naturerscheinungen, von Bodenschätzen, Klima, Seuchen usw. abhängig, und im Grunde konnte er Wohnsitz, Religion, Beruf und Privatleben nicht selber bestimmen. Über den Organismus der Gesellschaft erfuhr er den Druck einer Umwelt, auf die er keinen Einfluß hatte.

So pendelte sich ein gewisses Gleichgewicht ein zwischen dem einzelnen, der Gesellschaft und der Natur ringsum, ein globales Gleichgewicht, in dem Zwänge und Widersprüche durchaus nicht immer als solche empfunden wurden. Dieses System wurde so gut wie nie angezweifelt oder abgelehnt, und es blieb unverändert von Generation zu Generation.

Wissenschaft = Veränderung

Die Naturwissenschaft ist gekommen und hat den Menschen verwandelt in seinem Denken, in seinem Verhalten. Ihr folgte die Technik und veränderte die Umwelt. Wissenschaft = Veränderung: das ist die Grundformel des Abenteuers der Moderne.

Wie geschieht diese Veränderung? Innerhalb einzelner Bereiche und schubweise. Ganz unverkennbar. Motorflug, Antibiotika, Kernenergie, Pestizide, Datenverarbeitung ... Lauter Einzelgefechte und Teilsiege. Eine aufeinanderfolgende Mutation der einzelnen Organe. Die Biologen wissen, daß sie selten günstig ist. Meistens kommen dabei mißgestaltete Wesen heraus. Nichts ist schwieriger, als ein Ganzes Teil um Teil zu verändern, ohne daß dabei die Harmonie irgendwann zerstört wird. Es bedarf dazu eines strikten, vorher festgelegten Planes. Nimmt man begrenzte Veränderungen aufs Geratewohl vor, läuft man Gefahr, daß einem die alte Ordnung unter den Händen zu Bruch geht, ohne daß man sie durch eine neue ersetzen kann.

Der Fortschritt aber entwickelt sich ohne festen Plan. Er folgt einem gänzlich unvorhersehbaren Weg. Der Wissenschaftler, der im Unbekannten forscht, kann nicht im voraus sagen, was er finden wird. So haben die Menschen den Laser, mit dem sie nichts besonders Nützliches anfangen können, aber sie haben nach wie vor keinen Krebsimpfstoff.

Die alte, statische, ›natürliche‹ Ordnung muß unter solchen unablässigen Angriffen von allen Seiten zusammenbrechen. Das Bild verändert sich jeweils nur um eine Nuance. Es wird nicht plötzlich ein anderes, nur die Farben stimmen an allen Ecken und Enden nicht mehr zusammen. Der unkontrollierte Fortschritt führt ins ungewollte Chaos. Es liegt kein Grund für die Annahme vor, daß die auf Wissenschaft und Technik aufgebaute Veränderung von selber ein neues Gleichgewicht ergeben muß.

Die Notwendigkeiten des Fortschritts

Die wissenschaftlich-technische Entwicklung hat also offenbar zwei Grundzüge. Als Anbieterin neuer Mittel kann sie allen Zwecken dienstbar gemacht werden: nützlichen und schädlichen. Als eine Kraft, die unsere Welt jeweils nur in Teilbereichen und ohne Plan verändert, ersetzt sie die alte Ordnung durch eine neue Unordnung. Man kann diese Entwicklung nicht als etwas Segensreiches oder aus sich

selber Gerechtfertigtes betrachten. Im Gegenteil. Es handelt sich um einen gefährlichen Prozeß, der sowohl das Beste wie das Schlimmste bringen kann.
Gibt es nicht wenigstens ein paar Regeln und Grundsätze, an die man sich halten könnte, um eine sinnvolle Verwendung des Fortschritts sicherzustellen? Das ist die Frage, mit der wir uns hier beschäftigen wollen. Zunächst in allgemeiner Form, dann durch den Versuch, Ansätze zu solchen möglichen Regeln an ausgewählten Beispielen zu suchen. Die Ergebnisse dieser Reflexion werden auf manchen Leser enttäuschend wirken: es sind eher vernünftige Feststellungen und recht naheliegende Erkenntnisse. Um so überraschender, daß die meisten Zeitgenossen nichts davon wissen. Schon das rechtfertigt eine solche Bemühung.
Zunächst wäre noch einmal der Einfluß der wissenschaftlich-technischen Faktoren auf die Gesellschaftsordnung in den modernen Staaten zu überdenken. Dieser Einfluß ist ein umfassender. Er beschränkt sich nicht auf einen einzelnen Aspekt des Lebens, sondern ergreift die Person jedes Staatsbürgers ganz. Arbeit, Gesundheit, Privatsphäre, Moral, Politik ... Es gibt kein Gebiet, das seinem Zugriff entzogen wäre. Diese Grundtatsache lassen wir vorerst dahingestellt sein. Wir werden ihr auf jeder Seite begegnen, sobald wir zu den konkreten Beispielen kommen.
Ferner ist davon auszugehen, daß die Folgen einer Erfindung oder Entdeckung immer weit über den engen Rahmen der eigentlichen Anwendungen hinausgehen. Das Fernsehen stellt das ganze Unterrichtswesen in Frage, die Medizin nimmt den herkömmlichen Auffassungen von Leben und Tod ihre Eindeutigkeit, das Auto gibt unseren Städten ein völlig neues Gepräge, die Psychoanalyse zwingt zu anderen Vorstellungen von der Sexualität ...
Deshalb muß die Veränderung, die der Fortschritt in den Möglichkeiten und in den Kenntnissen bringt, mit einer entsprechenden Veränderung der Gesellschaftsstrukturen und des individuellen Verhaltens einhergehen. Das ist ein allgemeingültiges Erfordernis. Nur so kann in der Veränderung das Gleichgewicht erhalten bleiben.
Diese unerläßliche Anpassung ist nur auf der Grundlage einer kollektiven Organisation möglich. Der Fortschritt selber kann auf Teilbereichen und aus der Initiative bestimmter Gruppen entstehen. Ein einzelner Industriezweig kann eine Innovation hervorbringen, die das Leben aller verändert. Aber er kann nicht die Mechanismen schaffen und durchsetzen, um diese Innovation in die Gesellschaft einzu-

fügen. Nur die Gesellschaft, die als solche tätig wird, kann die nötige Anpassung vornehmen. Ein privatwirtschaftliches Unternehmen baut Computer, ein pharmazeutisches Werk produziert ein neues Empfängnisverhütungsmittel, ein Forscher entdeckt ein noch wirksameres Pestizid. Alle diese Neuerungen lassen sich ohne Zuhilfenahme öffentlicher Institutionen einführen. Aber die Firmen, die solche Veränderungen bewirken, sind nicht in der Lage, die Freiheitsrechte des einzelnen im Hinblick auf die Datenverarbeitung neu zu definieren, die Sexualmoral der Empfängnisverhütung anzupassen oder dafür zu sorgen, daß die Landwirtschaft mit neuen Erzeugnissen richtig umgeht. Die Wirkung ist viel größer als die Ursache, und es muß von außen eingegriffen werden, wenn eine Kontrolle gewährleistet werden soll.

So führt der Fortschritt unvermeidlich zu einer größeren Verantwortung der Gemeinschaft. Diese Entwicklung tritt in jedem Falle ein, ganz gleich, ob sie in klarer Erkenntnis des jeweiligen Sachverhalts akzeptiert und wahrgenommen oder nicht begriffen und bloß hingenommen wird. Man braucht sich nur die Zunahme des Bundeshaushalts, der Behörden und der Vorschriften in den USA anzusehen. Das Vaterland der Liberalität hat das immer stärkere Eingreifen des Staates ganz gewiß nicht mit Begeisterung betrieben. Die Vereinigten Staaten müssen im Widerspruch zu ihrer Ideologie handeln. Ein Gesundheitsministerium war in den Zeiten der empirischen Medizin nicht notwendig. Als das Pferd das einzige Fortbewegungsmittel war, brauchte man keine Straßenverkehrsordnung. Eine NASA war überflüssig, solange es die Rakete noch nicht gab. Jedesmal, wenn der Mensch seine Macht um eine neue Möglichkeit vergrößert, muß die Gesellschaft organisierend eingreifen. Ob ihr das nun gut oder schlecht gelingt – sie hat Strukturen zu schaffen.

Eine solche kollektive Organisation muß auf die Zukunft ausgerichtet sein. Will man dem Fortschritt gewachsen sein, so muß man ihm zuvorkommen, also seine Folgen im voraus abschätzen, anstatt sich zu bemühen, die Krisen zu beheben, die er hervorgerufen hat. Natürlich ist es nicht immer leicht, Voraussagen zu treffen. Es ist sogar unmöglich im Stadium der wissenschaftlichen Erstentdeckung, weil sich zum Beispiel heute niemand vorstellen kann, wie die physikalische Theorie aussehen könnte, die Relativität und Quantenphysik eines Tages zusammenführt. Wenn sich aber auf dem immerhin beträchtlichen Wege von der ersten Entdeckung bis zur verwertbaren Neuerung das Bild deutlicher abzeichnet, muß dieser Zeitraum, in dem man die Dinge ›kommen sieht‹, genutzt werden, um die Folgen abzuschätzen und entsprechende Maßnahmen vorzubereiten. Dann gilt es zu handeln. Man darf also nicht warten, bis es in Frankreich 15.000 Computer gibt, bevor man ein Datenverarbeitungsrecht schafft oder bis kein Fisch mehr in den Flüssen lebt, bevor man wirklich etwas gegen die Gewässerverschmutzung tut.

Organisation und Prognosen müssen davon ausgehen, daß der Fortschritt eine spezifische Eigentümlichkeit hat: Er ist immer weltweit, was seine tiefe Ursache darin hat, daß die Kräfte, welche die Menschheit vorantreiben, überall die gleichen sind. Diese Kräfte haben eine gemeinsame Sprache: die Mathematik. Ein gemeinsames geistiges Werkzeug: die naturwissenschaftliche Methode. Eine gemeinsame Art des Handelns: die Technik. Und sie haben es mit den gleichen Realitäten zu tun, überall: mit der Natur, dem Leben, dem Menschen. Bei gleichen Verfahrensweisen und gleichen Gegenständen des Forschens bringt der Fortschritt notwendigerweise Ergebnisse von universaler Anwendbarkeit. Er ist kein Einiger, aber ein Gleichmacher. Mit jedem Tag werden die Grenzen durchlässiger. Durchlässiger für Gedanken, Bilder, Informationen, Menschen und Waren. Die Fortschritte im Fernmelde- und Verkehrswesen haben die Entfernungen zu etwas Unwesentlichem gemacht. Alles ist überall. Die Phänomene haben immer eine Komponente der Universalität. Die Ansteckung ist unvermeidlich.

Weil er verändert, schafft der Fortschritt Spannungen und ruft Widerstände hervor. Traditionen, Gewohnheiten, Institutionen, Überzeugungen wehren sich dagegen, von ihm in Frage gestellt zu werden. Wenn solche Spannungen vermieden werden sollen, muß die Gesellschaft selber in Bewegung geraten. In einer Übergangszeit verschärft jede autoritäre oder starre Form des Vorgehens die Widerstände. Eine moderne Gesellschaft muß also darauf verzichten und statt dessen flexiblere Methoden anwenden, die den Dialog, die Konzertation, das Delegieren von Verantwortung zulassen. Die Staaten sind gezwungen, auf zentralistische Verwaltungsstrukturen zu verzichten zugunsten anderer, die empirischer, anpassungsfähiger, vielfältiger sind. Unter dem Druck des Fortschritts werden alle Nationen ihre statische durch eine dynamische Organisation ersetzen müssen. Auch das ist eine Grundregel. Es werden uns noch viele einleuchtende Beispiele begegnen, wo sie angewendet werden muß.

So zeichnen sich, zunächst einmal ganz theoretisch, bestimmte Regeln für das richtige ›Leben mit dem Fortschritt‹ ab.
Anpassung der Gesellschaft, vorbeugendes Eingreifen, kollektive Organisation, Veränderung der Strukturen des Staates – diese Grundsätze gelten für alle Bereiche des wissenschaftlich-technischen Fortschritts und demzufolge für die ganze Gesellschaft, und zwar in jedem Land. Aus diesen Grundsätzen ergeben sich konkrete und präzise Erfordernisse für jede einzelne Situation. Will man sie nicht wahrhaben, so begeht man in der Tat eine ›Sünde wider den Fortschritt‹.
Die Sünde ist nach der herkömmlichen Definition ein Verstoß gegen subjektive Normen. Sie kann aber auch begangen werden, indem man objektiven Notwendigkeiten zuwiderhandelt. Die Ordnung, die sie dann stört, ist nicht die überkommene Moral, sondern eine technisch-wissenschaftliche Entwicklung, zu der ein bestimmter Gleichgewichtszustand gehört. Jede Änderung, die Unordnung schafft, ist gegen diese im Entstehen begriffene wissenschaftliche Zivilisation gerichtet.
Solche Regeln gilt es nicht erst zu entdecken. Seit etlichen Jahren schon wird ihre Bedeutung von klugen Männern wie Louis Armand immer wieder betont. Sie lassen sich aber stets nur unter Schwierigkeiten einhalten. Deshalb will man sie lieber gar nicht erst zur Kenntnis nehmen. Und genau das ist der Grund, warum das Anwachsen von Wissenschaft und Technologie ein gleichzeitiges Anwachsen des Unbehagens und der Spannungen bewirkt.
Ja, das Abenteuer Wissenschaft ist gefährlich und unerquicklich. Es geht darum, im eigentlichen Sinne des Wortes eine Utopie zu schaffen. Künstlich einen neuen Raum für die Menschen zu bauen. Wie gewaltig diese Herausforderung ist, hat man nicht von Anfang an erkannt. Alles will neu erfunden sein: Gesellschaft, Natur, Familie, Arbeit, Moral ... Alles, was Wissenschaft und Technik zerstören, ohne selber etwas anderes an die Stelle zu setzen. In wenigen Jahrzehnten gilt es die Welt menschlich zu machen, indem man dem Künstlichen ein System gibt.
Die Technologie wird sich stets schneller entwickeln als der Mensch. Die rasche und ständige Verwandlung seiner Umwelt macht ihm seine Sonderstellung bewußt, aber sein Verhalten beweist, daß er im langsamen Gang der biologischen Evolution gefangen ist. Jede Her-

ausforderung in einem Teilbereich läßt ihn immer wieder mit dem gleichen Mechanismus, mit der gleichen beharrenden Trägheit reagieren. Solange die Bedingungen für seine Mutation nicht gegeben sind, wird der einzelne gespalten bleiben – eher Erbe der Vergangenheit denn Zeitgenosse der Zukunft.

ERSTER TEIL

Die Wissenschaft als Sachverhalt

2. KAPITEL

Die Geschichte läuft schneller

So unübersichtlich und ungeordnet die Veränderung sein mag, die der Fortschritt bringt, ist sie doch nicht gänzlich zufallsbedingt. Sie geht vorwiegend in eine bestimmte Richtung. Und zwar in Abhängigkeit von Wissenschaft und Technik, also gekennzeichnet durch die Mittel und nicht durch Ziele. So gesehen kommt eine Evolution dabei heraus, und in Erweiterung unserer Gleichung können wir schreiben:

Wissenschaft = Veränderung = Evolution

Die Menschheit hat stets ein gewisses Maß von Veränderung erlebt. Kulturen, Moden, Moralbegriffe, Religionen haben einander ständig abgelöst. Aber ihr Aufeinanderfolgen ergab keine Weiterentwicklung. Morgen war anderswo, nicht ›weiter vorne‹. Niemand konnte genau die Richtung solcher Entwicklungen angeben. Noch heute vermag ja niemand auf zwanzig Jahre im voraus zu sagen, wie die Sitten, Stile und Institutionen aussehen werden. Dagegen kann man ganz unbedenklich die Prophezeiung wagen, daß die Maschinen einen höheren Automatisierungsgrad bzw. eine größere Rechenkapazität haben werden, daß der Mensch mit ihrer Hilfe schneller reisen, einfacher über weite Entfernungen in Kommunikation treten, mit einem höheren Wirkungsgrad arbeiten wird, daß Krankheiten, die heute noch tödlich sind, von neuen Medikamenten besiegt sein werden usw. Warum lassen sich die auf der Wissenschaft beruhenden Veränderungen voraussagen, die übrigen dagegen nicht?
Die Antwort ist einfach. Im ersten Falle ist die Arbeit kumulativ, im zweiten nicht. Rembrandt, Laotse, Victor Hugo haben Werke hinterlassen. Aber ihre Methoden konnten sie nicht zur Fortführung weitergeben. Also konnte auch niemand ihre Arbeit vervollkommnen; zu viele individuelle, nicht übertragbare Werte steckten darin. Von Newton, Fresnel oder Maxwell dagegen gab es nach ihrem Tode Arbeiten, auf die unmittelbar aufgebaut werden konnte, weil sie sich

nach einer übernehmbaren Methode mit einem Gegenstand beschäftigt hatten, der auch ohne sie da war und blieb.

Wenn eine Generation das Werk der vorangegangenen fortsetzt, so verändert sich die Menschheit nicht mehr zufallsbedingt, sondern entwickelt sich. Und per definitionem ist diese Flucht nach vorne durch nichts aufhaltbar, weil das ›Vorne‹ unendlich groß ist – wie die Welt des Dinglichen.

Die objektive Erkenntnis

Der Grund für diese Bewegung nach vorne liegt in einer für die moderne Welt bezeichnenden Denkweise: dem Streben nach objektiver Erkenntnis. Dieses Streben ist das eigentliche Merkmal der Zivilisation unserer Zeit und unterscheidet sie von allen, die vorher waren.

Der Begriff ›Zivilisation‹ ist schwer zu umreißen. Der Larousse hält sich sehr zurück, wie es einem Lexikon gemäß ist: »Gesamtheit der für das geistige, künstlerische, sittliche und materielle Leben eines Landes oder einer Gesellschaft kennzeichnenden Kriterien.« Das ist recht unscharf.

Immerhin wird ein Aspekt deutlich: der Begriff ›Zivilisation‹ beschreibt eine bestimmte Auffassung von der menschlichen Existenz, wie sie sich in einem komplexen System von Werten, Verhaltensweisen, Institutionen und Beziehungen ausdrückt. Der Mensch ist bemüht, sich in eine Umwelt einzufügen, die ihn ständig mit Fragen konfrontiert. Diese Situation wird unerträglich, wenn er mit seinen Antworten nicht folgen kann oder wenn ihm diese Antworten das Unbekannte, das Absurde oder die Vereinsamung erst bewußt machen. Die Zivilisation nun stellt dem einzelnen fertige Antworten zur Verfügung. Teilantworten sind es in der modernen, umfassende Antworten waren es in der traditionellen Gesellschaft. Die ersteren liefern Erklärungen, die letzteren boten Sinngebungen.

Es ist immer gefährlich, mit der Sprache und Vorstellungswelt des 20. Jahrhunderts die Realität einer zurückliegenden Epoche erfassen zu wollen. Allzu leicht läßt man Menschen moderne Gedanken denken, auf die sie niemals gekommen wären. Wir wollen also nur die Unterschiede aufzeigen, ohne die alten Zivilisationen damit in ihrer Vielfalt zu erfassen. In jedem Falle boten sie zugleich eine Vorstellung von der sichtbaren Natur und ein Bild von der Bestimmung des Menschen.

Die Chaldäer konnten das Schauspiel der Welt ohne Erstaunen be-

trachten: ihre Erde hatte einen eindeutigen Mittelpunkt, den ›Großen Berg‹, und war umgeben vom ›Großen Fluß‹, dem Ozean. Auf dem anderen Ufer standen dicke Mauern, die das erzene Himmelsgewölbe trugen. In dieses Weltbauwerk war die religiöse Vorstellungswelt integriert; der ›Große Berg‹ zum Beispiel barg in seinen Hängen das Totenreich.
Die Ägypter stellten sich die Welt als eine Art riesiger, länglicher Kiste vor, was für ein Volk, das an den Ufern des Nils lebte, wohl nahelag. Die Erde war der Boden, der Himmel der Deckel. Vier Berge an den vier Ecken trugen den Himmel, an dem die Sterne wie Lampions hingen und am Abend aufleuchteten. Dies war schon weniger eine materiell vorstellbare als vielmehr eine geistige Konstruktion. Die Erde war umgeben vom Fluß Ozean, auf dem der Sonnengott in seiner Barke dahinglitt.
»Oh Fruchtbarkeit des Menschengeistes, Unendlichkeit des Universums!« heißt es bei Rimbaud ...

Die Welt als Bedeutung

Zwischen solchen Systemen und den von der Wissenschaft angebotenen besteht in doppelter Hinsicht ein grundsätzlicher Unterschied. Die einen sind für den Menschen vorstellbar, die anderen sind reine mathematische Modelle. Die einen haben eine Bedeutung, die anderen sind vollkommen neutral. Zweierlei ist also für die alten Kulturen kennzeichnend:
Erstens: Der Mensch kann sich von den natürlichen Abläufen ein Bild machen. Die Erklärungen sind leicht zu begreifen, die Größenordnungen bleiben im Bereich des Vorstellbaren.
Zweitens: Diese Welt hat etwas zu bedeuten. Einleuchtende Beziehungen, die sich mit sittlichen und religiösen Werten besetzen lassen, verbinden das Universum und seine Bewohner. Die Sonne, der Mond, die Erde, die Planeten haben eine göttliche Realität. Ihr Studium ist eng mit dem der Theologie verknüpft. Der Naturwissenschaftler dagegen bemerkt bei seinen Beobachtungen nur physikalische Gesetze, die keinen Bezug auf das Sein des Menschen haben.
Alle diese traditionellen Vorstellungen sind außerordentlich beruhigend, selbst wenn sie, wie die präkolumbianischen Mythen, ein apokalyptisches Weltbild liefern. Sie können sich nicht ›weiterentwikkeln‹, weil sie an unverrückbare Leitbilder und Werte gebunden sind. Sie prägen ein zutiefst konservatives Verhalten. Wer sie in Frage stellt, wird von der Gesellschaft als Feind behandelt. Entdek-

kungen können nur aus einer Eingebung herrühren, die ein einzelner hat, oder aus empirischem Vervollkommnen, nicht jedoch aus einer kollektiven, systematischen Bemühung.

Die Autorität, die man überall dem an Lebensjahren Überlegenen zugesteht, ist bezeichnend für diese konservative Einstellung. ›Laßt uns die Alten befragen‹ – diese Reaktion ist allen Gesellschaften mit tradierter Ordnung gemeinsam, sobald es um schwerwiegende Entscheidungen geht. Für eine Welt mit stabilem Gleichgewicht ein durchaus normales Verhalten. Die moderne Welt dagegen verläßt sich immer mehr auf die Jugend, weil der ständige Wandel die Erfahrung in die Nähe greisenhafter Unbeweglichkeit gerückt hat. Die Zukunft hat mehr Gewicht als die Vergangenheit, seit das verstehbare Universum an die Stelle des bedeutungtragenden Universums getreten ist.

Mehr als zwanzig Jahrhunderte hat diese Mutation gedauert von den ersten Ahnungen der Griechen bis zum heutigen wissenschaftlichen Denken, und während dieser Zeit hat mehr als ein Galilei abschwören müssen. Um das zukünftige Los der Menschheit ging es bei diesem Kampf. Fünf Jahrhunderte v. Chr. verurteilte diese Menschheit Aristarchos von Samos, weil er zu behaupten wagte, die Erde, die Heimat des Zeus, kreise um die Sonne. Zwanzig Jahrhunderte später bemühte sie sich, die kopernikanische Vorstellung von einem Universum, das nicht den Menschen als Geschöpf Gottes in den Mittelpunkt stellte, nicht wahrhaben zu müssen. Heute ist sie bereit, dem Nobelpreisträger Jacques Monod zuzustimmen, wenn dieser erklärt:

»Die Wissenschaft weiß nichts von Werten; das Weltbild, das sie uns heute anbietet, ist frei von jeder Ethik. Aber die Forschung stellt selber eine Askese dar und impliziert notwendigerweise ein Wertsystem, eine ›Ethik der Erkenntnis‹, deren Gültigkeit sie aber nicht beweisen kann . . . Das einzige Ziel, der höchste Wert, das ›höchste Gut‹ für die Ethik der Erkenntis ist zugegebenermaßen nicht das Glück der Menschheit, geschweige denn ihre weltliche Macht oder ihr Lebensgenuß, ja, nicht einmal das sokratische ›Erkenne dich selbst‹, sondern die objektive Erkenntnis als solche.«

Die Realität, gleich welcher Art, bekommt jetzt vom menschlichen Geist das Heimatrecht zugesprochen. Der Beobachter kann nichts daran ändern, er kann nur sehen und aufzeichnen. Die Menschheit ist offensichtlich bereit, ihr Schicksal von einer außerhalb von ihr zu suchenden Wahrheit bestimmen zu lassen. Sie unterwirft sich der rationalen Ordnung der Welt und setzt sich ein neues Ziel: die logische Struktur des Unbekannten zu entdecken.

»Die Wissenschaft basiert selber auf einer unbewiesenen Überzeugung: daß nämlich jedem Naturphänomen eine bestimmte Ordnung der Dinge zugrunde liege, und daß diese Ordnung durch den Einsatz der Logik adäquat darstellbar sei«, schreibt Dennis Gabor.

Im Gegensatz zu den Zivilisationen, die Antworten anboten, um Fragen gar nicht erst aufkommen zu lassen, wertet die Moderne durchgehend die Fragen auf. Ein schwindelerregender Weg! Und ein gefährliches Wagnis: denn schon jetzt ist dem Menschen dabei unbemerkt sehr viel verlorengegangen. Er hat keine Heimat mehr. Die Welt ist unabhängig von ihm da, sie nimmt ihn gar nicht zur Kenntnis. Sie existierte vor seiner Zeit und wird ihn überleben mit der ganzen Gefühllosigkeit der mathematischen Gesetze, denen sie gehorcht. Die Welt hat keine greifbare Evidenz mehr. Nichts, was der Mensch unmittelbar wahrnimmt, darf er deshalb auch für wahr halten. Die Wahrheit flüchtet in eine tieferliegende Ordnung. Die mit den Sinnen erfaßbaren Phänomene sind nur eine trügerische Maske vor dem Antlitz der Wahrheit. Der Mensch ist zu einem Gegenstand der Beobachtung neben anderen geworden. Einst hatte er ein Schicksal auszufüllen, mit seinem Pfunde zu wuchern. Jetzt ist er nur noch ein zu erforschendes Phänomen. Nackt und bloß, auf sich allein gestellt in einem Universum, dem er gleichgültig ist, kann er seine Evolution beginnen.

Eine leere, kalte, ›seelenlose‹ Welt kann nicht gemütlich sein. Die früheren Zivilisationen entsprachen einem tiefen Bedürfnis, das jetzt nicht mehr befriedigt wird. 68 Prozent aller Franzosen sind der Meinung, man brauche eine Religion, um glücklich zu sein. Nur 26 Prozent sind der Auffassung, der Fortschritt der Wissenschaft sei dem Glauben förderlich. Ein bezeichnendes Zahlenverhältnis.

Aus dem Menschen ist ein Forscher geworden. Was wird er entdekken? Die Gewißheiten, die das Bewußtsein erhofft, oder neue Fragestellungen, an denen sich die Geister wiederum scheiden werden? Jedem einzelnen bleibt es überlassen, sich darauf einzustellen. Unsere fernen Vorfahren mußten sich damit abfinden, daß die Erde um die Sonne kreist. Unsere Urgroßeltern hatten den Schock der Abstammungslehre zu verdauen. Unsere Eltern entdeckten voller Schrecken die Psychoanalyse. Vielleicht werden unsere Kinder das Vorhandensein bewußten Lebens auf anderen Himmelskörpern zur Kenntnis nehmen müssen. Vielleicht aber auch ganz andere Sachverhalte, die wir uns nicht einmal ausmalen können – und trotzdem müssen die Gemüter darauf vorbereitet sein. Vom unbegreiflichen Phänomen der zwei Unendlichen bis zu den beunruhigenden Verheißungen der Neurochemie muß alles akzeptiert werden. Die Wahrheit der Wissenschaft rechtfertigt sich aus sich selber.

Von der Erkenntnis zur Macht

Wissen führt selbstverständlich zur Macht. Die Suche nach der objektiven Erkenntnis verändert unmittelbar die Geister und mittelbar die Umwelt. Wie funktioniert dieser Mechanismus?
Am Anfang steht der Forschende, der begreifen will, der die Erkenntnis um der Erkenntnis willen sucht. Er entdeckt einen bis dahin unbekannten Zusammenhang. In einer zweiten Etappe (die es nicht immer geben muß!) werden diese Ergebnisse in andere Forschungen integriert und verändern die Welt.
In den zwanziger Jahren unseres Jahrhunderts wollten die Physiker wissen, ob das Licht Welle oder Teilchen sei. Louis de Broglie lieferte mit seiner Wellenmechanik die Antwort: jedes Teilchen hat eine ihm zugehörige Welle. Es gibt also eine elektronische Welle und eine Lichtwelle. Der Mensch war in der Erkenntnis einen Schritt weitergekommen, und Knoll und Ruska konnten das Elektronenmikroskop entwickeln. Die Beobachtung drang tiefer in die belebte Welt und in die tote Materie ein. Vom Kinderlähmungsimpfstoff bis zur Elektronik reichten die Folgen und gaben der Menschheit völlig neue Möglichkeiten.
Zu Beginn des Jahrhunderts bemühte sich Einstein (wie zahlreiche andere Physiker), den geheimnisvollen Michelson-Versuch zu erklären. Das schien nur dann möglich, wenn man davon ausging, daß entweder die Erde stillstehe oder daß die Geschwindigkeiten sich nicht addieren, wenn zwei Gegenstände sich aufeinander zubewegen. Beide Möglichkeiten waren unannehmbar. Die Physik hatte sich festgefahren. Einstein brachte sie mit seiner Relativitätstheorie wieder in Bewegung. Er dachte dabei, wie er später erklärte, durchaus nicht daran, daß seine Gleichsetzung von Materie und Energie jemals praktische Auswirkungen haben könnte. Die Erkenntnis ist ein Zeitzünder ... In diesem Falle brachte sie die Menschheit in das Atomzeitalter.
Natürlich vereinfachen wir das Schema gröblich. Alle folgenden Seiten werden es jeweils ein wenig mehr differenzieren, und zwar bis zur Uninterpretierbarkeit. Aber die Grundtatsache bleibt. Die

wissenschaftliche Forschung ist der Motor der Evolution, die das Menschengeschlecht erfaßt hat.

Die Dampfmaschine

Aus einigem Abstand erscheint alles ganz einleuchtend. Aber die Geschichte zeigt uns, daß die Verkettung unbemerkt blieb. Die industrielle Revolution des 19. Jahrhunderts verdankt ja der reinen Wissenschaft sehr wenig. Sie hat sich aus einer einzigen Erfindung entwickelt: der Dampfmaschine.

Fertigung, Bau, Transport – zu jeder Arbeit ist eine bestimmte Energieaufwendung erforderlich. Der technische Fortschritt konnte sich mit der Muskelkraft nicht zufriedengeben. Auch die Kraft des Windes und des Wassers reichte nicht aus. Erst mit der Dampfmaschine konnte das Maschinenzeitalter beginnen, und zwar bedurfte es dazu auf längere Zeit keiner weiteren wissenschaftlichen Entdekkungen.

Die industrielle Entwicklung war das Werk von einzelnen, die meistens sogar Autodidakten waren, keine Wissenschaftler. Ort der Handlung war die Werkstatt oder die Fabrik, nicht das Forschungslaboratorium. Vergeblich würde man am Beginn der Eisenbahn-, der Dampfschiff- oder der Maschinenbauentwicklung einen echten Fortschritt der Erkenntnis suchen. Die Universität hielt sich fast ausnahmslos aus diesem Abenteuer heraus.

Bis zum Zweiten Weltkrieg blieb die Forschung eine rein intellektuelle Angelegenheit. Ein Luxus, den sich die Gesellschaft leistete. Der Wissenschaftler hatte manche Züge mit dem Künstler gemein. Er trieb Forschungen, die nicht auf einen Gewinn gerichtet waren, auf Kosten eines öffentlichen oder privaten Mäzens. Trotz einiger Ausnahmen von dieser Regel war eine Verbindung zwischen Wissenschaft und Technik nicht erkennbar.

Es gab zwar seit der zweiten Hälfte des 19. Jahrhunderts Erfindungen, die auf der wissenschaftlichen Forschung aufbauten; Rundfunk und Chemie sind Kinder des Labors. Aber die geistige Vaterrolle des Gelehrten gegenüber dem Ingenieur blieb im Dunkeln. Erst zwischen den Weltkriegen wurde diese Beziehung deutlich. Die Überlegenheit der deutschen chemischen Industrie beruhte ganz offensichtlich auf einem wissenschaftlichen Vorsprung. Trotzdem unternahmen die Regierungen der 3. Republik in Frankreich nichts, um die Forschung anzukurbeln. Und die Wissenschaftler selber waren von einer solchen Nützlichkeitsperspektive für ihre Arbeit auch durchaus nicht angetan. Einer der Väter der Kernphysik, Lord Rutherford, entrüstete sich bis an sein Lebensende darüber, daß man sich nicht gescheut hatte, seine Forschungsergebnisse zu industriellen Zwecken zu verwenden. Denn die Staaten hielten sich Gelehrte, wie Millionäre Tänzerinnen aushalten. Fürs Prestige.

Das Projekt Manhattan: F & E

Diese Einstellung blieb bis zum Zweiten Weltkrieg unverändert. 1940 flogen Hermann Görings Geschwader gegen England und verloren die Luftschlacht. Die Öffentlichkeit meinte, das sei der Tapferkeit der britischen Piloten zu verdanken. Das war sicherlich nicht falsch. Die Fachleute waren sich jedoch darüber klar, daß der Einsatz des Radar für den Sieg ausschlaggebend gewesen war. Das Radar aber war das gemeinsame Werk von Wissenschaftlern und Ingenieuren. Die Wissenschaft hatte eine Schlacht gewonnen und gewann dann den ganzen Krieg.

Nationalsozialismus und Faschismus empfanden tiefe Verachtung für die Intellektuellen im allgemeinen und für die Gelehrten im besonderen. Trotz seiner für einen Halbgebildeten bezeichnenden Bewunderung für die Wissenschaft umgab sich Hitler mit einem ganzen Hofstaat von Scharlatanen. Lange schwankte er zwischen zwei Weltsystemen, eines so abwegig wie das andere: der Welteislehre des Hanns Hörbiger und der Hohlwelttheorie des Peter Bender. Es war deshalb durchaus folgerichtig, daß er die ›wissenschaftliche‹ Waffe schlechthin, die Atombombe, nicht bekam.

Die bedeutendsten Physiker waren vor den Verfolgungen aus Europa geflohen. Von den wenigen in Deutschland zurückgebliebenen lehnten viele es ab, ihr Wissen in den Dienst des Führers zu stellen. Einstein, Fermi, Szilard und etliche ihrer Kollegen kamen mit leeren Händen in den Vereinigten Staaten an. Sie hatten aber Gleichungen im Kopf, ein Kapital an Informationen, und diese Kenntnisse waren stärker als Panzerdivisionen. Eine jeder anderen überlegene Macht steckte in den Gesetzen der Atomphysik.

Weil sie fürchteten, die Nationalsozialisten könnten diese Macht erkennen und einsetzen, beschlossen die Emigranten, ihr Wissen in den Kampf einzubringen. Einstein gelang es vermöge seines großen Ansehens, Roosevelt zu überzeugen, der die gewaltigen Möglichkeiten der amerikanischen Industrie in den Dienst der Kernphysik stellte.

Die konventionellen Waffen der vierziger Jahre, die Panzer, Flug-

zeuge, Geschütze und Kriegsschiffe verwendeten nach wie vor die Technik des 19. Jahrhunderts, also die Mechanik. Die Explosivkraft der Atombombe dagegen beruhte auf einem physikalischen Prozeß, der Kernspaltung. Die physikalische Waffe stand den mechanischen Waffen gegenüber, die moderne Wissenschaft der Technik des vorigen Jahrhunderts.
Aber es bedurfte eines gigantischen Einsatzes der Industrie, um von den Gleichungen zur Bombe zu gelangen. 200.000 Forscher, Ingenieure und Techniker arbeiteten am Projekt Manhattan mit. 1,5 Milliarden Dollar wurden dafür aufgewendet, Dupont de Nemours, Ford und andere Großunternehmen herangezogen. Zum erstenmal in der Geschichte arbeiteten Wissenschaft und Industrie in dieser Form und in solchen Größenordnungen zusammen.
Mit dem Projekt Manhattan trat die Menschheit ins Atomzeitalter ein. So sehen es die Historiker. Aber auf längere Sicht dürfte eine andere Auswirkung mindestens ebenso bedeutend sein. Das Projekt Manhattan hat die Atombombenexplosion ermöglicht, weil zwei Massen zur kritischen Masse zusammengebracht, zwei Buchstaben aneinandergefügt wurden: F & E.
Diese Buchstaben begegnen einem heute in vielen Statistiken. Vergebens würde man sie in Dokumenten aus der Vorkriegszeit suchen. F & E (nach dem Vorbild des amerikanischen R & D: »Research and Development«): Forschung und Entwicklung. Der Ausdruck stammt aus dem Projekt Manhattan. Er bedeutet, daß der Prozeß von der wissenschaftlichen Entdeckung zur Erfindung und der weitere Vorgang bis zur Innovation zum ersten Male integriert worden ist. Der Wissenschaftler hat sich mit dem Ingenieur, die Wissenschaft mit der Technik, das Forschungslaboratorium mit der Fabrik zusammengetan. Das Wissen wird bewußt gefördert und gesucht um des größeren Könnens willen. Die Menschheit springt vom industriellen ins wissenschaftliche Zeitalter. Ob wir das begrüßen oder ablehnen: »Nicht der Frieden, sondern der Krieg ist der Vater der Wissenschaftspolitik«, schreibt J.-J. Salomon, Fachmann für Wissenschaftsfragen bei der OECD.

Die Mobilisierung der Wissenschaft

Es ist eher ein historischer Zufall, daß die deutsche Kapitulation vor der endgültigen Fertigstellung der Atombombe erfolgte. So bekam Japan ihre Wirkung zu spüren. Aber die Lehre von Hiroshima und Nagasaki war für jedermann eindeutig: die Wissenschaft hatte den

Krieg gewonnen. Nicht die Mechanik, die entfernte Verwandte der Grundlagenforschung, sondern die Physik, das Kind der Laboratorien.
Nach Kriegsende sahen Politiker und Unternehmer die Wissenschaft mit anderen Augen an. Sie hatten in ihr eine Quelle der Macht und des Reichtums erkannt. Die Sieger machten sich auf die Jagd nach deutschen Ingenieuren. Überall entstanden öffentliche und privatwirtschaftliche Forschungsstätten. Sehr viel großzügiger wurden Mittel bereitgestellt. Die Militärs hatten aus dem Projekt Manhattan gelernt. Die Unternehmer machten sich die dort verwendeten Methoden zu eigen.
Die Vereinigten Staaten erhöhten ihre Aufwendungen immer stärker. Die Haushaltsansätze für Forschung und Entwicklung, die jetzt untrennbar miteinander verbunden waren, wuchsen drei- bis fünfmal schneller als das Bruttosozialprodukt. Innerhalb von zehn Jahren stieg die Zahl der Forscher auf das Doppelte. Und bald folgten die Entdeckungen immer rascher aufeinander.
Zehn Jahre nach den USA begab sich Europa auf diesen Weg. Der Anbruch des Weltraumzeitalters sorgte für eine weitere Beschleunigung. Die Wissenschaft zählte zu den großen, ja, zu den entscheidenden Aufgaben der Staaten.
Dabei handelte es sich nicht mehr um ein eher selbstloses Mäzenatentum. Die Suche nach der Erkenntnis war eine bewußte Suche nach Machtzuwachs. Der Wissenschaftler wurde in ein Industriesystem integriert, das die Entdeckungen übernimmt, um so rasch wie möglich eine verwertbare Neuerung daraus zu machen. Ein systematisch organisierter Prozeß wurde eingeführt, um Wissenschaft und Innovation miteinander zu verbinden. Die Anstrengung war also nicht nur quantitativ größer, sondern wurde auch anders angesetzt, um bessere Ergebnisse zu erzielen. Das ist gemeint, wenn wir vom Eintritt der Menschheit in das wissenschaftliche Zeitalter sprechen.
Im allgemeinen bekommt die Grundlagenforschung nicht mehr als 10 Prozent der für die Forschung aufgewendeten Mittel; der Rest geht in die angewandte Forschung und in die Entwicklung, also die Anwendung der Erkenntnis.
1940 betrugen die Ausgaben für F & E in den Vereinigten Staaten 300 Millionen Dollar. Heute sind es mehr als 25 Milliarden. Als Anteil vom Bruttosozialprodukt waren es 1,4 Prozent im Jahre 1954 gegenüber 3,5 Prozent im Jahre 1968. Die staatlichen Forschungsaufwendungen der USA sind heute höher als der gesamte amerikanische

Bundeshaushalt im Jahre 1930. In Frankreich machten die F & E-Ausgaben 1959 nur 0,9 Prozent des Bruttosozialprodukts aus. Heute liegen sie bei 2,5 Prozent.
Die ›Armee der Wissenschaft‹ auf der ganzen Welt ist 5 Millionen Menschen stark und verfügt über 40 bis 50 Milliarden Dollar.

Mehr Geld – mehr Entdeckungen

Die Forschungsstätten sind zahlreicher, aber auch teurer geworden. Der Beobachtende und der Experimentierende benötigen immer leistungsfähigere, immer genauere und damit immer kostspieligere Geräte. Für den armen, aber genialen Einzelforscher ist kein Platz mehr in der modernen Wissenschaft.
Lord Bowden, der ehemalige britische Wissenschaftsminister, weist mit Vorliebe darauf hin, daß die Geburtsstätte der englischen Physik, das Cavendish-Laboratorium, 1895 ein Budget von ein paar Tausend Pfund Sterling hatte, und daß dieser Betrag bis zum Zweiten Weltkrieg nicht nennenswert größer wurde. Insgesamt zwölf Nobelpreisträger haben dort geforscht, Thomson entdeckte dort das Elektron, Crockfort und Walton bauten den ersten Beschleuniger, Rutherford entwickelte das erste Atommodell und Appleton fand die Erklärung für die Reflexion der Funkwellen an der Ionosphäre. Im Jahre 1968 betrugen die Mittel für dieses Laboratorium 300.000 Pfund.
Der 300-Milliarden-Elektronenvolt-Teilchenbeschleuniger, den mehrere europäische Länder gemeinsam bauen wollen, ist auf zwei Milliarden französische Francs veranschlagt. Große Entwicklungsprogramme können noch eindrucksvollere Beträge kosten. Die Entwicklung der Computer IBM 360 bis zur Betriebsreife hat 4,5 Milliarden Dollar verschlungen, der Bau des Großbombenflugzeugs B 70 erforderte 1,2 Milliarden Dollar, der Boeing 707 an die 700 Millionen Dollar, und für die Entwicklung der Concorde dürften 10 Milliarden Francs erforderlich sein. Sämtliche Maßstäbe sprengt das Apollo-Programm: 24 Milliarden Dollar. Und vollends unfaßbar wären die Aufwendungen für ein komplettes Raketenabwehrsystem (50 Milliarden Dollar) und für eine Reise zum Mars: 64 Milliarden Dollar.
Der Einsatz solcher Summen hat den Fortschritt der Wissenschaft gewaltig angeheizt: Entdeckungen werden am laufenden Band produziert. Witzige Köpfe haben ausgerechnet, daß das *Journal of Fundamental Physical Sciences,* wenn es an Umfang weiterhin so zunimmt wie bisher, im Jahre 2000 mehr wiegen wird als die ganze Erde. Wir werden noch darauf zu sprechen kommen, daß solche

›Hochrechnungen‹ mit Vorsicht zu genießen sind. Aber immerhin bleibt festzustellen, daß die von den Vereinigten Staaten erarbeitete Weltbibliographie der wissenschaftlichen Arbeiten in Buchform bereits 52.000 Titel umfaßt. Die jährliche Zahl der wissenschaftlichen Veröffentlichungen aller Art beträgt 3,5 Millionen. In den USA gibt es 427 Dokumentationszentren zur Auswertung dieser Schätze, die ja gehoben sein wollen. Allein die Armed Services Technical Information Agency, eines dieser Zentren, arbeitet jährlich 650.000 von den Auftragnehmern des Staates eingereichte technische Meldungen und Berichte aus. Selbstverständlich bleibt bei einer solchen Menge von Informationen vieles unausgewertet. Die Amerikaner schätzen, daß 15 Prozent ihres Wissenschaftsbudgets für Experimente aufgewendet werden, deren Ergebnisse bereits irgendwo veröffentlicht sind.
Solche Zweigleisigkeiten sind unvermeidlich. Nachdem die NASA den Auftrag über die Fertigentwicklung der Atlas-Vega-Rakete erteilt hatte, stellte sie fest, daß die Air Force den Bau einer Agena B finanzierte, die denselben Spezifikationen entsprach. Diese Informationslücke allein kostete sinnlos ausgegebene 18 Millionen Dollar. Nur über die Datenverarbeitung ist die rationelle Auswertung des intellektuellen Fundus der wissenschaftlichen Fachzeitschriften möglich.

Ein Wunderkind: der Laser

Sobald eine Forschungsrichtung Erfolg zu haben verspricht, stürzen sich Dutzende von Forscherteams darauf. Dann folgen die Entdekkungen so schnell aufeinander, daß selbst der wissenschaftlich geschulte Beobachter nur noch mit Mühe folgen kann. Ein Beispiel unter vielen für diesen Beschleunigungseffekt ist der Laser.
Er müßte eigentlich noch in den Kinderschuhen stecken: gut zehn Jahre ist er alt. Aber er ist ein Wunderkind. Seine Geschichte ist so erregend wie die der Funktechnik, die unsere ganze Welt verändert hat.
Der Laser wurde im Juni 1960 in den Vereinigten Staaten im Forschungslaboratorium von Hughes Aircraft geboren. Th. C. Maiman ließ aus einem Rubin einen roten Blitz hervortreten. Der Mensch hatte das Licht gezähmt.
Ist es nicht erstaunlich, daß im Jahrhundert der Beleuchtung die Beherrschung des Lichtes als große Entdeckung gilt? Nein. Das Licht, das da in einem kalifornischen Laboratorium aufblitzte, war etwas völlig Einzigartiges. Betrachtet man einen Laserstrahl, wird einem

das sofort klar. Diese Strahlung hat eine so reine und intensive Färbung, wie es sie am Himmel und auf Erden noch nie gegeben hat. Denn alle Lichtquellen, von der Sonne über die Glühbirne und die Leuchtstoffröhre bis zum Johanniskäfer senden ein inkohärentes Licht aus. Das Licht des Lasers aber ist kohärent. Bisher war Licht immer eine Mischung aus vielen Frequenzen gewesen. Das Licht des Lasers hat jeweils nur eine Frequenz. Auf das menschliche Auge wirkt eine Frequenz – oder eine Wellenlänge – als Farbton. Weißes Licht, natürliches oder künstliches, besteht aus vielen Wellenlängen, die sich im Prisma zu den Farben des Regenbogens auseinanderziehen lassen. Der Strahl des Herrn Maiman aber ließ sich nicht im Prisma zerlegen, weil er nur aus einer Wellenlänge bestand: 6.943 Ångström.

Der Mensch hatte sich durch die Beherrschung der Funkwellen seine Fernmeldemöglichkeiten und das Radar geschaffen. Aus der Beeinflussung der Elektronenbewegung waren Elektrotechnik und Elektronik entstanden. Was würde die Zähmung des Lichtes bringen?

1958 war der Anfang gemacht worden. Vier Jahre zuvor hatte der amerikanische Physiker Townes einen neuen funkelektrischen Verstärker entwickelt: den Maser. Obwohl von gleicher Beschaffenheit wie die Lichtwellen, lassen sich die Funkwellen leichter in kohärente Form bringen. Jeder Sender arbeitet auf einer bestimmten Frequenz, die man dann auf der Skala des Empfängers einstellen kann.

Der Artikel, den Townes 1958 veröffentlichte, ließ die Physiker in der ganzen Welt aufhorchen. Da war nachgewiesen, daß sich das Maser-Prinzip grundsätzlich auch auf Lichtwellen anwenden lassen mußte. Daß Lichtstrahlen einer einzigen Frequenz emittierbar waren. Ein optischer Maser war möglich: der Laser.

Zwei Jahre lang bemühten sich die Physiker, dieses Wundergerät zu schaffen. Vergeblich. Einige zweifelten schon daran, ob es überhaupt realisierbar war. Kurioserweise veröffentlichte ein Forscher ausgerechnet 1960 einen Aufsatz, in dem er auf Grund theoretischer Erwägungen zu dem Schluß kam, daß ein solches Gerät physikalisch unmöglich sei! Aber so wie die gegenteiligen Beweise des Mathematikers Newcomb das Fliegen nicht verhinderten, konnten die pessimistischen Darlegungen auch Maiman auf dem Weg zum Erfolg nicht aufhalten.

Außerdem blieb er nicht lange allein. Kaum war die Bresche geschlagen, stürzten sich die Forscher auf diese Chance. Schon Anfang 1961 liefen bei siebzig amerikanischen Firmen Laser-Arbeitsprogramme.

1966 waren es 462 Unternehmen. Innerhalb von zehn Jahren waren mehr Forschungen auf dem Gebiet des Lasers durchgeführt als auf dem der Elektrizität während des ganzen 19. Jahrhunderts.
So ist es nicht weiter erstaunlich, daß die Entdeckungen einander jagten. Der Rubinlaser, der Stammvater der Familie, sendet sehr starke, aber ganz kurze Impulse aus: Milliarden Watt während Milliardstelsekunden. Der wenige Monate später erfundene Gaslaser liefert einen stetigen, extrem schwachen Strahl: in der Größenordnung von 1 Watt auf unbegrenzte Dauer.
Der Laser mit Halbleitern wurde zwei Jahre nach dem Rubinlaser von drei unabhängig voneinander arbeitenden Forscherteams vorgestellt, die gleichzeitig dasselbe Ergebnis erzielt hatten. Die erregte Substanz war nicht mehr ein Rubin oder ein Edelgas, sondern Galliumarsenid.
Diese in knapp vier Jahren entwickelten Geräte sind völlig verschieden. Angesichts ihrer abweichenden Abmessungen, Techniken und Leistungen kommt man zunächst gar nicht auf den Gedanken, daß sie zur gleichen Familie gehören. Aber jeder Typ hat wiederum zahlreiche Varianten, und schon kommen neue Produktfamilien auf den Markt: Flüssigkeitslaser, Kohlendioxydlaser, Wasserdampflaser, chemische Laser ... Heute gibt es Hunderte von verschiedenen Geräten zur Herstellung kohärenten Lichts. Parallel dazu entwickelt sich die Holographie, also die Fotografie mit Laserstrahlen, die bereits in eine Vielzahl von Einzeldisziplinen zerfällt.

Die Elektronik: jedes Jahr eine Innovation

Der Laser ist durchaus kein Sonderfall. Die gleiche rapide Entwicklung ist auf anderen Gebieten anzutreffen. In der Biologie war der genetische Code, also die Sprache, die das Leben benutzt, um die Erb-Informationen von Generation zu Generation weiterzugeben, vor zehn Jahren noch unbekannt. Heute ist er restlos entschlüsselt. Für die Biologen ist die Sache praktisch erledigt – sie wenden sich anderen Aufgaben zu. Ähnlich sieht es in der Astronomie und in der Physik aus. Nach Schätzungen der Fachleute verdoppelt sich der Bestand an Kenntnissen in den Naturwissenschaften alle zehn Jahre.
Die enge Verbindung von Forschung und Entwicklung hat ähnlich rasche Fortschritte auch in der Technik gebracht. Bald nach dem Zweiten Weltkrieg entstand der erste Computer. Die erste Generation, bei der Röhren verwendet wurden, kam 1951 heraus. 1958 folgte die zweite Generation auf der Grundlage einer anderen Tech-

nologie: Transistoren und gedruckte Schaltungen. Die dritte Generation, seit 1964, verwendet integrierte Schaltungen. Eine vierte Generation ist in Vorbereitung.
Jedes Jahr bringt die Elektronik etwas grundsätzlich Neues. Zwanzig Jahre nach dem Transistor gibt es Tausende von Verwendungsarten der Halbleitertechnik. Und die jährlich fällige Neuheit bleibt nie aus: integrierte Schaltungen, Hyperfrequenzdioden, Elektrolumineszenzdioden, Dünnschichtschaltungen, superintegrierte Schaltungen (LSI) ...
Binnen zehn Jahren haben die Amerikaner die Leistung ihrer Raketen und die Präzision der Steuerung um das Tausendfache verstärkt. In der elektronischen Datenverarbeitung ist die Ansprechzeit von der Tausendstel- auf die Millionstel- und schließlich auf die Milliardstelsekunde gesenkt worden. Und es gibt inzwischen ungefähr dreißig verschiedene Speichersysteme.
Die Industrieunternehmen werden von dem Angebot der jedes Jahr sich vervollkommnenden Neuentwicklungen geradezu überrollt. Vor zehn Jahren gab es ein paar hundert Computer auf der ganzen Welt. 1968 waren es schon 80.000. Innerhalb weniger Jahre sind die Propellerflugzeuge von den Düsenmaschinen verdrängt worden, und der Fortschritt geht unaufhaltsam weiter. Überschall- und Großraumverkehrsflugzeuge kommen auf den Markt. Innerhalb von zehn Jahren hat das Fernsehen in allen Wohnungen Einzug gehalten. In zehn Jahren wird das Farbfernsehen ebenso verbreitet sein. Im folgenden Jahrzehnt kommt dann der Wandbildschirm oder das Stereobild oder noch etwas anderes – auf jeden Fall aber etwas, von dem das Alte wiederum verdrängt wird.
Während eine neue Maschine eingeführt wird, arbeitet man mit Hochdruck an der nächsten Generation. Die ersten kommerziellen Kernkraftwerke liefern jetzt Strom. Aber schon sind in den Forschungszentren Prototypen der folgenden Generation, ›schnelle Brüter‹, in Betrieb. Und längst beschäftigen sich die Wissenschaftler mit der letzten großen Etappe in der Entwicklung der Atomenergie: der kontrollierten Kernverschmelzung. Luftkissenzüge, die unter Umständen mit Linearmotoren ausgerüstet werden sollen, laufen auf ersten Versuchsstrecken, aber schon denken die Ingenieure an Zukunftszüge mit 800 Stundenkilometer. Eben erst fliegen die Prototypen der Überschallverkehrsmaschinen, aber gleichzeitig macht man Modellversuche im Windkanal für viel schnellere Flugzeuge, die den Atlantik in einer halben Stunde überqueren sollen. Es muß um jeden Preis etwas Neues, Besseres gefunden werden.

Offenbar läuft der Prozeß von der Grundlagenforschung bis zum fertigen Erzeugnis immer schneller ab. Er dauerte vierzig Jahre beim Elektromotor, fünfunddreißig Jahre beim Rundfunk, achtzehn Jahre bei den Röntgenstrahlen, zehn Jahre bei den Atomreaktoren, acht Jahre bei der Atombombe, fünf Jahre beim Radar, drei Jahre beim Transistor, bei den Sonnenbatterien und bei den neuen Polymeren. Das ist natürlich eine rein statistische Betrachtungsweise. Die Schaffung der Innovation kann jahrzehntelang an einem technischen Hindernis stocken. Aber sind die Schwierigkeiten einmal überwunden, geht die industrielle Fertigentwicklung und Produktfabrikation sehr schnell. Überall und unablässig treibt der technische Fortschritt den Menschen zu immer größerer und rascherer Leistung.

Der Film der Geschichte läuft in Zeitraffergeschwindigkeit. Bis 1985 wird es in Frankreich doppelt so viele Fabriken wie heute geben. Der Lebensstandard wird innerhalb einer Generation um dasselbe steigen wie während des ganzen 19. Jahrhunderts. Die überbaute Fläche wird sich in zwanzig Jahren verdoppeln. Der Stromverbrauch verdoppelt sich sogar alle zehn Jahre.

Auf welchem Gebiet man die Kurve auch zeichnet: sie steigt überall ähnlich steil an. Oft zeigt sie eine echte Exponentialfunktion.

Wissenschaften, die zurückbleiben

Leider machen nicht alle Wissenschaften gleich rasche Fortschritte. »Die verschiedenen Wissenschaften haben sich nacheinander entwickelt«, schreibt Sir Julian Huxley, »die einfacheren und abstrakteren setzten damit früher ein und kamen rascher voran als die komplexeren und konkreteren. Die Physik reifte schneller als die Chemie, die Chemie schneller als die Physiologie. Die Geologie schneller als die Biologie, die Biologie schneller als die Psychologie. Die Vielfalt der ethnischen, gesellschaftlichen, kulturellen und sonstigen menschlichen Phänomene ist so groß, daß unsere Vorstellungskraft nicht ausreicht, sie alle in einer wissenschaftlichen Disziplin gemeinsam behandelt zu sehen.«

Darin liegt die entscheidende Schwäche des Fortschritts. In den Wissenschaften, die es mit der Materie zu tun haben, kommt er schneller voran, aber in allem, was das Leben betrifft, nur sehr langsam. Der moderne Mensch hat die Relativität alles Bestehenden zu erkennen gelernt, aber er weiß nach wie vor nicht, was er gegen die Zunahme der Jugendkriminalität tun soll. Das ist eine weitere Konstante des Fortschritts. Wenn nicht erhebliche Anstrengungen in den biologischen und den Humanwissenschaften unternommen werden, bleiben sie unvermeidlich immer weiter zurück. Das Schlimme aber ist, daß diese Arbeiten im Gegenteil weniger stark gefördert werden und die Kluft sich ständig vergrößert.

Ad absurdum

Angesichts dieser ungestümen Beschleunigung des Fortschritts in den ›konkreten‹ Wissenschaften, angesichts dieser Kurven, die immer wieder nach oben über den Rand des Papiers hinausgehen, läßt sich eine gewisse Beunruhigung nicht unterdrücken. Soll und wird es denn wirklich in diesem Tempo weitergehen?

Reine Extrapolationen führen stets ins Absurde. In seinem Buch *Designing the Future* weist Robert Prehoda darauf hin, daß bei dem bloßen Weiterziehen der heutigen Kurven erstaunliche Ergebnisse herauskommen:

»Die Raumschiffe werden 1998 mit Lichtgeschwindigkeit fliegen, die auf der Erde erzeugte Energie wird 1994 größer sein als die Sonneneinstrahlung, die Lebenserwartung nähert sich um das Jahr 2000 der Unsterblichkeit, die Weltbevölkerung wird 3900 so stark angewachsen sein, daß sie fast mit Lichtgeschwindigkeit zunimmt . . .«

Da es aber kaum mehr Forscher als Menschen geben wird, da die Aufwendungen für die Wissenschaft niemals größer als das Bruttosozialprodukt sein werden, da es nicht recht denkbar ist, daß man Städte zerstören kann, bevor sie gebaut sind, darf man unterstellen, daß sich die Kurven abflachen werden. Der Fortschritt beschreibt Sinuskurven. Jetzt sind wir gerade in der Beschleunigungsphase. Aber man kann nicht ewig darin bleiben. Was wiederum nicht bedeutet, daß es nicht weitergeht: auch ein Flugzeug steigt ja mit vollem Schub der Triebwerke auf und geht dann in den Reiseflug über. Die Extrapolation der heutigen Tendenzen jedenfalls führt mit absoluter Sicherheit zu falschen Prognosen. Nur neigen die Prognostiker dazu, die Beschleunigungsphase zu kurz zu bemessen. Meistens ist sie länger, als man zunächst gemeint hat.

Andererseits ist die relative Zuwachsrate um so größer, je tiefer der Ausgangspunkt gelegen hat. Mit der zweiten Geburt steigt die Kinderzahl um 100 Prozent, mit der elften nur noch um 10 Prozent. Es ist also durchaus normal, daß die japanische Wirtschaft prozentual schneller wächst als die amerikanische, weil sie sich in einer früheren Phase der Expansion befindet.

Die derzeitige Beschleunigung ist ein Hinweis darauf, daß die hochentwickelten Länder im Übergang von der Industriegesellschaft zur Wissenschaftsgesellschaft stehen. In den Vereinigten Staaten ist das schon erkennbar. Die öffentlichen Mittel für F & E sind im Jahre 1967 nur um 4 Prozent erhöht worden, also praktisch gleichgeblieben. In den Jahren davor lag die Zuwachsrate zwei- bis dreimal höher. Natürlich stellt der Vietnamkrieg eine Belastung dar. Aber die Tendenz zeichnet sich deutlich ab und wird auch von den Vorhersagen der National Science Foundation eindeutig bestätigt.

Frankreich ist wie alle europäischen Länder gegenüber den Vereinigten Staaten erheblich im Rückstand, so sehr es sich auch in den Jahren 1958 bis 1968 bemüht hat, ihn zu verringern. Seither haben die Enttäuschungen wegen des schlechten Einsatzes der Mittel sowie die konjunkturbedingten Restriktionen dieses Aufholen gestoppt. Keiner wagt mehr zu erklären, das Ziel einer Verfünffachung der F & E-Ausgaben werde bis 1985 erreicht werden. Aber das Engagement in der Wissenschaft wird bleiben. Eine Wachstumsverlangsamung war wohl früher oder später unvermeidlich, aber man kann unbedenklich voraussagen, daß sich die Forschungskapazität hinsichtlich der Zahl der Mitarbeiter und der Höhe der Aufwendungen bis zum Jahre 2000 ganz erheblich vergrößern wird. Nach Olaf Helmer, einem Experten der Rand Corporation, wird sich die Zahl der Forscher in der ganzen Welt bis zum Jahrhundertende verdoppeln. Und durch die neuen Möglichkeiten, über die sie verfügen werden, wird sich die Gesamtleistungsfähigkeit verzehnfachen.

So wird sich die Welt auch in Zukunft weiter verändern. Es ist zu spät, sich darüber zu freuen oder es zu beklagen: es ist höchste Zeit, sich darauf einzustellen.

3. KAPITEL

Der Mensch in Schwierigkeiten

Wie reagiert der Mensch auf seine neuen Lebensumstände? Ist er überhaupt imstande, sich ihnen anzupassen? Wird er sich in ihnen glücklich oder unglücklich fühlen? Werden sie ihn heiter und gelassen oder ängstlich machen?

Das amtliche französische Meinungsforschungsinstitut IFOP hat im Jahre 1968 die Bürger von acht großen Industriestaaten zu diesem Thema befragt. 49 Prozent der Amerikaner meinten, das Glück werde geringer, 26 Prozent, es werde mehr. 69 Prozent sagten, ihre Beunruhigung nehme zu, 15 Prozent, sie werde schwächer.

Vielleicht stehen die Amerikaner unter dem Eindruck des Vietnamkrieges und des Rassenkonflikts? Diese Erklärung ist unzulänglich. 79 Prozent der Holländer erklärten, sie seien weniger glücklich, nur 4 Prozent, sie fühlten sich ständig glücklicher. In allen von der Umfrage erfaßten Staaten verspüren die Bürger eine wachsende Beunruhigung.

Nur die Franzosen glaubten, das Glück nehme zu (32 Prozent waren dieser Meinung, 22 Prozent vertraten die gegenteilige Ansicht, 27 Prozent waren der Auffassung, es sei keine Veränderung eingetreten). In allen anderen Ländern war der Pessimismus stärker als der Optimismus.

Die Lehre, die sich daraus ziehen läßt, ist eindeutig: die wissenschaftsgeprägte Zivilisation hat dem Menschen nicht zum Glücklichsein verholfen. Die neue Welt ist nicht vertrauenerweckend. Sie wirkt belästigend und beunruhigend. Sie erregt Angstgefühle.

Die krankmachende Veränderung

Der Mensch braucht das Gewohnte und Gleichbleibende. Er kommt mit ständigen Veränderungen schlecht zurecht. Früher war die Entwicklung so langsam, daß der Mensch in der gleichen Welt starb, in die er hineingeboren worden war. Wenn Ludwig XI. in das Jahrhundert Ludwigs XIV. versetzt worden wäre, so wäre ihm nichts sonderlich Überraschendes aufgefallen. Bei allen Änderungen in Stil und Mode war die Art zu leben und zu denken gleich geblieben.

Erst im 19. Jahrhundert kannten sich die alten Leute in der gegenüber ihren Kindertagen völlig anders gewordenen Welt nicht mehr aus. Heute geht die Erneuerung der Stile, Lebensformen und Denkweisen rascher, als die Generationen wechseln. Die wissenschaftliche und technologische Umwelt verändert sich während eines Menschenlebens mehrmals von Grund auf. Das ist mehr, als der Mensch verkraften kann. Er braucht Unterstützung. Bleibt er sich selber überlassen, so gibt er es auf, Schritt zu halten. Er ›hängt ab‹, wie es die Jungen in grausamer Eindeutigkeit nennen. Voller Angst und Mißtrauen betrachtet der alte Mensch diese ›aus den Fugen geratene‹ Welt. Und wer heute erwachsen ist, läuft Gefahr, sich morgen schon ebenso zu verhalten.

Die Wahrheit liegt in der Zukunft, und die Zukunft gehört den Jungen. Gestern noch wurde man mit zunehmendem Alter befördert, heute abgeschoben. Trotzdem neigt der einzelne nach wie vor dazu, dem Alter die Ehre zu geben und den Jungen nichts zuzutrauen. Wie sollte man auch zugeben, daß langjährige Erfahrung weniger wert sein könnte als jugendlicher Schwung?

Nichts ist schwerer zu ertragen als diese Ungewißheit angesichts der fortschrittsgeborenen Zukunft. Die Hälfte der Neugeborenen wird einen Beruf ausüben, den es noch nicht gibt, und sie werden ihn mehrmals wechseln müssen.

Zugleich wird aus der natürlichen eine künstliche Umwelt. Man geht nicht mehr über Land, sondern fährt durch die Stadt. Man setzt sich nicht mehr ins Theater, sondern vor das Fernsehgerät. Man trifft sich nicht mehr, sondern telefoniert miteinander. Man arbeitet nicht mehr am Gegenstand, sondern überwacht Maschinen. Das Riesenaufgebot an technischen Sklaven verstellt immer mehr den Zugang zur natürlichen Umwelt. Man hat es mit einem Haushaltsroboter, einem Auto, einem Fernsehgerät oder einer Maschine zu tun und immer seltener mit einem Baum, einem Hügel, einem Sommerhimmel oder einem Freund.

So wird die Welt in zweifacher Hinsicht unmenschlich. Dynamisch gesehen zwingt sie zur Veränderung, statisch gesehen bringt sie einen technisierten Lebensraum mit sich.

Ist es da so erstaunlich, daß Alkoholmißbrauch oder Jugendkriminalität gerade in den Industrieländern zunehmen? In den Vereinigten

Staaten ist ein Drittel der Krankenhausbetten mit Geisteskranken belegt.

Die Experten des französischen Plankommissariats äußern sich in ihrem Bericht ›Erwägungen für 1985‹ durchaus nicht optimistisch: »In seinem psychologischen und gesellschaftlichen Verhalten könnte der Mensch des Jahres 1985 weniger an seine Umwelt angepaßt sein als heute: Furcht vor der Außenwelt, Besorgnis, die individuelle Unabhängigkeit einzubüßen, Reaktion auf die Aggressivität des Milieus. Eine psychische Auswirkung dieses Nichtadaptiertseins wird die stärkere Verbreitung von Depressionserscheinungen sein.«

So kommen die Autoren dieser Untersuchung zu den gleichen Schlüssen wie Keynes fünfunddreißig Jahre zuvor: »Ich denke mit Schrekken an die Anpassung der Gewohnheiten und Triebe, die dem Menschen seit unzähligen Generationen eigen sind und die er vielleicht in wenigen Jahrzehnten abzulegen hat. Müssen wir uns auf Depressionen im Weltmaßstab gefaßt machen?«

Der Januskopf des Fortschritts

Dieses Unbehagen am Fortschritt entsteht ganz natürlich aus den spezifischen Eigenarten des Fortschritts, der auf Teilgebieten ohne endgültige Zweckbestimmung weltweite Veränderungen und somit Spannungen schafft. Wie äußern sich diese Spannungen? Professor Jean Fourastié hat sich intensiv mit diesem Thema beschäftigt und als grundlegenden Mechanismus den ›Doppeleffekt‹ herausgearbeitet. Jeder Fortschritt impliziert zwei Arten von Fortschritt: den leicht vorhersehbaren und bewußt angestrebten sowie den nicht gewollten und unerwarteten. Unmittelbare und mittelbare Folgen. Darin liegt die Mehrdeutigkeit des Fortschritts. Jede Veränderung bringt Vor- und Nachteile, die unlösbar miteinander verbunden sind. Auf den Menschen muß dieser Sachverhalt frustrierend wirken. Er möchte die Vorteile haben und will von den Nachteilen nichts wissen. Also ist er hin- und hergerissen zwischen Begierde und Angst. Vergißt er, was in Kauf zu nehmen ist, und sieht er nur die gute Seite des Fortschritts, so ist er ein glücklicher Zeitgenosse. Er darf damit rechnen, weniger zu arbeiten, mehr zu besitzen, häufiger und weiter zu reisen, sich bequemer unterhalten zu lassen, besser medizinisch betreut zu werden und über tausend technische Sklaven zu gebieten.

Aber die Großstadt schafft soziale Krankheiten, die Atomrüstung entspricht einer Sprengkraft von zehn Tonnen TNT je Erdbewoh-

ner, die Chemie verseucht Luft, Natur, Flüsse und Lebensmittel, das Auto verstopft die Städte, die Arbeit bringt immer weniger Befriedigung, in den Wohnblöcken stirbt die Geselligkeit aus, die Hygiene führt zur Bevölkerungsexplosion, die Medizin kann zwar einige Krankheiten heilen, ist aber bei anderen, ebenso unerträglichen, gänzlich machtlos ... Fortschritt ist offenbar nur ein anderes Wort für eine immer menschenunwürdigere Existenz.
So steht der Mensch mit seiner eigenen Zivilisation nicht im Einklang. Die Fernsehzuschauer drängen sich vor den Bildschirmen, um die Weltraumflüge zu verfolgen, aber 49 Prozent von ihnen sind mit dem Unternehmen nicht einverstanden.

Der Zauberlehrling und die gute alte Zeit

Mythen, die seit Urbeginn der Menschheit existieren, kommen wieder zur Geltung. Der Zauberlehrling. Die gute alte Zeit.
Immer wieder hört man die Meinung: »Die Forscher wissen gar nicht, was sie tun. Sie vergraben sich in ihre Berechnungen und werden völlig weltfremd. Mit ihren Gleichungen, Reagenzgläsern und Geräten führen sie uns in die Katastrophe.« Eine solche Ansicht ist bei der Widersprüchlichkeit des wissenschaftlichen Fortschritts durchaus nicht verwunderlich. Die Forscher wissen sehr wohl, was sie tun, aber sie wissen nicht, was dabei herauskommt. Und noch ist niemand da, der es stellvertretend für sie wüßte.
Die US-Zeitschrift *Scientific American* hat einen sehr aufschlußreichen Artikel über diese wissenschaftsfeindliche Einstellung veröffentlicht, die an einem ganz konkreten Beispiel, der Fluorierung des Trinkwassers, dargestellt wurde. Die amerikanischen Behörden hatten beschlossen, dem Wasser als Vorbeugungsmaßnahme gegen Karies Fluor zuzugeben. Bald wandten sich weite Kreise der Öffentlichkeit gegen dieses Vorhaben.
Wirksamkeit und Unschädlichkeit des Verfahrens waren unter Aufsicht der höchsten medizinischen Autoritäten nachgewiesen worden. Trotz der Veröffentlichung dieser Ergebnisse wollten etliche Bürger die Fluorierung nicht hinnehmen. Sie blieben dabei, das sei gefährlich, denn Fluor sei ein Gift. Außerdem erblickten sie in dieser Maßnahme eine von oben angeordnete kollektive Therapie: eine Beeinträchtigung der individuellen Freiheit.
Untersuchungen ergaben, daß die Gegner vor allem ältere Leute waren oder aus Berufen kamen, die nur wenig Berührung mit den Naturwissenschaften haben.

Die zunächst angeführte Begründung ist symptomatisch. Fluor ist ein Gift, gewiß. Aber ein Gift kann unter bestimmten Bedingungen harmlos sein. Es ist Aufgabe der Wissenschaft, diese Bedingungen festzulegen. Doch gerade der Wissenschaft wollen die Betroffenen nicht vertrauen. Die Meinungsforscher stellten fest: »Es fällt den Leuten schwer, Ergebnisse zu akzeptieren, die aus statistischen Berechnungen und nicht aus konkreten, einleuchtenden Sachverhalten gewonnen worden sind.« Daß Kurpfuscher und Wahrsagerinnen nach wie vor Zulauf haben, hat genau diesen Grund. Man wünscht den greifbaren, überzeugenden Fall, nicht die statistische, abstrakte Gewißheit. Die Wissenschaft kann die Wahrheit neu und anders definieren, aber nicht den Menschen verändern.

Auch die zweite Begründung ist aufschlußreich. Beeinträchtigung der individuellen Freiheit – ein solches Argument läßt sich nicht einfach vom Tisch wischen. Es ist durchaus verständlich, daß sich der einzelne gegen den Kollektivcharakter des Fortschritts sträubt, und zwar allein schon deshalb, weil die Industrieländer seit hundertfünfzig Jahren mit der Vorstellung von der freiheitlichen Gesellschaft leben. Die Wissenschaft sollte dazu beitragen, daß jeder in völliger Unabhängigkeit leben kann. Davon war man überzeugt. Leider stimmt es nicht. Aber ein großer Teil der Bevölkerung glaubt immer noch daran und verhält sich ablehnend gegenüber Impfzwang, Großserienerzeugnissen, stark verdichteter Stadtbebauung, Bildung für alle usw. Nur: diese Erscheinungen wird man nolens volens akzeptieren müssen.

Das Mißtrauen gegenüber einer Wissenschaft, die keine unmittelbar evidenten Ergebnisse mehr liefert, deren Wirkungen jeden einzelnen treffen und offenbar gänzlich außer Kontrolle geraten sind, ist ganz natürlich. Deshalb ist es auch durchaus möglich, daß die wissenschaftsfeindliche Einstellung zur allgemein verbreiteten Erscheinung wird. Vor einigen Jahren gab es in den Vereinigten Staaten eine Strömung, die eine Einstellung aller wissenschaftlichen Forschungen für angezeigt hielt. Das war eine erste Warnung. –

Parallel zu dieser Furcht vor dem verantwortungslosen Zauberlehrling breitet sich der Mythos von der guten alten Zeit aus, auf den Alfred Sauvy nachdrücklich hingewiesen hat. Jeder kennt das Lied: »Früher, da war das Leben schöner. Die Welt war menschlicher. Anstatt dauernd nach etwas Neuem zu suchen, sollte man es lieber wieder so halten wie einst.«

Im Extremfall führen beide Vorstellungen zusammen zur völligen

Ablehnung der Wissenschaft wie bei einem Gandhi oder einem Lanza del Vasto. Der Mensch sollte die moderne Technik verachten und von der Arbeit seiner Hände leben . . .

Die Flucht nach vorn

Solche Übertreibungen bleiben Einzelfälle, aber die Beunruhigung ist Gemeingut aller Menschen geworden. Der Fortschritt geht zu schnell. Also sollte man bremsen. Die Grundtatsachen sind richtig erkannt. Die Folgerungen aus dieser Erkenntnis dagegen sind völlig abwegig.

Ein Zurück in die Vergangenheit ist zum Glück unmöglich. »Der Fortschritt läßt sich nicht aufhalten« – diese weit verbreitete Auffassung zeugt von Einsicht. Aber selbst eine Verlangsamung würde nicht ein einziges unserer heutigen Probleme lösen. Im Gegenteil, sie würde alles nur noch verschlimmern.

Nur ein moderner Städtebau kann unsere Städte retten. Nur die Brennstoffzelle wird der Luftverschmutzung Einhalt gebieten. Nur die Empfängnisverhütung wird das explosive Anwachsen der Weltbevölkerung verhindern, nur Agrarwissenschaft und Großchemie den Hunger besiegen. Nur die Informatik kann die Aufgaben der Kinder- und der Erwachsenenbildung lösen. Überall muß ständig intensiver geforscht werden, um rascher zu Ergebnissen zu kommen. Die Lösung liegt vorne, immer weiter vorne, niemals hinten.

Im Stehenbleiben ist keine Hoffnung, weil die Menschheit von dynamischen Kräften weitergetrieben wird, über die sie keine Macht hat. Das Bevölkerungswachstum, die Verstädterung und die Änderung der individuellen Einstellungen werden weitergehen, ganz gleich, wie man sich dazu verhalten mag. Sie zwingen die Menschheit in eine atemlose Flucht nach vorn. »Wir können mit dem Erfinden nicht aufhören, denn wir sitzen nun einmal auf dem Tiger«, schreibt Dennis Gabor.

Aber die Forschung muß nicht nur verstärkt, sie muß auch unter Kontrolle gebracht werden. Das ist nicht leicht. Eine Situation unter Kontrolle zu halten ist einfach, wenn sie statisch ist, sehr schwierig dagegen, wenn sie dynamisch ist. Zum Organisieren gehört die Prognose. Und der Fortschritt läßt sich nicht ohne weiteres voraussehen.

Was nicht erfunden werden kann

Für den Grundlagenforscher ist der Fortschritt praktisch unvorhersehbar. Niemand kann sagen, was er wann entdecken wird. Der Zufall spielt nach wie vor eine erhebliche Rolle.

Becquerel meinte, die Uransalze verströmten eine Art Fluoreszenz, wenn sie vom Sonnenlicht erregt würden. Aber als er eines Tages wegen schlechten Wetters seine Versuche nicht in der vorgesehenen Form durchführen konnte, erkannte er, daß sie aus sich selber strahlten. Durch einen Zufall hatte er die Radioaktivität entdeckt.

Ein ähnlicher Glücksfall erlaubte Fleming die Feststellung, daß bestimmte Schimmelpilze die Bakterienvermehrung stoppen. Er hatte das Penicillin entdeckt, weil er eine Kultur im Regal vergessen hatte.

Es scheint unmöglich, Entdeckungen in der Grundlagenforschung zu prognostizieren, geschweige denn im voraus ihre Folgen abzuschätzen. Sogar nach einer Entdeckung können sich die Wissenschaftler die Auswirkungen meistens nicht recht vorstellen. 1887 wollte Hertz nachprüfen, ob die Elektrizität wirklich ohne ein festes oder flüssiges Trägermedium fließen kann, wie es die Maxwellschen Gleichungen vorsahen. So entdeckte er die Hertzschen Wellen, die Grundlage der Funktechnik. Aber er wies nur darauf hin, daß sie wohl für Fernmeldeverbindungen geeignet sein müßten.

Sehr viel weniger lange ist es her, daß Professor Alfred Kastler bei Arbeiten über den elektrischen Aufbau des Moleküls das Prinzip des Elektrischen Pumpens entdeckte. Er kam gar nicht darauf, seine Erfindung schützen zu lassen, weil er sich keine praktische Anwendung vorstellen konnte. Heute wird sie bei Lasern, Masern, Magnetometern und Atomuhren benutzt.

Auch Einstein dachte nicht an die Atombombe, als er die Lichtquantenhypothese aufstellte. Und noch 1933 erklärte Lord Rutherford: »Wer aus der Kernumwandlung Energie zu gewinnen hofft, träumt vom Mond.«

Oft ist sogar die spätere Erfindung, also die Schaffung einer Vorrichtung und nicht die Entdeckung eines Prinzips, kaum aussagekräftiger. Branly baute den ›Kohärer‹, einen entfernten Vorfahren des Transistors, ohne an Fernmeldeverbindungen zu denken. Popow erfand die Antenne, weil er nach einer Möglichkeit zur Erforschung der Luftelektrizität suchte. Marconi brachte diese Arbeiten in eine Synthese und machte sie zum Ausgangspunkt der Funktechnik.

Zehn Jahre nach der Geburt des Lasers zeichnet sich seine Zukunft noch kaum ab. Welche Anwendungsformen werden besonders bedeutend sein? Fernmeldeverbindungen, dreidimensionales Fernsehen, Kernverschmelzung . . ? Niemand weiß es. Denn der Laser ist aus

einer Grundlagenforschung entstanden. Nicht aus einer Industrieforschung.
Bei einer entwicklungsorientierten Forschung sind die Ziele natürlich sehr viel klarer definiert. Als sich die Physiker der Bell-Laboratorien bald nach dem Kriege mit Halbleitersubstanzen befaßten, wußen sie genau warum. Sie wollten elektronische Festkörperbauelemente schaffen, um die Vakuumröhren zu ersetzen. Als sie den Transistor entwickelt hatten, brauchten sie nicht erst zu überlegen, was man damit anfangen könnte. Sie wußten aber nicht, daß sie beitragen würden zum Zusammenwachsen der arabischen Welt, zur Ausbreitung des Aufruhrs im Pariser Universitätsviertel und zum Gelingen des bemannten Weltraumflugs.

Was nach der Wissenschaft kommt

Der Erfinder weiß, was er sucht. Er kennt die Anwendungsmöglichkeiten, kann sich aber nicht ausmalen, was später daraus wird.
Als Lenoir den Verbrennungsmotor erfand, konnte er sich Städte mit verpesteter Luft nicht vorstellen. Als die deutschen Chemiker die modernen Detergentien erfanden, sahen sie durchaus nicht Schaumberge auf den Flüssen vor sich. Als Fleming den Anstoß zur Entwicklung der Antibiotika gab, dachte er nicht daran, daß er die Geflügelpreise senken würde. Und die Forscher, die das DDT entwikkelten, kamen nicht auf den Gedanken, daß man diesen Stoff eines Tages im Körper aller Lebewesen antreffen würde.
Nur einmal, ein einziges Mal wußten die Wissenschaftler genau, was sie taten. Eine lehrreiche Geschichte. Die Väter der Atombombe malten sich die Schrecken einer nuklearen Explosion sehr gut aus. Die Vorstellung bedrückte sie. Kaum war die furchtbare Waffe fertig, schrieben etliche von ihnen an den Präsidenten der Vereinigten Staaten und beschworen ihn, sie nicht gegen dichtbesiedelte Gebiete einzusetzen. Der Brief blieb ungelesen und Hiroshima wurde vernichtet. Was nach der Wissenschaft kommt, ist dem Einfluß der Wissenschaftler entzogen.
Szilard schlug mehrfach großartige, utopische Verfahren vor, wie eine nukleare Weltkatastrophe verhindert werden könnte. Dann beschäftigte er sich mit der Erforschung des Verhaltens der Delphine. Fermi arbeitete über kosmische Strahlung. Einstein versuchte vergeblich, die Welt vom Weg in das atomare Wettrüsten zurückzuhalten. Oppenheimer weigerte sich, an der Wasserstoffbombe mitzuarbeiten. Die böse Frucht der Wissenschaft war den Wissenschaft-

lern entglitten. Die Atombewaffnung der Großmächte wurde immer mehr verstärkt. »Wenn ich mein Leben noch einmal anfangen dürfte, würde ich Klempner werden«, sagte Einstein kurz vor seinem Tode.
Die Prognose ist schwierig, aber deshalb nicht weniger notwendig, es sei denn, man brauche nur die Kurven der bisherigen Entwicklung weiterzuziehen, um die Zukunft zu erkennen. Vollends unerläßlich wird sie, sobald man es nicht mehr mit dem Quantitativen, sondern mit dem Qualitativen zu tun hat.
Diese Notwendigkeit wird jetzt allgemein anerkannt. Zögernd. Eben weil die Prognose eine schwierige Kunst und noch keine Wissenschaft ist. Die Ergebnisse der bisherigen Bemühungen sind eher entmutigend. Denn die Prognostiker haben sich mit schöner Regelmäßigkeit geirrt.

Voraussagen ins Ungewisse

Meistens entstehen die falschen Prognosen aus übergroßer Vorsicht. Ein Auguste Comte wagte die Prophezeihung, man werde niemals etwas von der Beschaffenheit der Sterne wissen – wenige Jahre vor der Entdeckung der Spektroskopie. Newcombs Berechnungen, die bewiesen, daß ein Apparat, der schwerer ist als die Luft, niemals fliegen könne, wurden bald darauf durch die ersten Flüge der Brüder Wright entkräftet. 1936 kam ein Artikel in der höchst seriösen Zeitschrift *Nature* zu dem Ergebnis, Raumflüge seien unmöglich. Noch 1956 war Dr. Wooley, der Hofastronom von Königin Elisabeth II., der gleichen Meinung. 1945 erklärte Vanneavar Bush, der zivile Leiter des Amtes für wissenschaftliche Waffen der Vereinigten Staaten, die Herstellung von Interkontinentalraketen sei in absehbarer Zukunft ausgeschlossen. Ungefähr zur gleichen Zeit erläuterte Lord Cherwell, Churchills wissenschaftlicher Berater, vor dem Unterhaus, warum eine Rakete für militärische Zwecke völlig uninteressant sei.
An solchen Beispielen mangelt es nicht. Andererseits sieht es ganz so aus, als hätten viele häufig gemachte Voraussagen überhaupt keine Aussicht auf Verwirklichung: die Aufhebung der Schwerkraft, die Reise durch die Zeit, das Unsichtbarmachen, die Verbindung mit den Toten usw.
Arthur Clarke zählte eine ganze Liste von unvorhergesehenen Entdeckungen auf und nennt u. a.: die Röntgenstrahlen, die Atomenergie, den Rundfunk, die Fotografie, die Relativität, den Transistor und die Tonaufzeichnung. An eindeutig vorhergesagten Erfindun-

gen nannte er nur das Auto, das Telefon, das Unterseeboot, das Flugzeug und die Roboter. Eine enttäuschende Bilanz.

Manchmal wird eine Erfindung prophezeit, aber die technische Verwirklichung sieht dann ganz anders aus. So verwendete Jules Verne eine Kanone, um seine Weltraumreisenden zum Mond zu befördern. 1937 schilderte Gilfillan fünfundzwanzig verschiedene Möglichkeiten, um auch bei Nebel die Sicherheit des Flugverkehrs zu gewährleisten, und kam zu dem Schluß, das Problem werde bald gelöst sein. Aber unter seinen fünfundzwanzig verwendbaren Techniken fehlte das Radar, das man damals unter strengster Geheimhaltung gerade zu entwickeln begann.

Wenn allerdings die ersten Ergebnisse vorliegen, steigt die Chance für eine richtige Prognose. Dieser Augenblick, da eine neue Technik in Erscheinung tritt, heißt bei den Experten ›Strassmannscher Punkt‹. Der Ausdruck kommt bezeichnenderweise aus dem Bereich der Atomenergie. Mit dem Augenblick, da Hahn und Strassmann die Kernspaltung entdeckten, wurden die Anwendungsmöglichkeiten deutlich. Wenn eine Forschungsarbeit den Strassmannschen Punkt erreicht hat, müßte grundsätzlich mit Prospektivuntersuchungen begonnen werden.

Leider zeigt die Erfahrung, daß auch in diesem Stadium die Fehleinschätzungen noch sehr häufig sind. Der erste Computer wurde während des Krieges von dem Deutschen Friedrich Zuse gebaut. Erst um das Jahr 1955 bekam man bei IBM eine Vorstellung von der Zukunft der elektronischen Datenverarbeitung. Als Furnas 1936 die allgemeine Einführung des Fernsehens erwog, stellte er die Frage, »ob die Käufer wohl bereit sein würden, dafür Geld auszugeben«.

Die Verantwortlichen in den Vereinigten Staaten haben erst 1957 wirklich an die Raumfahrt geglaubt, obwohl die deutsche V2-Rakete ohne Zweifel den ›Strassmannschen Punkt‹ darstellte. Solche Irrtümer sind ungleich schwerwiegender als Fehleinschätzungen bei langfristigen Perspektiven.

Die Wissenschaft von der Zukunft

Die Bemühungen um die Zukunftsvorhersage ist eine logische Folge des Fortschritts. Sie ist durchaus nicht auf ein bestimmtes politisches System beschränkt, sondern wird von allen Ländern mehr und mehr als notwendig erkannt. Nur: viel zu langsam! Die Sowjetunion, die als erste ihre Zukunft ganz systematisch, allzu systematisch mit Fünfjahresplänen im voraus organisiert hat, ist in der wissenschaftlichen Prognose kaum weitergekommen. Die ersten Arbeiten auf der Grundlage des Operational Research, der geplanten Forschung, wurden in den Vereinigten Staaten von der Rand Corporation durchgeführt. In Frankreich waren Gaston Berger und Bertrand de Jouvenel die ersten Verfechter dieser Arbeitsweise. Seither wird sie überall unablässig verfeinert. Auch die Ostblockstaaten sind dazu übergegangen.

Es gibt bereits etliche Methoden des Operational Research: ›Delphi‹, ›Patterns‹, Ablaufplanung, Systemanalyse, Elementaranalyse usw. Der Prognostiker braucht sich also nicht mehr auf sein bloßes Fingerspitzengefühl zu verlassen. Er verfügt über einen großen Bestand an Informationen, hält Kontakt mit seinen Kollegen im Ausland, verwendet mathematische Verfahren und bedient sich der Datenverarbeitung.

So kann man davon ausgehen, daß die ganz krassen Irrtümer der Vergangenheit nicht wieder vorkommen werden. Die Futurologen betrachten den Fortschritt mit angemessenem Optimismus. Nur in Extremfällen bezeichnen sie etwas als gänzlich unmöglich.

So haben die Experten der Rand Corporation mit ihrem Leiter, Olaf Helmer, 1964 folgende Aufstellung für die Zeit bis 1975 gegeben:

1970	(1968/1970)	Einsatz von Satelliten für die Wettervorhersage.
	(1968/1970)	Gezielte Landung von Menschen auf dem Mond und Rückkehr zur Erde.
	(1968/1970)	Weltweites Fernmeldesystem über Satelliten.
	(1968/1970)	Kampfunfähig machende biologische und chemische Wirkstoffe *(incapacitants)*.
1971	(1964/1971)	Wirtschaftlich tragbare Meerwasserentsalzung.
	(1968/1975)	Verwendung von Lasern für Radar und Weltraumnachrichtenverbindungen.
	(1970/1975)	Raumstationen für ca. 10 Menschen auf Erdumlaufbahnen.
1972	(1970/1983)	Langwirkende orale Empfängnisverhütungsmittel.
	(1970/1974)	Neue Kunststoffe für Ultraleichtbauweise.
	(1968/1986)	Automatische Sprachenübersetzung.
	(1968/1982)	Organersatz durch Transplantation oder Prothese.

	(1970/1980)	Perfektionierte Propagandatechniken, Kontrolle über das Denken, Massenmotivierung und Meinungsmanipulation.
1973	(1970/1977)	Automatische Flugsicherung.
	(1972/1980)	Begleichung der Einkäufe über Direktverbindungen zwischen Banken und Einzelhandel.
1974	(1971/1977)	Allgemeine Einführung von Lernmaschinen.
1975	(1972/1988)	Zuverlässige Wettervorhersage.
	(1970/1975)	Antrieb durch Atomreaktor und elektrischer Antrieb von Flugkörpern.
	(1972/1979)	Flugzeuge mit großer Reichweite (evtl. mit Atomantrieb).
	(1974/1976)	Längerer Aufenthalt in Mondstationen.
	(1973/1980)	Verwendung automatisierten taktischen Geräts im militärischen Bereich (z. B. Wachtposten-›Roboter‹).

Für den Zeitraum zwischen 1975 und 2000 halten die Fachleute Entdeckungen für denkbar, die uns notwendigerweise sehr viel futuristischer anmuten:

1978	(1971/1988)	Automatische Gesetzes- und Rechtsprechungsdokumentation.
	(1975/1979)	Bemannter Flug in die Nähe von Mars und Venus.
1980	(1971/1991)	Datenbanken.
1981	(1975/1992)	Zusammenführung der physikalischen Theorien (Relativität und Quantenmechanik).
	(1973/1995)	Grundlegende physikalische Versuche im Weltraum (Lichtgeschwindigkeit, Schwerkraft . . .).
1982	(1981/1983)	Ständig bemannte, ortsfeste Mondstationen.
	(1978/2002)	Überwachung der atmosphärischen Wetterverhältnisse.
1983	(1980/2000)	Persönlichkeitsverändernde chemische Drogen.
1985	(1978/1989)	Gamma- und Röntgenstrahlen-Laser.
	(1975/1990)	Plastischer und elektronischer Organersatz (Radar für Blinde).
	(1980/1990)	Automatische Diagnose in der Medizin.
1986	(1980/2000)	Kontrollierte Kernverschmelzung.
	(1979/1994)	Weltraumsonden außerhalb des Sonnensystems.

1988	(1980/1996)	Verwendung von Haushaltsrobotern.
	(1980/1996)	Automatische Berechnung der Steuern.
1989	(1979/2000)	Wirtschaftlicher Abbau der Bodenschätze auf dem Meeresgrund.
	(1979/2000)	Schaffung einer primitiven Form künstlichen Lebens.
1990	(1987/2000)	Beeinflussung des örtlichen Wettergeschehens zu tragbaren Kosten.
	(1985/2003)	Wirtschaftliche Herstellung von synthetischen Eiweißstoffen – künstliche Lebensmittel.
	(1980/2020)	Herstellung von Gegenständen auf dem Mond und Ausbeutung von Mondrohstoffen.
1994	(1983/2000)	Immunisierung der Gesamtbevölkerung gegen Bakterien- und Viruskrankheiten.
1995	(1989/2000)	Raketenabwehrwaffen unter Verwendung konzentrierter Energiestrahlung.
2000	(1990/2010)	Genveränderung durch Eingriffe in die Molekülstruktur (Erbgutbeeinflussung).
	(2000/2017)	Wirtschaftliche Ausnutzung der Weltmeere zur Nahrungsgewinnung.
	(1980/nie)	Entstehen einer Weltsprache.
	(1995/2026)	Dank automatischer Abstimmungsverfahren Gesetzgebung durch Volksbefragung.
	(1985/nie)	Wirtschaftlicher Transport mit Hilfe von ballistischen Raketen.

Für das erste Viertel des 21. Jahrhunderts denken die Experten an Autobahnen mit automatisierter Verkehrssteuerung, Druck von Zeitungen und Zeitschriften im Hause, chemische Wachstumsstimulierung für neue Organe, Medikamente zur dauerhaften Steigerung der geistigen Fähigkeiten, Symbiose von Mensch und Maschine im unmittelbaren Verkehr mit dem Computer, chemische Beeinflussung des Alterns und Verlängerung des Lebens. Dies alles wäre nach den Prognosen einiger besonders optimistischer Futurologen auch schon vor Ende unseres Jahrhunderts möglich.

Was an der Liste zunächst auffällt, ist die große Zahl von Neuerungen, die schon im nächsten Jahrzehnt realisiert werden könnten. Zehn Jahre sind eine sehr kurze Vorbereitungszeit.

Viele dieser Innovationen dürften überdies ganz erhebliche sekundäre Auswirkungen haben. Man bedenke nur, was die automatische Begleichung der Einkäufe für den Handel bedeuten würde, welchen Einfluß langwirkende orale Empfängnisverhütungsmittel auf die Sitten haben könnten, wie das politische Leben aussähe, wenn die Möglichkeit zur Manipulation der öffentlichen Meinung gegeben wäre. Alle diese Neuerungen sind ja für die nächsten fünf Jahre angekündigt.

Die Schwierigkeiten durch die Einführung des Fortschritts werden nicht geringer werden, sondern eher zunehmen. In allen Ländern wird die Gesellschaft immer stärkeren Veränderungen unterworfen werden. Und es ist ja nicht etwa so, daß zehn Jahre zur Verfügung stünden, um die Organisation der Gesellschaft mit der Technologie gleichziehen zu lassen und dann in ausgewogenem Rhythmus weiterzugehen. Es muß im Gehen organisiert werden. Nicht im Stillstand.

Vorausschauen, um zu beeinflussen

Führt man sie einfach hintereinander auf, so vermitteln die Ergebnisse der Prospektive eine völlig falsche Vorstellung vom Wesen der Zukunftsforschung. Man könnte meinen, es handele sich um Weissagerei auf rationaler Grundlage. Davon kann nicht die Rede sein. Den mit höchster Wahrscheinlichkeit zu erwartenden Gang des Fortschritts zu bestimmen ist nur der erste Schritt bei der Erkundung der Zukunft. Bertrand de Jouvenel drückte das vor einiger Zeit so aus: »Es geht darum, die verschiedenen möglichen ›Zukünfte‹ zu ermitteln, zu denen die verschiedenen möglichen Entwicklungen der Gesellschaft führen würden ... Man denkt also über die Zukunft nach, damit ›aufgeklärt‹ gehandelt werden kann. Diese Verbindung zur Aktion ist so stark, daß ich eine Einladung, eine Stunde im Jahre 2000 zu verbringen, ablehnen würde, weil mich nicht eine fix und fertige Zukunft interessiert, sondern die Bemühung, sie zu verbessern.«

So können Prognosen wie die der Rand Corporation von der Öffentlichkeit völlig mißverstanden werden, die darin etwas Vorbestimmtes, unausweichlich Bevorstehendes erblicken könnte: man muß eben den Fortschritt nehmen, wie er kommt, und sich möglichst geschickt darauf einstellen. Das wäre aber durchaus nicht das richtige Verhalten.

Zwar sind die meisten angekündigten Neuerungen unvermeidlich, gleichgültig unter welchem Regime und unabhängig von der Politik,

für die sich die Verantwortlichen entscheiden. Der Mensch kann sie allenfalls ein wenig beschleunigen oder hinausschieben.
Aber diese Neuerungen lassen Raum für zahlreiche ›Zukünfte‹. Man kann mit der Beeinflussung von Wetter oder Erbgut vieles anfangen. Der Prognostiker sagt nur, daß die Menschheit diese Möglichkeiten haben wird.
Weil die Zivilisation längst ein weltweites Phänomen ist, kann niemand dem Fortschritt ausweichen: er respektiert keine Grenzen. Es gilt die Zukunft vom Fortschritt her zu gestalten. Nach einem klugen Wort von Pierre Massé müssen wir »die Fakten hinnehmen, aber die Fatalitäten ablehnen«. Die Kenntnisnahme der Voraussagen darf nicht das fatalistische ›Also stehet geschrieben‹ wieder zu Ehren bringen. Soll die Fatalität nicht die Oberhand bekommen, so muß man das Unvermeidliche kennen, um es dem Willen des Menschen zu unterwerfen.

4. KAPITEL

Die Machtpolitik

Wissenschaft und Technik sind mobilisiert worden. Wofür diese Mobilmachung? Die Frage ist wichtig, weil der Fortschritt ja an sich ungerichtet ist. Viele ›Optionen‹ sind denkbar. Von der elektronischen Datenverarbeitung bis zur Medizin, von der Raumfahrt bis zum Städtebau reicht die verwirrende Skala der Möglichkeiten. Wenn man auf allen Gebieten weitergehen kann, die zur Verfügung stehenden Mittel aber begrenzt sind, muß man Prioritäten setzen.
Zu jeder F & E-Bemühung gehören solche Entscheidungen. Nur werden sie oft getroffen, ohne daß die Zielsetzung gleich zu erkennen ist. Zunächst muß man demnach feststellen, wie der Aufmarschplan sich heute darstellt, um dann zu prüfen, ob sich hinter der bloßen Strategie, also dem Einsatz der Mittel, eine echte Politik verbirgt, also die Unterordnung dieser Mittel unter klare Zielsetzungen.

Strategie und Politik

Hier dürfte eine Zwischenbetrachtung am Platze sein. Keine Verwechslung ist üblicher als die zwischen den Mitteln und den Zielen. Zwischen Strategie und Politik. Einen walnußgroßen Computer bauen, dreidimensionale Fernsehbilder möglich machen, ein automatisch gesteuertes Auto konstruieren – das ist Strategie. Denn diese Hervorbringungen sind nur Gegenstände von F & E, keine Ziele.
Die Landesverteidigung, den Gesundheitszustand der Bevölkerung, den Lebensstandard, die Umwelt verbessern – das sind Ziele. In welcher Weise einigen von ihnen Vorrang gegenüber anderen eingeräumt wird, das liefert die Definition einer Politik.
Diese Unterscheidungen sind keine Wortklaubereien, sondern von größter Bedeutung. Welchem Ziel dient der Automobilbau? Der Herstellung von Automobilen? Schön, dann ist das Ziel bestens erreicht. Die Straßen wimmeln von Fahrzeugen, die immer schneller, immer komfortabler werden. Aber eine solche Betrachtungsweise verwech-

selt Ziel und Mittel. Das Ziel war, die Möglichkeit für eine bequeme und unabhängige Ortsveränderung zu geben. Trotz ständiger Verbesserung der Modelle ist dieses Ziel nicht erreicht worden. Der Autofahrer, in Verkehrsstauungen gefangen, in Auspuffgasen erstickend, ist ein unglücklicher Zeitgenosse: das genaue Gegenteil eines Menschen mit Bewegungsfreiheit.
Überträgt man diese Unterscheidung auf F & E, so erkennt man, daß die Wissenschaft etwas völlig anderes ist als die Technik. F kann ein Ziel sein, E nicht. Man treibt wohl Wissenschaft um der Wissenschaft, niemals aber Technik um der Technik willen. Theoretisch jedenfalls. In der Praxis ist die Trennung nicht so eindeutig. Die historische Wirklichkeit kennt keine Theorien; sie werden meistens erst nachträglich hineininterpretiert. Sie entsteht Tag um Tag, ganz empirisch, und so ist auch die Mobilmachung der Wissenschaft in den letzten zwanzig Jahren vor sich gegangen.
Bei einem Symposium erklärte Pierre Aigrain, der französische Generaldelegierte für wissenschaftliche und technische Forschung: »Das Hauptproblem ist jetzt die klare Zielsetzung geworden ...«
Gewiß, ideal wäre es gewesen, wenn schon zu Beginn des Industriezeitalters Fortschrittspolitik betrieben worden wäre. Aber das war nun einmal nicht möglich. So tauchten nacheinander immer neue Motivierungen auf. Jede hatte eine Teilmobilmachung zur Folge. Was jetzt da ist, ist schubweise entstanden. Ohne zusammenhängenden Plan.

Die militärische Zielsetzung

Kehren wir zurück zu der Frage, die wir für einen Augenblick verlassen haben: auf welches Ziel hin sind Wissenschaft und Technik mobilisiert worden? Darauf läßt sich eindeutig antworten, daß diese Mobilmachung zunächst im Hinblick auf militärische Ziele erfolgt ist. So entstand eine Politik, die unausgewogenes Stückwerk blieb: eine Politik der ersten Generation. Auf so schmaler Basis ließ sich eine Strategie relativ einfach definieren. Es ist deshalb nicht weiter erstaunlich, daß die meisten Organisationsmethoden für F & E im militärischen Bereich entstanden sind, und zwar vor allem in den Vereinigten Staaten.
»Das Verteidigungsministerium hat die Organisations- und Managementmethoden eingeführt, die heute in anderen Bereichen Schule machen, und an diesem Sachverhalt hat sich nichts geändert«, berichten die OECD-Experten in ihrer Studie über die US-Wissen-

schaft. Und sie fügen hinzu, daß »die Verteidigung nach wie vor der Motor für die wissenschaftliche und technische Tätigkeit in den Vereinigten Staaten ist«.
In der Tat zeigen die Militärs seit längerer Zeit einen geradezu leidenschaftlichen Hang zur Wissenschaft. Das US-Verteidigungsministerium verfügt über 55 Prozent der Haushaltsmittel für Forschung und Entwicklung. Bei dem Gewicht, das die Vereinigten Staaten haben, bringt diese Tatsache die gesamte Wissenschaftsarbeit in der Welt aus dem Gleichgewicht. Die anderen Großmächte halten es ähnlich. Die Militärforschung ist zur Lokomotive des Fortschritts geworden. Das Radar ist im Zweiten Weltkrieg entstanden. Die Atomenergie wurde, kaum daß sie entdeckt war, von den Militärs annektiert. Die zivile Luftfahrt hat sich im Gefolge des Fortschritts bei den Kampfflugzeugen entwickelt. Das Operational Research ist während des Krieges in Großbritannien erprobt worden. Eine der ersten Anwendungen der elektronischen Datenverarbeitung erfolgte für das amerikanische Luftabwehrsystem. Und die Raumfahrt basiert auf der Technik der Interkontinentalraketen.
Dieser Aufwand geht weit über die Waffenentwicklung im üblichen Sinne hinaus. Er betrifft alle Bereiche der Forschung. Das US-Verteidigungsministerium gibt jährlich 285 Millionen Dollar für Grundlagenforschung aus und übertrifft damit die National Science Foundation.
Die Militärs haben den Zusammenhang von Entdeckung und Innovation sehr genau verstanden. Sie wissen, daß der Fortschritt um so größer ist, je tiefer sein Ausgangspunkt liegt. Sie wollen ja nicht nur die derzeitige Waffentechnik verbessern. Sie müssen nach der Entdeckung Ausschau halten, die einen ›Durchbruch‹ in der Kriegskunst bringen könnte, damit sie nicht den gleichen Fehler begehen wie Hitler in der Frage der Kernspaltung. Deshalb verfolgen sie die Arbeit der Grundlagenforschung, die ihnen wirklich völlig neue Möglichkeiten erschließen könnte. Sie vergeben Forschungsaufträge oder geben Zuschüsse zu Untersuchungen über die Sinneswahrnehmungen bei Tieren, über neue mathematische Ansätze, über virologische Probleme, über Ernährungsfragen oder Möglichkeiten der Festkörperphysik. Die Mobilmachung bezieht alle Disziplinen ein.
Selbst in Frankreich kann die Forschungs- und Versuchsabteilung beim Verteidigungsministerium mehr Mittel für die Forschung zur Verfügung stellen als der Nationale Rat für Wissenschaftliche Forschung (CNRS). Alle Laboratorien bemühen sich, solche Aufträge

zu bekommen, die oft erst die Möglichkeit geben für die wirklich gewagten, verheißungsvollen und unvorhersehbaren Vorhaben.
Alle Physiker leiden seit der Atombombe unter Schuldgefühlen. Dieses schlechte Gewissen erklärt die Pugwash-Bewegung, eine Internationale von Wissenschaftlern, die ihrer besonderen Verantwortung gerecht werden wollen.
Diese Tendenz ist auch in Frankreich deutlich geworden, als es um den Bau der eigenen Atombombe ging. Die Abteilung für militärische Anwendungen innerhalb des französischen Atomenergiekommissariats, die für die Durchführung der Kernwaffenversuche zuständig ist, hat niemals genug gute Physiker gefunden: der wissenschaftliche Nachwuchs lehnte es ab, ›sich die Hände schmutzig zu machen‹. Ebenso weigern sich die allermeisten qualifizierten Biologen, an chemischen oder bakteriologischen Waffen mitzuarbeiten.
Aber je weniger die Forschung es unmittelbar mit Waffen zu tun hat, um so geringer werden die Bedenken. Brennstoffzellen, integrierte Schaltungen oder Entsalzungsmethoden beschweren das Gewissen nicht, zumal die Arbeitsbedingungen, die von den Militärs geboten werden, verlockend sind. Sie wünschen Ergebnisse, während die Industrie Rentabilität verlangt: So wehrt sich die Welt der Wissenschaft nicht wirklich gegen diese Einflußnahme von militärischer Seite.
Die Industrie ist die große Nutznießerin dieser Haushaltsmittel. Aber die Verteilung auf die Branchen ist sehr ungleich. Die Raumfahrt- und Elektronikfirmen bekommen den Löwenanteil. Sie sind die Lieblinge des Generalstabs. In ihren Forschungszentren arbeiten besonders viele Wissenschaftler auf Kosten des Verteidigungshaushalts. So entsteht eine Verquickung ganz besonderer Art von Wissenschaft und Industrie, eine moderne Rüstungslobby, die sich mit Nachdruck für die Beibehaltung der Programme des Verteidigungsministeriums einsetzt.
Diese Politik schafft also privilegierte Industriezweige, ›Spitzenbranchen‹, die ständig mit dem Wachstumshormon der Militärausgaben hochgepäppelt werden. Sie entwickeln sich entsprechend rasch und können besonders umfangreiche wissenschaftliche Arbeiten durchführen.

Wenn es um das Prestige geht

Zu diesen militärischen Motivationen treten die politischen Motivationen des Gewinns an Prestige. In den Vereinigten Staaten haben sie vor allem in der Raumfahrt ihren Niederschlag gefunden; in Frankreich ist ihr Einfluß auch auf anderen Gebieten spürbar.

Als die Amerikaner sich auf das Mondfahrtabenteuer einließen, verfolgten sie damit ein ganz klares Ziel: ihr Ansehen in der Welt wieder herzustellen, das unter dem erfolgreichen Start des ersten Sputnik stark gelitten hatte. Vor diesem Ereignis war die Raumfahrttechnik in den USA nicht recht in Gang gekommen. Denn die Amerikaner hatten zwar genügend qualifizierte Männer und das nötige Geld, aber es fehlte ihnen die Motivation. Sie wurde ihnen von den Sowjets geliefert. Drei Wochen nach dem Flug von Gagarin ließ Präsident Kennedy das Apollo-Programm anlaufen. Warum mußte es ausgerechnet der Mond sein? Diese Entscheidung war in der Perspektive der Eroberung des Weltraums sicherlich nicht die vernünftigste, aber sie entsprach am besten der weltpolitischen Motivation.

Seit dem 20. Juli 1969 ist das Ziel erreicht. Es gibt jetzt keine Herausforderung mehr, der es zu begegnen gilt. Es geht ›nur‹ noch ganz allgemein um die Eroberung, Erkundung, Benutzung des Weltraums. Das Programm muß völlig umgestellt werden auf ganz andere Ziele. Aber was da ist, ist speziell für die Mondfahrt entwickelt worden. Das neue Ziel zwingt zur vorrangigen Durchführung von Programmen im erdnahen Raum. Etwas ganz anderes gilt es zu bauen: eine Weltraumstation auf Erdumlaufbahn. Eine solche Programmumstellung ist teuer. Aber das Widerstreben der Behörden und die Gleichgültigkeit der US-Öffentlichkeit hatten es unmöglich gemacht, gleich zu Beginn des Raumfahrtzeitalters langfristige Ziele festzulegen.

In der Regel bleiben die politischen Motivationen unterschwellig. Man darf Prestige-Erfolge haben, aber nicht anstreben. Dabei gibt es solche Wünsche und Bemühungen nicht etwa nur in der Raumfahrt, sondern auch bei der Atomenergie, in der Datenverarbeitung und vielen anderen Bereichen. Meistens stellen sie einen Faktor dar, der das Ungleichgewicht noch verschärft, das ohnehin schon durch die militärischen Anstrengungen bewirkt wird. Denn solche Prestigevorhaben betreffen vor allem die Technologie und stützen sich ebenso auf die ›Spitzenindustrien‹ wie die Rüstungsprogramme.

Wissenschaft für die Wirtschaft

Ganz gleich, ob es um die Vergrößerung des Rüstungspotentials geht oder um die Stärkung des nationalen Ansehens in der Welt – das Ziel ist stets das gleiche: die Macht. Die gleiche Absicht steht hinter der Mobilmachung der Wissenschaft durch und für die Wirtschaft.

Die Wirtschaft braucht einen Produktionsapparat, der sich im weltweiten Wettbewerb behaupten kann. Der Fortschritt hat die Entfernungen schrumpfen und den internationalen Handel um ein Vielfaches ansteigen lassen. Ob ein Land wirtschaftlich gesund ist, beurteilt man weniger auf Grund des Lebensstandards seiner arbeitenden Bevölkerung als vielmehr nach der Handelsbilanz. Bevor man daran denken kann, die Bedürfnisse der Bürger zu befriedigen, muß man zunächst einmal dafür sorgen, daß man dem Konkurrenzdruck von außen gewachsen ist. Jede Schwäche öffnet ihm die Tür und gibt anderen die Macht. Der Staat hat nicht mehr die Freiheit, sein eigenes Spiel zu spielen, er muß das Spiel der Weltwirtschaft mitspielen. Und dort geht es vor allem um die bessere Technologie und die Auseinandersetzung mit der überwältigenden ökonomischen Macht der Vereinigten Staaten. Die Entscheidung fällt immer wieder in den Spitzenindustrien, die zugleich die Wachstumsindustrien sind. Bei ihnen muß die Bemühung vor allem ansetzen, und die Vorrangstellung, die ihnen die Amerikaner einräumen, findet sich in allen großen Industrienationen wieder.

Diese massive Unterstützung der Industrieentwicklung erlaubt es der Regierung, Erzeuger und Verbraucher zufriedenzustellen, was meistens genügt, um beide auch als Wähler zu gewinnen. Außerdem hat die Regierung hier in der Unternehmerschaft einen starken und gut organisierten Verbündeten. So wird der Industrieförderung im Rahmen der wissenschaftlichen Mobilmachung ein bevorzugter Platz eingeräumt.

Die Notwendigkeit, über den Ausbau von Forschung und Entwicklung das Wirtschaftswachstum sicherzustellen, ist heute allgemein anerkannt. Aber die Beziehungen zwischen Ursache und Wirkung sind auf diesem Gebiet sehr viel komplizierter als bei den Aufwendungen für militärische Zwecke. Denn dort konnte jedenfalls eine zusammenhängende Strategie daraus entstehen, während die Fachleute noch heute nach wirksamen Methoden zur Rentabilisierung der Wissenschaft suchen. So ist eine echte Wissenschaftspolitik der zweiten Generation, die politische, militärische und wirtschaftliche Zielsetzungen zusammenfassen müßte, noch nicht in Sicht.

Jedenfalls darf und kann es sich dabei nicht um eine bloße Machtpolitik mit fast ausschließlicher Betonung der Technologie handeln, nur weil die Kräfteverhältnisse auf anderen Bereichen nicht so sehr ins Auge fallen. Die Herausforderung von außen betrifft ja nicht die Kunst, den Menschen in der Wissenschaftsgesellschaft glücklich zu machen. Man kann ohne weiteres Macht und zugleich unbewohnbare Städte, verschmutzte Flüsse, veraltete Krankenhäuser und jämmerliche öffentliche Einrichtungen haben. Erst auf weite Sicht vermögen solche Versäumnisse auch die Stellung in der Welt zu beeinträchtigen. Die Vereinigten Staaten beginnen das zu merken. Aber der Kampf findet ja immer in der Gegenwart statt – selbst um den Preis der Zukunft.

Die Großindustrie muß gegen die amerikanische Herausforderung gerüstet werden. So verfolgt die Wissenschaftspolitik der ersten Generation überall nur Teilziele und verwendet Strategien, die noch sehr unklar definiert sind. Die Wissenschaft um der Technologie willen, die Technologie um der Macht willen und die Macht um der Macht willen. Ein Sachverhalt ist geschaffen worden, der allen Regierungen sein Gesetz diktiert.

Eine übertriebene Vereinfachung? Gewiß. Aber ganz ohne Zweifel eine tiefgehende Tendenz, die sich an tausend Widersprüchlichkeiten ablesen läßt. Auf diesem Gebiet ist alles unklar und verfilzt. Zu jedem Beispiel gibt es ein Gegenbeispiel. Das ganze System ist entstanden, ohne daß die Beteiligten und die Zuschauer eigentlich wußten, um was es ging. Natürlich haben wir überzeichnet. Aber selbst diese Karikatur ist noch treffend genug. Denn die Situation entwickelt sich ja weiter, und diese Entwicklung geht seit zwanzig Jahren in die dargestellte Richtung. Und je schwächer und später die Reaktion kommt, um so ähnlicher wird das System seiner eigenen Karikatur werden.

Eindeutige Zahlen

Diesen Sachverhalt mit Zahlen belegen zu wollen, ist eine heikle Angelegenheit. Mit, aber auch gegen Zahlen läßt sich trefflich streiten. In jedem Land sind sie anders definiert. Man darf die statistischen Angaben nur als Größenordnungen werten. Wir wollen uns auf die Zahlen der OECD stützen, die am vertrauenerweckendsten erscheinen.

Die Zielsetzungen, die wir als Folgen der Herausforderung von außen gekennzeichnet haben, also Militär- und Raumfahrtausgaben, machen zwei Drittel der amerikanischen Aufwendungen für F & E aus. In Frankreich und Großbritannien belaufen sie sich auf 40 Prozent bis 45 Prozent. In Deutschland und Italien liegen sie bei ungefähr 20 Prozent, in Japan nicht über 2 bis 3 Prozent.

Zivile industrielle Zielsetzungen beanspruchen 28 Prozent der einschlägigen Gesamtausgaben in den Vereinigten Staaten, 41 Prozent in Frankreich, 62 Prozent in Deutschland und 73 Prozent in Japan. So nehmen Technologie und angewandte Forschung stets zwischen drei Viertel und vier Fünftel des wissenschaftlichen Potentials in Anspruch.

Auch das Übergewicht der Spitzenbranchen geht ganz eindeutig aus den Zahlen hervor. Im Jahre 1965 haben Elektronik und Weltraumforschung 83,5 Prozent der Bundesausgaben der USA für Forschung und Entwicklung absorbiert. Weltraumerkundung und bemannte Raumfahrt, Fernmeldewesen und Elektronik haben in den Vereinigten Staaten 75 Prozent des Zuwachses an Forschern in den letzten Jahren aufgenommen.

Betrachtet man die Haushaltsmittel, die von der französischen und von der britischen Regierung für Forschungszwecke an privatwirtschaftliche Unternehmen vergeben worden sind, so stellt man fest, daß in Großbritannien 91,4 Prozent und in Frankreich 85 Prozent auf Weltraumaufgaben, Elektronik und Kernenergie entfallen. Für Deutschland und Japan liegen diese Anteile natürlich erheblich niedriger.

Diese massiven Geldspritzen lassen jedes Gefühl für Wirtschaftlichkeit verlorengehen. Die Technologie wird zunächst einmal durch Verträge mit dem Staat in Gang gesetzt und wirkt sich erst später kommerziell aus. Der Steuerzahler zahlt für den Verbraucher. Wenn sich der Krieg nur auf dem Boden abspielen würde, wären die Flugzeuge wahrscheinlich sehr viel weniger gut und die Landfahrzeuge viel besser. Wären Atombombe und Atomunterseeboote militärisch uninteressant, würden die Kernkraftwerke wohl noch in den Kinderschuhen stecken. Der zivile Bereich zehrt von dem, was der militärische jeweils benötigt.

Der Mensch wird vergessen

Rüstungspotential, politisches Prestige, wirtschaftliche Macht, wissenschaftliche Erkenntnis – das sind Ziele, die allein nicht genügen, um eine wirkliche Politik für den Fortschritt zu begründen. Denn diese Politik muß allumfassend sein, also ganz andere Anliegen einbeziehen: Verbesserung der Gesundheitspflege, Schutz der Umwelt, Schaffung menschenwürdiger Städte, Ausbau des Bildungswesens, tieferes Eindringen in die volkswirtschaftlichen und gesellschaftlichen Phänomene, besseres Verständnis des individuellen Verhaltens usw. Das ist wahrhaftig ein weites Feld, auf dem man nur mühsam weiterkommt, weil man ständig auf biologische oder psychologische Probleme stößt, die ungleich schwieriger sind als die Probleme der unbelebten Materie, mit denen es die Technologie zu tun hat.

Welchen Anteil haben diese – nennen wir sie zur Vereinfachung medizinisch-sozialen – Zielsetzungen derzeit am Forschungs- und Entwicklungsaufwand? 10 Prozent in den USA, 14 Prozent in Frankreich, 21 Prozent in Deutschland, 27 Prozent in Japan, 8 Prozent in Großbritannien. Damit gibt Frankreich dreimal mehr Geld für Militär- und Weltraumforschungen aus als für wissenschaftliche Arbeiten im Interesse eines besseren Lebens der Menschen! Das ist ein deutlicher Beweis für das Machtstreben, das in allen Industrieländern anzutreffen ist.

Es geht nicht darum, einer bestimmten Regierung den Prozeß zu machen. Die ganze industrialisierte Welt verhält sich gleich. Das System ist so beschaffen, daß alle Staaten um ihre Stellung im Konzert der Mächte fürchten und ihre Rüstungs- und Prestigebemühungen ständig verstärken, was Kürzungen auf den übrigen Gebieten zur Folge hat. Ein solches Vorgehen bringt allerdings innenpolitische Gefahren. Die Erfolge, auf die man rechnet, sind vor allem kollektiver Art. Das politische Verhalten des Staatsbürgers wird aber in erster Linie durch seine individuelle Lage bestimmt. Es ist viel leichter, den Wähler durch eine Erhöhung des Individualkonsums zu gewinnen als durch ein verbessertes Angebot kollektiver Leistungen.

So erklärt die bloße Tatsache, daß die Forschungsaufwendungen nicht hoch genug sind, durchaus nicht den Rückstand in diesen Bereichen. Die Machtpolitik ist auch noch im Stadium der Anwendung spürbar, weil sie bei manchen Laborergebnissen die breite Einführung verhindert. Wollte man beispielsweise Industrie und Landwirtschaft zwingen, nur mit technisch möglichen, aber kostspieligeren Verfahren zu arbeiten, die keine Umweltverschmutzung hervorrufen, so würde man ihre Chancen im weltweiten Wettbewerb vermindern. Deshalb bleiben die praktisch durchgeführten Maßnahmen weit hinter den theoretischen Möglichkeiten zurück.

Hinzu kommt, daß es keine den militärischen Stäben oder den Lobbies der Industrie vergleichbaren Kräfte gibt, um solche Zielsetzungen nachdrücklich zu verfechten.

Die Naturfreunde, die Kranken, die behinderten Kinder oder die geplagten Stadtbewohner sind ja nicht in mächtigen Interessenverbänden organisiert. Die Regierung kann sie vernachlässigen, ohne politische Folgen fürchten zu müssen.

So gesehen ist es noch erfreulich, daß jedenfalls 10 Prozent oder 20 Prozent für die eigentlichen Bedürfnisse des Menschen aufgewendet werden. Es könnte noch schlimmer sein.

Man mag hier einwenden, daß diese Forschungen in aller Regel weniger kostspielig sind. Der Soziologe braucht keine Teilchenbeschleuniger und keine Raketen. Aber eine solche eher spekulative Betrachtungsweise macht jeden echten Fortschritt auf diesen Gebieten unmöglich. Sie muß von Grund auf anders werden, wenn der jetzige Rückstand je aufgeholt werden soll. Es geht ja nicht darum, ein paar Meinungsumfragen zu machen, mit Statistiken zu hantieren, die eine oder andere Beobachtung von Naturphänomenen durchzuführen. Die Notwendigkeit des Großversuchs muß erkannt werden. Jedes Jahr müssen neue Städte gebaut werden, um Wohnungsbau-, Verkehrs-, Luftreinigungs- und Wasserverschmutzungsprobleme im Originalmaßstab zu untersuchen. Umwelterhaltende landwirtschaftliche Methoden müssen jeweils in ganzen Landstrichen erprobt, eine große Zahl von pädagogischen Versuchsstätten für neue didaktische Möglichkeiten eingerichtet werden usw. Erst wenn man so vorginge, würde man merken, daß die Wissenschaft für das ›bessere Leben‹ mindestens so viel Geld erfordert wie die Technologie. Und man würde feststellen, daß sie die Existenzbedingungen des Menschen wirklich verbessern kann.

Fassen wir den derzeitigen Stand zusammen:

Eine klare und eindeutige Politik der ersten Generation für militärische und außenpolitische Ziele.

Eine sehr viel ungenauer definierte Politik der zweiten Generation unter Einbeziehung wirtschaftlicher Ziele und vereinzelter Bemühungen in medizinisch-sozialer und ähnlicher Richtung.

Und alles wird beherrscht von einem Machtstreben, das bei jeder Entscheidung über vorrangig zu Leistendes eine Rolle spielt.

So stellt sich die Mobilmachung der Wissenschaft heute dar. Es fällt nicht leicht, in ihr eine echte Fortschrittspolitik zu erblicken und den Platz des Menschen zu finden.

Ist es überhaupt möglich, von einer solchen Situation ausgehend eine Politik der dritten Generation zu erarbeiten? Eine Politik also, die den Vorrang der industriellen und kommerziellen Motivationen respektieren, aber den menschlichen Aspekten mehr Gewicht zumessen würde? Es wird nicht an Skeptikern fehlen, die eine solche Umstellung für unmöglich halten. Aber sie haben unrecht, denn sie ist möglich, ja, sogar unvermeidlich.

Je weiter die Technologie fortschreitet, um so größer wird das Ungleichgewicht, bis schließlich die Krise da ist, die man dann zu beheben sich müht. So stellt sich der Ablauf seit Jahrzehnten dar. Das Ganze nennt sich ›Regieren durch Krisenmanagement‹. Aber die Krisen verschärfen sich und werden immer schwerer erträglich, je höher das technologische Niveau wird.
Um diese Widersprüche aufzulösen, ist jede Regierung geradezu gezwungen, sich intensiver der menschlichen Probleme anzunehmen. So kommt die Fortschrittspolitik nach und nach ins Erwachsenenalter. Die Frage ist nur, ob rechtzeitig oder zu spät. Wird reagiert und nicht gehandelt, so besteht ständig die Gefahr, daß man das Nichtwiedergutzumachende geschehen läßt.
Das Phänomen ist schon jetzt nicht mehr zu übersehen. In Schweden ist der Vorgang längst deutlich geworden. Jetzt sind die Vereinigten Staaten an der Reihe. So erklärt sich die Entscheidung von Präsident Johnson für die ›Great Society‹.
Diese Politik hat wegen des alles überschattenden Vietnamkrieges nicht die Aufmerksamkeit gefunden, die sie verdient. Denn sie ist ganz zweifellos ein bedeutendes Ereignis in der Geschichte der Menschheit, trotz der unmittelbaren Motivationen, die dahinterstehen, und trotz des zunächst geringen Erfolges. Die Tatsache, daß eine Regierung der Vereinigten Staaten diesen Weg einschlagen mußte, ist außerordentlich bemerkenswert und scheint auf eine in allen Industrieländern unvermeidliche Entwicklung in der Zukunft hinzuweisen.
Besonders wichtig ist es, daß diese Neuorientierung gerade in den USA erfolgt ist, die mit ihrer Macht allen anderen Nationen ihre Politik aufzwingen. Gewollt oder ungewollt. Nur die USA vermögen den Anstoß für eine Änderung des Systems in der ganzen Welt zu geben. Die anderen können nachziehen, aber nicht den Anfang machen. Es geht allerdings nur um eine Korrektur des gegenwärtigen Zustandes, nicht um etwas völlig neu zu Schaffendes, und man darf sich keine Totalrevision erhoffen. Außerdem kann die amerikanische Art, Wissenschaft zu treiben, schon deshalb nicht Allgemeingut werden, weil sie an die pragmatische Einstellung der Angelsachsen und an die Respektierung des privaten Unternehmertums gebunden ist. Die OECD-Experten, die ausgezogen waren, die Wissenschaftspolitik der Vereinigten Staaten zu untersuchen, haben denn auch nach ihrer Rückkehr festgestellt, daß »die Erarbeitung dieser Politik offenbar nicht ein großes, planmäßig gewolltes Vorhaben

darstellt, sondern die Zusammenfassung einer Vielzahl von sehr verschiedenen Einzelbestrebungen«.
So kann die Neuorientierung nur sehr empirisch vor sich gehen. Dennoch ist die Entwicklung aufschlußreich. Meteorologie, Städtebaufragen, Kampf gegen die Umweltverschmutzung, öffentliches Gesundheitswesen, wirtschaftliche und gesellschaftliche Vorgänge sind zu bevorzugten Gegenständen der Forschung geworden. Die Technologie büßt zugunsten der Behandlung menschlicher Probleme ein wenig von ihrer Vorrangstellung ein. Noch ist es zu früh, um feststellen zu können, ob die republikanische Administration diese Tendenz fördern oder bremsen wird.

Die Politik der dritten Generation

Wird man ein so vielschichtiges Phänomen wie den Fortschritt bewältigen können, wenn man sich mit Änderungen des bestehenden Zustands zufriedengibt? Auf die Dauer erscheint das nicht sehr wahrscheinlich. Das Bedürfnis nach einer Gesamtpolitik dürfte sich immer nachdrücklicher geltend machen.
Dann würde es sich nicht mehr darum handeln, besonders schreiende Widersprüche durch Einzelmaßnahmen zu beheben, sondern die Probleme an der Wurzel zu packen. Bertrand de Jouvenel stellt die Frage so: »Ganz gewiß wird man sich eines Tages überlegen müssen, ob man den Spieß nicht besser umdreht, also ausgehend von dem Ziel besserer sozialer Verhältnisse die öffentliche Finanzierung von Forschung und Entwicklung so vornimmt, daß dieses Ziel erreicht wird?« Genau da liegt das Problem. Es ist alles andere als einfach. Mit großen, leicht gesagten Worten wie Glück, Wohlstand oder Menschenwürde ist es nicht getan. Die Schwierigkeiten fangen an, wo der Inhalt dieser Schlagworte präzisiert werden soll, wo Ziele zu bestimmen und Prioritäten zu setzen sind.
Zur Lösung dieser Schwierigkeiten gehört unbedingt eine Bemühung um folgerichtiges Denken und um nüchterne Klärung des jeweiligen Sachverhalts. Es gibt Methoden, um manche Konfusion zu vermeiden, die Ziele zu beschreiben und die vorrangig anzugehenden Aufgaben zu bestimmen. Sie können zwar den Erfolg nicht garantieren, aber jedenfalls ganz grobe Fehler ausschließen. Eine in Verkennung der wirklichen Situation getroffene Entscheidung dagegen muß geradezu falsch sein.
Jede organisierte Struktur, ganz gleich, ob es sich um eine Behörde oder ein Unternehmen handelt, ist per definitionem parteiisch. Jeder

Antrag auf Vergabe öffentlicher Mittel ist eigennützig. Für die Verantwortlichen kommt es darauf an, diese Verzerrung jeweils in Rechnung zu stellen, um sich ein möglichst klares Bild von dem anstehenden Problem und den möglichen Lösungen zu machen.
Unter diesen Umständen wird die Entscheidungsfindung nachgerade zu einer Wissenschaft. Aber es gibt neue Verfahren, um die zu erreichenden Ziele, die Art der Probleme, die verschiedenen Lösungsmöglichkeiten, die Vor- und Nachteile der vorgeschlagenen Maßnahmen zu beurteilen.
Die amerikanische Bundesverwaltung hat ihr bisher übliches Vorgehen bei der Haushaltserstellung von Grund auf geändert, um diesen neuen Grundsätzen Rechnung zu tragen. Sie ist weitgehend zum ›PPBS‹ (Planning Programming Budgeting System) übergegangen, um für die Vergabe der Mittel stringente Maßstäbe zu finden. In Frankreich sind ähnliche Bestrebungen mit der Einführung von Rationalisierungsmethoden bei der Zuteilung von Haushaltsmitteln im Gange. Früher oder später werden die Forscher über ihre Ziele und die vorgesehenen Arbeiten genaue Angaben zu machen haben, bevor sie Geld bekommen können. Das ist eine unbedingt notwendige Voraussetzung für das Zustandekommen einer echten Wissenschaftspolitik. Aber das eigentliche Problem ist damit natürlich nicht gelöst: das zu findende Gleichgewicht im wissenschaftlichen Aufwand, ein Gleichgewicht, das es im Hinblick auf den Menschen, nicht auf die Macht zu suchen gilt.

Der fragwürdig gewordene Fortschritt
Die Geschichte läuft schneller
Der Mensch in Schwierigkeiten
Die Machtpolitik

Ausgangslage	An religiöse und sittliche Werte gebundene Naturvorstellung. Keine Veränderung der Lebensbedingungen des Menschen durch die Wissenschaft. Statische Zivilisation. Determiniertsein durch die natürliche Umwelt.
Technische und wissenschaftliche Fortschritte	Entwicklung der wissenschaftlichen Methodik. Streben nach objektiver Erkenntnis. Verschmelzung von Wissenschaft und Technik im F & E-Prozeß.
Primäre Auswirkungen	Fortschritte im Wissen. Fortschritte in den Techniken. Vergrößerung der menschlichen Kraft durch die Maschinen.
Sekundäre Auswirkungen	Evolution der Lebensbedingungen des Menschen. Zerstörung des bisherigen Gleichgewichts zwischen Individuum, Gesellschaft und Milieu. Künstliche Umwelt statt natürlicher Umwelt.
Sünden wider den Fortschritt	Verkennung der sekundären Auswirkungen. Ungleich große wissenschaftliche Bemühungen auf den verschiedenen Gebieten. Vorrang militärischer, politischer und wirtschaftlicher Zielsetzungen. Rasche Entwicklung der Technologie und der Spitzenindustrien. Rückstand der Wissenschaften im Bereich des Lebendigen und des Menschen. Zerstörung der alten Ordnung durch Einzelaktionen ohne Gesamtplanung.
Krise	Widersprüchlichkeit der modernen Welt: Gegensätze zwischen der Wirklichkeit und den Möglichkeiten. Aufhebung der günstigen primären Auswirkungen durch ungünstige sekundäre Auswirkungen. Entfremdung des einzelnen, Krise der Gesellschaftsordnung in den Industrienationen.

Notwendigkeiten des Fortschritts	Erarbeitung einer umfassenden Wissenschaftspolitik auf der Grundlage klarer Zieldefinitionen und eindeutiger Prioritäten. Systematische Prognose der sekundären Auswirkungen. Erweiterung des Verantwortungsbereichs der Gemeinschaft zur Sicherstellung einer Anpassung der Gesellschaft vor dem Eintreten der Veränderung.

ZWEITER TEIL

Wirtschaft im Zeichen der Wissenschaft

5. KAPITEL

Wirtschaften ohne Gewißheit

Wirtschaftliche Zielsetzungen nehmen bei der Mobilmachung der Wissenschaft einen wichtigen Platz ein. In welche Richtung gehen die dabei entstehenden Veränderungen in der Nationalökonomie und im Industriesystem? Welche Folgen werden sich aus einer solchen Entwicklung zwangsläufig ergeben? Und: welche Spielregeln müssen unbedingt eingehalten werden, damit der Fortschritt der Wissenschaft zum Gedeihen der Wirtschaft beiträgt?

Die Grundtatsache ist gegeben: das Zusammenspiel von F & E zum Nutzen der industriellen Techniken. Was ist dadurch an grundsätzlich Neuem hinzugekommen?

Bis zum Zweiten Weltkrieg beruhte die Technik vor allem auf der Mechanik, auf der Wissenschaft von den bewegten Körpern. Lokomotive, Uhr, Telefon, Stromgenerator, Rechenmaschine und Propellerflugzeug arbeiten ›mobil‹. Ihr Funktionieren ist sichtbar. Alles geschieht im makroskopischen Bereich. Man braucht sich nur den mechanischen Vorgang aufmerksam anzusehen, um das Funktionsprinzip zu verstehen.

Die neue Technologie beruht nicht mehr auf der bloßen Mechanik, sondern auf Physik, Optik, Chemie und Flüssigkeitsmechanik. Diese Wissenschaften untersuchen die Phänomene nicht mehr makroskopisch, sondern in der Größenordnung des Moleküls, der Welle, des Atoms, des Teilchens. Deshalb sind die modernen Maschinen so gänzlich anders als die der vorhergehenden Generation. Sie arbeiten ›immobil‹. Kein Teil bewegt sich in der zentralen Recheneinheit einer elektronischen Datenverarbeitungsanlage, in einem Fernsehgerät, einem elektronischen Telefon oder einer Atomuhr. Die Züge, die jetzt entwickelt werden, haben keine Räder, die Flugzeuge schon längst keine Propeller mehr. Die Tätigkeit der Maschinen ist unsichtbar geworden. Sie findet im mikroskopischen Bereich statt, im Innern der Materie.

Diese völlige Veränderung der Techniken hat die erzielte Leistung sprunghaft verbessert. Der eindrucksvollste Fortschritt ist in der Geschwindigkeit erzielt worden. Die Mechanik ist langsam, weil jede wägbare Masse der Bewegung eine bestimmte Trägheit entgegensetzt. Man muß mindestens eine Zehntelsekunde aufwenden, um ein bewegliches Teil in Gang zu setzen. Die neuen Maschinen dagegen haben mikroskopische Bestandteile, Moleküle oder Elektronen. Die Trägheit entfällt, und die Reaktions- oder Ansprechzeit liegt bei Millionen- oder Milliardenbruchteilen einer Sekunde. Eine solche Funktionsgeschwindigkeit erlaubt über die physische Arbeit hinaus eine Denkarbeit. Die mechanischen Systeme mit ihrer Langsamkeit ließen eine automatische Datenverarbeitung nicht zu, wie sie jetzt dank der Geschwindigkeit, mit der die mikroskopischen Prozesse ablaufen, möglich geworden ist. Informatik und Automatisierung sind Kinder der wissenschaftlichen Technologie, die ihrerseits wiederum ein Kind von F & E ist. Sie sind dabei, dem Menschen die Herstellungs- und Durchführungsaufgaben abzunehmen und ihn auf die Konzipierungsaufgaben zu verweisen.
Solche Maschinen sind unendlich viel schwieriger zu schaffen. Sie entstehen aus einer intensiven Forschungsbemühung. Dafür arbeiten sie aber nahezu selbsttätig. Die Aufgabe des Menschen ist nicht mehr die Handhabung, sondern die Schaffung und vor allem die Konzipierung solcher Werkzeuge.
Die Wirtschaftstheoretiker sprechen von der Abhängigkeit zwischen Wert und Knappheit. Im Mittelalter war der Wert an Grund und Boden gebunden, zur Zeit der industriellen Revolution ans Kapital. In Zukunft wird er mit dem Besitz an wissenschaftlichen Informationen gekoppelt sein: Pläne, Formeln, Gleichungen, Fabrikationsprozesse usw., mit denen sich die Produktionswerkzeuge und das Produkt beschreiben lassen. Daß Frankreich keine Computer baut, liegt nicht an fehlenden materiellen Möglichkeiten, sondern an fehlender Information. Der beste Beweis ist die Tatsache, daß die IBM, die über das nötige intellektuelle Kapital verfügt, ihre Maschinen auch in Frankreich herstellen lassen kann.
Diese Entwicklung macht sich auch bei den Rohstoffen bemerkbar. Die moderne Technologie verwendet nicht mehr Holz, Naturfasern oder unveredelte Metalle, sondern künstliche Stoffe: Halbleiter, Laserkristalle, Kunststoffe, Speziallegierungen, ultrareine Substanzen. Der Materialanteil liefert einen immer geringeren Beitrag zum Wert des Erzeugnisses. Die Kunst der Verarbeitung ist es, die zählt, und

diese Kunst wiederum beruht einmal mehr auf einem Kapital an wissenschaftlichen Informationen: chemischen Formeln, metallurgischen Verfahren, Polymerisierungsprozessen, Reinigungsmethoden usw.
Alle diese Informationen werden in den Forschungszentren erarbeitet. Dort also entscheidet sich der Ausgang der Wirtschaftskämpfe. Die Vorstellung erscheint logisch, daß in einer modernen Gesellschaft der Wohlstand unmittelbar an den Forschungs- und Entwicklungsaufwand gekoppelt ist. »Sage mir, welchen Prozentsatz deines Bruttosozialprodukts oder deines Umsatzes du in den technischen Fortschritt steckst, und ich sage dir, mit welcher Wachstumsgeschwindigkeit bzw. mit welchem Gewinn du rechnen kannst.« Eine eindrucksvolle Vereinfachung ... die sich nirgends an den Zahlen ablesen läßt. Die Ökonomie der Wissenschaft läßt sich nicht in eine quantitative Gleichung fassen. Dazu ist sie zu kompliziert. Und weil so viele Länder diese Komplexität nicht erkannt haben, sind sie nicht in der Lage gewesen, von ihren wissenschaftlichen Bemühungen entsprechend zu profitieren.
Seit zwanzig Jahren stützt sich die Wirtschaft immer stärker auf die Wissenschaft. Was lehrt uns diese Erfahrung?
Zweifellos ist Amerika das Land mit dem stärksten Aufwand für Forschung und Entwicklung, sowohl absolut als auch relativ gesehen. Die Vereinigten Staaten investieren jährlich 3,5 Prozent ihres Bruttosozialprodukts in F & E. Die meisten anderen Industrieländer geben dafür nur Beträge aus, die zwischen 1 Prozent und 2 Prozent liegen. Jeder Amerikaner zahlt jährlich 120 Dollar für die Wissenschaft. Schon 1962 kamen in den USA 2,4 Forscher auf 1000 Einwohner gegenüber 0,6 in Frankreich.
Grundlage jeder wissenschaftlichen Bemühung ist die Ausbildung. Auch hier ist die amerikanische Stellung außerordentlich stark: »Die Vereinigten Staaten«, melden die Fachleute der OECD, »haben größere Fortschritte im Unterrichtswesen und in der Berufsausbildung gemacht als irgendein anderes Land der Welt. Kein Land verwendet einen so großen Teil seines Bruttosozialprodukts auf diese Aufgabe, nirgends ist die Zahl der Hochschulabsolventen so groß, nirgends der durchschnittliche Ausbildungsstand der Erwerbstätigen, in Schuljahren gemessen, so hoch.«
Dieses Land müßte also ganz zweifellos die höchste Expansionsrate haben. Wie steht es damit? Der amerikanische Volkswirtschaftler Denison hat diese Frage lange untersucht. Ganz gleich, welche

Kriterien der Beurteilung zugrunde gelegt werden, kommt er stets zu dem Ergebnis, daß in den Vereinigten Staaten das Wachstum langsamer ist als in Europa. Betrachtet man zum Beispiel das Wirtschaftswachstum dividiert durch die Zahl der Beschäftigten, so lag es im Zeitraum 1950–1964 bei nur 2 Prozent gegenüber 5 Prozent in Deutschland und Italien.

Die Letzten werden die Ersten sein

Nehmen wir den bezeichnenden Fall Großbritannien. Es hat sich mehr angestrengt als alle anderen europäischen Länder. Es gibt über 2,5 Prozent seines Bruttosozialprodukts für die Forschung aus; jeder britische Bürger bringt jährlich eine ›Wissenschaftssteuer‹ von 40 Pfund Sterling auf. Die englischen Nobelpreisträger sind ungewöhnlich zahlreich. Ein solches Land müßte wirtschaftlich in Europa an der Spitze stehen.

Jeder weiß, wie die Wirklichkeit aussieht. Das Pro-Kopf-Einkommen ist in den letzten zehn Jahren nur um 2,2 Prozent jährlich gestiegen. Das ist die niedrigste Zuwachsrate in Westeuropa.

Und wie sieht es bei dem Europameister im Wirtschaftswachstum aus? Der Forschungsetat in Italien beträgt weniger als 1 Prozent vom Bruttosozialprodukt, und jeder Italiener gibt jährlich nicht einmal 6 Dollar an die Laboratorien.

Betrachten wir noch den Weltmeister aller Klassen. Japan ist das wirtschaftliche Wunderkind der Nachkriegszeit. Von 1953 bis 1963 lag sein Wachstum im Durchschnitt bei 10 Prozent und zeigt auch jetzt keine Abschwächung, ganz im Gegenteil. Dabei steckt Japan nur knapp 1,5 Prozent seines Bruttosozialprodukts in F & E.

Es lag nahe, daß diese Tatsache vor allem in den Industrieländern erhebliche Zweifel an dem Zusammenhang zwischen Wissenschaftsaufwand und wirtschaftlichem Gedeihen weckten. Prüfen wir am Fall der USA, ob die allzu schematische Interpretation der Statistiken nicht einmal mehr den eigentlichen Sachverhalt verdeckt. In der bereits erwähnten Untersuchung kommt Denison nach Berücksichtigung aller Wachstumsfaktoren hinsichtlich der langsamen Expansion in seinem Lande zu dem Schluß: »Die meisten europäischen Länder haben zwar höhere Zuwachsraten erzielt als die Vereinigten Staaten, aber nicht, weil sie mehr für das Wachstum getan hätten. Sie verdanken das schnelle Wachstum nur der Tatsache, daß sie unter anderen äußeren Bedingungen arbeiten.« So schließt Denison seinen Bericht, ohne weiter auf Einzelheiten einzugehen.

Bevor wir uns dieses Problems annehmen, müssen wir uns eines klarmachen: Amerika verfügt nicht nur über die größten Forschungslaboratorien der Welt, sondern besitzt zugleich das leistungsfähigste Industriesystem zur Auswertung der Ergebnisse. Ständig sind ausländische Expertengruppen in den USA unterwegs, um die amerikanischen Methoden kennenzulernen, wie man mit der Wissenschaft Geld verdient. In den amerikanischen Firmen wird aus F & E die höchste Rendite herausgeholt. Damit wird das Paradox zum Rätsel.

Denison spricht von »anderen äußeren Bedingungen« und meint damit, daß die Vereinigten Staaten auf dem Felde der wissenschaftlichen Ökonomie weiter sind als die europäischen Länder. Erklärt sich daraus das schwache Wachstum? Wahrscheinlich.

»Die derzeitigen Statistiken berücksichtigen nicht die Qualität der Lebensweise, sondern die Quantität an Gütern und Dollars«, schreibt Professor Gross. Tatsächlich wird die Freizeit bei der Ermittlung des Bruttosozialprodukts nicht eingerechnet. Man kann viele Dinge, die zum Wohlergehen beziehungsweise zu einem bestimmten kulturellen Niveau gehören, kaum daraus ablesen. Doch je weiter eine Gesellschaft ins »Zeitalter des Überflusses« hineingekommen ist, um so mehr muß ihr Reichtum in Qualität des Lebens und nicht allein in Menge der Güter gemessen werden. Die Statistiken zeigen also nicht unbedingt Amerikas echten Vorsprung gegenüber Europa.

Ferner ist es natürlich leichter, eine hohe Zuwachsrate von einem sehr niedrigen industriellen Niveau als von einem fortgeschrittenen Entwicklungsstand aus zu erzielen. Italien oder Japan haben auf Sektoren arbeiten können, die bis dahin in diesen Ländern überhaupt nicht entwickelt waren, und ihre Industrien haben auf einem jungfräulichen Binnenmarkt rasche Fortschritte und damit ein von der Wissenschaft nur wenig abhängiges Wachstum erzielen können.

Der Fortschritt in den Vereinigten Staaten dagegen ist ein qualitativer, auf F & E gegründeter. Um eine richtige Vorstellung von dem wirklichen Sachverhalt zu gewinnen, muß man sich die Spitzensektoren in den verschiedenen Ländern anschauen. Hier wird die Stärke der Vereinigten Staaten besonders deutlich: die US-Exporte sind 1967 um insgesamt 4 Prozent gestiegen, aber um 58 Prozent für Computer, um 34 Prozent für Luftfahrzeuge, um 30 Prozent für Fernmeldeeinrichtungen usw.

Wenn man das Bild um diese Phänomene korrigiert, wird es schon verständlicher.

Das Rennen führen

Aber man muß noch andere Fakten berücksichtigen, wenn man die Verbindung zwischen Forschung und Wachstum erkennen will.

Die Vereinigten Staaten liegen auf fast allen Gebieten an der Spitze. Das ist eine unbequeme Situation. Jeder Radrennfahrer vermeidet es, im Rennen die Spitze zu halten. Er bleibt lieber im Feld und wartet auf den Endspurt. Den Amerikanern ist diese Taktik verwehrt. Sie können nicht abwarten, bis die Europäer das Elektroauto entwickelt haben, um sich dann ihrerseits an die Untersuchungen zu machen. Sie müssen alle neuen Forschungseinrichtungen erkunden und als erste auswerten. Das ist ein ermüdendes Rennen. Viele Wege führen in Sackgassen, andere erweisen sich als zu steil. Es gilt den richtigen zu finden und befahrbar zu machen, also immer die härteste Aufgabe zu übernehmen.

Hier werden manche einwenden, daß der Spitzenreiter auch die besten Aussichten auf den Sieg hat. Er heimst die Früchte seiner Mühen in Form von Patenten und Lizenzgebühren ein. Aber so einfach ist die Wirklichkeit nicht.

Lange haben die Amerikaner sich bemüht, Raketen zu bauen, bei denen als Brennstoff ein Sauerstoff-Fluor-Gemisch verwendet werden sollte. Diese Zusammenstellung wäre außerordentlich wirtschaftlich. Aber es zeigte sich, daß die technischen Schwierigkeiten immens waren. Das Vorhaben wurde auf Eis gelegt. Und die europäischen Länder wissen jetzt, daß man sich auf diesem Gebiet besser zurückhält. Die Vereinigten Staaten haben Millionen Dollar ausgegeben und dafür ein negatives Ergebnis erzielt, das den Konkurrenten unnütze Ausgaben erspart.

Die Elektronik verwendet integrierte Schaltungen: kleine Kristalle, auf denen an die hundert Transistoren angebracht sind. Die Forscher wollen noch mehr erreichen. Sie arbeiten an superintegrierten Schaltungen (LSI), bei denen die Zahl der Transistoren bis zu tausend gehen soll. Leider erhöht sich aber mit dieser hohen Komponentenzahl auch die Versagerwahrscheinlichkeit. Bei solchen Einkristallschaltungen muß aber jeder Transistor in Ordnung sein, so daß der Ausschuß erschreckend groß und die ganze Sache unrentabel wird.

Die Forscher von Texas Instruments, von der US-Army finanziert, versuchten die Schwierigkeit durch Individualverkabelung zu umgehen. Durch einen Computer sollte jede LSI geprüft, die Fehler-

stellen herausgefunden und die für den jeweiligen Fall geeignete Verkabelung angegeben werden, um die Fehlerquellen auszuscheiden. Es hätte keinen Ausschuß mehr gegeben.
Nach jahrelangen Untersuchungen mußten sie feststellen, daß diese Technik aller Wahrscheinlichkeit nach keine Zukunft in der industriellen Fertigung haben würde. Eine erhebliche Einsparung an Zeit und Geld für die europäischen Länder.
Führt die Forschung zu einem positiven Ergebnis, so gibt sie dem Entdecker eine Art patentrechtlich abgesicherten Monopols, jedenfalls theoretisch. Praktisch nämlich sieht es ganz anders aus. Die Konkurrenzen eignen sich rasch an, worauf es ankommt: die zu benutzende Technik, die zu vermeidenden Klippen usw. Davon ausgehend entwickeln sie dann sehr schnell und viel billiger eine ›Originalkopie‹, für die sie keine Lizenzgebühren zu zahlen brauchen. Unter diesen Umständen verdient der Erfinder oft weniger Geld als der geschickte Nachahmer.
So hervorragend die amerikanische F & E durch ein leistungsfähiges Industriepotential gestützt wird, so sehr leidet sie unter der schweren Benachteiligung durch die kräftezehrende Spitzenreiterrolle. Alle Industrienationen profitieren ›unsichtbar‹ von den USA, denen ihre Anstrengung selber viel weniger einbringt.

Mythos und Wirklichkeit des Fall-Out

Dennoch reichen diese Erklärungen nicht aus. Man muß auch die Zielsetzung der wissenschaftlichen Mobilmachung in den Vereinigten Staaten berücksichtigen. 63 Prozent der Gesamtausgaben für die Wissenschaft gehen in die Bereiche Weltraum und Verteidigung. Dieser Prozentsatz liegt höher als bei allen anderen Nationen, außer der UdSSR. Deshalb beträgt der Anteil der Industrieforschung auch nur 28 Prozent gegenüber 75 Prozent in Japan. Natürlich entwickelt sich die militärische und die Raumfahrt-Technologie in einem Industriesystem, dem daraus erheblicher Gewinn erwächst. Nur: ist diese Forschung ebenso rentabel wie die kommerzielle? Damit ist die Frage nach dem ›Fall-Out‹ gestellt.
Hier herrscht eine völlige Verwirrung der Geister. Die Fachleute, die auf diesem Gebiet selten objektiv sind, werfen einander dubiose Zahlen an den Kopf und fechten mit nicht immer signifikanten Beispielen. Die NASA veröffentlicht die Ergebnisse der von ihren Auftragnehmern durchgeführten Forschungen und macht viel Aufhebens von den möglichen Anwendungen dieser Ergebnisse. Sie ver-

kündet, die Raumfahrtforschung habe dazu geführt, die Büstenhalter-Stützeinlagen zu verbessern, eine neue Form von Sicherheitsbehältern für Pipelines zu konstruieren, Verfahren für das Vakuumschweißen zur Betriebsreife zu bringen, ein logisches System für die automatische Fehlersuche und -behebung zu schaffen, blendungsfreie Gläser herzustellen, die mit zunehmender Lichtstärke dunkler werden, eine hochtemperaturresistente Farbe herauszubringen, neue, besonders strahlungsbeständige Polymere zu entwickeln oder kleine, für die Ozeanographie geeignete Kernreaktoren zu bauen. Diese Aufzählungen sind fast unerschöpflich und höchst eindrucksvoll.

Sie haben den Mythos des ›Fall-Out‹ entstehen lassen. Dabei handelt es sich um das unbewiesene Postulat, bei der Konstruktion einer Rakete oder eines Super-Radars fielen automatisch das schlüssellose Schloß, die mit bloßen Händen zu öffnende Konservendose oder der absolut sichere Autoreifen nebenher mit ab. Man brauche nur die Rüstungs- oder Weltraumtechnik in bestimmte Richtungen ein wenig weiterzuentwickeln, und schon würden die Neuerungen wie ein köstliches Manna auf die ganze Industrie herabregnen. Wunderbar!

Man kann sich allerdings fragen, warum der Bau eines Trägersystems oder eines Satelliten die automatische Steuerung der Kraftfahrzeuge oder abbaubare Detergentien möglich machen soll. Das mag zwar vorkommen, aber nur in Ausnahmefällen, die kein allgemeines Postulat begründen können.

Die Militärs und die Männer der Raumfahrt streben nach der technischen Leistung unter ganz bestimmten Bedingungen, ohne auf wirtschaftliche Erwägungen Rücksicht nehmen zu müssen. Der Industrielle dagegen will Rentabilität erzielen. Das sind zwei völlig verschiedene Zielsetzungen. Für die Armee werden Funkgeräte gebaut, die selbst den härtesten Stoß vertragen. Wird aber ein Rundfunkempfänger im Laden Erfolg haben, wenn man ihn mit dem Slogan anpreist: »Sie können dieses Gerät aus dem zweiten Stock fallen lassen, und es spielt weiter!«? Die Kunden wollen ein preiswertes Gerät. Und sie pflegen ihr Radio nicht aus dem Fenster zu werfen.

Die für die Ansprüche so spezieller Verwendung konstruierten Erzeugnisse lassen sich nicht so, wie sie sind, auf den Markt bringen. Sie sind für den allgemeinen Konsum nicht geeignet. Um sie bauen zu können, mußten neue Materialien, neue Verfahren, neue Kontrollvorrichtungen eingesetzt werden. Die Techniken sind auch für die kommerzielle Produktion verwendbar. Allerdings muß die Industrie in der wissenschaftlichen Technologie weit genug fortgeschritten sein, um sie übernehmen zu können; denn es gehört ja eine erhebliche Entwicklungsanstrengung dazu, sie in die laufende Produktion einzubringen. Das Problem besteht also nicht darin, wie man auf den warmen Regen des ›Fall-Out‹ wartet, sondern wie man den Transfer-Prozeß durchführt. Die amerikanische Industrie ist nicht stark, weil sie die Raumfahrtinvestitionen nutzt; sie nutzt die Raumfahrtinvestitionen, weil sie stark ist.

Dieser in den Vereinigten Staaten zu einem System ausgebaute Mechanismus scheint in der Sowjetunion weniger verbreitet zu sein. Es fällt auf, wie groß dort der Unterschied zwischen dem allgemeinen technischen Niveau der Industrie und dem Niveau der militärischen und der Raumfahrttechnik ist. Diese frappierende Ungleichheit erklärt sich zweifellos aus der Trennung zwischen solchen Industrien, die für Armee und Raumfahrt, und solchen, die für die allgemeine Produktion arbeiten.

Genau genommen ist die spezialisierte Forschung zugleich lohnend und unrentabel. Der größte Gewinn muß nicht immer ein technologischer sein. Nach einer maßgebenden Untersuchung des Forschungsinstituts von Denver sind die bedeutendsten ›Fall-Outs‹ indirekter Art gewesen. Sie drückten sich aus in einer besseren Qualität der Mitarbeiter, der Organisationsmethoden, der Einsatzplanung für neue Techniken usw. Das klassische Beispiel für ein solches ›Fall-Out‹ ist die PERT-Methode für die Durchführung komplexer Aufgaben. Ursprünglich für den Bau der strategischen Polaris-Raketen entwickelt, wird sie jetzt auf allen möglichen Gebieten angewendet: Hochbau, Brückenbau, Fertigung von Prototypen usw. Ein solcher Wertzuwachs entzieht sich jeder Messung. Firmen, die für das Verteidigungsministerium oder für die NASA arbeiten, sind besser gerüstet, komplexe Probleme zu lösen – das ist alles, was man sagen kann.*

Die Militärische und die Weltraumforschung läßt sich also hinsichtlich ihrer wirtschaftlichen Auswirkungen nicht mit der Industriefor-

* Es ist durchaus nicht sicher, daß die amerikanische Industrie schon den vollen Nutzen aus diesem Aufwand gezogen hat. Die Verbreitung einer solchen Bereicherung im Methodischen bleibt undeutlich und unwägbar. Viele Fachleute sind der Ansicht, daß die USA ein Kapital an Technologie und Organisation angesammelt hätten, das erst in den nächsten Jahren seinen vollen ökonomischen Wert bekommen werde. Es seien noch nicht alle Fall-Outs ›angekommen‹, was für die europäische Industrie ziemlich beunruhigend wäre.

schung vergleichen. Länder wie die Vereinigten Staaten und, in geringerem Maße, Großbritannien und Frankreich sind benachteiligt gegenüber anderen wie Deutschland, Italien oder Japan, die solche Ziele nicht verfolgen.

Die Chance der Besiegten

Die Lage der Vereinigten Staaten ist nicht mehr paradox, wenn man die Zahlen in dieser Weise interpretiert. Es zeigt sich dabei im Gegenteil, wie gekonnt man in den USA mit der Forschung Geld zu verdienen versteht. Nur wird auch deutlich, daß diese Leistung nicht einfach zu erbringen ist und sich nicht in einem bestimmten Verhältnis zwischen dem Aufwand für F & E und der Zuwachsrate ausdrückt.

Die wissenschaftliche Information ist der große Wertfaktor in der modernen Wirtschaft, aber sie ist keine bloße quantitative Größe. Sie umfaßt qualitative Elemente, die sich nicht beziffern lassen. Fabriken, Bergwerke, Felder, Arbeitskraft, Energiequellen sind Kapitalbestandteile, die man leicht in Geld umrechnen kann. Bei der Forschungskapazität als Ursprung wissenschaftlicher Information sieht es anders aus. Die Leistung von Maschinen oder Bergwerken, die Erträge des Bodens sind vorausberechenbar, die Leistung der Gehirne nicht. Sie kann außerordentlich groß oder praktisch gleich null sein. Zu jeder wissenschaftlichen Bemühung gehört ein Rentabilitätskoeffizient, der in Abhängigkeit vom angestrebten Ziel festgelegt wird. In der Grundlagenforschung wird er vom wissenschaftlichen Wert der Entdeckungen bestimmt. In der militärischen Forschung von der Wirksamkeit der Waffen. In der Prestigeforschung vom politischen Erfolg. In der wirtschaftlichen Forschung vom kaufmännischen Gewinn.

Es geht also nicht allein darum, eine große Forschungsanstrengung zu unternehmen, sondern ganz allgemein einen hohen Rentabilitätskoeffizienten in Abhängigkeit vom angestrebten Ziel zu erreichen. Im besonderen Fall der wirtschaftlichen F & E kommt es darauf an, alle Bedingungen zusammentreffen zu lassen, damit der kommerzielle Gewinn so groß wie möglich wird. Bestimmte Fehler gilt es zu vermeiden, bestimmte Regeln zu respektieren; andernfalls ist die Wissenschaft der sicherste Weg zum Bankrott.

Zunächst muß klar unterschieden werden zwischen der wissenschaftlichen Bemühung im Hinblick auf wirtschaftliche Ziele einerseits sowie auf spezielle Ziele oder auf die reine Wissensvermehrung an-

dererseits. Man kann nun einmal nicht die gleiche Rentabilität, also den gleichen wirtschaftlichen Erfolg, von einer gewinnorientierten und von einer Grundlagenforschung erwarten.
In den Vereinigten Staaten sind dazu Untersuchungen angestellt worden. Die zwei bekanntesten, der Hindsight- und der Traces-Report, haben einander offenbar widersprechende Ergebnisse gebracht. Der erste Report lief darauf hinaus, daß die Grundlagenforschung an der Entwicklung der modernen Waffensysteme praktisch nicht beteiligt sei, der zweite, daß umwälzende Neuerungen vor allem auf den Ergebnissen der zweckfreien Forschung beruhten. Was soll man daraus folgern?
Der Widerspruch ist nur ein scheinbarer. Geht man weit genug zurück, findet man bei jedem wissenschaftlichen Fortschritt am Anfang eine wissenschaftliche Entdeckung. Aber diese Entdeckung hat zumeist der ganzen wissenschaftlichen Welt zur Verfügung gestanden und blieb unangewendet. Gewinne aber entstehen aus der Anwendung, nicht aus dem Gedanken selber. Mit der Darlegung des Prinzips der induzierten Strahlung, auf dem die Lasertechnik beruht, hat Einstein der Schweiz, seinem Aufenthaltsland im Jahre 1917, nicht einen Rappen eingebracht. Mit dem Laser dagegen läßt sich Geld verdienen. So kann die Grundlagenforschung, der Ausgangspunkt jeder Innovation, im internationalen Wettbewerb keine besonders hohe Rentabilität erbringen. Der Weg bis zur kommerziellen Verwertung ist so lang, daß andere als der Entdecker inzwischen den Gewinn einheimsen können.
Der Anteil der Grundlagenforschung aber ist bei den europäischen Wissenschaftsaufwendungen höher als bei den amerikanischen, die allerdings absolut gesehen immer noch sehr viel größer sind.
Die USA, Großbritannien und Frankreich verwenden einen erheblichen Prozentsatz ihrer Wissenschaftsinvestitionen für spezielle, vor allem Rüstungs- und Weltraumforschungen, deren Rentabilität, wie wir gesehen haben, recht bescheiden ist. Italien, Deutschland und Japan unternehmen hier nur sehr begrenzte Anstrengungen. Das wiederum hat geschichtliche Gründe: Die Sieger wollten nach dem Zweiten Weltkrieg die Besiegten in einem Zustand politischer und militärischer Abhängigkeit halten. So konzentrierten die Verlierer ihre Kräfte notgedrungen auf den Bereich, der ihnen offenstand: den industriellen. In diesen Ländern, die sich ganz auf den wirtschaftlichen Wettbewerb eingestellt haben, erbringen F & E eine viel höhere Rentabilität.

Es genügt aber nicht, die Aufwendungen in Grundlagenforschung, Spezialforschung, Industrieforschung und medizinisch-soziale Forschung zu unterteilen, um die Bemühungen jedes einzelnen Landes zu beurteilen. Die Situation ist viel verworrener: gleiche Vorhaben gehören in zwei oder mehr dieser Kategorien, etliche Forscher halten sie ohnehin nicht genau auseinander. Man kann die Wissenschaft jedoch nur rentabel machen, wenn das Ziel genau bestimmt und dann konsequent angestrebt wird. In dieser Hinsicht ist Frankreich besonders schlecht daran, weil seine Anstrengungen durch die Verwirrung der Kategorien bei Regierung, Industrie und Forschung ständig gelähmt worden sind.

Die französischen Regierungen haben die Industriebetriebe und Handelsfirmen immer wieder nach uneingestandenen politisch-militärischen Erwägungen beeinflußt. Ganz gleich, ob es um Atomkraftwerke, Überschallflugzeuge oder um das Farbfernsehen ging: die Entscheidung wurde von solchen Vorstellungen bestimmt. Diese Politik hat in doppelter Hinsicht Schaden angerichtet. Sie hat die zur Verfügung stehenden Finanzmittel in bestimmte bevorzugte Bereiche gelenkt zu Lasten anderer, weniger eindrucksvoller, aber unter Umständen gewinnversprechenderer Bereiche. Und: selbst innerhalb der begünstigten Bereiche hat sie dazu geführt, daß man neuartige Lösungen wählte, die am ehesten ins Defizit führen mußten. Während andere Länder bewußt nach kommerzieller Rentabilität strebten, erzielte die französische Industrie glänzende technische Erfolge, verlor aber viel Geld dabei.

Diese unklare Zielgebung ist in der französischen Industrie immer wieder anzutreffen. Die Industrie hat zunächst die Aufgabe, ihre Erzeugnisse auf dem allgemeinen Markt abzusetzen und Geld zu verdienen. Aber sie ist zugleich ausführendes Organ des politischen und militärischen Apparats. Das sind zwei grundverschiedene Tätigkeiten: im einen Falle bemüht man sich um Staatsaufträge, im anderen um Marktanteile. Die staatlichen Auftraggeber verlangen eine Leistung, die Verkaufsabteilungen wollen Rentabilität. Nichts spricht gegen eine Aktivität auf beiden Bereichen, im Gegenteil, die eine Tätigkeit kann die andere fördern. Aber das Hauptziel muß der kaufmännische Erfolg auf dem freien Markt sein. Die französischen Spitzenindustrien dagegen haben sich allzu oft mehr um Staatsaufträge als um ihre Märkte gekümmert. Etliche privatwirtschaftliche Forschungszentren sind so etwas wie wissenschaftliche Arsenale geworden, die fast ausschließlich von Steuergeldern leben. Die dazugehörigen Firmen vollbrachten technische Höchstleistungen, die der Staat finanziert hatte, aber ihre wirtschaftliche Lage verschlechterte sich zusehends. So stand eine große Elektrotechnik- und Elektronikfirma wie die CSF plötzlich am Rande des finanziellen Ruins.

Hinzu kommt, daß sich die französischen Forscher an diese Verwirrung der Kriterien gewöhnt haben. Ein echter Forscher mag nicht zugeben, daß über seine Leistung der wirtschaftliche Erfolg entscheiden soll. Er beurteilt seine Arbeit und die seiner Kollegen nach ihrem wissenschaftlichen Wert, nicht nach dem Gewinn, der damit erzielt werden konnte. Man betreibt eine bestimmte sogenannte angewandte Forschung, weil ›das immer zu etwas gut sein kann‹ und weil sie in jedem Falle ›die Wissenschaft weiterbringt‹. Im Extremfall vermeidet man sogar bestimmte, allzu direkt verwendbare Forschungsrichtungen, damit einem der etwaige Verwender nicht hereinredet.

Es kann keine Rede davon sein, die zweckfreie Forschung zu verdammen, wohl aber davon, sie klar abzugrenzen. Jeder französische Forscher, vor allem an der Universität, will der reinen Erkenntnis und nicht einem Wirtschaftsunternehmen dienen. Aber das erste ist nur möglich, wenn das zweite geschieht: Deutschland unternimmt gegenwärtig Anstrengungen in der Grundlagenforschung, und zwar deshalb, weil es große wirtschaftliche und kaufmännische Erfolge erzielt hat. Die Sache wird noch dadurch verschlimmert, daß Frankreich kühne und neuartige Lösungen in der Technik gesucht hat, in der Finanzierung der reinen Forschung aber zu zurückhaltend gewesen ist. Genau das Gegenteil hätte getan werden müssen.

Die verfahrene Situation wird durch die Organisationsform der wissenschaftlichen Arbeit in Frankreich zementiert. Das kommerzielle Ziel wird um so eher im Auge behalten, je weitgehender die Forschung im Rahmen der Industrie betrieben wird. Das Rentabilitätsgebot wird weit weniger beachtet in den Laboratorien der Hochschulen, des Nationalen Rats für Wissenschaftliche Forschung (CNRS) und der Atomenergiekommission (CEA). Die meisten Industriestaaten lassen zwei Drittel ihrer F & E im Produktionssektor durchführen. In Frankreich beträgt der Anteil nur die Hälfte. Viele Forscher arbeiten theoretisch ›für die Industrie‹, haben aber mit ihr keinerlei Kontakt.

Auf Firmenebene ist die kommerzielle Motivierung um so stärker, je mehr die Forschungsmittel von der Firma selber und nicht vom Staat kommen. In Japan und in Italien wird nur ein Drittel der For-

schungsaufwendungen in der Industrie von der öffentlichen Hand gedeckt. In Frankreich sind es ebenso wie in den Vereinigten Staaten zwei Drittel.
In der jüngsten Vergangenheit hat man sich bemüht, das zu ändern. Aus dem ›Ministerium für wissenschaftliche Forschung‹ wurde das ›Ministerium für industrielle Entwicklung‹. Ein Institut für industrielle Entwicklung ist gegründet worden. Ein eigenes Organ, die ›Nationale Agentur für die Auswertung der Forschung‹ (ANVAR), wurde geschaffen. Dieser Wille zum wirtschaftlichen Erfolg kommt in jeder einschlägigen öffentlichen Erklärung zum Ausdruck. Aber ein Zustand, der so traditionsbeladen und in den Institutionen so verhärtet ist, läßt sich nicht von heute auf morgen ändern. In einer Untersuchung dieses Phänomens stellt ein OECD-Experte, J. Ben-David, fest: »Frankreich hat neue Organisationsformen geschaffen, um die Forschungsarbeit der innerhalb und außerhalb der Hochschulen arbeitenden Wissenschaftler zu finanzieren. In beiden Fällen ist sorgfältig darauf geachtet worden, nicht nur die Einzelinteressen, sondern auch die angestammten Rechte der verschiedenen Institutionen unangetastet zu lassen und die inzwischen sakrosankt gewordene Prestige-Hierarchie zu erhalten.«
Die Mobilisierung der Wissenschaft für die Wirtschaft läßt sich nicht durch eine bloße Erhöhung der Zuwendungen erreichen. Eine tiefgreifende Veränderung der Mentalität und der Strukturen muß mit ihr Hand in Hand gehen. Die wissenschaftliche Entdeckung als solche hat noch keinen kommerziellen Wert. Nur die Innovation kann ihn haben. Es geht also darum, die Organisation der Wissenschaft so einzurichten, daß die intellektuelle Kapazität marktgerecht genutzt wird. Zugleich ist das bloße Gewinnstreben ebenso unzureichend: es muß in eine Strategie eingebaut sein.

Die Qual der Wahl

Zunächst gilt es die Forschungseinrichtungen festzulegen. Kein Staat außer den USA und keine Firma kann alle Wege zugleich beschreiten. Es fehlt aber gerade dann an Information, wenn die Entscheidung ansteht. Eine Entdeckung erweckt Hoffnungen, bietet aber niemals Sicherheit. Die Bestätigung oder der Fehlschlag kommen erst nach 5, 10 oder 20 Jahren Forschungstätigkeit. Die Wahl jedoch muß jetzt, nicht später, getroffen werden, wobei die spekulative Beurteilung sowohl die Zukunft der fraglichen Entdeckung als auch die Marktentwicklung einbeziehen muß. Die Geschichte der Kernenergie in Frankreich in den letzten zwanzig Jahren ist eine gute Illustration für die Schwierigkeiten bei der Definition einer solchen Strategie.

Nach dem Zweiten Weltkrieg wußten die Verantwortlichen, daß bei der Atomspaltung Energie freigesetzt wird und daß sich diese Energie in elektrischen Strom umwandeln läßt. Sie wußten ferner, daß der Stromverbrauch sich im Zehnjahresrhythmus verdoppelte und daß die Reserven an fossilen Brennstoffen (Kohle, Erdöl, Erdgas) nicht unerschöpflich waren. Die Vorteile der Kernenergie schienen auf der Hand zu liegen. Aber es galt erstens unter verschiedenen technischen Möglichkeiten zu wählen und zweitens das Tempo der zukünftigen Entwicklung zu bestimmen.

Beim ersten Punkt herrschte völlige Unsicherheit. Sollte man sich für angereichertes Uran entscheiden oder für natürliches Uran, für schweres Wasser oder normales Wasser, für Flüssigkeiten oder Gase, für hohe Temperaturen oder mittlere? Jede Lösung hatte ihre Befürworter, die nur selten uneigennützig waren. Militärische Erwägungen spielten eine erhebliche Rolle. Die Vereinigten Staaten wählten das angereicherte Uran, weil sie Atomunterseeboote bauen wollten, Frankreich und Großbritannien natürliches Uran, weil sie Plutoniumbomben herstellen wollten. Kanada und Schweden, die keine militärischen Ziele mit dieser Entscheidung verbanden, zogen Schwerwasserreaktoren vor. Jede dieser Techniken hatte noch eine große Anzahl von Varianten, die ebenso schwierig zu beurteilen waren. In der ganzen Welt wurden Dutzende von verschiedenartigen Reaktoren gebaut. Man versuchte erst einmal alles in Frage Kommende – dann würde man schon weitersehen.

Sollte man sich überhaupt mit Nachdruck der Atomenergie annehmen? Oder wäre es vielleicht besser, die Techniken erst einmal ausreifen zu lassen? Im Jahre 1957 beauftragten die Staaten des Sechser-Europa eine Dreierkommission, bestehend aus den Herren Armand, Etzel und Giordani, mit der Untersuchung dieser Frage. Das Ergebnis war pessimistisch für die traditionellen Energiequellen, die rasch erschöpft sein würden; die Kernenergie müsse so rasch wie möglich zur Ablösung bereitstehen. Daraufhin wurden die Programme beschleunigt vorangetrieben.

Doch bald kamen den Beteiligten Bedenken. Die Schätzungen der Dreierkommission wurden schon in den ersten darauffolgenden Jahren völlig über den Haufen geworfen. Heute beziffert man den Weltenergievorrat auf 10.250 Billiarden Steinkohleneinheiten (SKE =

mittlerer Energiegehalt von 1 Kilogramm Steinkohle), davon 3.400 sofort abbaubar, während der jährliche Weltenergieverbrauch nur 5,3 Billiarden SKE beträgt. Es steht also durchaus kein Energiemangel zu befürchten.

Bedenken wurden aber auch von der Wirtschaft angemeldet. Man war davon ausgegangen, daß der technische Fortschritt den Preis der Kilowattstunde aus Kernkraftwerken nach und nach so weit reduzieren würde, daß er dem Strom aus konventionellen Kraftwerken erfolgreich Konkurrenz machen könnte. Unabhängig von der Frage der Notwendigkeit bot sich der Atomstrom also schon deswegen an, weil er am wirtschaftlichsten sein würde. Aber die technische Entwicklung brachte auch Rückschläge, ständig mußten die Schätzungen berichtigt werden, und zwar um so häufiger, je näher man dem kommerziellen Einsatz kam.

Gleichzeitig änderte sich die Marktlage völlig, und zwar durch das Verhalten der Mineralölgesellschaften. Sie suchten den Gewinn vor allem beim Kraftstoff und setzten den Heizölpreis parallel zu den sinkenden Atomenergiekosten herab. Die Hersteller von Kernkraftwerken mußten also auch noch die ursprünglich zum Vergleich herangezogenen Preise kürzen.

1962 hatte die Firma General Electric geschätzt, die in den Vereinigten Staaten im Jahre 1980 installierte Atomstromkapazität werde 67.000 Megawatt (Milliarden Watt) betragen. Diese Voraussage wurde von der US-Atomenergiekommission auf 40.000 Megawatt reduziert. Eine neuerliche Schätzung aus dem Jahr 1964 ergab 80.000 Megawatt. 1966 wurde diese Prognose auf 105.000 erhöht.

In den Jahren 1966–67 machten die amerikanischen Hersteller von Kernkraftwerken verlockende Angebote, und die Auftragsbestände wuchsen: bald waren Anlagen für 60.000 Megawatt bestellt. Aber Preiserhöhungen, Lieferverzögerungen und Pannen bei den Prototypen ließen die Begeisterung rasch abkühlen. Im Jahre 1968 wurde ein einziges Kernkraftwerk verkauft.

Großbritannien wagte sich an ein gewaltiges Atomstrom-Programm nach der Methode ›Natürliches Uran – Graphit – Kohlendioxyd‹. Es mußte dann aber auf eine andere, die AGR-Lösung, umstellen, bei der schwach angereichertes Uran verwendet wird. So hat Großbritannien außerordentlich hohe Beträge für den Bau von Kernkraftwerken aufgewendet, die mit Verlust arbeiten.

Frankreich hat sich ähnlich verhalten. Bis 1969 ist es unbeirrbar bei der Verwendung natürlichen Urans geblieben. Diese ›nationale Tech-

nik‹, für die man sich aus militärischen Gründen entschieden hatte und bei der man aus politischen Erwägungen geblieben war, erwies sich letzten Endes als ein technischer Erfolg und als ein wirtschaftlicher und kommerzieller Fehlschlag. Die dafür aufgebrachten Forschungsmittel werden sich kaum in einer Erhöhung des Bruttosozialprodukts niederschlagen.
Ein ähnlicher Mißerfolg wäre den Amerikanern beinahe mit ihrem SST, dem Überschall-Fernverkehrsflugzeug, passiert. Sie hatten sich für eine außerordentlich anspruchsvolle Lösung entschieden, für die variable Geometrie bei der Tragflächenkonstruktion. Nachdem sie Millionen Dollar in Untersuchungen gesteckt hatten, mußten sie aufgeben. Zu ihrem Glück führten sie die Entwicklung nicht bis zum Flugversuch fort. Auch das neue US-Überschallflugzeug wird schon kritisiert. Die Rentabilitätsmaximierung treibt die Firmen zu Riesenflugzeugen. Franzosen und Engländer scheinen sich schon damit abgefunden zu haben, daß ihr Concorde-Programm eine unrentable Prestige-Operation wird.

Kein Risiko eingehen

Aufschlußreich ist ein Vergleich zwischen der französischen und der deutschen Atompolitik. Deutschland hatte rechtlich gar nicht die Möglichkeit, sich an den ersten Entscheidungen zu beteiligen. Die Siegermächte stürzten sich ins atomare Abenteuer, die Besiegten mußten beziehungsweise durften zuschauen. Als Deutschland eigene Forschungen unternehmen konnte, hatte es einen Rückstand aufzuholen, aber dafür war die Lage ein wenig klarer geworden, und vor allem konnte es die Erfahrungen der anderen verwerten. Es stützte sich zunächst auf die amerikanischen Techniken, wandelte sie dann ab und brachte es schließlich dahin, daß es für die von ihm gebauten Kernkraftwerke praktisch keine Lizenzgebühren zu entrichten hat. Zwei Kernkraftwerke hat Deutschland sogar exportiert, eines nach Argentinien und eines nach Holland, während Frankreich nur eines nach Spanien lieferte, und zwar zu Bedingungen, die eher in die Entwicklungshilfe als in den regulären Außenhandel gehören.
Und die Moral von der Geschicht? Die Länder, die von Anfang an bei der Atomenergieerzeugung dabei waren, haben heftig draufzahlen müssen. Die anderen, die warten mußten, bis die ersten Ergebnisse schon vorlagen, haben sich die Erfahrung des Auslands zunutze gemacht und finanziell bessere Ergebnisse erzielt.
Taucht eine neue Technik auf, so lautet die Entscheidung nicht Tun

oder Nichttun. Sie kann auch lauten: sich für die Sache interessieren, ohne voll einzusteigen. Also anderen die ersten Forschungen und die schwersten Risiken überlassen und im richtigen Augenblick auf die richtigen Züge aufspringen. Großbritannien und Frankreich haben politische und kommerzielle Ziele vermengt; sie wollten auf etlichen Gebieten von vornherein ›nationale‹ Techniken entwickeln. Dabei haben sie Prestige gewonnen und Geld verloren. Japan, das entgegengesetzte Extrem, hat ständig nach wirtschaftlicher Effizienz gesucht. Es hat deshalb wenige spektakuläre Großtaten, aber viele wirtschaftliche Erfolge aufzuweisen.

Es geht nicht etwa darum, das Ausland sklavisch zu kopieren. Man muß den Arbeiten der anderen die Ergebnisse eigener, selbständiger Forschung hinzufügen. Das ist durchaus nicht weniger schwierig. Aber: das Ergebnis ist ruhmloser, der Gewinn ungleich größer. Zu einer solchen Strategie gehört ein waches Gespür für den richtigen Augenblick und die richtige Wahl. Bei den Kernkraftwerken, bei den Überschallverkehrsflugzeugen und dem Farbfernsehen war es › dringend geboten, gar nichts zu tun‹, als die ersten Forschungen begannen. Bei der elektronischen Datenverarbeitung dagegen kam es darauf an, keinen Augenblick zu verlieren. Leider hat Frankreich genau das Gegenteil getan.

Die wissenschaftliche Arbeit stellt im Wirtschaftswettbewerb nur einen Ausgangspunkt dar, eine von mehreren unerläßlichen Voraussetzungen. Erst durch eine gute Strategie können die F & E-Ausgaben in Gewinne verwandelt werden. Der Prozeß von der Entdeckung bis zur Innovation und dann von der Innovation zum kaufmännischen Erfolg ist lang und voller Fallgruben. Wer ihn zu Ende gehen will, muß das mit unermüdlicher Konsequenz im Rahmen der richtigen Strukturen tun, und gerade hier ist der Vorsprung der USA besonders groß. »Die Überlegenheit der Vereinigten Staaten«, schreibt J. Ben-David, »erklärt sich vor allem daraus, daß sie Forschungen wirklich ganz zum Abschluß bringen können.«

Das ›japanische Wunder‹ wird verständlich, wenn man diese verschiedenen Faktoren berücksichtigt. Das wirtschaftliche Ziel hat dort absoluten Vorrang. In keinem anderen Land der Welt sind die für F & E aufgewendeten Mittel so rasch gestiegen: von 1954 bis 1963 allein um das Siebenfache. Gewiß, der Ausgangspunkt lag sehr tief. Noch im Jahre 1966 befand sich Japan mit seinen F & E-Ausgaben im Weltmaßstab erst an letzter Stelle. Aber schon zu Beginn der siebziger Jahre sollen sie 2,5 Prozent des Bruttosozialprodukts ausmachen. Bedenkt man ferner, daß Japan hinsichtlich der Zahl der Forscher an dritter und hinsichtlich des Bevölkerungsanteils auf Oberschulen den zweiten Rang innehat, so wirkt sein Wirtschaftswachstum durchaus nicht mehr paradox. Nach einer Untersuchung der japanischen Verhältnisse im Auftrage der OECD ist Pierre Pigagnol, der ehemalige französische Generalbeauftragte für wissenschaftliche Forschung, zu dem Schluß gekommen: »Was heute in Japan geschieht, wird uns wahrscheinlich schon in den frühen siebziger Jahren das ziemlich vollständige Bild eines historischen Vorgangs bieten: einer raschen Wirtschaftsentwicklung bei gleichzeitiger Expansion der Wissenschaft, einschließlich der Humanwissenschaften.«

Die paradoxe Situation, von der wir zu Beginn dieses Kapitels sprachen, ist also nicht so widersprüchlich, wie sie erscheint. Aber kann man deshalb schon sagen, die Verbindung von Wissenschaft und Wirtschaft sei ein für allemal sichergestellt? Das wäre sehr anmaßend. Fachleute der OECD haben versucht, diese Interdependenz zu klären und gelangten zu dem Ergebnis: »Die Beziehungen zwischen F & E und Wirtschaftswachstum bleiben insofern paradox, als sie zugleich offenkundig und nicht meßbar sind ... Selbst wenn man die Ausgaben für die militärische Forschung ausklammert, läßt sich keine Korrelation zwischen den Aufwendungen für F & E und dem Ansteigen des Bruttosozialprodukts feststellen.«

In dem Bericht »Die Minister und die Wissenschaft« schreiben andere OECD-Experten: »Zu den Hindernissen, die sich einer erfolgreichen Ausnutzung von Wissenschaft und Technologie für das Wirtschaftswachstum entgegenstellen, gehört auch die Tatsache, daß die Ursache-Wirkung-Beziehung zwischen Wissenschaft und Wirtschaft noch nicht hinlänglich aufgeklärt ist, und daß in vielen Fällen eine Trennung der Zuständigkeiten zwischen den Regierungen und dem industriellen Bereich der Gesellschaft besteht.«

Offenkundig, aber nicht meßbar. Darin liegt das ganze Problem. Im Zeichen der Wissenschaft zu wirtschaften, heißt im Ungewissen zu wirtschaften. Die grundlegenden Mechanismen werden nicht beherrscht, ja, nicht einmal begriffen. Einige Tatsachen, einige Grundsätze sind erkannt worden. Ganz empirisch. Aber die meisten Menschen wissen noch nichts von ihnen, obwohl es sich um Notwendigkeiten handelt, die ganz unmittelbar mit der wissenschaftlichen Entwicklung und durchaus nicht mit einer bestimmten Gesellschaftsordnung verbunden sind.

Ausgangslage	Wirtschaftlicher Wert repräsentiert durch Rohstoff und Boden, körperliche Arbeit und Kapital. Mengenwirtschaft. Geringe Bedeutung des geistigen Beitrags.
Technische und wissenschaftliche Fortschritte	Vermehrung der Kenntnisse in Physik, Chemie, Flüssigkeitsmechanik usw. Verbindung von Wissenschaft und Technik. Wirtschaftliche Auswertung von F & E.
Primäre Auswirkungen	Ablösung der Mechanik durch die Disziplinen der Wissenschaft als Grundlage der Mechanik. Einführung der Denkmaschinen, Entwicklung von Automatisierung und elektronischer Datenverarbeitung. Verwendung künstlicher Substanzen an Stelle der herkömmlichen Rohstoffe.
Sekundäre Auswirkungen	Erhöhung des Anteils der geistigen Arbeit am Wert der Erzeugnisse. Verdrängung der Ausführungs- und Fertigungstätigkeit durch Denkmaschinen. Neue Beziehungen zwischen Wissenschaft und Wirtschaft.
Sünden wider den Fortschritt	Unklare Zielsetzungen für F & E. Zu starke Berücksichtigung politischer, militärischer und wissenschaftlicher Erwägungen. Beibehaltung von Strukturen und Einstellungen, die sich mit der Schaffung einer rentablen Forschung nicht vereinbaren lassen. Mangelndes Verständnis für die komplexen Mechanismen wirtschaftlicher Wertschöpfung aus wissenschaftlicher Information.
Krise	Geringe Rentabilität von F & E, vor allem in Frankreich und Großbritannien. Gefahr der Überfremdung in Technik und Industrie.
Notwendigkeiten des Fortschritts	Definition und Abgrenzung der wirtschaftlichen Zielsetzung für F & E. Veränderung der Strukturen von Wissenschaft und Industrie im Hinblick auf die Rentabilisierung der Forschungsarbeiten. Systematische Analyse des Neuerungsprozesses mit dem Ziel einer wirklich auf F & E gegründeten Volkswirtschaft.

6. KAPITEL

Die Wissenschaftsunternehmer

Das Wissenschaftssystem ist in der ganzen Welt in Bewegung geraten. Unternehmensfusionen, Eingriffe der Regierungen, rasche Produkterneuerung und gewaltige Investitionen sind wohlvertraute Anzeichen dafür. Weniger vertraut sind uns Ursachen und Wirkungen dieser Entwicklung. Eine ganz neue Lage wird aus unveränderten weltanschaulichen oder politischen Einstellungen heraus mit alten Konzepten angegangen. Im Blick auf die Realität erscheinen Begriffe wie ›freies Unternehmertum‹, ›Privateigentum‹ oder ›Verwaltung‹ von Tag zu Tag veralteter.

Wäre es nicht besser, von den wissenschaftlichen und technischen Fakten ausgehend die wirtschaftlichen und sozialen Erscheinungen neu zu verstehen? Die notwendigen, ja, unvermeidlichen Auswirkungen der technisch-wissenschaftlichen Evolution auf das Industriesystem zu ermitteln?

Wir haben eben das Auftreten von Spitzenbranchen beschrieben, die dank reichlicher Staatsmittel, vor allem aus dem Verteidigungshaushalt, eine hohe F & E-Leistung erbringen. Die Ergebnisse werden von den spezifischen Bereichen an den kommerziellen Sektor weitergegeben und beschleunigen den technischen Fortschritt. Die Erzeugnisse dieser Industrien bauen auf einer sich ständig erneuernden wissenschaftlichen Technologie auf.

Dieses Phänomen hat Rückwirkungen auf die Gesetzmäßigkeiten des Marktgeschehens und die Regeln des Wettbewerbs. Im herkömmlichen, auf die Erzeugung für den laufenden Verbrauch gerichteten Industriesystem werden verarbeitete Rohstoffe angeboten. Ob Lebensmittel oder Haushaltsartikel, Textilien aus Naturfasern, Papier, Benzin oder Möbel – es wird von allen Konkurrenten in verschiedener Aufmachung weitgehend das gleiche auf den Markt gebracht. Der Wettbewerb entscheidet sich auf dem Felde der Fertigungsorganisation, der Schlagkraft des Vertriebsapparats, der Zahlungs-

bedingungen, des Kundendienstes, der Werbung weniger durch einen echten technischen Vorsprung. Die Forderung lautet: bei gleicher Qualität billiger produzieren und mehr verkaufen als die anderen.
Ein Radargerät, ein Kunstharz oder ein Computer dagegen setzt sich primär dank seiner technischen Überlegenheit durch. Ein solches Erzeugnis ist vor allem das Ergebnis von Forschungstätigkeit. Es beruht auf Neuerungen. Eine Teigwarenfabrik kann jeder errichten. Für die Fertigung integrierter Schaltungen dagegen gilt es zunächst, ein Forschungszentrum zu schaffen, weil ein originäres Erzeugnis herausgebracht werden muß, in das ganz neue technische Fortschritte eingegangen sind. Das eine System bringt Produktions- und Vertriebsapparate miteinander in Wettbewerb, das andere Forschungslaboratorien.
Der ständige Zufluß öffentlicher Mittel für die Forschung stimuliert die Suche nach Innovationen dergestalt, daß die völlige Veränderung des Erzeugten immer schneller wird. In den Spitzenbranchen rechnet man für die Erzeugnisse mit einer durchschnittlichen Lebensdauer von $7^1/_2$ Jahren. Bringt eine Firma ein ganz neues Produkt heraus, so hat sie ein technisches Quasi-Monopol, das ihr die Möglichkeit gibt, beträchtliche Gewinne einzustreichen. Aber auch die Konkurrenten machen ihre Erfindungen, und die angenehme Zeit der Marktbeherrschung dauert nicht lange: bald muß man mit den Preisen heruntergehen und den Gewinn niedriger kalkulieren, um sich halten zu können. Nach Schätzungen des US-Handelsministeriums ist diese Zeit, in der die ›Neuheitsprämie‹ die Möglichkeit zum Hereinholen der Forschungsaufwendungen gibt, nicht länger als vier Jahre. In der Elektronik und Elektrotechnik sind 30 Prozent der Erzeugnisse noch keine fünf Jahre alt.
Anwendung einer auf F & E beruhenden Technologie, Streben nach der Innovation und rasche Produktveränderung sind demnach charakteristisch für dieses moderne Industriesystem, das heute erst wenige Branchen erfaßt hat, sich aber ständig zu Lasten des herkömmlichen Systems ausbreitet. Die Kunstfasern verdrängen die Naturfasern, synthetische Substanzen ersetzen Stein, Ziegel und Beton, automatisierte Produktionssysteme treten an die Stelle der konventionellen Maschinen. Überall dringt die wissenschaftliche Technologie in die Fertigung ein und hat die gleiche Wirkung wie in den Spitzenbranchen: wo man hinsieht, wird die Fähigkeit, etwas ganz Neues zu schaffen, zur Vorbedingung des industriellen Erfolges.
Mit dem Streben nach Innovation aber kommt die Ungewißheit.

Es ist verhältnismäßig einfach, die Kapazität eines geplanten Produktionsapparats und die daraus resultierenden Gewinne auf einem stabilen Markt zu berechnen. Dagegen ist es außerordentlich schwierig, das zukünftige Schicksal einer Entdeckung und ihren kaufmännischen Erfolg auf einem sich rasch verändernden Markt vorauszusehen.

In den fünfziger Jahren unternahmen die Physiker der Pariser Ecole Normale Supérieure Forschungen auf dem Gebiete der elektronischen Kühlung. Das System war zunächst zweihundertmal teurer als die herkömmlichen elektrochemischen Verfahren. In wenigen Monaten gelang es ihnen, die Kosten auf ein Hundertstel zu senken: große Besorgnis bei den Kühlgeräteherstellern. Zwanzig Jahre danach ist die elektronische Kälteerzeugung immer noch um das Doppelte zu teuer, als daß sie den klassischen Verfahren Konkurrenz machen könnte.

Kristallhalbleiter sind teuer. Einige Firmen setzen ihren Forschungsapparat ein, um sie durch billige Kunststoffbauteile zu ersetzen. Nach Jahren aufwendiger Bemühungen mußte man feststellen: organische Stoffe haben nicht die notwendigen elektrischen Eigenschaften, um in der Elektronik an die Stelle der Monokristalle zu treten.

In der ganzen Welt werden zur industriellen Herstellung von Aluminium elektrolytische Verfahren verwendet. Sie verschlingen große Mengen von Elektrizität. Die französische Firma Péchiney hat in zehn Jahren -zig Millionen Francs ausgegeben, um chemische Verfahren zu entwickeln. Nicht eines davon war für die industrielle Anwendung geeignet.

Der Wettlauf um die Brennstoffzelle

Die Industrie liebt die Sicherheit. Aber jede Forschung bringt Unsicherheit. Die wissenschaftliche Technologie kommt nur durch gewagte Zielsetzungen vorwärts. Ein solches hochgestecktes Ziel hat sich das französische Unternehmen Alsthom mit der Brennstoffzelle vorgenommen.

Dabei handelt es sich um einen Energieerzeuger, der Strom aus der Reaktion von Wasserstoff mit Sauerstoff liefert. Diese Geräte sind sauber, lautlos und frei von beweglichen Teilen wie die chemischen Batterien, aber sie geben einen sich ständig erneuernden Strom ab. Nur: alle bisher entwickelten Brennstoffzellen produzieren die Kilowattstunde zu einem unerschwinglichen Preis. Die einen verwenden billige Brennstoffe, aber teure Katalysatoren, andere verzichten auf

Platin, benötigen aber sehr kostspieligen Reinwasserstoff. Viele Forschungslaboratorien suchen nach der billigen, also der mit billigen Substanzen arbeitenden Brennstoffzelle.
Die Wissenschaftler der Firma Alsthom, angeregt von der Oxydierung des Methans durch bestimmte Bakterien, hoffen, einen billigen Rohstoff, zum Beispiel Methanol, verwenden zu können, indem sie preiswerte organische Substanzen als Katalysator einsetzen. Kann es aber einen solchen Katalysator überhaupt geben? Niemand vermag es zu sagen. Aber die Firma hat die Hälfte ihrer Forschungsmittel in dieses Vorhaben gesteckt. Erreicht sie ihr Ziel, so kann sie enorme Gewinne machen. Erreicht sie es nicht, so hat sie etliche Millionen unwiederbringlich verloren und ist zugleich auf anderen Gebieten zurückgeblieben.
Die chemische Industrie muß Tausende von Substanzen durchprobieren, um eine neue, vermarktbare Kunstfaser zu finden. Ebenso groß ist der Forschungsausschuß in der pharmazeutischen Industrie. Citroën setzt auf den Kreiskolbenmotor, die Compagnie Générale d'Electricité (CGE) auf Hochleistungslaser, Bertin auf Luftkissenfahrzeuge, Sud Aviation auf Überschallverkehrsflugzeuge usw.
Unter solchen Umständen leben die Unternehmen gefährlich. Nicht nur führen viele Wege zum Mißerfolg; auch der Weg zum Erfolg ist voller Tücken. Endlos lange dauert es, bis eine neue Technik zur Betriebsreife entwickelt ist. Fehlschläge, Schwierigkeiten und Enttäuschungen häufen sich. So war es bei den Düsenverkehrsmaschinen mit der Comet, beim Überschallflug mit der Concorde, bei der Datenverarbeitung mit der dritten Computergeneration, beim Farbfernsehen mit den unzulänglichen ersten Geräten.
Da heißt es viel Geduld aufbringen und viel Geld ausgeben, bis der Einsatz wieder hereinkommt. Außer IBM haben praktisch alle Hersteller von Datenverarbeitungsanlagen ständig mit Verlust gearbeitet. Ähnlich sah es bei den Herstellern von Kernkraftwerken aus.
Und der technische Erfolg sichert durchaus noch nicht den wirtschaftlichen Erfolg. Ein Zurückbleiben in der industriellen Anwendung kann alles zerstören. So hat die Convair-Division der US-Firma General Dynamic 425 Millionen Dollar verloren, weil ihr Düsenverkehrsflugzeug Convair 990 zu spät auf den Markt kam. Boeing und Douglas hatten die Bestellungen schon in der Tasche.
Noch heute bemüht sich Frankreich, seine eigene Farbfernsehröhre herauszubringen, um der in der ganzen Welt verwendeten amerikanischen Röhre ›Shadow Mask‹ Konkurrenz zu machen. Die Röhre

funktioniert im Laboratorium tadellos, kann aber nicht vor 1971 auf den Markt gebracht werden. Auch Firmen in anderen Ländern (Sony, Sylvania, Philips) arbeiten an eigenen Röhren, die das amerikanische System ablösen sollen. Und schon macht man Versuche mit dem Fernseh-Wandschirm, der die Röhre verdrängen wird. Es ist also gar nicht gesagt, daß der technische Erfolg der Ingenieure der Compagnie française de télévision überhaupt ein wirtschaftlicher Erfolg werden kann.

Zu dieser Auswirkung des technischen Fortschritts kommt noch eine andere, schon erwähnte hinzu: die ganze Welt, zumindest die nichtkommunistische, wird immer eindeutiger zu einem einzigen Markt. Die Konkurrenz des Auslands ist allgegenwärtig. Jede Überlegenheit eines Unternehmens muß im Weltmaßstab, nicht auf nationaler Ebene beurteilt werden.

Wie kann die Industrie in dieser bedrohlichen Situation überleben? Zunächst gilt es, die zweckmäßigste Organisationsform zu finden. Aber der Neuerungsprozeß ist ja weder auf die Firmen-, noch auf die Landesebene beschränkt. Dennoch bleibt trotz aller immer komplizierteren mathematischen Modelle das empirische Weitermachen die Regel. Im Management und in der Verkaufsorganisation hat man gewisse Fortschritte erzielt, keine oder zu geringe dagegen in der Rationalisierung von F & E.

Und weil sich die Firmen nach dieser Seite nicht absichern können, suchen sie die Sicherheit in der Betriebsgröße und in der Hilfe des Staates.

Die Gigantomanie

Das Riesenunternehmen hat zwei Vorteile: Es kann die Risiken durch verschiedene Forschungsrichtungen statistisch gleichmäßiger streuen und die Kosten durch Großserienfertigung senken. Für Alsthom wäre es eine Katastrophe, den Wettlauf nach der Brennstoffzelle zu verlieren. Dupont de Nemours oder Union Carbide dagegen könnten es sich leisten. Ebenso sieht es bei der Fertigung aus. Die Automatisierung oder die Einführung einer neuen Betriebseinrichtung bringen immer Gefahren mit sich. Das Riesenunternehmen modernisiert in Etappen. Das mittlere Unternehmen muß ein solches Vorhaben auf einmal durchziehen.

Nur die schiere Größe gibt die Möglichkeit, Rückschläge in der Forschung aufzufangen. Die Abteilung Kernreaktoren der Firma General Electric arbeitet seit Jahren mit Verlust. Das Defizit beträgt jetzt Hunderte von Millionen Dollar. Trotzdem bringt es den Industriegiganten nicht in Gefahr. Und die Auftragsbücher füllen sich. Langfristig gesehen ist die Sache lukrativ, weil die Kapitaldecke des Unternehmens stark genug ist, um über die volle Distanz durchzuhalten.

Ebenso wichtig ist finanzielle Stärke für die Umsetzung eines technischen in einen kommerziellen Erfolg. Ihre beschränkten Möglichkeiten haben die französische Gesellschaft Sud Aviation daran gehindert, aus der Caravelle soviel Gewinn herauszuholen, wie sie ihn mit diesem Flugzeug hätte erzielen können. Eine Firma wie Boeing hätte den Markt ausschöpfen können, bevor die Konkurrenten nachgezogen hätten.

So sind die Großunternehmen der gegebene Ort für F & E. In den Vereinigten Staaten werden 63 Prozent der Industrieforschung in 28 Firmen mit jeweils über 100 Millionen Dollar Jahresumsatz geleistet. Ähnlich sieht es in Frankreich aus, wo 113 große Gesellschaften 83 Prozent der Industrieforschung durchführen, die 16 größten allein 43 Prozent. Die OECD-Experten haben festgestellt, daß »in allen Ländern die vier Unternehmen mit dem jeweils größten F & E-Aufwand über 20 Prozent der gesamten Forschung und Entwicklung des Landes leisten«. Viele kleine und mittlere Unternehmen verzichten auf jede Aktivität in dieser Hinsicht.

Mit solchen riesigen Unternehmensgrößen ist von jeher eine Gefahr verbunden: die Betriebsführung wird zu schwerfällig, die Männer an der Spitze werden von den komplexen Problemen überfordert, die Trägheit des Apparats lähmt das System ... Aber diese letzte Bremse für das Wachstum ist durch die elektronische Datenverarbeitung weggefallen. Jetzt sind die Giganten auch hier im Vorteil, weil nur sie sich die teuren Informationstechniken leisten können, die zu einem integrierten Management gehören. Die kleinen Luftverkehrsgesellschaften können einfach kein eigenes automatisches Platzbuchungssystem unterhalten. Pierre Lhermitte schreibt in seinem Buch *Le pari informatique*: »Die Datenverarbeitung ist ein weiterer Beschleunigungsfaktor für die Konzentrationsbewegung der Unternehmen.« Gestern noch lähmte die Größe. Heute erhöht sie das Reaktionsvermögen.

Der Staat drängt zum Monopol

Früher waren die Behörden grundsätzlich gegen die Bildung von Monopolen. Sie wollten den Wettbewerb erhalten, der als Garant

für die wirtschaftliche Gesundheit einer kapitalistischen Gesellschaftsordnung angesehen wurde. Diese Politik ist in den letzten Jahren völlig aufgegeben worden. In allen Ländern begünstigt der Staat die Konzentration. Die Firmen können gar nicht groß genug sein. Gibt es vier Konkurrenten, wünscht die Regierung nur zwei. Bleiben nur noch zwei, ermutigt er sie zur Fusion. Die ganze Entwicklung des Industriesystems ist in jüngster Zeit von diesem Trend zur Monopolbildung bestimmt. Die Regierungen geben sich nicht damit zufrieden, Firmenzusammenschlüsse stillschweigend hinzunehmen. Sie zwingen die Beteiligten geradezu auf diesen Weg. Nur die Vereinigten Staaten können sich den Luxus des Wettbewerbs noch leisten. Die IBM wird wegen Verstoßes gegen das Anti-Trust-Gesetz gerichtlich verfolgt. Frankreich und Großbritannien dagegen schaffen geradezu nationale Monopolgesellschaften für den Bau von Computern.
Scheinbar ist hier ein Dogma ungültig geworden: der Wettbewerb, der ›Kraftspender‹ der Wirtschaftsordnung, ist jetzt ein Anzeichen der Schwäche. Aber in Wirklichkeit haben sich die Regierungen nur dem Zwang des Fortschritts gebeugt. Sie haben keine neue Lehre übernommen, was sich schon daraus erhellt, daß diese Politik von Regierungen ganz verschiedener politischer Färbung betrieben wird. Die gefährliche Unberechenbarkeit der wissenschaftlichen Technologie und die Entstehung eines weltweiten Marktes haben den Rahmen des Wettbewerbs erweitert: er ist nicht mehr national, sondern international. Die Firmen mußten sich dem anpassen.
Und selbst die nationale Größenordnung wird zu klein. Die großen Konzerne werden immer internationaler. Philips, IBM, Nestlé gehen den Weg zu multinationalen Industriestrukturen. Nur verträgt sich diese Tendenz schlecht mit einer anderen Entwicklung: dem Ruf nach dem Staat.

Die Hilfe des Staates

Auch eine gigantische Unternehmensgröße reicht nicht aus, um in der Wissenschaftsindustrie zu bestehen. Also bemüht man sich mehr und mehr um Absicherung durch den Staat. Selbst ein Riese wie Boeing kann die Entwicklung eines Überschallverkehrsflugzeugs nicht mehr allein bestreiten. Er verlangt von der Regierung die Finanzierung von 90 Prozent der F & E-Aufwendungen!
Gerade dieser Fall hat die amerikanische Öffentlichkeit alarmiert. Darf die Regierung ein privatwirtschaftliches Unternehmen subventionieren? Eine eigenartige Empfindsamkeit! Die Vereinigten Staaten

möchten die Fiktion eines allein auf dem freien Unternehmertum beruhenden Industriesystems aufrechterhalten, obwohl viele US-Firmen ohne die Steuergelder für Militär- und Raumfahrtaufträge gar nicht leben könnten. Diese Aufträge haben ja erst die Möglichkeit geschaffen, auf dem Gebiet der Elektronik, der Datenverarbeitung, des Fernmeldewesens oder der Kernenergie Pionierarbeit zu leisten. Die indirekte Methode der gezielten Aufträge verschleiert diese Tatsache, aber in einem amtlichen Bericht an den Präsidenten der Vereinigten Staaten kann man den Satz lesen: »Existenz und Wachstum einer großen Anzahl von wirtschaftlich bedeutenden und technologisch besonders fortgeschrittenen Industrien hängen gegenwärtig nicht mehr vom freien Wettbewerb nach den herkömmlichen Vorstellungen ab, sondern allein von der Aufrechterhaltung der Regierungsaufträge.«
In den meisten Staaten werden F & E von den Regierungen weitgehend beeinflußt. Sie springen ein oder helfen, wo die Privatinitiative nicht mithalten kann. In Frankreich haben die Behörden nach und nach ein ganzes Arsenal von Interventionsstellen geschaffen: Abteilung für Forschungen und Versuchseinrichtungen im Verteidigungsministerium, Generalbeauftragter für wissenschaftliche und technische Forschung, Nationale Agentur für die Auswertung der Forschung, EDV-Plan (Plan Calcul), Nationales Zentrum für die Erforschung der Weltmeere, Institut für Industrieentwicklung usw. Jede dieser Institutionen kann Forschungsaufträge an die Industrie vergeben.

Widersprüchlichkeiten

Unter diesen beiden möglichen Lösungen, Riesenunternehmen oder Staatsintervention, trifft die Gesellschaft jeweils ihre Wahl. Länder wie Japan oder Deutschland setzen eher auf die erste Methode, andere, wie Frankreich oder die USA, betreiben sehr weitgehend die Finanzierung durch den Staat.
An dieser Veränderung in der Industrie haben die Ideologien wenig Anteil. Höchst verschiedenartige politische Richtungen können nacheinander an die Regierung kommen und müssen doch die gleiche Politik fortsetzen, meistens ganz empirisch. In einigen Jahren werden wenige Monopole die Industrieerzeugung der mittleren Wirtschaftsmächte kontrollieren. Das System wird den neuen industriellen Notwendigkeiten zweifellos besser angepaßt sein, aber welche politischen, sozialen oder kulturellen Auswirkungen es haben wird, hat noch kaum jemand ernsthaft untersucht. Man begnügt sich damit,

den Produktionsapparat nach der wissenschaftlichen Technologie auszurichten. Diese Situation läßt Widersprüchlichkeiten und Krisen erwarten. Manche Fragen drängen sich geradezu auf:
Könnte die dergestalt geballte wirtschaftliche Macht sich nicht an die Stelle der politischen Macht setzen? Werden nicht die Regierungen, wie das beim Erdöl schon gelegentlich der Fall war, von den internationalen Kartellen beherrscht werden? Wie kann man sicherstellen, daß die multinationalen Unternehmen nicht eine den Interessen des Landes zuwiderlaufende Politik verfolgen, daß sie nicht die ›edlen‹ Tätigkeiten auf ein Land konzentrieren und in den anderen die ausführenden Tätigkeiten vornehmen lassen? Werden die Technokraten, wenn sie einmal den Apparat des zugleich Unternehmer, Bankier, Kunde und Mäzen gewordenen Staates in der Hand haben, den Firmen nicht ihre Industriepolitik einfach diktieren? Werden sie mit den bezahlten Managern in Konflikt geraten, oder werden sich beide im Gegenteil zusammentun und eine neue führende Klasse bilden, die sich an die Stelle der politischen Klasse setzt? Wird der Unterschied zwischen staatlichen und privatwirtschaftlichen Unternehmen nicht nach und nach verschwinden?

Es wäre gewagt, auf solche Fragen endgültig und eindeutig antworten zu wollen. Das wäre sinnlos und würde auch dem Geist, in dem dieses Buch geschrieben wird, nicht entsprechen. Unsere Beobachtungsmethode führt uns dazu, die augenblickliche Umstrukturierung des Industriesystems als eine Notwendigkeit der technischen Entwicklung anzusehen. Wir müssen sie akzeptieren als eine Grundtatsache, die sich jeder modernen Gesellschaft aufdrängt. Die traditionelle, auf dem Wettbewerb und den Gesetzen des Marktes innerhalb einer Nation und auf der Nichteinmischung des Staates beruhende Wirtschaftsordnung ist tot. Es gibt kein Zurück mehr. Trotz aller ideologischen Widerstände werden sich die gegenwärtigen Tendenzen unweigerlich durchsetzen. Es geht also nicht darum, sie hinzunehmen oder abzulehnen, sondern sie zu Bestandteilen einer neuen Gesellschaftsordnung zu machen.

Eine solche Integration bringt Probleme, die nur gelöst werden können, wenn man die Sachkenner aus den verschiedensten Gebieten zu einer großen Denkbemühung zusammenbringt: diese Probleme gehen weit über die Fähigkeiten des einzelnen hinaus. Nur darf es an der Bemühung eben nicht fehlen. Die Unausweichlichkeit der industriellen Evolution wird eben auch die Schwierigkeiten, von denen wir sprachen, unausweichlich machen, und die Wahl zwischen Hinnahme

und Ablehnung wäre eine sinnlose Entscheidung. Die Probleme sind schon da oder werden demnächst dasein. Und sie müssen gelöst werden – durch tatkräftiges Handeln oder bloßes Reagieren.
Können die überkommenen Ideologien Lösungen bieten? Es ist erschreckend, festzustellen, daß die gegenwärtige Entwicklung etliche Grundbegriffe, auf denen diese Ideologien beruhen, gerade in Frage stellt.
Wird das Eigentum an Produktionsmitteln seine alte Bedeutung behalten? J. K. Galbraith hat in seinem Buch *Die moderne Industriegesellschaft* dargelegt, daß die Macht des Kapitals in den amerikanischen Unternehmen immer geringer wird. Ist dieses Phänomen an den Fortschritt gebunden? Wird es in allen Industriegesellschaften auftreten? Vielleicht wird das Eigentum nur noch eine ›Modalität‹ des Wirtschaftssystems sein.
Auch der Begriff Verstaatlichung dürfte in seiner klassischen Form bald überholt sein. Er könnte der Entwicklung der Privatunternehmen zu einem neuen Status im Wege stehen, der ihnen eine stärkere Integration in die Wirtschafts- und Sozialpolitik des Landes ermöglichen würde. Er könnte ferner die unentbehrliche Dynamik abwürgen, die jedes Unternehmen braucht, um sich in der rasch verändernden Welt der F & E zu behaupten.
Der von den Staatsbehörden völlig unabhängige Privatbetrieb des 19. Jahrhunderts ist schon jetzt so etwas wie ein Mythos geworden, ein Wunschbild, das die Unternehmer um jeden Preis erhalten möchten. Es ist daher überraschend, Herrn Huvelin, den Präsidenten des französischen Nationalen Arbeitgeberverbandes (CNPF), erklären zu hören: »Charakteristisch für die neue Phase unserer Wirtschaftsentwicklung ist vor allem die ausschlaggebende Rolle, die der Staat jetzt spielen muß. Die Konkurrenten zwingen die ganze Nation in den internationalen Wettbewerb. Auf sich allein gestellt wären ihm die Unternehmen nicht gewachsen.«
Die Unternehmer möchten den Staat benutzen und dabei von ihm unabhängig bleiben. Die Gewerkschaften fordern die Überführung in Gemeineigentum, aber wo sie bisher realisiert worden ist, hat sie kaum zur Beruhigung der sozialen Konfliktsituation beigetragen. Beiden will es nicht gelingen, sich im Hinblick auf die in Gang befindlichen Veränderungen neu zu definieren.

Sollte man bei dieser Sachlage nicht manche Einteilungen aufgeben? Ein Monopolunternehmen kann kein privatwirtschaftliches Unternehmen im klassischen Wortsinne sein. Das Privileg, das ein solches Monopol darstellt, und die Macht, die es verleiht, veranlassen den Staat in jedem Falle zum Eingreifen. Gegenwärtig beobachten wir das bei den ausländischen Kaufwünschen für große französische Firmen wie Bull, Citroën oder Jeumont-Schneider. Es wäre undenkbar, daß der einzige Hersteller von Rechenanlagen oder von Atomkraftwerken seine Unternehmenspolitik nicht mit den staatlichen Stellen abspricht: andernfalls würde die Regierung sehr bald ihrer wichtigsten Einwirkungsmöglichkeiten beraubt sein. Jetzt geschieht diese Konzertierung noch auf schwer durchschaubaren Wegen, über Lobbies, die mit zunehmender Tendenz zum Monopol immer einflußreicher werden. Es wäre sicherlich angemessener, offen zuzugeben, daß eine Firma, die einen ganzen Sektor der Produktion allein beherrscht, kein Privatunternehmen mehr ist mit der ganzen Unabhängigkeit, die üblicherweise mit diesem Begriff verbunden wird. Daß also die Vorzugstellung mit Verpflichtungen erkauft werden muß.

Diese Feststellung behält ihre Gültigkeit, ganz gleich, wem das Kapital gehört. Die Verstaatlichung löst das Problem nicht. Auch eine öffentlich-rechtliche Einrichtung kann einen unheilvollen Einfluß auf die Regierung ausüben. Man denke nur an das französische Atomenergiekommissariat, das den allzu leichtgläubigen Regierungen jeweils die Atompolitik Frankreichs aufoktroyiert hat. Die verantwortlichen Männer des Kommissariats waren in keiner Weise von kapitalistischen Interessen beeinflußt. Sie wollten die Anwendung der Atomenergie vorantreiben und ihre technischen Entscheidungen durchsetzen. Der Leiter eines Monopolunternehmens, ob Kapitalist oder Manager, hat eine erhebliche Macht und wird stets versucht sein, sie zu mißbrauchen.

Andererseits besteht die Gefahr, daß eine zu starke Bevormundung durch die Politiker den Produktionsapparat lähmt, der doch dynamisch und schlagkräftig bleiben muß, wenn er dem modernen Wettbewerb gewachsen sein soll. Um dem technischen Fortschritt auf den Fersen bleiben zu können, braucht das Unternehmen eine sehr weitgehende Selbständigkeit und Anpassungsfreiheit. Betriebsorganisation und Management werden vom Unternehmensziel bestimmt; wer der Kapitaleigner ist, spielt keine Rolle. Es gibt kein ›öffentliches‹ im Gegensatz zum ›privaten‹ Management. Jedes Industrieunternehmen muß eine Reihe von grundsätzlich gleichen Organisationsprinzipien beachten.

So gesehen ist der Unterschied zwischen Renault (staatlich) und Peugeot (privatwirtschaftlich) viel geringer als zwischen Renault und der Verwaltung unseres Telefonnetzes. Im einen Falle handelt es sich um zwei Unternehmen, im anderen um ein Unternehmen und – leider! – eine Verwaltung.

Die wichtigsten Industriezweige müssen sich um gewaltige Produktionseinheiten mit Monopolcharakter gruppieren, die zugleich das flexible Management eines Privatunternehmens haben und gewissen Verpflichtungen des Staatsunternehmens unterworfen sind. Dann ist die Frage nach der gesellschaftlichen Funktion wichtiger als die nach dem Eigentum. Da die Gesetze des Marktes und des freien Wettbewerbs diese Funktion nicht mehr sicherstellen können, muß sie in neuer Form gewährleistet werden. Es geht nicht darum, ob man verstaatlichen oder zum freien Unternehmertum zurückkehren sollte. Es gilt für die großen Industriekonzerne ein Rahmenstatut zu erarbeiten, das mit zahlreichen Varianten ausgestattet ist. Auf jeden Fall würde in solchen Unternehmen der Einfluß des Kapitals erheblich geringer und der Einfluß der Allgemeinheit und der Belegschaft größer sein. Die Unabhängigkeit der Unternehmensführung bliebe erhalten. Der Unterschied zwischen öffentlichem und privatwirtschaftlichem Bereich würde sich verwischen. Dabei handelt es sich durchaus nicht um eine brutale Neuordnung: die meisten Industrienationen befinden sich schon auf diesem Wege. Bezeichnend ist die gegenläufige Bewegung in den Ländern mit sozialistischer Gesellschaftsordnung. Die Sowjetunion ist dabei, den Unternehmensbegriff neu zu entdecken. Alle Wirtschaftsreformen zielen darauf, den Produktionseinheiten eine größere Autonomie zu geben, ihnen die Freiheit der eigenen Organisationsform in Ausrichtung auf die nationalen Ziele zu gewähren, horizontale und nicht vertikale Bindungen mit den Forschungszentren und den anderen Unternehmen zu schaffen. Wichtig ist nur, daß man weiß, worauf man hinauswill. anstatt sich aufs Geratewohl vorzutasten.

Das gegenwärtige Vorgehen ist schlecht, weil es sich auf den wirtschaftlichen Aspekt beschränkt, ohne dessen soziale, politische oder moralische Auswirkungen einzubeziehen. Denn diese Umwälzung bringt viele Unbekannte. Bürgerliche und politische Freiheit, Arbeits-

und Koalitionsrecht, Wissenschaftspolitik, Unabhängigkeit der Presse, Beziehungen zwischen Hochschule und Industrie werden gleich stark von dieser Neustrukturierung der Industrie betroffen. Es geht darum, eine neue Gesellschaft, nicht nur eine neue Industrie zu schaffen.

Die liberale Gesellschaft des 19. Jahrhunderts entstand auf der Grundlage einer zusammenhängenden Ideologie, die ihr eine klare Vorstellung von ihrer Zukunft lieferte – jedenfalls nach Meinung der Zeitgenossen. Als Lenin in Rußland den Kommunismus einführte, wußte er genau, welche Gesellschaftsordnung er aufbauen wollte. Die gegenwärtige Veränderung ist mindestens so einschneidend, aber keiner weiß, wohin sie führt.

Lassen die Industriestaaten diese Entwicklung unkontrolliert und ohne Zielsetzung einfach treiben, besteht die Gefahr einer Häufung der Spannungen. Einmal mehr wird dann ein ungerichteter Fortschritt zur Entfremdung des Individuums beigetragen haben.

Ausgangslage	Überwiegen des nationalen Rahmens. Aufrechterhaltung des Wettbewerbs. Freies Unternehmertum. Langsame Entwicklung der Verfahren und Erzeugnisse. Wettbewerb zwischen den Firmen in den Fertigungs- und Vertriebsmethoden.
Technische und wissenschaftliche Fortschritte	Forschung und Entwicklung, Ausbau der wissenschaftlichen Technologie. Entwicklung der Verkehrs- und Fernmeldeverbindungen. Wettbewerb zwischen den Firmen in Forschung und Entwicklung.
Primäre Auswirkungen	Beschleunigung des technischen Fortschritts. Steigerung der Produktivität. Verbesserung der Erzeugnisse. Erhöhung des Lebensstandards.
Sekundäre Auswirkungen	Rasche Veränderung und Ungewißheit als neue Phänomene in der Industrie. Überwiegender Einfluß des Weltmarkts. Unternehmenskonzentration. Zunahme der staatlichen Eingriffe in die Industrie.
Sünden wider den Fortschritt	Unzulängliche geistige Bewältigung der Strukturenevolution in der Industrie. Empirische Politik ohne Berücksichtigung der sozialpolitischen Auswirkungen. Mangelnde Fähigkeit, die Gesellschaft im Hinblick auf das neue industrielle System zu reorganisieren.
Krise	Krise der alten (liberalen und sozialistischen) Ideologien. Spannungsgefahren durch die Widersprüche zwischen dem neuen industriellen System und den alten politischen, juristischen und gesellschaftlichen Strukturen. Entstehung von einander widersprechender Tendenzen zur Monopolbildung, zur Staatsintervention, zu multinationalen Unternehmen.
Notwendigkeiten des Fortschritts	Definition einer vorausschauenden Politik zur Bewältigung der in Gang befindlichen Entwicklung. Neuformulierung überkommener Vorstellungen: freies Unternehmertum, Gegensatz zwischen öffentlichem und privatwirtschaftlichem Bereich, Verstaatlichung usw. Anpassung der Institutionen an die neuen Strukturen der Industrie zur Wahrung der bürgerlichen und politischen Freiheiten.

7. KAPITEL

Das Management des Kapitals Mensch

Die wissenschaftliche Technologie hat Volkswirtschaft und Industriesystem verändert, aber ihre Folgen für Bildungswesen und Arbeitsmarkt sind nicht weniger gravierend. Auch hier lassen sich eindeutige Beziehungen zwischen Ursache und Wirkung, zwischen der Entwicklung der Techniken und der Entwicklung der Gesellschaftsordnungen feststellen.

Die industrielle Anwendung physikalischer Phänomene hat die explosionsartige Entwicklung der elektronischen Datenverarbeitung und der Automatisierung bewirkt. Diese neuen Disziplinen lassen Produktions- und Verwaltungsaufgaben wegfallen. So machen in den amerikanischen Betrieben die Arbeiter in der eigentlichen Fertigung nur noch 17 Prozent der Belegschaft aus. Aber dieses Ergebnis wird erreicht, weil der Materie immer mehr Ordnung und Information hinzugefügt wird. Maschinen, Produkte und Dienstleistungen werden mit jeder Generation komplizierter. Ihre Fertigentwicklung verlangt eine ständig wachsende geistige Bemühung. Die Arbeit besteht nicht mehr in erster Linie darin, mit einfachen Werkzeugen umzugehen, sondern komplizierte, automatische Werkzeuge und Fertigungssysteme zu erfinden. Im ganzen gesehen verlagert sich die Arbeit des Menschen von der Produktion auf die Konzeption. Um noch einmal das Beispiel der Vereinigten Staaten anzuführen: von 1947 bis 1965 ist die Zahl der ›Kopfarbeiter‹ um 9,6 Millionen gestiegen, während die Zahl der ›Handarbeiter‹ um 4 Millionen gesunken ist. Mit zunehmender Verbreitung der wissenschaftlichen Technologie wird das Gehirn wichtiger als der Muskel.

In 35 Jahren ist die gesamte erwerbstätige Bevölkerung der USA um 50 Prozent gewachsen, die Zahl der ›Kopfarbeiter‹ aber hat sich verdoppelt. Diese Verdoppelung der Zahl ist bei den Führungskräften, den Ingenieuren und Forschern sogar binnen 15 Jahren eingetreten. Hier geht die Zunahme rascher als bei den übrigen Erwerbstätigen.

Die Ökonomie der Intelligenz

Wir haben gesehen, daß der Wettbewerb immer mehr auf dem Felde der technischen Neuerungen, der automatisierten Betriebsabläufe usw. ausgetragen wird, also der Ergebnisse geistiger Arbeit, die dadurch immer größere wirtschaftliche Bedeutung gewinnt. Zu einer Zeit, da sich die Information zum neuen Goldstandard entwickelt, wird das Gehirn zur Quelle des ökonomischen Wertes, zum Kapital.
Im Gegensatz zum alten ist dieses neue Kapital nicht etwas bloß quantitativ, sondern auch qualitativ zu Beschreibendes: Was ich mit dem einen Goldbarren kaufen kann, kann ich auch mit einem anderen kaufen. Was von einem Gehirn gedacht werden kann, kann durchaus nicht auch von jedem anderen gedacht werden. So deutet alles darauf hin, daß die fachliche Qualifikation anstelle des Kapitals die wirtschaftliche Macht ergreifen wird. Die Firmen reißen sich um die Könner, um Manager, Systemanalytiker, Forscher. Wenn hinter der Wirtschaft ein leistungsfähiges Banksystem steht, können besonders befähigte Leute ohne weiteres eigene Unternehmen begründen. So schufen Ingenieure von IBM und Remington Rand die Konkurrenzfirmen Scientific Data System und Control Data. Das eigentliche Kapital des Unternehmens liegt nicht mehr im Anlagevermögen, in einem Geldwert, sondern in der Qualität der Gehirne, deren Dienste es sich sichert. Die wissenschaftliche Technologie führt zur Ökonomie der Intelligenz.
Aber dieses Kapital ist vergänglicher als jedes andere. Die wissenschaftliche Technologie bringt Spezialistentum und Mobilität mit sich. Die Spezialisierung ist durch die Kompliziertheit der Aufgaben, die es zu konzipieren gilt, und der Fertigungsmethoden unvermeidlich geworden. Die Mobilität ist eine Folge der raschen Erneuerung der verwendeten Techniken. So ist der Markt für qualifizierte Mitarbeiter in ständiger Bewegung. Ab 1948 hat die Erfindung der Halbleiter Hunderttausende von Funktechnikern disqualifiziert, die es nur mit Rundfunkröhren zu tun gehabt hatten. Bislang war der ungelernte Arbeiter in Rezessionszeiten von Arbeitslosigkeit bedroht, aber er behielt seine Arbeitskraft als Kapital. Der hochqualifizierte Facharbeiter dagegen ist gerade von der stürmischen Entwicklung der Industrie mit der ständigen Erneuerung der Techniken gefährdet. Der Ingenieur, über den diese Entwicklung hinweggeht, hat seinen Wert als Arbeitnehmer verloren. Er muß sich einen neuen erarbeiten.

Der Arbeitsmarkt wird also fortan mit quantitativen und qualitativen Forderungen aufwarten, die sich ständig ändern und ihre Auswirkungen auf das Bildungswesen haben werden. Als Wirtschaftssystem muß die ›Wissenschaftsgesellschaft‹ ein Geflecht von Kommunikationsmöglichkeiten werden, das es jedem einzelnen gestattet, ein geistiges Kapital anzusammeln und präsent zu halten. Moderne Volkswirtschaft heißt primär Management der Gehirne. Die Veränderung der Techniken durch den F & E-Prozeß führt unausweichlich dazu. Die Folgen für den arbeitenden Menschen können großartig oder verheerend sein – je nachdem. Will die Gesellschaft diese Notwendigkeiten nicht wahrhaben, wird sie ein gefährliches Mißverhältnis zwischen den Bedürfnissen der Produktion und den Möglichkeiten des Arbeitsmarktes erleben. Sie wird in zwiefacher Hinsicht eine Frustration des einzelnen hervorrufen: als Erwerbstätiger wird er seinen Arbeitsplatz bedroht, als Verbraucher seine Kaufkraft geschmälert sehen. Behandelt sie dagegen den Menschen nur als intellektuelle Arbeitskraft, die ganz für die Produktion auszubilden und in Form zu halten ist, so ist ihr Verhalten unmenschlich und entfremdend. Das ›Management der Gehirne‹, so unzulänglich es sein mag, stellt also eine unabdingbare Forderung der modernen Wirtschaft dar. Die Aufgabe ist nicht leicht. Wie schwierig sie ist, zeigt sich jetzt schon an der Krise im Bildungswesen. Nur durch eine radikale Änderung der Strukturen von Arbeitsmarkt und Ausbildung läßt sich diesen Schwierigkeiten begegnen. Betrachten wir zunächst die Notwendigkeit des Fortschritts auf dem Gebiet der Ausbildung.

Das geistige Kapital vergrößern

Angesichts ihres mehr oder weniger großen Rückstandes gegenüber dem Bedarf müssen alle Industriestaaten die Zahl der qualifizierten Arbeitskräfte erhöhen, also erst einmal die Ausbildungsmöglichkeiten verbessern. Trotz aller in der Öffentlichkeit gegebenen Begründungen handelt es sich dabei nicht um eine ideologische Wunschvorstellung, sondern um eine ökonomische Notwendigkeit. Eine besonders nachdrückliche Bestätigung für die Unentbehrlichkeit einer Demokratisierung des Bildungswesens findet sich im ›National Defense and Education Act‹, der 1958 vom amerikanischen Kongreß verabschiedet worden ist, wobei man vor allem an die Bedürfnisse der Landesverteidigung dachte. Es wird dort der Grundsatz verkündet, daß in Zukunft »keinem begabten Studenten der Zugang zur Hochschulbildung aus finanziellen Gründen versperrt sein wird«.

Die von dem amerikanischen Wirtschaftswissenschaftler Denison gefundene Verbindung zwischen dem Reichtum der Vereinigten Staaten und ihrem Ausbildungsniveau scheint begründet zu sein, auch wenn die von Denison genannten Zahlen nur als Größenordnungen zu verstehen sind. In der Tat sind die amerikanischen Aufwendungen für das Erziehungswesen sowohl relativ als auch absolut gesehen höher als in allen anderen Ländern. Sie betragen 6 Prozent des Bruttosozialprodukts, während die Zahlen für die europäischen Länder zwischen 3,5 Prozent und 4,5 Prozent liegen.
Die Ausbreitung des Unterrichtswesens – um das Wort ›Demokratisierung‹ zu vermeiden – ist keine Forderung im Namen der Menschenwürde mehr, sondern ein wirtschaftliches Gebot. »Die Verbesserung des Kapitals, d. h. der technische Fortschritt«, erklärt Galbraith, »ist heute fast ausschließlich von Investitionen in der Bildung, Ausbildung und wissenschaftlichen Fortbildung der einzelnen Staatsbürger abhängig.«
Es stimmt sehr nachdenklich, daß Europas Rückstand gegenüber den USA ausgerechnet vom Unterrichtswesen herrührt, denn eine vergleichende Untersuchung des Franzosen Poignant hat ergeben, daß gerade das Unterrichtswesen 1975 wahrscheinlich noch weiter zurückbleiben wird.

Was für Fachleute?

Quantitativ ist das Problem sehr einfach darzustellen, aber schwer zu lösen. Es brauchen nur die Ausbildungsmöglichkeiten vergrößert zu werden. Aber dafür müssen das Geld und die Lehrkräfte da sein.
Qualitativ ist die Aufgabe viel schwieriger. In der Auswahl unter den Möglichkeiten und in der Ausrichtung ihrer Politik haben es alle Regierungen mit den gleichen Schwierigkeiten zu tun. Wo liegen sie?
Theoretisch würde es genügen, den Bedarf vorauszuberechnen und die jungen Menschen entsprechend auszubilden. In der Praxis stößt beides auf schier unüberwindliche Hindernisse.
Die Vorausberechnung muß von der technischen Entwicklung ausgehen. Die Prognose muß sehr langfristig sein. Der Schüler muß für eine zehn bis fünfzehn Jahre entfernte Zukunft ausgebildet werden. Wir haben aber bereits gesehen, daß sich der Fortschritt nur sehr unscharf so weit im voraus prognostizieren läßt.
Die bloße Tatsache, daß sich eine Technik in voller Entwicklung befindet, erlaubt durchaus noch keine genauere Voraussage über ihre

zukünftige Anwendung. Der Computer übernimmt jetzt auf Grund numerischer Daten mehr und mehr die Aufgaben des technischen Zeichners. Aber wann wird diese Entwicklung zu einem geringeren Bedarf an technischen Zeichnern führen? Wie viele Programmierer werden zwischen 1970 und 1980 ausgebildet werden müssen? 30.000, 40.000, 50.000 oder 60.000? Das hängt vom Wachstum des Marktes und vom technischen Fortschritt ab. Schon jetzt läßt sich absehen, daß die kommende Computer-Generation dem Programmierer eine sehr viel kleinere Rolle zuweisen wird.

In zwiefacher Hinsicht muß dieses pessimistische Bild allerdings korrigiert werden:

Die Prognose ist um so besser, je größer die betreffende Berufssparte ist. Um ein einfaches Beispiel zu nehmen: man weiß, daß die Zahl der Arbeiter in der Fertigung und die Zahl der Buchhaltungskräfte abnehmen wird. Die Nachfrage nach qualifizierten Sekretärinnen dagegen wird sehr stark bleiben. Das sind keine besonders genauen Angaben, aber sie sind ziemlich gesichert. Auf diese Weise läßt sich jedenfalls das einzuhaltende zahlenmäßige Verhältnis zwischen den großen Ausbildungsrichtungen bestimmen.

Andererseits ist der Zweck der Voraussage nicht das fatalistische Hinnehmen, sondern das Handeln. »Wir dürfen nicht auf das Morgen warten, wir müssen es erfinden«, wie Gaston Berger es ausgedrückt hat. Man bildet Fachleute aus, weil man entschlossen ist, eine Branche zu entwickeln, und diese Branche wiederum entwickelt sich, weil Fachleute zur Verfügung stehen. So läßt sich auf Grund der Entscheidungen, die getroffen werden, bis zu einem gewissen Grade der Bedarf ermitteln. Baut man die öffentliche Krankenversicherung aus, so gibt es mehr Arbeitsplätze für Ärzte. Lenkt man den Aufwand für die Wissenschaft auf soziale Probleme oder auf den Umweltschutz, so wird man nicht die gleichen Fachleute wie bei der Konzentration der Mittel auf die Zukunftsindustrien brauchen.

Neigung und Bedarf

Natürlich ist es nicht damit getan, den Bedarf zu errechnen; man muß die jungen Menschen auch dafür gewinnen, ihn zu erfüllen. Man kann nicht von oben her bestimmen, daß 12,3 Prozent des wissenschaftlichen Nachwuchses Medizin und Pharmazie oder 7,5 Prozent Angewandte Mathematik zu studieren haben. Aber es ist auch nicht zu erwarten, daß sich das Angebot von selber parallel zur Nachfrage entwickelt.

Diese Probleme sind nicht an ein bestimmtes Gesellschaftssystem gebunden. Sie stellen sich in allen Industrieländern, den kapitalistischen und den kommunistischen. Eine kürzlich in der *Revue française de Sociologie* erschienene Untersuchung des sowjetischen Soziologen Wladimir Schubkin bringt dazu aufschlußreiche Einzelheiten. Die Ergebnisse seiner Untersuchungen in Nowosibirsk lassen zum Beispiel erkennen, daß dort nur 11 Prozent der Fachoberschulabsolventen den Beruf ausübten, den sie in der Schule gelernt hatten. »Mit anderen Worten«, schreibt Schubkin, »haben die meisten jungen Leute nicht die Berufe gewählt, auf die sie in der Schule vorbereitet worden waren. Dem Fachoberschulsystem ist es also nicht gelungen, ihre Wünsche mit den Interessen der Gesellschaft in Übereinstimmung zu bringen.«
Um das Jahr 1935 versuchten die Verantwortlichen in der UdSSR die Ausbildung durch Zwangsmaßnahmen den gesellschaftlichen Bedürfnissen stärker anzupassen. Aber dann gaben sie alle Bemühungen um Berufsberatung, Ausrichtung und Selektion auf, weil es an Informationen über »den zukünftigen Bedarf in den verschiedenen Produktionszweigen ... und die Berufswünsche der Schüler« fehlte. »Später erlebte man einen Überfluß an Führungskräften in einigen Branchen und einen Mangel in anderen.« Dieser Fehlschlag ist eine gute Illustration für die Unmöglichkeit, eine an den Fortschritt gebundene Entwicklung mit autoritären und zentralistischen Methoden zu lenken. Der Staat kann nicht alles voraussehen, alles wissen und alles ordnen. Der Fortschritt verlangt mehr Anpassungsfähigkeit und eine bessere Berücksichtigung der menschlichen Faktoren.

Die Abkehr von der Naturwissenschaft

Alle Länder haben es mit einem schweren Problem zu tun: dem mangelnden Interesse der jungen Leute für die naturwissenschaftlichen Fächer. Überall wenden sich die Studenten von den präzisen Wissenschaften – Mathematik, Physik, Chemie, Technik – ab. Weniger abstrakte und stärker auf den Menschen bezogene Disziplinen locken sie mehr: Handel, Recht, Soziologie, Psychologie ...
In Schweden zum Beispiel hatte man berechnet, daß es 1969 insgesamt 85.000 Studenten geben würde. Statt dessen gibt es 110.000 junge Leute an überfüllten Hochschulen, aber bei den naturwissenschaftlichen Fächern liegt die Zahl sogar noch etwas unter der Voraussage. Das gleiche Phänomen läßt sich in den USA und in Frankreich beobachten, wo auch der Anteil der Abiturienten aus den na-

turwissenschaftlichen Zweigen des Gymnasiums innerhalb eines Jahres von 25 Prozent (1968) auf 19 Prozent (1969) zurückgegangen ist.

In vielen Ländern der Dritten Welt nimmt dieser Vorgang geradezu beklemmende Formen an. Von 1950 bis 1960 haben an der Universität von Dekkan einhundert Studenten ihr Examen in Anthropologie abgelegt. Natürlich hat Indien keine Arbeitsplätze für sie; 96 von ihnen sind stellungslos. An der Universität von Buenos Aires ist die Hälfte der Studenten an der Juristischen Fakultät immatrikuliert und ganze 2 Prozent studieren Landwirtschaft. Alle afrikanischen Führer sind verzweifelt, daß ihre Studenten mit Vorliebe Literatur, Jura oder ›Humanwissenschaften‹ betreiben. Diese Beispiele ließen sich beliebig vermehren.

Solange sich das Studium der Naturwissenschaften darauf beschränkt, Definitionen und abschreckend abstrakte Gesetze zu lehren oder künstliche Probleme zu lösen, wird sich die Jugend davon abwenden. »Die toten Sprachen verlieren an Terrain; toten Naturwissenschaften wird es nicht anders ergehen. Wir müssen der naturwissenschaftlichen Lehre neues Leben geben«, erklärte kürzlich Y. Bernard von der Hochschulabteilung im französischen Erziehungsministerium. Die UNESCO hat mehrere Arbeitsgruppen mit diesem Problem befaßt. In den Vereinigten Staaten haben angesehene Wissenschaftler die Oberschullehrpläne für die naturwissenschaftlichen Fächer überarbeitet. In Frankreich bleibt diese Aufgabe allein den zuständigen Oberschulräten überlassen. Die Männer, die in der wissenschaftlichen Arbeit stehen, haben keine Möglichkeit, den Unterricht an den Gymnasien in ihren Fächern mitzubestimmen, obwohl sich jeder Staat, gleich welcher Gesellschaftsordnung, darüber im klaren ist, daß er neue Lösungen finden muß, um der Jugend die Naturwissenschaften zu ›verkaufen‹.

Die Frauen und die Naturwissenschaften

Diese Situation erklärt sich zu einem guten Teil aus der tief verwurzelten Frauenfeindlichkeit der westlichen Welt. Man betrachtet es als biologische Tatsache, daß Frauen weniger Neigung zu den exakten Wissenschaften haben als Männer. Undenkbar, daß eine Frauenzeitschrift ein naturwissenschaftliches oder technisches Problem behandeln könnte. Statt dessen werden die Leserinnen mit Psychosoziologie gefüttert, und so verfestigt sich eine kulturspezifische Ausgangsposition, die den Mädchen unausgesprochen den Eindruck vermittelt, sie sollen sich besser nicht mit einer exakten Wissenschaft, sondern lieber mit Fremdsprachen, Recht oder Humanwissenschaften beschäftigen.

Die Erfahrung in den sozialistischen Ländern beweist, daß die ›natürliche‹ Abneigung der weiblichen Intelligenz gegen die Naturwissenschaften eine erworbene Haltung und nur in bestimmten Kulturkreisen gültig ist. Schubkin zeigt in seiner Untersuchung, daß in der Sowjetunion, wo es diese Beeinflussung nicht gibt, die Mädchen von Mathematik, Chemie und ökonomisch-mathematischer Forschung stärker angezogen werden als die Jungen; bei der Physik ist die Neigung fast gleich groß. Wenn der Prozentsatz derer, die sich für Naturwissenschaft und Technik entscheiden, bei den Mädchen ebenso groß wäre wie bei den Jungen, wäre das Problem schon fast gelöst. Aber dafür müßte erst das Tabu von der Naturwissenschaft genommen werden.

Es wird solange ein gefährliches Ungleichgewicht geben, wie die Naturwissenschaft ihren unmenschlichen, esoterischen und abstoßenden Charakter behält. Wir haben schon gesehen, daß dieses Übel in der französischen Gesellschaft besonders tief verwurzelt ist. Die Voraussagen lassen erkennen, daß Frankreich im Zeitraum 1975/85 mindestens 2,5 Millionen junge Menschen in technische Berufe und nur ein paar Hunderttausend in Verwaltungsberufe lenken müßte. Die Betroffenen haben in den letzten Jahren ihre Schulzeit begonnen, und jetzt müssen sie auf ihre Zukunft vorbereitet werden: dazu gehört eine völlige Abkehr von den derzeitigen Tendenzen.

Das Eindringen der Datenverarbeitung und der angewandten Mathematik in alle Bereiche wird dazu führen, daß die Schranke zwischen den naturwissenschaftlichen und den übrigen Disziplinen immer unwichtiger wird, weil ein gemeinsamer Nenner da ist. Wer sich ausschließlich mit alten Sprachen oder Literatur beschäftigt hat, läßt sich von der Naturwissenschaft abschrecken; wer jedenfalls Grundkenntnisse in EDV oder moderner Wirtschaftslehre erworben hat, wird sich nicht so leicht abgestoßen fühlen.

Natürlich werden sich die Studenten von gut ausgestatteten Hochschulen besonders angezogen fühlen. Aber es genügt zweifellos nicht, zu bauen und Planstellen für die Lehrenden vorzusehen, um die Lehranstalten zu füllen. In unserer Gesellschaftsordnung ›ohne Zwang‹ müßten tiefere Motivationen angesprochen werden.

Es ist ein erschreckendes Zeichen, daß die Wortführer der großen Protestwelle gegen die Zustände an den französischen Universitäten im Mai 1968 die Möglichkeiten der EDV im Unterrichtswesen nicht einmal zur Kenntnis genommen haben. Die US-Regierung stellt finanzielle Mittel für die Arbeit einer Expertengruppe zur Verfügung, die an der Harvard-Universität die gesellschaftlichen Auswirkungen des technischen Fortschritts untersucht. Forschungsthema Nummer 1 dieser Fachleute ist die Organverpflanzung, aber unmittelbar darauf folgt die Automatisierung im Unterrichtswesen. Sie gehen von der Annahme aus, daß in zwanzig Jahren alle Kinder in den Vereinigten Staaten mit EDV-gesteuerten Unterrichtsprogrammen lernen werden. Wenn man die Prognose der Rand Corporation (allgemeine Einführung der Unterrichtsmaschinen ab 1971) hinzunimmt, so wäre es gewiß an der Zeit, sich darauf einzustellen. Eine technische Revolution steht vor der Tür, aber in Frankreich bereitet sich niemand darauf vor.

Schon das Wort ›Computerunterricht‹ erschreckt die Gemüter. Dabei bringt die Einführung der Lernmaschinen einen quantitativen und einen qualitativen Vorteil: Nur der massive Einsatz solcher Geräte kann sicherstellen, daß trotz der Zunahme der Schüler- und Studentenzahlen die Qualität der Lehrenden nicht sinkt.

Vor allem aber bringt der Computer einen großen Fortschritt auf dem Felde der Lehrmethoden. Die Überlegenheit des Lehrenden ist ein Mythos. Wenn der Unterricht voll wirksam sein soll, muß ein individualisiertes Kommunikationssystem da sein, das einen ständigen Ablauf von Denken, Lernen und Kontrolle des Gelernten sicherstellt. Man bietet dem Lernenden einen neuen Begriff dar, prüft, ob er ihn wirklich assimiliert hat, und geht erst dann zum nächsten Begriff über. Läßt sich ein solcher Unterricht überhaupt verwirklichen mit den heutigen kollektiven Methoden der Pädagogik, die erst nach längeren Zeiträumen des Lernens Kontrollen vorsehen? Nur der Einzelunterricht kommt dem Ideal nahe. Im allgemeinen aber nimmt der Schüler den Unterrichtsstoff passiv entgegen, der für ihn entweder zu langsam oder zu schnell dargeboten wird, und dann bemüht er sich, sein neuerworbenes Wisssen in einer Arbeit oder Prüfung zu zeigen. Die Rentabilität der Kommunikation ist äußerst gering.

Praktisch sind die Schulen und Universitäten dem wissenschaftlichen Fortschritt ein Jahrhundert lang versperrt geblieben. Unsere Pädago-

gik ist eine Pädagogik des 19. Jahrhunderts. Gleichzeitig wird durch den Fortschritt die Informationsmenge, die der Schüler aufzunehmen hat, ständig erhöht. Wenn die Effizienz der Pädagogik nicht größer wird, kommt es unweigerlich zur Überforderung der Schüler, zum Abbau der humanistischen Fächer, zum völligen Wegfall der Leibesübungen und zu immer häufigerem Versagen in der Schule.
Der programmierte Unterricht hat schon einen ersten Fortschritt gebracht. Der übliche Unterrichtsgang stellt den Lehrstoff nach seiner eigenen Logik dar. Im programmierten Unterricht dagegen läuft ein genau durchdachtes Frage- und Antwortspiel nach strenger Logik ab und zwingt zur aktiven Beteiligung am Aufnahme- und Verständnisvorgang. Je nach seiner Antwort geht der Schüler weiter oder wird auf eine bereits behandelte Frage zurückverwiesen. Der Ablauf ist nicht mehr linear, sondern geschieht an Hand eines Lehrbuchs, das kreuz und quer von Seite zu Seite verweist. Jeder Leser folgt im Lehrmaterial einem eigenen Weg.
Das ist alles nicht sonderlich neu. Die Arbeiten von Skinner und Crowder liegen schon viele Jahre zurück. Trotzdem hat sich in unserem Schulwesen nicht viel geändert. Zwar zieht man jetzt alle modernen audiovisuellen Hilfsmittel heran, aber die Bücher bleiben abstrakt und schwer zugänglich. Die Maschine dagegen bietet vielfältige Möglichkeiten des Dialogs, und das Lernen bekommt einen spielerischen Zug.
Nicht einmal die Lernmaschinen sind etwas grundsätzlich Neues. Das erste moderne Gerät wurde von Sidney Pressey an der Universität von Ohio entwickelt – im Jahre 1924. Seither ist die Entwicklung unglaublich langsam gewesen. Offensichtlich hat keine Gesellschaftsform die Zukunft dieser Techniken und die Bedürfnisse, denen sie entsprechen, richtig eingeschätzt.

Der Computer

Nun gibt es aber heute den Computer mit seinen überwältigenden Möglichkeiten für die Verarbeitung der Information. Das Programm und der programmierte Unterricht sind Techniken, die dafür prädestiniert sind, zusammen eingesetzt zu werden.
Nehmen wir einmal zwanzig Jahre weiteren Fortschritts in der EDV vorweg und betrachten den automatisierten Unterricht, wie er sich gegen Ende des Jahrhunderts darstellen könnte, vor allem, ob er wirklich so seelenlos und traumatisierend aussieht, wie ihn sich die Anhänger des Altgewohnten ausmalen.

In den neunziger Jahren wird die Universität um ein riesiges Rechenzentrum mit mehreren Großrechenanlagen herum organisiert sein. Der Lehrstoff aller überhaupt normbaren Disziplinen wird dort gespeichert sein. Natürlich werden weder Philosophie noch Literatur auf die EDV übernommen werden. Eine Maschine wird niemals eine Dissertation über das verhinderte Liebesglück der Berenice beurteilen können. Das ist nicht ihre Aufgabe. Es kann also keine Rede davon sein, vorgefertigte Kulturroboter auszubilden. Dagegen können Chemie, Mathematik, Geographie, Physik, Fremdsprachen usw. in die Form von Unterrichtsprogrammen gebracht werden.
Im Klassenzimmer stehen statt der bisherigen Pulte periphere Geräte. Jedes Gerät umfaßt eine Schreibtastatur, einen elektronischen Bildschirm, einen Leuchtstift zum Beschriften sowie Kopfhörer, um die Maschine in Tonbandsprache hören zu können. Der Schüler nimmt seinen Platz ein und läßt sich über seine persönliche Kennziffer mit dem Computer verbinden. Er wählt sein Unterrichtsfach. Ganz nach jeweiliger Vorliebe studiert er Integralrechnung, Wirtschaftsgeographie Lateinamerikas oder Wellenlehre. Der Computer hat die Abforderung angenommen, hat den Benutzer identifiziert und fährt im Programm an der Stelle fort, wo der Schüler beim letztenmal aufgehört hat.
Der Unterricht besteht aus einem sorgfältig durchdachten und streng logischen Frage- und Antwortspiel. Gibt der Schüler eine richtige Antwort, wird die Frage in anderer Form noch einmal gestellt. Es kommt darauf an, daß die Antwort nicht zufallsbedingt war und daß das erreichte Ergebnis gefestigt wird, bevor der Lehrgang weitergeht. Ist die Antwort falsch, so stellt das Gerät Fragen, die zum Nachdenken anregen, nennt auch, soweit nötig, noch einmal die Grundlagen und geht erst weiter, wenn sichergestellt ist, daß sie richtig aufgenommen worden sind. Der Computer geht so oft zurück, wie es erforderlich ist: er wird nie ungeduldig und hat es nie eilig. Das Programm unterteilt den Stoff in kleinste Abschnitte; der Schüler schreitet in seinem individuellen Rhythmus fort.
Für den Dialog zwischen Schüler und Gerät werden alle audiovisuellen Techniken eingesetzt. Der Computer spricht, führt schriftliche Unterlagen vor, verlangt vom Schüler die Ausführung von Zeichnungen mit dem Magnetstift usw. Der monotone Datenaustausch über die Schreibtastatur wird aufgelockert; der Unterricht wird zu einem geradezu faszinierenden Spiel.
Nur ein sehr leistungsfähiger Computer kann diese außerordentlich

komplexen Programme führen. Aber schon heute ist das nicht mehr grundsätzlich unmöglich. Allerdings werden solche Geräte niemals billig sein: eines je Schüler wäre eine utopische Vorstellung. Glücklicherweise arbeitet eine moderne Rechenanlage im ›time sharing‹: der Computer teilt seine Zeit auf, die sich nach anderen Größenordnungen bemißt als die menschliche Zeit. Für den Menschen ist die Sekunde die kleinste Zeiteinheit, für die Maschine die Mikrosekunde. So gibt der Computer, obwohl er die Aufgaben nacheinander behandelt, jedem Schüler das Gefühl, nur für ihn da zu sein. Klassen mit Hunderten von Schülern machen ihm also nichts aus, und damit könnte das Verfahren auch finanziell lohnend werden.

Die Geigen und der Tänzer

In einer Klasse, wie wir sie heute noch gewohnt sind, sitzen hochbegabte Schüler neben weniger aufgeweckten Kameraden. Der Lehrer versucht beiden gerecht zu werden, indem er für sein Unterrichtstempo ein Mittel aus den vorhandenen Auffassungsgaben wählt. Dabei langweilt sich der gute Schüler, weil es ihm zu langsam geht, und der schwächere Schüler muß sich bis zur Erschöpfung anstrengen, um das schon Gesagte, das er aber noch nicht assimiliert hat, zu verstehen. Bei der Verwendung des Computers dagegen sind die Geigen nie schneller als der Tänzer.

Außerdem macht ein solcher Unterricht das Kind mit der EDV vertraut. In einer Welt, in der man sich der Informatik so selbstverständlich bedienen wird wie heute des Telefons oder des Autos, müßte eine solche Einweisung ohnehin zur Grunderziehung gehören. Hinzu kommt die Tatsache, daß der Computer zu absoluter Folgerichtigkeit zwingt. Der Mensch neigt dazu, in Sprüngen zu denken, um schneller ans Ziel zu kommen; dabei hat er aber den Sachverhalt nicht wirklich verstanden. Sein Gedanke ist scheinbar richtig, in Wirklichkeit kommt er der Sache nur nahe. Der Computer läßt eine solche Unklarheit nicht zu. Er verlangt eine schrittweise, streng logische Gedankenfolge: das bedeutet gnadenloses Denktraining.

Gleichzeitig ist das Prüfungsproblem von selber gelöst. Hat der Schüler sein Pensum durchgearbeitet, bekommt er seine Urkunde ohne jede Prüfung, denn er hat ja alles aufnehmen müssen, um dem Programm folgen zu können. So durchläuft der einzelne sein Studienprogramm in seinem persönlichen Rhythmus, ohne einer Durchschnittsgeschwindigkeit der Klasse folgen zu müssen.

Wo Prüfungen notwendig sind, lassen sie sich mit dem Computer sehr

viel praktischer durchführen als in der Form theoretischer Aufgaben. Es genügt, die entsprechenden naturwissenschaftlichen Gesetze zu speichern. Dann stellt man dem Schüler eine konkrete Aufgabe. Der Schüler gibt seine Lösung, und der Computer liefert das richtige Ergebnis. So erfährt der Chemiestudent, daß die von ihm vorgesehene Reaktion die Universität in die Luft gesprengt hätte, und der Mediziner im klinischen Semester wird sich darüber klar, daß er bei seinem Patienten schwere Darmstörungen hervorgerufen hätte, wenn er Antibiotika in hoher Dosis verschrieben hätte, ohne entsprechende Intestinalfermente zu verabreichen. Alle praktischen Arbeiten können mit Hilfe des Computers simuliert durchgeführt werden. Natürlich ersetzt das nicht eine praktische Ausbildung im Krankenhaus oder im Labor, aber es stellt eine hervorragende Ergänzung des Studiums dar.
Da jeweils nur ein einziges Programm benötigt wird, kann es von den besten Wissenschaftlern erarbeitet werden. Eine Expertengruppe kann es jederzeit auf dem neuesten Stand halten oder verfeinern; dazu müssen nur Teile umgestaltet werden. Beobachtet man, daß die Schüler immer wieder an einer bestimmten Stelle stolpern, kann man daraus schließen, daß der Stoff hier noch breiter aufgefächert werden muß. Ist umgekehrt der Anteil der zunächst vorkommenden Falschantworten zu klein, geht man schneller voran. Endlich einmal ist wirklich der Unterrichtende schuld, wenn die Schüler es zu schwer oder zu leicht haben.

Die Pädagogen als Ratgeber

Spätestens an diesem Punkt kann man nicht umhin, voller Besorgnis an die ›beste der Welten‹ zu denken. Wäre es nicht doch besser, man behielte die Zwergschule statt solcher Lernfabriken? Besteht nicht die Gefahr, daß die Schüler nach dem Bilde ihrer ›Lehrer‹ zu seelenlosen Computern werden? Nein. Wenn ein solches System richtig eingerichtet ist, kann es menschlicher sein als der herkömmliche Unterricht, denn der Mensch soll ja als Lehrperson durchaus nicht verschwinden. Im Gegenteil. Er ist jetzt nicht mehr der Repetitor, der das Wissen einer abstrakten Gruppe, der ›Klasse‹ nämlich, zu vermitteln hat, sondern er wird zum Ratgeber, der dem einzelnen Schüler über seine Schwierigkeiten weghilft. Denn der Computer kann sehr viel mehr leisten als den bloßen Dialog mit dem Lernenden. Er kann gleichzeitig die Akte jedes Schülers führen, in die er den jeweils erreichten Stand einträgt. Über Nacht vergleicht er das erzielte Ergebnis mit dem Klassendurchschnitt. Stellt er eine bestimmte Abweichung fest, so läßt er eine Mitteilung ausdrucken, die der Lehrer morgens auf seinem Schreibtisch vorfindet und aus der er ersehen kann, daß Schüler A in Erdkunde nachhängt, oder daß Schüler B sehr viele Fehler macht, seit er bei der Mengenlehre angelangt ist.

So bekommt der Lehrer einen viel unmittelbareren menschlichen Kontakt zum Schüler. Ein gut gemachtes System bringt Lehrende und Lernende einander näher.

Wir haben darauf hingewiesen, daß es sich hier um eine Zukunftsvision handelt, die durchaus erst gegen Ende des Jahrhunderts Wirklichkeit werden könnte. Aber darauf kommt es nicht an; denn so wird die Entwicklung verlaufen, und an ihr müssen die pädagogischen Methoden sich ausrichten. Selbst wenn wir unterstellen, daß die ersten breit angelegten Versuche dieser neuen Didaktik erst in zehn Jahren durchgeführt werden, müssen die heute ausgebildeten Pädagogen solche Methoden bereits während zwei Drittel ihrer Berufstätigkeit verwenden.

Es wäre also sinnvoll, ihre Ausbildung im Hinblick auf diese Entwicklung zu gestalten, und zwar gerade deshalb, weil die Einführung des Gesamtsystems nur sehr sukzessive erfolgen kann. Man wird damit anfangen, allen Schülern einen gleichen, programmierten Unterricht zu erteilen, bei dem man noch ohne individuellen Dialog auskommen muß. Dann werden die praktischen Arbeiten mit dem Computer kommen, wobei man die schwierigsten Teile des Lehrstoffs wohl als erste automatisieren wird. Nach und nach wird das System schließlich bis zur völligen Automatisierung vervollkommnet.

Das ist nicht etwa Science-Fiction, sondern die Beschreibung einer Technik, die schon heute eingesetzt wird. Wir sind auf diesem Gebiet etwa so weit wie 1900 in der Funktechnik, 1930 beim Fernsehen, 1880 beim Telefon. Der Fortschritt ist auf dem besten Wege; technisch gesehen ist dabei schon heute nichts mehr unmöglich. Wir haben absichtlich nicht vom Computer gesprochen, der die menschliche Stimme verstehen oder die Handschrift lesen könnte, weil noch niemand weiß, ob diese Möglichkeiten je geschaffen werden können. Um so dringender wird die Aufgabe, sich auf das vorzubereiten, was schon möglich ist.

Die Vollautomatisierung ist heute noch nicht rentabel, aber der Preis der Anlagen sinkt von Tag zu Tag. Genau läßt sich der Zeitpunkt der allgemeinen Einführung noch nicht voraussagen, aber es ist durchaus denkbar, daß er gar nicht so fern ist.

Die europäischen Länder bieten ihrer gesamten Bevölkerung das Volksschulniveau. Die Vereinigten Staaten bieten auf großer Breite das Oberschulniveau. In zwanzig Jahren wird man soweit sein, allen das Hochschulniveau zu bieten. Es kann kein Zweifel daran bestehen, daß die herkömmlichen Unterrichtsformen solchen Aufgaben nicht gewachsen sein werden. Die Erfahrung lehrt, daß der Computer vor allem den weniger begabten Kindern nützt, die ihre geistigen Fähigkeiten mit den traditionellen pädagogischen Methoden niemals voll entwickeln werden. So geht es in dieser Sache nicht mehr um die bloße finanzielle Gerechtigkeit, sondern um die Chancengleichheit für die Betätigung der Intelligenz.

Nicht, daß alle jungen Staatsbürger das gleiche Ausbildungs- und Intelligenzniveau erreichen sollten. Daß die Menschen verschieden intelligent sind, ist eine Tatsache. Aber der Computer wird jedem die Möglichkeit geben, die Grenzen seiner Fähigkeiten zu erreichen.

Außerdem wird der Computer dafür sorgen, daß die aufs Lernen verwendete Zeit besser genützt wird. Gerade wegen seiner Leistungsfähigkeit wird er beim Lernenden das Gefühl stärkerer Ermüdung hervorrufen. Es wird darauf ankommen, schneller zu lernen, um sich länger entspannen zu können. Auch durch diese Reduzierung der Schulstundenzahl wird die Lernmaschine ein Faktor der Vermenschlichung sein.

Der Computer, der die denkbar vollständigste ›Schülerakte‹ führt, bereitet auch mit der größtmöglichen Unbestechlichkeit die Entscheidungen über den weiteren Ausbildungsweg vor. Er kann zur Lösung des Ausleseproblems beitragen. Nehmen wir an, ein Schüler möchte Mathematiker werden, obwohl alles darauf hindeutet, daß er nicht die geistige Befähigung dazu hat. Man wird ihm Gelegenheit geben, sich an entsprechenden Programmen zu versuchen. Er wird nur sehr langsam vorwärtskommen. In sechs Monaten hat er schließlich geschafft, was seine Mitschüler in zwei Monaten hinter sich gebracht haben. So werden ihm seine Grenzen deutlich, ohne daß er eine Lerngemeinschaft in ihrem Fortschreiten gehemmt hätte, und man darf annehmen, daß er mit großer Wahrscheinlichkeit von selber einen anderen Weg einzuschlagen wünschen wird. Die Auslese hat nicht mehr den willkürlichen und zufallsbeeinflußten Charakter, der ihr heute noch eigen ist. Sie wird von den Fakten erzwungen.

Zu einer Zeit, da sich die Wirtschaft mehr und mehr als ein ›Manage-

ment der geistigen Kapazitäten‹ versteht, bildet der Computerunterricht das wirksamste Instrument für das Wirtschaftswachstum. Das Land, das auf diesem Gebiet einen echten Vorsprung erzielt, wird in der Technologie die Führungsrolle innehaben.
Und wieder sind die Vereinigten Staaten deutlich ein Stück voraus. Sie geben jährlich ca. 100 Millionen Dollar für die Entwicklung solcher Unterrichtstechniken aus. In allen Schularten schreitet die Einführung der Informatik rasch fort.
Diese neue amerikanische ›Narrheit‹ nötigt den Europäern, die Ergebnisse sehen wollen, bevor sie sich für etwas entscheiden, ein nachsichtiges Lächeln ab. Aber es wird sicherlich zu spät sein, wenn man das Abenteuer erst bei garantiertem Erfolg wagt. Der Atlantik wird dann eine noch breitere Kluft bezeichnen.
Die Universitäts- und Gymnasiallehrer zeigen großes Widerstreben, wenn sie daran denken, auch sie sollten diesen Weg gehen. Alle die hundertmal widerlegten Argumente werden vorgebracht oder im stillen gehätschelt: »Unsere humanistische Bildung ist in Gefahr ...« – »Die Maschine kann niemals den Menschen ersetzen ...« – »Das wäre der Weg in eine vorgefertigte Einheitskultur ...« Tatsächlich sind das alles echte Gefahren, wenn die Umwälzung nicht hier und heute vorbereitet wird.
Seit Jahren besitzt Frankreich eine Lernmaschine, die von der Firma Sintra gebaute ›Mitsi‹. Bis jetzt ist sie nur für Experimente verwendet worden. Und die Programme sind ebenso rückständig wie die Einstellung der Betroffenen. Zur gleichen Zeit lernen die Kinder von Palo Alto mit dem Computer ›spielend‹ das Lesen, und die Universität von Kalifornien errichtet eine völlig neue Hochschule, in der im Jahre 1975 bereits 25.000 Studenten ein völlig automatisiertes Studium absolvieren werden.
Schon beschäftigen sich die Experten der Harvard-Universität mit den Folgen dieser Umwälzung. Werden die heutigen Strukturen des amerikanischen Erziehungswesens dem automatischen Unterricht gewachsen sein? Welche Rolle wird die Industrie in dem neuen System spielen? Muß man nicht so etwas wie eine eigene nationale Erziehungsbehörde für die Erstellung der Programme und ihre laufende Überarbeitung schaffen? Kann es konkurrierende Systeme geben? Wird das amerikanische System der Universitäten verschiedenen Niveaus beibehalten bleiben können? Führt der Weg nicht in die Uniformisierung? Wer soll die gigantischen Investitionen finanzieren? Ist die Einteilung der Schüler in Klassen noch sinnvoll? ...

Einmal mehr zwingt der Fortschritt zum Handeln. Es scheint nicht sehr realistisch zu sein, eine solche Revolution der Privatinitiative zu überlassen. Die amerikanische Gesellschaft wird auf diesem Gebiet nolens volens eine gewisse Koordinierung hinnehmen müssen. Es sieht ganz danach aus, als werde letzten Endes in der einen oder anderen Form eine nationale Erziehungsbehörde entstehen müssen.
Die zentralisierten, uniformisierten Strukturen der französischen Universität haben bewiesen, daß sie nicht leistungsfähig sind. Aber die Forderung nach größerer Autonomie, die heute erhoben wird, muß das notwendige Maß an Koordinierung berücksichtigen, das zur Informatik gehören wird. Ein schweres Handikap für eine sinnvolle Umstellung auf die Zukunft hin ist außerdem die Kluft, die bei uns seit jeher zwischen dem öffentlichen Unterrichtswesen und der Industrie besteht. Wieder einmal sind wir in Gefahr, im Vergleich zum Fortschritt der Technik um eine Revolution hinterherzuhinken.
Dieser Fortschritt, der eine Modernisierung der pädagogischen Methodik erzwingt, führt zugleich zu einer völligen Veränderung der Lehrinhalte. Zwei neue Imperative machen diese Veränderung erforderlich: die Entwicklung der Technik und die Entwicklung der Informatik.

Prüfung mit Computeranschluß

Der Arbeiter ist dazu verurteilt, sich neu zu qualifizieren, sich mit der jeweils modernsten Technik vertraut zu machen, dem Fortschritt in den Kenntnissen zu folgen. Sein Wert auf dem Arbeitsmarkt ist eine variable Größe geworden, die mit der Zeit kleiner wird, wenn er sie nicht ständig erhöht. Auf diese ganz neue Situation gilt es die kommende Generation vorzubereiten.
»Viele amerikanische Arbeitnehmer müssen im Verlauf ihres Lebens wegen der Entwicklung der Technik und wegen der Veränderungen auf dem Arbeitsmarkt vielleicht drei- oder viermal den Beruf wechseln«, heißt es in einem Bericht der OECD über die Beschäftigungspolitik in den Vereinigten Staaten. »Wenn damit zu rechnen ist, so wäre es unsinnig, ein Unterrichts- und Ausbildungssystem zu schaffen, das dem Menschen eine eng begrenzte Spezialisierung vermittelt, die ausschließlich auf die Bedürfnisse in einem Zeitraum von zehn oder fünfzehn Jahren abgestellt ist.«
Aber welche Einführung bietet dann den idealen Weg in ein solches veränderbares Berufsleben? Die Pädagogen scheinen hier noch keine besonders klare Vorstellung zu haben.

Es gilt ein ganzes Unterrichtssystem neu zu entwickeln. Ein Unterrichtssystem, das mehr Wert auf das Erkennen von Sachverhalten als auf deren genaue Durchdringung, mehr Wert auf die Problemanalyse als auf die Anwendung fertiger Lösungen legt, ein Unterrichtssystem, das so weit wie möglich in die Breite lehrt und die Tür zu allen erdenklichen späteren Spezialisierungen offenhält.
Hier kommt uns die Informatik als eine segensreiche Hilfe zustatten. In Zukunft werden dem arbeitenden Menschen die Kenntnisse, die er braucht, jeweils sofort zur Verfügung stehen: er ist über sein Telefon mit den Datenbanken verbunden. Es ist also nicht mehr notwendig, die Daten im Gehirn zu speichern: auf Magnetbändern sind sie sehr viel besser untergebracht. Jetzt gilt es, das menschliche Gedächtnis an den Speicher des Computers anzuschließen. Es soll nur noch das behalten, was notwendig ist, um die Informationen ausnutzen zu können, die als Daten in der EDV zur Verfügung stehen. Warum soll man von einem Medizinstudenten verlangen, die Symptome einer Krankheit oder eine anatomische Beschreibung auswendig hersagen zu können, wenn er sie durch einen einfachen Telefonanruf bekommen kann? Der Computer bietet allerdings in erster Linie Entscheidungselemente: der Mensch muß gelernt haben, diese Elemente zu verwenden, und auf diese Fähigkeit muß er geprüft werden, ebenso wie auf seine schöpferische Phantasie, seine Kraft zum Selberdenken. Prüfungen sind in Zukunft eigentlich nur denkbar, wenn der Kandidat eine Telefonverbindung zur Datenbank haben darf. Auch der Ingenieur wird während der Prüfung nicht isoliert dasitzen können, als gäbe es keine modernen Rechenanlage. Prüfungsarbeiten also werden nicht mehr mit ein paar erlaubten Büchern, sondern mit Computeranschluß gemacht werden.
So wird das Studium sehr viel weniger Gedächtnisarbeit erfordern. Die dergestalt gewonnene Zeit müßte genutzt werden, um die tiefere Logik mehrerer Fächer aufzunehmen und damit einen Berufswechsel in der Zukunft möglich zu machen. Das alles gilt es in Unterrichtsprogramme zu übersetzen. Eine solche Revolution in der Pädagogik wird lange dauern und schwierig werden.
Heute bildet die französische Universität eine Welt für sich, die stolz ist auf ihre Unabhängigkeit. Sie fühlt sich wie eine feste Burg, die dafür sorgen soll, daß bestimmte moralische Werte vor der Bedrohung durch die materielle Zivilisation und die Macht der Privatinteressen geschützt und erhalten bleiben. Gestern verteidigte sich die Hochschule gegen die Religion, heute gegen die Industrie. Der tech-

nische Fortschritt läßt eine solche Isolierung nicht mehr zu. Die Universität muß mit dem Forschungs- und Produktionsapparat in völliger Symbiose leben. Nur dann kann man das Wissen auf dem neuesten Stand halten, nur dann muß man nicht darauf warten, daß eine Entdeckung vom Nobelpreis geadelt wird, bis man ihr Hausrecht gewährt. Und vor allem kann man nur dann die Wissenschaft menschlich und lebendig gestalten, anstatt sie zu einem bloßen abstrakten Spiel nach willkürlichen Regeln zu machen.

Unterricht in der Fabrik

Diese Notwendigkeit ist um so größer, als die Ausbildungszeit sich in Zukunft über das ganze Arbeitsleben erstrecken wird. Je mehr wir in der wissenschaftlichen Gesellschaft leben, um so höher wird die Zahl der Erwachsenen sein, die sich jeweils in der Fortbildung oder Umschulung befinden. Das Bildungswesen wird in den Firmen, in den Behörden, in den Forschungszentren allgegenwärtig sein in Form von Datenendplätzen oder ›Terminals‹, die es möglich machen, an den Fortbildungskursen teilzunehmen, die von den Universitätsinstituten angeboten werden. Der Ingenieur, der Forscher, der Manager werden mehrere Stunden wöchentlich mit den Lernmaschinen im Dialog stehen, ohne auch nur ihren Arbeitsraum zu verlassen. Das ist nur möglich in enger Zusammenarbeit zwischen Erziehungswesen und Industrie. Die Programme sowie die Seminare und Praktika, die dazugehören, müssen von den Professoren, den Betriebswirtschaftlern, den Leitern der Forschungsstätten und den hohen Beamten in koordinierter gemeinsamer Bemühung organisiert werden. Eine Universität, die so sehr auf ihre Autonomie pocht, daß sie in die Isolierung gerät, kann einer solchen Aufgabe nicht gerecht werden. »In den Wissenschaftsindustrien«, schreibt der OECD-Experte Levison, »ist es schon jetzt nichts Außergewöhnliches mehr, daß sich jeweils 15 Prozent der Mitarbeiter in Fortbildung befinden; die meisten Großunternehmen haben schon Universitäten gründen oder sich ihrer Dienste versichern müssen.« Diese Tendenz in den Vereinigten Staaten wird zweifellos auf andere Länder übergreifen.

Alle diese Notwendigkeiten, die unser Erziehungssystem vollkommen untergraben werden, sind nicht aus philosophischen oder politischen Intentionen entstanden, sondern aus technischen Sachverhalten, die man berücksichtigen muß, wenn man sich die Hochschule von morgen vorstellt. Frankreich wird niemals drei Jahre Zeit haben, um in akademischer Gelassenheit über die nächsten zehn Jahre nachzudenken. Es wird immer die laufenden Aufgaben geben, Probleme wie Zulassungsbeschränkungen, Prüfungsordnungen, Rechte des Lehrkörpers, Ferienordnung usw., und damit werden die Jahre hingehen. Es bleiben uns nur noch fünf bis höchstens zehn Jahre Vorbereitungszeit für die neuen Techniken, die ja erst am Anfang stehen.

Man kann den Fortschritt nicht kurzfristig steuern. Die echten Probleme sind die, mit denen man noch gar nicht konfrontiert wird; Probleme, die sich stellen, sind keine Probleme mehr, sondern Schwierigkeiten: die werden gelöst, indem man bloß auf sie reagiert, nicht, indem man planvoll handelt. Neun Monate braucht ein Mensch zu seiner Entstehung – zehn Jahre für eine neue Universität wären nicht zuviel.

Ausgangslage	Fehlen direkter Verbindungen zwischen Wirtschaft und geistiger Leistungsfähigkeit der Bevölkerung. Bildung als Vorrecht einer Elite mit Betonung der humanistischen Fächer. Fehlen einer pädagogischen Wissenschaft.
Technische und wissenschaftliche Fortschritte	Wissenschaftliche Technologie.
Primäre Auswirkungen	Neue Maschinen, neue Erzeugnisse. Fernmeldeverbindungen, Rechenanlagen (EDV), Kunststoffe, Lernmaschinen.
Sekundäre Auswirkungen	Bedeutung der geistigen Leistungsfähigkeit für die Wirtschaft.
Sünden wider den Fortschritt	Trennung zwischen Universität und Industriesystem. Mangelndes Verständnis für die gegenseitige Abhängigkeit von Unterrichtswesen und Wirtschaftswachstum. Fehlende Prognose des zukünftigen Bedarfs an qualifizierten Arbeitskräften.
Krise	Rückstand der pädagogischen Techniken. Unzulänglicher Unterricht in den naturwissenschaftlichen Fächern. Krise der Universität. Durch das Fehlen qualifizierter Arbeitskräfte gebremste Expansion. Arbeitslosigkeit auf Teilbereichen durch fehlende Abstimmung zwischen dem Bedarf der Industrie und der Ausbildung an der Universität.
Notwendigkeiten des Fortschritts	Ausdehnung des Unterrichts auf möglichst viele Menschen bei möglichst hohem Niveau. Symbiose von Universität und Industrie zur Anpassung des Angebots an den Bedarf. Erneuerung des Unterrichts in den naturwissenschaftlichen Fächern. Vorbereitung auf die revolutionäre Umwälzung durch den Unterricht mit EDV.

8. KAPITEL

Arbeiten im Zeichen der Unsicherheit

Die französische Gesellschaft liebt die alten Arbeiter, die treuen Diener. Dreißig Berufsjahre beim gleichen Arbeitgeber mit der gleichen Beschäftigung. Glückwünsche, goldene Uhr, Sekt zur Feier des Tages. Ein rührender Ritus. Ein Ritus, der durch die rasche Entwicklung der Technologie zum Aussterben verurteilt ist. Die Berufe kommen, ändern sich, gehen. Die Arbeiter müssen mithalten. Klammern sie sich an eine bestimmte Tätigkeit, so können sie sich auf die Stempelkarte, nicht auf die goldene Uhr gefaßt machen.
»Im Laufe eines Arbeitslebens werden die Menschen drei- oder viermal den Beruf, aber nicht unbedingt den Arbeitgeber wechseln. Ein Arbeitnehmer muß wissen, daß sein Berufsleben aus mehreren aufeinanderfolgenden Tätigkeiten nach jeweiliger Umschulung und Fortbildung bestehen wird.« Diese brutale Erklärung von Louis Levine, dem Leiter des US-Arbeitsamtes, faßt die Situation sehr klar zusammen.
Dem muß man ein Umfrageergebnis des IFOP gegenüberstellen, nach dem nur 15 Prozent der Franzosen der Meinung sind, daß sie bis zum Jahre 2000 ihren Beruf wechseln werden.
Spezialisierung und Mobilität sind, wie wir gezeigt haben, die natürlichen Folgen des technischen Fortschritts. Sie werden den Begriff der Arbeitslosigkeit völlig verändern. Unsere Väter kannten die Rezessions-Arbeitslosigkeit; jetzt muß die Umstellungs-Arbeitslosigkeit erkannt werden. Zur Rezessions-Arbeitslosigkeit gehörten eine gewisse Deklassierung des Betroffenen und eine ungesunde Wirtschaft; zur Umstellungs-Arbeitslosigkeit gehören ein Aufstieg des Betroffenen und eine dynamische Wirtschaft. Natürlich ist das ein Idealzustand, der vielleicht nie erreicht werden wird, aber die Entwicklung muß in diese Richtung gehen. Sie macht tiefgreifende Veränderungen auf dem Arbeitsmarkt erforderlich.
Bislang hat man den einzelnen sich selber überlassen. Angebot und

Nachfrage sollen alle Probleme lösen, für Produzenten und Verbraucher. Es gibt mehr oder weniger gut organisierte Einrichtungen, die dafür zu sorgen haben, daß der Arbeitslose ›wieder unterkommt‹, nicht aber dafür, daß er sich neu qualifiziert. Das entspricht auch tatsächlich den Bedürfnissen, solange der Arbeitsmarkt stabil und die Spezialisierung noch gering ist. Aber es führt zu Spannungen in einer Zeit des technischen Fortschritts und raschen Veränderungen. Wenn sie solche Krisen vermeiden oder beheben wollen, sind alle Industriegesellschaften dazu verurteilt, Formen für die berufliche Mobilität zu schaffen. Es geht nicht mehr darum, dem Arbeitnehmer die Sicherheit des Arbeitsplatzes, sondern Entwicklungsmöglichkeiten zu garantieren, und das ist ungleich schwieriger.
Die Linke hat lange gemeint, diese Probleme würden sich in einer kommunistischen oder sozialistischen Gesellschaftsordnung von selber lösen. Heute wissen wir, daß dies nicht der Fall ist. Schubkin äußert sich in dieser Hinsicht besonders eindeutig: »Wir leiden noch unter den Folgen einer spezifischen Theorie des automatischen Ablaufs, nach der die Überführung der Produktionsmittel in Gemeineigentum ganz von selber die Vollbeschäftigung der Bevölkerung sicherstellt. In Wirklichkeit gibt es eine solche Automatik nicht: das Gemeineigentum an den Produktionsmitteln schafft nur die Vorbedingungen, also eine Möglichkeit für die Lösung des Problems. Die Bereitstellung von Millionen neuer Arbeitsplätze in den nächsten Jahren bei gleichzeitiger beträchtlicher Erhöhung der Produktivität durch die Erfolge neuer Techniken, durch Mechanisierung und Automatisierung der Produktion, stellt uns vor eine schwierige und widersprüchliche Aufgabe.«
Die Industriegesellschaft, ganz gleich ob kapitalistisch oder sozialistisch, sieht sich diesem Problem unausweichlich gegenüber und kann es nicht mit den alten Methoden lösen. Der einfache Mechanismus von Angebot und Nachfrage entspricht einer solchen Situation ebensowenig wie zentralistische und autoritäre Methoden der staatlichen Lenkung. Die Entwicklung der Technik stellt eben nicht nur Probleme, sondern schließt bestimmte herkömmliche Lösungen einfach aus.
Die fortgeschrittensten kommunistischen Länder stellen fest, daß die starre Planung es nicht erlaubt, diese Schwierigkeit zu überwinden. Gleichzeitig haben kapitalistische Länder zur Kenntnis nehmen müssen, daß die klassischen Verwaltungsmethoden zum Fehlschlag führen. Die ersten französischen Versuche, nach dem Zweiten Weltkrieg

die Mobilität der Arbeitskräfte und ihre Umschulung zu fördern, wurden mit den üblichen Mitteln staatlicher Intervention unternommen: autoritäre Entscheidungen, fehlende Konzertation, starre Strukturen, Vernachlässigung der menschlichen Faktoren. Diese Versuche haben denn auch keinen Erfolg gehabt. Die Verantwortlichen des Plankommissariats haben ihre Methoden ändern müssen.

In allen Industriestaaten steht man jetzt vor der Notwendigkeit einer Neuorganisierung des Arbeitsmarkts. Dabei müssen einige zwingende Gebote befolgt werden. Besonders wichtig ist die Berücksichtigung der beschränkten Vorhersagemöglichkeiten. Nur eine große Anpassungsfähigkeit der Institutionen kann die Fehler ausgleichen, die zu jeder auf die Zukunft gerichteten Tätigkeit gehören. Man darf nicht feste Gleise verlegen, wenn man noch nicht genau weiß, wohin der Weg führen wird. Die Strukturen müssen jederzeit reichlich Spielraum lassen, um die ursprünglichen Prognosen korrigieren zu können.

Wichtig ist ferner die Beteiligung der Betroffenen an den Maßnahmen. Weder der Staat noch die Arbeitgeber können sie alleine definieren. Es gehört eine ständige Zusammenarbeit zwischen Behörden, Unternehmern, Gewerkschaften und Hochschule dazu. Diese gesellschaftlichen Kräfte müssen alle gleichberechtigt an der Lösung mitarbeiten und dann an den Entscheidungen beteiligt sein. Nur dann werden diese Maßnahmen in voller Kenntnis des Sachverhalts getroffen werden und überhaupt Aussicht auf sinnvolle Durchführung haben. Es scheint, als hätten sich die kapitalistischen Länder Schweden und Deutschland dieser Lage am besten gewachsen gezeigt. In beiden Fällen sind Dreiecksstrukturen (Staat – Arbeitgeber – Gewerkschaften) geschaffen worden, um die zu befolgende Politik gemeinsam zu bestimmen.

Hinzukommen muß schließlich die Initiative des einzelnen. Die Veränderung darf nicht erzwungen, sie muß angeboten werden. Jede aufgedrängte Lösung ohne freie Wahlmöglichkeit verstärkt die Widerstände. Man muß den Arbeitnehmer dazu anregen, sich in ein Umstellungssystem einzuordnen, darf ihm aber keine neue berufliche Zukunft aufoktroyieren.

Kollektive Organisation des Arbeitsmarkts, Beweglichkeit, Konzertation, Verzicht auf autoritäre Methoden – so diktiert der Fortschritt seine Gesetze. Die umwälzenden Veränderungen, die er für die Lage der Arbeitnehmer bringt, sind nicht von vornherein gut oder schlecht. Je nachdem, ob und wie die Gesellschaftssysteme sich den

Notwendigkeiten anzupassen verstehen, wird das Berufsleben dem einzelnen ein Gefühl ständigen Aufstiegs oder zunehmender Entfremdung geben. Es kann kein Zweifel daran bestehen, daß die alten Strukturen der neuen Lage nicht gewachsen und daß einige Forderungen an die Gesellschaft in allen Ländern in gleicher Weise gestellt sind.

Arbeitslosigkeit – nichts Außergewöhnliches

»Je mehr Menschen, um so weniger Arbeit«, meinten die Arbeiter im 19. Jahrhundert. Diese Reaktion ist fast unverändert geblieben. Der Fortschritt der Technik schürt nach wie vor die Angst vor der Arbeitslosigkeit. Alle Umfragen des IFOP seit Kriegsende zeigen, daß die französischen Arbeitnehmer ständig mit einer unmittelbar bevorstehenden Krise auf dem Arbeitsmarkt rechnen.

Diese Besorgnis ist auf lange Sicht noch größer. 72 Prozent der vom IFOP befragten Franzosen geben an, nach ihrer Meinung werde das Problem der Vollbeschäftigung bis Ende dieses Jahrhunderts nicht gelöst sein. Jedesmal, wenn ein neuer Fortschritt in der Automatisierung gemeldet wird, reagiert die Öffentlichkeit nicht in der Weise, daß sie den Produktivitätszuwachs bedenkt, sondern den Wegfall von Arbeitsplätzen beklagt. »Was der Mensch als Konsument fordert, fürchtet und erleidet er als Produzent«, schreibt Edmond Lisle in seiner Arbeit über die »Konsumgesellschaft«.

Daß die Automatisierung Arbeitskräfte freisetzt, scheint auf der Hand zu liegen. Bei praktisch unverändertem Ausstoß hat die nordamerikanische Automobilindustrie die Zahl ihrer Arbeitsplätze von 1955 bis 1964 um 16 Prozent gesenkt. Von 1957 bis 1963 ist die Zahl der Arbeitnehmer bei den US-Eisenbahnen um 31 Prozent zurückgegangen. Im Jahre 1965 beschäftigte die Stahlindustrie, wiederum in den Vereinigten Staaten, 17.000 Personen weniger als 1955 und produzierte um 20 Prozent mehr Stahl. Diese Beispiele, die wir absichtlich aus den USA gewählt haben, wo die Automatisierung am weitesten fortgeschritten ist, ließen sich beliebig vermehren.

So waren denn auch noch vor wenigen Jahren die Voraussagen außerordentlich pessimistisch. Präsident Kennedy ging davon aus, daß der technische Fortschritt in seinem Lande jährlich zwei Millionen Arbeitsplätze überflüssig machen würde.

Und wie sieht es jetzt tatsächlich aus? Im Jahre 1961 hatten die Vereinigten Staaten 6,7 Prozent Arbeitslose. 1964 waren es 4,7 Prozent, Anfang 1970 etwa 3,5 Prozent.

Mehrere europäische Länder haben in den letzten Jahren ständig unter Arbeitskräftemangel gelitten. Die Bundesrepublik Deutschland hat Millionen Flüchtlinge in Arbeitsstellen untergebracht, und selbst Japan fragt sich jetzt, ob es genügend Menschen haben wird. Natürlich kann sich einerseits der Trend umkehren, andererseits bedeutet Arbeitskräftemangel nicht unbedingt Vollbeschäftigung, aber es bleibt festzustellen, daß kein Industriestaat ähnlich katastrophale Arbeitslosenzahlen erlebt hat wie die unterentwickelten Länder.

Angesichts solcher Widersprüche wird die Öffentlichkeit unsicher, zumal die Fachleute einander diametral entgegengesetzte Ansichten äußern. Wir wollen sehen, was man aus ihren Prognosen entnehmen kann.

Auf der einen Seite finden wir die Ultrapessimisten. Auf der Konferenz in Washington über die Folgen der Automatisierung für den Arbeitsmarkt, die wir schon eingangs erwähnten, schätzte der britische Fachmann J. Crosman, die strukturbedingte Arbeitslosigkeit werde in Zukunft ständig zunehmen und »aller Wahrscheinlichkeit nach einen sehr hohen Anteil erreichen, 90 Prozent der Arbeitsfähigen zum Beispiel, wenn nicht grundlegende Veränderungen in der Art und Weise, wie heute gearbeitet wird, eintreten«.

Norbert Wiener, der Vater der Kybernetik, schrieb 1950: »Die Arbeit der Maschinen ... wird eine Arbeitslosigkeit zur Folge haben, mit der verglichen die Krise der dreißiger Jahre als ein harmloser Witz erscheinen wird.« Der britische Physiker Dennis Gabor meint, der Fortschritt führe zur »sozialen Nutzlosigkeit eines großen Teils der Menschheit«. Robert Prehoda stellt in seinem Buch *Designing the future* eine ähnliche Prognose: »Es kann kein Zweifel daran bestehen: hält die derzeitige Entwicklung an, so bringt sie uns unausweichlich eine wachsende Arbeitslosigkeit, die durchaus in zwanzig Jahren 50 Prozent der Arbeitswilligen betragen könnte.«

Im anderen Lager stehen die entschlossenen Optimisten wie Willard Wirtz, der ehemalige US-Arbeitsminister: »Ich bin jetzt überzeugt, daß die Automatisierung mehr Arbeitsplätze schafft als überflüssig macht.« Gleicher Meinung ist Alfred Sauvy: »Nicht nur ist die Zahl der Arbeitsplätze höher als vor der Automatisierung. Diese Zahl ist sogar rascher gestiegen als die der Bevölkerung im arbeitsfähigen Alter.« Und Georges Elgozy schreibt in seinem Werk *Automation et humanisme:* »Die Maschine ist keine Menschenfresserin.«

Herman Kahn ist in seinen Prognosen für das Jahr 2000 kaum weniger optimistisch: »Man hat den Einfluß von Kybernetik und Automatisierung auf die zukünftige Beschäftigungslage stark übertrieben ... In naher Zukunft werden Automatisierung und Kybernetik, indem sie zur Erhöhung der Produktivität und zum Wirtschaftswachstum beitragen, wahrscheinlich ebenso viele Arbeitsplätze schaffen wie überflüssig machen.«

Zwischen diesen extremen Positionen stehen viele Fachleute, die immerhin Schwierigkeiten voraussehen, zum Beispiel Olaf Helmer von der Rand Corporation. In der Zusammenfassung der Ergebnisse seiner Arbeitsgruppe schreibt er: »Fast alle Experten stimmen darin überein, daß das Problem der automatisierungsbedingten Arbeitslosigkeit sehr ernstzunehmen ist. Während ein Drittel meint, die Automatisierung werde mit einschneidenden sozialen Veränderungen einhergehen, hat die Mehrheit präventive und therapeutische Maßnahmen vorgeschlagen, die geeignet wären, soziale Krisen zu verhindern.«

In seinem Schlußwort auf der Konferenz von Washington erklärte der US-Arbeitsminister:

»Die meisten sachlichen Erwägungen zum Einfluß der Automatisierung auf die Beschäftigungslage lassen sich auf die Annahme oder Ablehnung folgender vier Hypothesen zurückführen:

1. Der Rhythmus der Entwicklung wird insgesamt schneller.
2. Die Zunahme der Gesamtnachfrage wird mit der technischen Entwicklung in Einklang stehen.
3. Die Automatisierung vergrößert die Zahl der Arbeitsplätze.
4. Die Leistungen im Unterrichtswesen machen weniger rasche Fortschritte als der Bedarf auf diesem Gebiet.

Wenn ich recht verstanden habe, ist man auf dieser Konferenz zu der fast einhelligen Überzeugung gelangt, daß wenige ernstzunehmende Argumente vorliegen, die es ermöglichen würden, diese vier Hypothesen als richtig oder falsch zu bezeichnen.«

Professor L. Davis von der Universität von Kalifornien faßt den derzeitigen Stand wie folgt zusammen: »In den heutigen volkswirtschaftlichen Lehrbüchern stehen endlose Abhandlungen über die Frage, ob die Technik der Zukunft nun die Arbeiter wirklich vollkommen überflüssig machen wird oder nicht. Die Argumente sind logisch gut miteinander verknüpft, aber es fehlt an grundlegenden Fakten, es fehlt gerade das, was Ausgangspunkt einer aktiven nationalen Politik sein könnte. Und jeder scheint nur darauf zu brennen, daß seine Voraussage eintreffen möge. Wir haben genügend Propheten, die entweder erklären, die Automatisierung eröffne den Arbeitern ein neues, strahlendes Dasein, oder im Gegenteil, der Mensch werde völlig aus der Arbeitswelt verschwinden. Was wir aber brauchen, sind Theoretiker, die sich mit Sachkenntnis um das kümmern, was zwischen heute und dem Jahr 2000 liegt, in dem sich vielleicht die eine der beiden Prophezeiungen erfüllt haben wird.«

Die Automatisierung und der Fortschritt überhaupt geben die Möglichkeit, das gleiche mit weniger Arbeitsaufwand zu tun. Will man den Lebensstandard erhalten oder verbessern, muß also mehr produziert werden. In dieser Schlußfolgerung sind sich alle Fachleute einig. »Die Lösung des Arbeitslosenproblems besteht darin«, erklärten die OECD-Experten auf der Konferenz von Washington, »daß eine Wachstumsrate erzielt wird, die ausreicht, um allen Arbeit zu bieten, die Arbeit suchen, und zwar auch denen, die ihre derzeitige Tätigkeit aus diesem oder jenem Grunde aufgeben müssen.« Das sieht sehr simpel aus: Der technische Fortschritt ist ein Faktor des Wirtschaftswachstums. Er beseitigt Arbeitsplätze, aber das Wachstum schafft neue. Das Problem besteht also ›nur‹ darin, eine Wachstumsrate sicherzustellen, die sehr viel mehr Arbeitsplätze schafft als beseitigt, damit auch das Bevölkerungswachstum aufgefangen wird. Tatsächlich hat der Mechanismus, der trotz Automatisierung und Bevölkerungswachstum während der letzten Jahre keine Arbeitslosigkeit entstehen ließ, so ausgesehen. Eine Volkswirtschaft muß also kontrolliert buglastig sein. Um so schwerer ist sie natürlich bei den vielen Unwägbarkeiten der Industrie zu steuern.

Unterstellen wir aber einmal, eine tiefere Erkenntnis der Gesetzmäßigkeiten der Wirtschaft und eine bessere Verwendung der Informatik würden es erlauben, diesen unsicheren Kurs mit einem so gefährdeten Schiff durchzuhalten. Wie weit kann man dann fahren?

Geht man die unterschiedlichen Auffassungen der Fachleute durch, so stellt man fest, daß die optimistischen Hypothesen meistens die kurzfristigen und die pessimistischen die langfristigen sind. Das ist bezeichnend. Daß der jetzige Mechanismus noch eine Zeitlang funktionieren kann, ist zweifellos richtig und begründet den ›kurzfristigen Optimismus‹. Aber schon das heutige System muß gewiß etwas geändert werden, wenn es nicht in unerträgliche Widersprüchlichkeit führen soll. Betrachtet man den privaten Verbrauch als den unmittelbaren Ausfluß des Industrie- und Handelssystems, so hat man den Eindruck, der Überfluß sei schon in Sicht. Man malt sich aus, wie die Amerikaner des Jahres 2000 im Luxus schwimmen. Aber das führt sogleich zu der Überlegung, daß die Zunahme der Produktion bald an eine Grenze stoßen wird. Soll man den einzelnen nun immer stärker manipulieren, damit sich der Markt ins Unendliche ausdehnen kann? Wird man den Verbraucher nudeln, damit der Produzent arbeiten kann?

Privater Reichtum und kollektive Armut

Ganz anders stellt sich das Bild dar, wenn man nicht den privaten, sondern den kollektiven Verbrauch betrachtet: Gemeinschaftseinrichtungen, öffentliche Verkehrsmittel und Dienstleistungen, Stadtbild, Schulen und Universitäten, Krankenhäuser, Naturschutz ... Plötzlich gerät man vom Überfluß in die Armut. Hier ist ein unermeßliches Feld, das auf die Bestellung durch die Arbeit des Menschen wartet, und zwar auf lange Zeit hinaus. Nur wird das nicht mit dem Industriesystem der kapitalistischen Gesellschaften geschehen können, denn, wie Galbraith schreibt, gibt es »eine organische Tendenz« (des modernen Industriesystems) »zur Schaffung eines natürlichen Ungleichgewichts zwischen den vom Industriesystem zur Verfügung gestellten Gütern und Dienstleistungen sowie den vom Staat zur Verfügung gestellten Gütern und Dienstleistungen, die den Bedürfnissen des Industriesystems nicht entsprechen«.
Die Industrieländer haben ihre Produktion so organisiert, daß sie Gefahr laufen, Armut und Reichtum nebeneinander zu haben. Wollten sie so weitermachen, würden sie in eine absurde Lage geraten. Kann man Autos mit klimatisierter, gereinigter, parfümierter Luft herstellen, wenn die Luft in den Städten die Schwellenwerte der Vergiftung überschritten hat? Kann man zwei Ferienhäuser und einen Wohnwagen haben wollen, um die Freuden einer zerstörten Natur zu genießen? Kann man aufwendige Garderobe, Juwelen und edles Mobiliar zum Allgemeingut machen, wenn zur gleichen Zeit die Universitäten nicht hinlänglich ausgestattet und die Krankenhäuser überbelegt sind?
Um solche Widersprüchlichkeiten zu vermeiden, um allen Menschen Arbeit zu geben, und zwar nicht ein sinnloses Beschäftigtwerden, sondern notwendige Arbeit, müssen also das Produktionskapital und das Arbeitspotential auf gemeinnützige Aufgaben umgelenkt werden. So gesehen ist in den nächsten Jahrzehnten gewiß nicht mit mangelnden Arbeitsmöglichkeiten zu rechnen. Aber das Unterfangen ist sehr schwierig. Es gehört dazu eine Verstärkung der kollektiven Tätigkeiten, eine Neuorganisation der Produktivkräfte und eine Zielrevision. Werden diese Anpassungsveränderungen nicht vor-

genommen, so würde die ständige Zunahme von Automatisierung und Produktivität zu Widersprüchen zwischen Überfluß, Armut und Arbeitslosigkeit führen.
Aber ist denn die Gemeinschaft diesen Notwendigkeiten des Fortschritts so ohne weiteres gewachsen? Das ist durchaus nicht sicher. Jean Fourastié hat das Problem sehr klar umrissen: »Ein Statistiker hat errechnet, welche Auswirkungen eine Anwendung der jetzigen Sozialgesetzgebung im Jahre 1985 bei heutigen Preisen haben würde. Er stellte fest, daß sich diese Ausgaben der Gemeinschaft verfünffachen würden, während das Bruttosozialprodukt auf das Dreifache und der Lebensstandard auf das Zweieinhalbfache wachsen.« Und Fourastié weist darauf hin, daß die steuerlichen oder steuerähnlichen Abgaben an die Gemeinschaft schon jetzt fast die Hälfte des Volkseinkommens betragen. In Frankreich macht der Staatshaushalt schon 30 Prozent des Bruttosozialprodukts aus, die Haushalte der Kommunen und der Sozialversicherung weitere 20 Prozent. In den anderen europäischen Ländern ist die Situation ganz ähnlich. Die Vereinigten Staaten haben einen erheblich niedrigeren Anteil an Abgaben an die Gemeinschaft, der aber rasch zunimmt. »Mit anderen Worten«, meint Fourastié, »müßte, wenn die Gemeinschaftsausgaben tatsächlich bis 1985 auf das Fünffache steigen sollen, die Kaufkraft der Löhne und Gehälter, also der eigentliche Lebensstandard, unverändert bleiben.«
Konzentriert man die Bemühungen zu sehr auf die Infrastruktur und die öffentlichen Dienstleistungen, so besteht die Gefahr, daß die Steuerbelastung psychologisch unerträglich wird. Man wird nicht annehmen dürfen, daß 60 Prozent des Bruttosozialprodukts in öffentliche Kanäle gelenkt werden können. Also müssen neue Wege gesucht werden, um diese Bedürfnisse zu decken, ohne Widerstände hervorzurufen. Die Industrie, die bislang für den privaten Verbrauch gearbeitet hat, wird ihre Tätigkeit zum Verbrauch der Gemeinschaft hin verlagern müssen. Kann man die Möglichkeit der bezahlten öffentlichen Dienstleistung noch weiter ausdehnen? Vielleicht lassen sich neue Formen einer halb öffentlichen, halb privatwirtschaftlichen Unternehmensführung finden? Auf jeden Fall wird man sich für die Strukturen und in der Politik etwas Neues einfallen lassen müssen, wenn man die Vollbeschäftigung über die Befriedigung der kollektiven Bedürfnisse sichern will.
Das amerikanische Programm der ›Great Society‹ ist ein erstes Indiz für diese Entwicklung. In den USA beauftragen Städte und Staaten

immer häufiger Privatunternehmen mit der Lösung ihrer Probleme. Der Staat Kalifornien hat bei der Firma Lockheed eine Untersuchung seiner Informations- und Kommunikationsprobleme in Auftrag gegeben. In mehreren Städten untersuchen Raumfahrt- und Elektronikfirmen die Verkehrsprobleme. Ganz allgemein erweitert die amerikanische Industrie ihre Tätigkeit in Richtung auf den kollektiven Sektor. General Electric interessiert sich für Städtebau, IBM für das Unterrichtswesen, North American für Fragen der Umweltverschmutzung, Xerox für Jugendprobleme, Westinghouse für Ozeanographie. Das Industriesystem spürt, daß hier seine Zukunft liegt.

Freizeit statt Arbeitslosigkeit

Trotzdem wird zweifellos der Augenblick kommen, da die Produktion einen so hohen Lebensstandard sichert, daß der einzelne lieber mit mehr Freizeit als mit mehr Kaufkraft entlohnt werden möchte. Früher oder später muß also die Menge an geleisteter Arbeit erheblich reduziert werden. Aber wie? Da sind etliche Lösungen denkbar.

Zunächst einmal kann man die Arbeit aus dem produktiven Sektor hinausverlegen. Die Zahl der mit Forschungsaufgaben Betrauten vergrößern, die Studienzeit verlängern und das System des ›Sabbatjahrs‹ einführen, das es den amerikanischen Wissenschaftlern schon jetzt gestattet, sich in jedem siebten Jahr persönlichen Arbeiten zu widmen.

Doch auch die Freizeit muß zunehmen. Die Lösungen sind zahlreich, aber die Wahl ist schwierig: Verlängerung der Ferien, Drei- oder Viertagewochenende, Verkürzung der täglichen Arbeitszeit, Vorverlegung des Rentenalters ... Wird es Politikern, Psychologen und Soziologen gelingen, die echten Bedürfnisse und Wünsche der Arbeitnehmer zu erkennen?

Jede gewählte Lösung aber muß in eine zusammenhängende Politik eingebettet sein. Denn je nachdem, ob man die Wochenenden oder den Urlaub verlängert, werden die Auswirkungen auf Wohnform, Fremdenverkehrsgewerbe usw. ganz verschieden sein. Die ganze Gesellschaft muß sich auf eine solche Freizeitzivilisation einstellen. Das Kollektiv muß so organisiert werden, daß es die menschlichen Beziehungen zwischen unbeschäftigten, vielleicht auch uninteressierten Individuen in einer technischen Welt begünstigt. Das ist gewiß keine leichte Aufgabe.

Eine schwierige Kursfindung

So ist es bei aller Skepsis doch vorstellbar, daß die Entwicklung des technischen Fortschritts nicht zur Arbeitslosigkeit führt. In einer ersten Phase wird die Produktion von Gütern für den privaten Verbrauch rasch genug zunehmen, um die von der Automatisierung freigesetzten Arbeitskräfte absorbieren zu können. Später wird die Gemeinschaft einen großen Teil der Beschäftigten auslasten. Und schließlich wird die sukzessive Verlängerung der Freizeit trotz der allgegenwärtigen Kybernetik jedem seinen Arbeitsplatz sichern.

Nun kann man die Vorausschau aber noch weiter treiben. Was geschieht, wenn erst einmal alle Länder für ihre kollektiven Aufgaben überversorgt sind? Wenn der Computer nach den meisten Produktions- und Ausführungsarbeiten auch die Hauptlast der F & E-Aufgaben übernommen hat? Vernünftigerweise kann man dazu nur sagen, daß dieser Tag noch in weiter Ferne liegt und daß man mit solchen Erwägungen den Rahmen einer nützlichen Prospektive verläßt und in die Science-Fiction gerät. Die Prognose für morgen ist schon schwierig genug; für übermorgen zu planen, ist reine Spekulation.

Denn bevor die Gesellschaft in den verschiedenen Ländern dahin gelangt, hat sie noch eine gefährliche Partie zu spielen. Sie wird ständig von Arbeitslosigkeit bedroht sein: Arbeitslosigkeit in einzelnen Branchen, weil die Beschäftigten für die zu leistende Arbeit nicht hinreichend qualifiziert sind, allgemeine Arbeitslosigkeit, wenn das Wachstum nicht genügend Arbeitsplätze schafft. Um zwischen diesen Untiefen Kurs zu halten, muß man die Winde und Strömungen gut kennen und vorzügliche Navigationsinstrumente haben. Man muß die auf technischem Fortschritt und ständiger Innovation beruhende Volkswirtschaft beherrschen, muß die EDV voll ausnutzen, um ein so genaues und Prognosen erlaubendes Bild der Lage zu bekommen, wie es nur irgend möglich ist, muß die Korrekturmechanismen bereithalten, um die verschiedenen Parameter beeinflussen zu können, muß Strukturen für den Dialog schaffen, die den Menschen in den Prozeß integrieren, ohne ihn zu zerbrechen.

Diese Notwendigkeiten sind heute allgemein bekannt. Überall ist die Rede von Umschulung, von Erwachsenenbildung, von Neueingliederung, von Mobilität der Arbeitskräfte. So will es die Entwicklung der Technologie. Sie verurteilt die Gesellschaft zur Mutation.

Die wenigen grundsätzlichen Erwägungen, die wir aufgeführt haben, sind noch viel zu allgemein. Wir könnten sie noch genauer darlegen, ohne deshalb unsere unpolitische Betrachtungsweise aufzugeben. Sie führen ja niemals unmittelbar zu einem Plan für das Handeln. Im Gegenteil, sie ermöglichen eine Vielzahl von denkbaren politischen Wegen, je nach dem Stand der betreffenden Gesellschaft, den Traditionen, den wirtschaftlichen und sozialen Verhältnissen, den vorherrschenden Ideologien usw. Aber sie bilden die Grundlage für jedes mögliche Handeln.

Der produzierende Mensch ist sein ganzes Arbeitsleben lang, vom Eintritt in die Schule bis zur Pensionierung, vom Fortschritt bedroht. Die heutigen Strukturen der Gesellschaft können seine Zukunft nicht mehr sichern. Um diesen Gefahren vorzubeugen, muß man das Phänomen einmal mehr von seinem Ausgangspunkt her sehen, also aus der Perspektive von Wissenschaft und Technik.

Arbeiten im Zeichen der Unsicherheit

Ausgangslage	Langsame Entwicklung der Technik. Bescheidener Stand der Berufsausbildung. Unverändertes Berufsbild.
Technische und wissenschaftliche Fortschritte	Wissenschaftliche Technologie. Informatik, Kybernetik. Beschleunigte Entwicklung der Technik.
Primäre Auswirkungen	Höhere Produktivität. Weniger Produktions- und Ausführungstätigkeiten.
Sekundäre Auswirkungen	Veränderungen in den beruflichen Qualifikationen. Interne Entwicklung der Arbeitsformen. Umschulung, Neueingliederung. Gefahr der Arbeitslosigkeit. Angst vor der Zukunft.
Sünden wider den Fortschritt	Ablehnung des Fortschritts. Fehlende Organisation des Arbeitsmarktes. Starre Planung. Nur auf den privaten Verbrauch ausgerichtetes Industriesystem.
Krise	Kluft zwischen den Bedürfnissen der Wirtschaft und den Fähigkeiten der Arbeitskräfte. Unmöglichkeit, die Umstellung ohne Bruch zu vollziehen. Soziale Krisen. Arbeitslosigkeit in einigen Branchen. Allgemeine Arbeitslosigkeit in fernerer Zukunft.
Notwendigkeiten des Fortschritts	Anpassungs- und entwicklungsfähige Ordnung des Arbeitsmarktes. Auffangorganisation zur Erleichterung des Berufswechsels. Abstimmung zwischen Staat, Arbeitgebern und Gewerkschaften. Recht auf berufliches Fortkommen. Klare Politik für die Befriedigung der Gemeinschaftsbedürfnisse und für die Verlängerung der Freizeit.

DRITTER TEIL

Zivilisation im Zeichen der Wissenschaft

9. KAPITEL

Eine Welt in Kommunikation

»Ich rufe jetzt bei der Post an, weil ich immer noch auf meinen Fernsprechanschluß warte.« Dieser Satz läßt sich nicht ins Amerikanische übersetzen, weil er für einen Bürger der Vereinigten Staaten in zwiefacher Hinsicht absurd wäre. Zunächst bringt er offenbar Telefon und Post in Zusammenhang, was ihm so unglaublich vorkommen wird wie uns das Nebeneinander von Zigaretten und pornographischer Literatur in den schwedischen Schaufenstern. Andererseits wird unterstellt, daß es überhaupt normal ist, auf einen Fernsprechanschluß zu warten. In unserer ›Konsumgesellschaft‹ bedrängt ja im allgemeinen das Angebot die Nachfrage und nicht umgekehrt. An das US-Fernsprechnetz wird man binnen vierundzwanzig Stunden angeschlossen.

Für einen Bürger der Vereinigten Staaten würde der entsprechende Satz lauten: »Heute vormittag war schon wieder ein Vertreter da, um mir einen Fernsprechanschluß für mein Wochenendhaus anzubieten. Ich habe ihn abgewimmelt.« Aber diesen Satz würde wiederum der Franzose nicht verstehen. Mit etwas Glück hat er seinen Anschluß, doch er erinnert sich noch gut an die zwei oder drei Jahre, die er darauf gewartet hat. Mit etwas Pech gehört er zu den 400.000 Interessenten, die sich auf den Wartelisten drängen. Jedenfalls aber weiß er, daß Telefonieren teuer ist, daß man oft nur mit viel Geduld seine Verbindung bekommt und daß die Zuteilung eines Anschlusses noch mehr Geduld kostet. Er ist stolz auf seine Eisenbahn, aber er weiß, daß sein Fernsprechnetz zu den schlechtesten der industrialisierten Welt gehört. Was er meistens nicht weiß: das Telefon ist für den Staat ein Bombengeschäft. Wüßte er, daß der Fernsprechbetrieb für den Staat Jahr für Jahr durchschnittlich 25 Prozent Gewinn abwirft, würde er gar nichts mehr verstehen. Warum sollte man ihm das Telefon vorenthalten, wenn es für seinen Betreiber ein so lukratives Geschäft ist?

Was tun mit dem Telefon?

Die Geburtsurkunde des Telefons trägt das Datum des 14. Februar 1876. Man kennt sogar die Uhrzeit, weil sie nicht unwichtig ist. Denn an demselben Tag, da Graham Bell in Boston das elektromagnetische Telefon patentieren ließ, meldete ein anderer Erfinder, Elsha Gray, zwei Stunden später in Chikago einen ganz ähnlichen Apparat an. Vier Jahre dauerte der Prozeß, bis das Gericht Bell als den Ersterfinder anerkannte und der Name Gray sehr zu Unrecht der Vergessenheit anheimfiel.

1878 wurde der Apparat auf der Weltausstellung dem französischen Publikum vorgeführt, und selbst diese Vorführung wollte man zunächst nicht zulassen. In jenen fernen Zeiten wurden Erfindungen noch nicht so schnell bekannt wie heute. 1878 also kommt ein Südfranzose, Monsieur Léon Soulerin, nach zehn in den Vereinigten Staaten verbrachten Jahren zurück. In seinem Gepäck hat er das Bellsche Telefon. Aber sein Wunderapparat weckt keine Begeisterung. Die Behörden zeigen nur nachsichtiges Desinteresse. Die zuständigen Stellen im Ministerium lassen sich Zeit mit der Prüfung der Frage, ob die Verlegung eines Kabels auf öffentlichen Verkehrsflächen überhaupt genehmigt werden darf. Soulerin beschließt, die Aufmerksamkeit des Ministers mit Gewalt zu wecken. Nachts verlegt er heimlich ein Kabel zwischen der Getreidebörse und dem Ministerium. Und zu seiner Überraschung sitzt der Minister plötzlich vor dem ersten in Frankreich eingerichteten Telefonanschluß. Zunächst wettert er über die unerlaubte Handlung. Dann aber bewundert er die neue Technik. Eine hübsche Sache. Natürlich nur ein Spielzeug, denn der Telegraf, das ist klar, bleibt das einzig zuverlässige öffentliche Fernmeldesystem. Aber es ist wohl nichts dagegen zu sagen, wenn Privatleute die neue Erfindung nach Belieben auswerten.

Drei Firmen bekommen ohne Mühe ihre Konzessionen. Sie bauen und betreiben Fernsprechnetze ohne besondere Auflagen, ohne jede Koordinierung. Das Telefon ist in aller Augen eine hübsche, lustige Bequemlichkeit. Man spricht noch nicht von einem ›gadget‹, aber so empfindet man es. Die Damen können sicher sein, neugierige Besucher in ihren Salon zu ziehen, wenn sie den seltsamen Apparat haben, mit dem man vertraute Stimmen aus der Ferne hören kann.

Noch im ersten Jahr stellen die drei konkurrierenden Firmen fest, daß die Entwicklung eines echten Netzes nicht ohne Koordinierung möglich ist. Sie fusionieren zur ›Société générale des Téléphones‹.

Die Sache läßt sich gut an. Die privaten Teilnehmer scheinen sich königlich zu amüsieren. Innerhalb eines Jahres werden in Paris sieben Vermittlungen eingerichtet, und in acht Provinzstädten stehen die ersten Telefone. Im Jahre 1883 sind 8.000 Pariser angeschlossen.
Die Industriellen beuten die neue Technik mit der alleinigen Zielsetzung des unmittelbaren Gewinns aus, ohne Blick auf die Zukunft, ganz zu schweigen von einem Plan für ein nationales Fernsprechnetz. Etliche große Städte werden einfach vergessen. Die Behörden greifen ein und richten hier und da ein Knotenamt ein. Schließlich ist das Durcheinander so groß geworden, daß der Staat das Fernsprechnetz kauft (1889). Das Telefon wird zu einer öffentlichen Angelegenheit. Aber die Verstaatlichung ist zu früh erfolgt: die Doppeleigenschaft von öffentlicher Dienstleistung und Industriebetrieb ist noch nicht erkannt worden.
Was soll man mit dem verstaatlichten Telefon nun anfangen? Lange hatte die Post dem Finanzministerium unterstanden, der Telegraf dagegen dem Innenministerium, bis man schließlich beide in einem Post- und Telegrafenministerium vereinigt hatte, das nun mit größter Selbstverständlichkeit das Telefon übernahm, ihm aber als dem jüngsten Kind nur einen bescheidenden Platz einräumte.
Bis 1925 blieb es bei der Bezeichnung ›Post- und Telegrafenministerium‹. Das zweite T mußte dreißig Jahre warten, bis es zu Ehren kam ... Und dann noch einmal vierzig Jahre, um wieder zu verschwinden und einem beide deckenden modernen ›Télécommunications‹ Platz zu machen (›Ministère des Postes et Télécommunications‹ – Ministerium für das Post- und Fernmeldewesen). Nach wie vor macht sich niemand Gedanken über die neue Technik, über ihre Besonderheiten, ihre Erfordernisse, ihre Zukunft. Die Post stellt einen vorhandenen Verwaltungsrahmen zur Verfügung, in den man das Telefon zwängt und es damit verurteilt – dazu verurteilt, bei der Netzeinrichtung die Departementsgrenzen und nicht die wirtschaftlichen und städtebaulichen Notwendigkeiten zu berücksichtigen, dazu verurteilt, den Forderungen der Gebietskörperschaften nachzugeben, die eine möglichst große Dichte in ihrem Bereich haben wollen, ohne sich um das Netz auf Landesebene zu kümmern, dazu verurteilt, im Rhythmus des Haushaltsjahres zu leben, das keine Zukunftsperspektiven ermöglicht.
Fiskalische Finanzkontrolle und Verwaltungsvorschriften können weder der Rentabilität noch dem technischen Fortschritt dienlich sein. Das ist nicht ihre Aufgabe. In diesem beengenden Rahmen kann

die Einrichtung des Selbstwählverkehrs nicht vorankommen. Das Finanzministerium kennt nur ein Gebot: Ausgaben vermeiden. Selbstwählanlagen sind teuer. Jedenfalls zunächst. Die Beamten haben eine Schwäche für die Handvermittlung, die nicht so große Haushaltsmittel erfordert. So etwas nennt man mit dem Geld des Steuerzahlers sparsam umgehen – eine weise Politik, soweit es sich nicht um neue Techniken handelt.

Die Technik gerät in einen Rückstand, den sie seither nicht aufgeholt hat. Gleichzeitig wird das Telefon zur Domäne der Fernmeldeingenieure, hervorragender Absolventen der Elitehochschulen. Man macht die Sache unter sich aus, ohne Konkurrenz, ohne den belebenden Einfluß von außen.

Nach dem Zweiten Weltkrieg haben die verantwortlichen Politiker und Ministerialbeamten das Problem immer noch nicht erkannt. Ist das Telefon vielleicht doch ein Luxus? Im ersten Monnet-Wirtschaftsplan wird es nicht einmal erwähnt. Der zweite Plan räumt ihm ein ganz bescheidenes Plätzchen ein.

Aber die Fakten rächen sich: die französische Wirtschaft droht von der Unzulänglichkeit ihres Fernsprechnetzes gelähmt zu werden. Wie kann man eine Firma leiten, wenn die Hauptverwaltung tagelang nicht zu ihren Zweigstellen ›durchkommt‹? In den Jahren zwischen 1955 und 1960 wird eine bescheidene Selbstbesinnung spürbar. Offenbar merkt man erst jetzt, daß die Fernsprechverbindungen ebenso wichtig sind wie das Straßennetz und die Stromversorgung. Frankreich kann ohne diese Verbindungen nicht leben. Sie sind kein Luxus, sondern eine Notwendigkeit.

Aber die Verantwortlichen sind zu spät aufgewacht. Die Lage ist schon katastrophal. Frankreich steht hinsichtlich der Zahl der Einwohner je Fernsprechanschluß an 16. Stelle unter den Ländern der Welt und befindet sich etwa auf dem Stand, den die Vereinigten Staaten schon 1920 und Großbritannien 1950 erreicht haben. Die Wirtschaftlichkeit ist geringer als in den anderen Ländern. Und das innerfranzösische Fernsprechnetz ist Anfang 1970 erst zu 61 Prozent auf das Selbstwählverfahren umgestellt gegenüber 95 Prozent in Deutschland, Italien und Holland, über 80 Prozent in Großbritannien und Belgien, 73 Prozent in Spanien ...

Dieses unzureichende, veraltete, relativ wenig Gewinn bringende Netz funktioniert schlecht. Kürzlich teilten die Ärzte der Stadt Tours mit, daß in sechs Fällen ein Kranker gestorben ist, weil es nicht möglich war, den Arzt telefonisch zu verständigen. Im Einzelfalle wartete ein Mann 40 Minuten lang auf eine Ortsverbindung, 40 Minuten lang, während seine Frau im Sterben lag. Frankreich mußte feststellen, daß es hier mit Problemen eines unterentwickelten Landes zu tun hatte.

Wie man den Fortschritt verpaßt

Die Beichte aller Sünden wider den Fortschritt, die Frankreich auf diesem Gebiet begangen hat, wäre schwer und lang. Da hat man eine Technik ohne vorherige Überlegung, ohne jede vorausschauende Untersuchung eingeführt. Über ein halbes Jahrhundert lang hat man das Wesen dieser Technik mit voller Absicht nicht zur Kenntnis genommen. Die Strukturen wurden phantasielos benutzt, wie sie gerade da waren, ohne jede Bemühung um eine Anpassung.
Manche neigen dazu, die ganze Angelegenheit als ein Problem des Staats- oder des Privateigentums anzusehen. So einfach darf man es sich zweifellos nicht machen. Denn auf dem Wege der ›Nationalisierung‹ hat der Staat viele industrielle Techniken in die Hand genommen (Eisenbahn, Stromversorgung, Kohlebergbau, Teile der Automobilproduktion) und zeigt sich dieser Aufgabe in der Regel durchaus gewachsen. Aber die Verstaatlichung des Telefons hat seinerzeit die völlige Vernachlässigung der Regeln unternehmerischer Betriebsführung zur Folge gehabt, was bei den Nationalisierungen nach 1945 nicht der Fall war. Man kann den Sachverhalt auch nicht mit dem bloßen Fehlen des Wettbewerbs erklären. Die American Telegraph and Telephone hat ein de-facto-Monopol für den Betrieb des amerikanischen Fernsprechnetzes, das trotzdem das beste der Welt ist.
Nein, das ganze Unglück kommt daher, daß Frankreich die Bedeutung des Telefons für die moderne Gesellschaft und die besonderen betrieblichen Erfordernisse dieser Technik nicht erkannt hat. Eine für das Wirtschaftsleben entscheidende Infrastruktur wurde als Luxusgegenstand angesehen. Eine sich rasch entwickelnde Technik wurde mit statischen Methoden verwaltet. Ein Massenkonsumartikel wurde nach den Regeln für unproduktive Investitionen behandelt ... So kam Paradox zu Paradox.
Frankreich brachte es fertig, in den Laboratorien im Vorsprung und mit der Einführung im Rückstand zu sein. Im Zentrallaboratorium für das Fernmeldewesen in Paris wurde das Telefon nach dem Impulscodierungsverfahren entwickelt, die Grundlage für den elektronischen Fernsprecher von morgen. Und ebenfalls in Frankeich, in

Lannion, baut das Nationale Forschungszentrum für das Fernmeldewesen (CNET) elektronische Knotenämter, die zu den technisch fortgeschrittensten der Welt gehören. Aber dasselbe Frankreich hat eines der technisch rückständigsten Fernsprechnetze.
Der Staat treibt eine Überschuß-, ja, eine ausgesprochene Gewinnpolitik. Denn die genannten 25 Prozent sind nur ein Durchschnitt. Auf dem Lande sind viele Anschlüsse unrentabel, weil die Häuser weit voneinander entfernt liegen und die Teilnehmer wenig telefonieren. Trotzdem werden sie zur normalen Anschlußgebühr verlegt: schließlich handelt es sich beim Telefon um eine öffentliche Dienstleistung! Das beweist aber, daß die Gewinne aus den Stadtnetzen weit über 25 Prozent liegen müssen. Ein aufgelegtes Geschäft also. Man geht davon aus, daß die Abschreibung eines Anschlusses in weniger als fünf Jahren erfolgen kann. Das Knotenamt Carnot in Paris aber ist in Betrieb seit ... 1928. Wer würde sich nicht auf eine Investitionsmöglichkeit stürzen, bei der man die Abschreibung in wenigen Jahren verdient und das Wirtschaftsgut vierzig Jahre lang verwenden kann?
Diese Politik steht in seltsamem Widerspruch zu der Politik in der Stromversorgung und, mehr noch, bei den öffentlichen Verkehrsmitteln. Allerdings sind Energie und Verkehrsverbindungen von jeher nicht als Luxus betrachtet worden.
Bei den Entscheidungen über die Verwendung der Haushaltsmittel wird das Telefon gleich behandelt wie Gemeinschaftsaufgaben ohne unmittelbaren Ertrag. Für das Fernsprechnetz können nur in geringem Umfang Anleihen aufgelegt werden.
Letzten Endes hat man also gemeint, man könne den Fortschritt den bestehenden Strukturen und nicht die Strukturen dem Fortschritt anpassen. Man ging davon aus, die Verwaltung sei gut, also habe sich das Telefon ihren Methoden anzubequemen: eine Mischung aus altem Rahmen und neuem Inhalt, aus einem dynamischen Phänomen und einer statischen Struktur.
Das wissen alle Fernmeldeingenieure. Und sie sagen es auch. Wenn sie unter sich sind. Manchmal wagt einer es sogar, in aller Zurückhaltung etwas darüber zu veröffentlichen. So schrieb ein Generaldirektor für das Fernmeldewesen im Postministerium, Raymond Croze, in der Zeitschrift der Absolventen der Ecole Polytechnique: »Die derzeitige Verwaltungsstruktur der Post ... ist höchst ungeeignet, und zwar sowohl für die Post- und Postscheckdienste wie für den Fernmeldebereich, weil die Post immer deutlicher zu einem Han-

dels- und Industriegroßunternehmen wird. Strukturreformen erscheinen uns demnach unumgänglich, zum Beispiel in der Form eines Statuts, wie es die Electricité de France hat.«

Manchmal ist die Auflehnung allerdings doch deutlicher. Henri Jannès, Ingenieur im Postministerium, hat das System in seinem Buch *Le Progrès enchaîné* heftig angegriffen – und hat seitdem große Schwierigkeiten im Amt. Die Strukturen sind sehr robust; gerade die Trägheit des Systems sichert seinen Fortbestand. Man hätte gestern vorausschauen sollen, denn heute müßte man es in Frage stellen. ›In Frage stellen‹, also das Problem des Fernsprechwesens als solches untersuchen, ohne Rücksicht auf die vorhandenen Institutionen; versuchen, Zielvorstellungen zu entwickeln, die echten Notwendigkeiten zu ermitteln, und dann prüfen, wie man die heutigen Zustände im Hinblick auf diese Forderungen ändern kann. Wird das zur Verstaatlichung der Fernmeldeindustrie, zur Überführung des Fernsprechnetzes in Privateigentum, zur Schaffung einer gemischtwirtschaftlichen Gesellschaft, zur Einführung von industriellen und kommerziellen Managementstrukturen in die Verwaltung führen? Das kann jetzt noch niemand sagen. Es gilt, die Prüfung ohne jeden Bezug auf die Vergangenheit und die Strukturen, die diese Vergangenheit verewigt haben, vorzunehmen und nur das Problem im Auge zu behalten, unabhängig von politischen und sonstigen Prämissen. So würde man mögliche und unmögliche Strukturen definieren, unter denen dann die Wahl nach politischen Kriterien zu erfolgen hätte. Leider blockieren die Interessen des Personals, der Industrie und der leitenden Beamten jeden Ansatz zu einer solchen Entwicklung. Die Reform wird, weil sie zu spät kommt, in jedem Falle unvollständig bleiben. Die fehlende Prognose am Anfang und das Beharren auf dem falschen Weg haben einen Sachverhalt entstehen lassen, der das notwendige wirkliche ›In-Frage-Stellen‹ unmöglich macht. Die Amerikaner haben sich ja auch nicht so besonders viel Gedanken gemacht: sie haben die neue Technik der Privatwirtschaft überlassen, weil das in ihrer Tradition lag. Zufällig ist das gutgegangen, und die berühmte pragmatische Einstellung der Angelsachsen hat ihnen dabei geholfen. Sie hat es ihnen erlaubt, gegen den sakrosankten Grundsatz des freien Wettbewerbs zu verstoßen, der nicht zu dieser Technik paßte.

Das Zeitalter des Telefons beginnt

Das Problem drängt, denn das Zeitalter des Telefons beginnt erst. In einer von der Datenverarbeitung bestimmten Gesellschaft werden die Gespräche zwischen Menschen nach und nach durch den Dialog zwischen Mensch und Maschine und zwischen Maschine und Maschine ersetzt werden. Der Computer kann erst dann voll leistungsfähig werden, wenn er in das Nervensystem eines sehr differenzierten und sehr dichten Fernsprechnetzes eingebettet ist.

In wenigen Jahren muß die Datenfernübertragung in die Fernsprechnetze integriert werden. Die beiden Techniken unterscheiden sich aber erheblich. Der Computer benutzt die binäre Sprache durch Elementarimpulse. Das übliche Telefon verwendet Analogmodulationen. Das elektronische Telefon arbeitet auch nach dem Impulsprinzip, ist demnach besonders für den Dialog zwischen Maschine und Maschine geeignet. Zwischen Mensch und Maschine dagegen ist die Kommunikationsgeschwindigkeit geringer. Wollte man den Datenfluß vergleichen, so wäre das ein Vergleich wie zwischen dem Amazonas und einem kleinen Bach. Soll man also ein voll integriertes Netz für beide Übertragungsarten konzipieren, das sowohl den Liebespaaren Gelegenheit zu langatmigen Beteuerungen als auch zwei Computern die Möglichkeit geben würde, in wenigen Sekunden eine ganze Bibliothek zu übermitteln? Oder zwei getrennte Netze? Das weiß man noch nicht.

Die Datenübertragungskapazität wird in Elementarimpulsen gemessen, in bits pro Sekunde. Der klassische Fernschreiber, wie man ihn in Frankreich vor allem bei der Presse kennt, leistet 200 bit/sec. Schon jetzt sind im französischen Fernmeldenetz Leistungen mit 1.200 bit/sec in Betrieb genommen worden. Verglichen mit den Möglichkeiten des Computers ist das geradezu rührend. Das Nationale Forschungszentrum für das Fernmeldewesen (CNET) erprobt zwischen seinen Instituten in Lannion in der Bretagne und in Issy-les-Moulineaux bei Paris eine Leitung mit 50.000 bit/sec. Eine Bank, Crédit Lyonnais, ist noch weiter gegangen und hat eine Leitung mit 250.000 bit/sec zwischen ihrer Pariser Hauptverwaltung und dem Vorort Levallois eingerichtet. Für einen Datenfluß von 2 Millionen bit/sec sind die ersten Schritte getan. Eine Richtfunkstrecke mit 1,7 Millionen bit/sec ist zwischen Paris und Orléans im Bau.

So ist die landläufige Vorstellung vom Fernsprechbetrieb völlig überholt. An ihre Stelle tritt das Fernmeldewesen. Eine moderne Gesellschaft muß ein allgemein zugängliches Kommunikationssystem bilden und eine vom Informationsfluß strukturierte Umwelt schaffen. Die Intensität des geistigen Austausches ist ein ziemlich genauer Gradmesser für den Entwicklungsstand eines Landes. Der Fortschritt ist nur über den Informationsfluß möglich. Ist dieser Fluß behindert, kommt die Gesellschaft langsam voran. Die Firmen werden schlechter geführt, die Verwaltung ist schwerfälliger, der Handel funktioniert langsamer, die Leistung der Ingenieure, der Ärzte, der Rechtsanwälte ist geringer. Eine Gesellschaft, die hier nicht mitkommt, gerät in Rückstand gegenüber anderen Ländern.

Und diese allgemeine Verbreitung der Datenfernverarbeitung wird sehr schnell gehen. Noch gibt es in Frankreich erst ein paar Hundert Modems, also Geräte, die den Dialog mit dem Computer über das Fernsprechnetz ermöglichen. Ende 1970 wird es ca. 10.000 geben, 1975 werden es 150.000 sein und 1980 schon eine Million. In den Vereinigten Staaten wird der Fernsprechverkehr mit den Maschinen schon in fünf Jahren stärker sein als der zwischen Mensch und Mensch.

Frankreich ist in keiner guten Ausgangsposition für diese schwierige Umstellung. Pierre Lhermitte zitiert in *Le pari informatique* seinen Bericht an den Wirtschafts- und Sozialrat: »Die gegenwärtigen Unzulänglichkeiten des französischen Fernsprechsystems erwecken ... große Besorgnis im Hinblick auf die Datenfernübertragung ... Es ist das erklärte Ziel der Behörden, bis 1980 die übrigen EWG-Länder eingeholt zu haben ... Dieses Ziel ist gänzlich unzureichend im Hinblick auf die Notwendigkeiten der Datenfernübertragung.«

Das alles hätte man damals vorausahnen sollen, als das Bellsche Telefon zum erstenmal vorgeführt wurde. Seien wir gerecht. Kein Mensch konnte so weit denken. Aber man hätte die Kurzsichtigkeit auch nicht so weit treiben müssen, fünfzig Jahre lang bei der Vorstellung vom ›Luxusgegenstand‹ zu bleiben. Gegen diese Kurzsichtigkeit helfen Brillengläser: Prognose und Reflexion. Leider scheint die Sünde wider den Fortschritt der französischen Gesellschaft und ihren systemverliebten und zentralistischen Verwaltungsstrukturen eingeboren zu sein. Heute ist diese Gesellschaft um eine Revolution im Rückstand. Sie schickt sich an, die Revolution des Fernsprechers in Angriff zu nehmen, obwohl es inzwischen um die Revolution der Datenfernverarbeitung geht. Und sie mag sich nicht einmal dazu entschließen, die Methoden und Institutionen preiszugeben, die in die Katastrophe geführt haben.

Dabei genügt es noch nicht einmal, ein Fernmeldenetz einzurichten und rasch genug zu erweitern. Man muß auch die sozialen, wirtschaftlichen, psychologischen und sonstigen Auswirkungen dieses Fortschritts in das Kalkül einbeziehen. Hier wie überall wird man Denkarbeit zu leisten haben, um neue Sünden wider den Fortschritt zu vermeiden.

Die ganze Gesellschaft wird nämlich, so wie es sich jetzt schon abzeichnet, von dieser Allgegenwart der Information umgekrempelt werden. Bei den Behörden und in den Firmen kann sie zu einer Überzentralisierung oder zu einer echten Dezentralisierung führen. Weiß die Zweigstelle jederzeit, was in der Hauptverwaltung vorgeht, und umgekehrt, ist jede Lösung möglich. Die Hauptverwaltung kann alles entscheiden, weil sie alles weiß. Andererseits mag eine dezentralisierte Einheit weitgehend autonom sein, weil sie die Situation des Gesamtunternehmens in jeder Frage berücksichtigen kann. Es kommt also darauf an, sehr bald die Vor- und Nachteile der möglichen Lösungen zu kennen, anstatt Systeme einzurichten, ohne zu wissen, wohin sie führen werden.

Gleichzeitig könnte das Telefon dem Videophon, also dem Fernsehtelefon, weichen. In den Vereinigten Staaten sind die ersten Verbindungen schon in Betrieb. Später – ganz gleich, ob in zwanzig oder mehr Jahren – werden Heimdrucker aufgestellt werden. Jeder Haushalt kann dann über eine Art Terminal verfügen, der die Möglichkeit gibt, die Informationen aus der Ferne zu empfangen und auszudrucken.

So sieht die logische Weiterentwicklung im Fernmeldewesen aus. Die Information (die ›Daten‹) soll auf immateriellen Trägern übermittelt werden, also durch elektrischen Strom, Funkwellen, Laserstrahlen usw. Die Nachricht reist also mit Lichtgeschwindigkeit und kann in gewaltigen Quantitäten transportiert werden. Man kann auch materielle Träger benutzen, also Zeitungen, Briefe, Zeitschriften, Bücher ... Aber sie sind langsam und unbequem zu transportieren. Vor allem kommt es auf das Trägermedium ja gar nicht an. Wer eine Zeitung kauft, will Information kaufen, nicht Papier. Das wichtige an einem Brief ist der Inhalt, nicht das Medium. Die Logik führt dahin, die Nachrichten auf immateriellem Wege zu transportieren und erst am Bestimmungsort wieder zu materialisieren. So gesehen scheint die Post dazu verurteilt, eines Tages nur noch Liebesbriefe zu befördern. Warum sollte man auch tonnenweise Papier transportieren? Wäre es nicht besser, die Briefe beim Empfänger neu entstehen zu lassen? Das ist logisch gesehen wünschenswert und theoretisch möglich, wird aber auf lange Zeit hinaus noch nicht realisierbar sein. Vielleicht wird sich diese Art der Datenübertragung überhaupt niemals allgemein durchsetzen.

Die komplizierten und aufwendigen Vorgänge beim Zeitungsvertrieb ermöglichten eine wichtige Einzeletappe des Fortschritts. Warum sollte bei weitergehender Entwicklung der Übertragungs- und Reproduktionstechniken nicht die Möglichkeit geschaffen werden, die gewünschte Zeitung nach Wahl einer Telefonnummer daheim ausgedruckt zu bekommen? Schon experimentieren mehrere japanische Zeitungen mit diesem Vertriebssystem.

In der Logik der Fernmeldetechnik liegt es ferner, daß die übermittelten Nachrichten immer komplexer werden. So geht der Weg vom Telegraf zum Telefon und weiter zum Videophon, vom Hörfunk zum Fernsehen, zum Farbfernsehen und weiter zum Fernsehwandschirm.

Man darf nicht meinen, das Fernsehen sei schon erwachsen. Es steckt noch in den Kinderschuhen. Hier bereitet sich eine Revolution vor, die der ganzen Angelegenheit in den nächsten Jahren ein neues Ansehen geben wird: die Revolution des Kabels. In den USA ist der Anfang schon gemacht. Die Fernsehteilnehmer in New York beklagten sich über die schlechte Bildqualität. Tatsächlich ist ja die Stadt eine einzige Ansammlung von Störfaktoren, und die gewaltigen Mauerflächen der Wolkenkratzer rufen häßliche Echophänomene hervor. Die Wirkung auf die Übertragung von Farbfernsehbildern kann sehr unangenehm sein. Daraufhin schlugen die Fernsehgesellschaften vor, die TV-Sendungen über Kabel ins Haus zu liefern: die Qualität ist dann hervorragend. Und wenn man schon ein Kabel verlegt, warum sollte man sich dann auf einen oder zwei Kanäle beschränken? Zunächst schlugen die verlegenden Firmen 12, dann bis zu 20 Kanäle vor. Kalifornische Unternehmen bereiten Kabel mit 40 Kanälen vor!

Was bedeutet das? Heute ist ein Fernsehkanal etwas Rares. Folglich benutzt man ihn zur Übertragung möglichst perfekter Sendungen. In Zukunft kann man ihn für alles Erdenkliche verwenden: für Börsenkurse, Lehrprogramme, Informationen aus der Berufs- und Geschäftswelt ... Heute sind solche Sendungen relativ selten, weil jedes Programm ein Allgemeinprogramm, ein alle interessierendes

Programm sein muß. Morgen werden die Programme spezieller werden. Das eine wird zum Studienprogramm, ein weiteres zum Wirtschaftsprogramm usw. Der Fernsehteilnehmer kann jederzeit entsprechend seinen Informationsbedürfnissen ein besonderes Programm wählen. Er braucht nicht mehr auf bestimmte Sendungen zu warten, die dann ohnehin nicht eingehend genug sind für jemanden, der sich wirklich für den Gegenstand interessiert. Alle Informationen, die jetzt nicht gebraucht werden, weil sie zu speziell sind, können dann gesendet werden.
Gleichzeitig wird die Entwicklung der TV-Aufzeichnungsgeräte jedem die Möglichkeit geben, sich einen Bestand von Fernsehsendungen zu schaffen. Sendungen und Filme, die ihm wichtig sind, hält er auf Magnetband fest. Vielleicht kann er sich auch auf eine automatische Kinemathek einschalten, die ihm den gewünschten Film einfach auf telefonische Anforderung ins Haus liefert. Alle Bilder dieser Welt stehen ihm dann zur Verfügung, ganz zu schweigen von den vielen Sendungen, die ihm über Satelliten in Zukunft direkt in sein Fernsehgerät übermittelt werden.
Ferner wäre es denkbar, daß der Fernsehempfänger so allgegenwärtig wird wie heute das Koffer- oder Taschenradio, zum Beispiel in Form einer zusammenlegbaren Projektionsfläche und eines miniaturisierten elektronischen Geräts. Überall und jederzeit ist dann das großformatige Bild in Farbe griffbereit.
Diese Fortschritte sollte man nicht aufs Jahr genau festzulegen versuchen. Ob es bis dahin noch fünf, zehn oder zwanzig Jahre sind, ist nicht erheblich. Technisch möglich sind sie, und der Neuerungsprozeß ist im Gange. Wichtig ist, sich darauf einzustellen.
Welche Auswirkungen werden diese Neuerungen auf das Leben der Menschen haben? Die Verantwortlichen der Bell Telephone Laboratories haben sich diese Frage gestellt. Wird zum Beispiel die Entwicklung der Fernmeldetechnik eine Konkurrenz für den Verkehr werden? Denn warum sollte man sich zu einer Geschäftsbesprechung nach New York begeben, wenn man eine Konferenzschaltung mit mehreren Teilnehmern anfordern kann, wobei jeder daheim bleibt, aber jeder jeden sieht, Unterlagen ›übergeben‹ werden können usw? Andererseits wird das Reisen bequemer und weniger zeitraubend, so daß die Abneigung gegen einen Ortswechsel vielleicht abnehmen wird. Was ergibt sich aus den beiden Phänomenen? Das gilt es zu erkunden.
Ebenso muß eine ganze Reihe von Städtebau- und Regionalplanun-

gen in Abhängigkeit von diesen künftigen technischen Möglichkeiten neu durchdacht werden. Hat denn in einer Zivilisation der totalen Kommunikation das bloße Wort ›Stadtzentrum‹ noch einen Sinn? Müssen die Menschen weiterhin dicht beieinander leben, wenn sie miteinander Kontakt aufnehmen können, ohne in Kontakt zu sein? Ist es nicht besser, mit guten Fernmeldeverbindungen ›weit vom Schuß‹ zu sein, als in der Nähe, aber ständig gezwungen, sich irgendwo hinzubegeben?

Man darf auch die psychologischen Auswirkungen nicht vergessen. In einem solchen Universum wird der Mensch alles sehen, alles wissen, alles hören können, ohne das Haus zu verlassen. Aber wird eine solche globale Kommunikation die Menschen einander näherbringen oder voneinander isolieren? Die audiovisuellen Darstellungen sind ja keine echte Rekonstitution der menschlichen Wirklichkeit. Auch wenn sie noch so oft als Argument mißbraucht wird, bleibt die ›mitmenschliche Wärme‹ doch etwas Reales und Notwendiges. Bei aller Überflutung mit Informationsmöglichkeiten wird der einzelne Mensch immer nach dem Gefühl, dem unersetzlichen, suchen, das elektronische Medien nicht zu übertragen imstande sind. Der daheim ausgedruckte Brief wird nie den Reiz des vom Korrespondenzpartner mit der Hand beschriebenen Blattes haben. Das aus dem EDV-Speicher abgerufene und vom Schnelldrucker rekonstituierte Dokument wird nie so verlockend sein wie das Buch mit den Benutzungsspuren des eifrigen Lesers.

Aber so unmenschlich sie auch sein mag, wird diese Umwelt den Menschen doch in erheblichem Maße prägen. Wird es also ›Informationssüchtige‹ geben, einsame, frustrierte Menschen, gefangen von der Allgewalt des elektronischen Bildes? Denn diese Öffnungen auf die weite Welt hin können auch Sperren zwischen dem einzelnen und seiner Umgebung darstellen. Magische, euphorisierende Fallen, aus denen sich der Betrachter nicht mehr befreien kann.

Die Kultur des geschriebenen Wortes ist bedroht. Wird sie nach und nach schrumpfen und am Ende nur noch eine Mauerblümchenexistenz führen? Wird es zu einem Gleichgewicht kommen? Und inwieweit wird der Inhalt der Kultur verändert, wenn man ihm ein anderes Vehikel gibt? Gibt es eine dem Audiovisuellen eigene Denk- und Verhaltensweise? Die ersten Untersuchungen hierzu liegen vor, aber sie sind entweder zu allgemein oder zu apodiktisch, als daß sie überzeugen könnten.

Auch in dieser Frage kann es nicht darum gehen, den Fortschritt abzulehnen oder von vornherein zu fürchten. Es ist durchaus denkbar, daß der einzelne in ihm sein Gleichgewicht findet, daß ihm der Fortschritt hilft, sich in die Gesellschaft einzufügen. Mit den neuen Möglichkeiten, die der Fortschritt bietet, ist immer alles machbar. Aber man muß sich heute schon auf das Fernsehen von morgen einrichten.

Fernsehen – seit 1923

Natürlich wird man nicht verfehlen, diese Zukunftsvisionen als Science-Fiction abzutun. Aber wer ist denn in den dreißiger Jahren auch nur auf die Idee gekommen, die sozialen und politischen Auswirkungen des ganz einfachen Fernsehens zu bedenken? Solche geschmacklosen Spekulationen überließ man den Autoren von Zukunftsromanen. Jetzt ist das Fernsehen wirklich da, und mit ihm die Krise des französischen Fernsehens. Wieder einmal ist der Mensch mit abgewandtem Gesicht in die Zukunft gestolpert.

Marconis erstes Patent auf dem Gebiete der Funkentelegrafie stammt aus dem Jahre 1896, acht Jahre nach der Entdeckung der elektromagnetischen Wellen. Das erste Wirtschaftsunternehmen der Funktechnik, die Wireless Telegraph and Signal Company Ltd., wird ein Jahr später, 1897, gegründet. Im Jahre 1900 wird die Funkentelegrafie auf der Weltausstellung vorgeführt, Branly bekommt den Grand Prix. Ein Jahr später stellt Marconi die erste Verbindung über den Atlantik her. 1903 taucht ein neuer Ausdruck auf: ›drahtlose Telegrafie. Die Armee interessiert sich ganz außerordentlich für diese im Anfangsstadium befindliche Technik.

1912 funkt die ›Titanic‹ ihre Notrufe, die es möglich machen, daß Hunderte von Menschen gerettet werden. 1914 wird in Belgien der erste Sender für Sprache und Musik errichtet. Während des Ersten Weltkrieges nehmen die Militärs das Funkwesen in die Hand und entwickeln es erheblich weiter. Gleich nach dem Ende der Kämpfe erobert der Rundfunk die Welt. 1922 hat die US-Regierung bereits 670 Lizenzen an private Rundfunkanstalten vergeben. Im gleichen Jahr kommen die ersten Lautsprecher auf den Markt. 1925 muß der Internationale Rundfunkverein (UIR) gegründet werden, um Ordnung in den Wellensalat zu bringen.

Der Rundfunk ist also nicht über Nacht dagewesen. Die Gesellschaft hat Zeit gehabt, ihn kommen zu sehen und sich darauf vorzubereiten. Statt dessen gab sie sich damit zufrieden, eine industrielle Technik zu entwickeln und das Bedenken der Folgen auf später zu verschieben.

Das Auftreten des Hörfunks aber ist noch gar nichts. In seinem Schatten reift eine Neuerung heran, die viel revolutionärer wirken wird: das Fernsehen. Seit der Entdeckung des fotoelektrischen Effekts im Jahre 1892 konnte man vermuten, daß es eines fernen Tages gelingen würde, Bilder auf elektrischem Wege wiederzugeben. Diese Wahrscheinlichkeit verdichtet sich Anfang der zwanziger Jahre. In Großbritannien und in den Vereinigten Staaten werden experimentelle Bildübertragungen mit Hilfe mechanischer Bildzerlegungsvorrichtungen unternommen. 1923, als Zworkin die Bildröhre erfindet, zeigt es sich, was die Elektronik beitragen kann. Von diesem Augenblick an kann kein Zweifel mehr bestehen, daß das Zeitalter des Fernsehens in nicht allzu ferner Zukunft beginnen wird. Die erste öffentliche Vorführung in Frankreich bietet Barthélemy 1931. Ab 1932 wird wöchentlich eine Stunde Fernsehen von der Rue de Grenelle in Paris aus gesendet. Auf Anregung von Postminister Georges Mandel wird 1935 eine erste öffentliche Sendeanstalt gegründet. Am Vorabend des Zweiten Weltkriegs ist das Fernsehen in allen großen Staaten in voller Entwicklung. Gleich nach 1945 erfolgt der Durchbruch. In Frankreich wird die erste Tagesschau am 29. Juni 1949 übertragen. Die Zahl der Empfangsgeräte steigt exponential. 1953: 60.000, 1956: 450.000, 1965: 5 Millionen, 1969: 9,5 Millionen. Früher oder später als Frankreich erleben alle Länder der Welt die gleiche Revolution.

Das Zeitalter des Fernsehens, daß sich in den frühen zwanziger Jahren angekündigt hat, ist vierzig Jahre später Wirklichkeit geworden. Vierzig Jahre sind eine lange Zeit, wenn man sie zum Nachdenken und zur Vorbereitung nutzt. Jedes Land sollte doch wohl die möglichen Folgen eingehend untersucht und die notwendigen Strukturen für die neue Technik bereitgestellt haben.

Wir brauchen nicht zu betonen, daß die Wirklichkeit anders aussah. Je nach Land und Gewohnheiten und Institutionen gingen Hörfunk und Fernsehen einen anderen Weg. In den meisten Fällen begnügte man sich damit, einen vorhandenen Rahmen zu benutzen. Warum sollte man sich unbequeme Fragen stellen? Warum sollte man sich etwas Neues einfallen lassen? Die neue Technik brachte dem Publikum eine echte Befriedigung und eröffnete einen riesigen Markt. Sie war also vorbehaltlos willkommen, ohne daß man die Notwendigkeit verspürte, Ziele zu setzen, die Gesellschaft auf das Medium einzustellen, eine Politik zu definieren.

Für die Amerikaner war die Sache klar: nichts, was private Unternehmen tun können, darf dem Staat anvertraut werden. Sie überließen die neue Technik privaten Interessenten. Großbritannien schuf eine öffentliche Körperschaft, deren Leiter von der Regierung bestimmt wurden. In Frankreich sorgte eine alte Tradition staatlicher Einflußnahme dafür, daß Rundfunk und Fernsehen, als sei das die natürlichste Sache von der Welt, zu einem völlig von der Regierung abhängigen Amt wurden. Und ebenso empirisch nahm jedes Land seine gewohnten Strukturen her, als es darum ging, den Zauberkasten mit Bildern zu beliefern.

Eine neue Macht als vierte Gewalt

Als in den Industriestaaten praktisch jeder Haushalt sein Fernsehgerät hatte, merkte man, daß die Gesellschaft nicht mehr dieselbe war. Die Kinder hatten sich verändert, die Freizeit hatte sich verändert, die politischen Gebräuche hatten sich verändert. Das Fernsehen war stärker als sie alle, Kapitalisten, Kommunisten, Faschisten, Liberale. Bei den Wahlen von 1960 zeigten die Konfrontationen zwischen Nixon und Kennedy im Fernsehen die Allmacht des neuen Mediums. Kennedy siegte, weil er auf dem Bildschirm ›besser ankam‹.

Sechs Jahre später erlebte Frankreich das gleiche Phänomen. Die plötzliche Zuteilung von Sendezeit an die führenden Oppositionspolitiker während des Präsidentschaftswahlkampfs, das telegene Auftreten von Jean Lecanuet genügten, um General de Gaulle in die Stichwahl zu zwingen. Heute weiß jeder, daß eine politische Laufbahn nur mit Hilfe des Bildschirms möglich ist.

Manchmal kann das Fernsehen sogar einen rückwirkenden Verstärkungseffekt auf die Ereignisse ausüben. Die Direktreportagen von den Rassenunruhen in den Vereinigten Staaten haben weitere Ausschreitungen an anderen Orten zur Folge gehabt. Ähnlich verlief die Entwicklung in Frankreich durch die Rundfunkübertragungen von den Schauplätzen der Mai-Ereignisse 1968.

Trotz dieser beängstigenden Möglichkeit der Einflußnahme ist das Fernsehen rein empirisch eingerichtet worden, ganz nach dem Spiel der jeweiligen Umstände und Gewohnheiten, mit mehr oder weniger überzeugendem Resultat.

In den Vereinigten Staaten hat die Freiheit vom Regierungseinfluß ihr Korrelat in der Abhängigkeit von Privatinteressen. Die TV-Information hat die Tradition der amerikanischen Presse übernommen: sie ist präzis, ›matter-of-fact‹, brutal und vermischt Bericht,

Gegenüberstellung und den tiefsitzenden Konformismus des ›american way of life‹. Insgesamt gesehen wird der Bürger informiert. Aber der Einfluß des Industriesystems läßt nur eine Politik zu: die unmittelbare Befriedigung der Wünsche einer möglichst großen Zahl von Fernseh-Verbrauchern. Auf die kulturelle Aufgabe kommt es nicht an; was zählt, ist die kaufmännische Rentabilität. Das Ergebnis ist bekannt. Immer häufiger spricht man in den Vereinigten Staaten von der Notwendigkeit eines von den großen Stiftungen finanzierten Programms, das seine Sendungen unter Ausschluß privatwirtschaftlicher Interessen gestalten könnte.

Der Direktor der BBC wird zwar auf Vorschlag der Regierung berufen. Aber die angelsächsische Welt lebt in der Achtung vor der Informationsfreiheit. Dem Fernsehen ist diese Achtung zugute gekommen. Die Regierung könnte das Fernsehen nicht an sich ziehen, ohne allgemeine Entrüstung hervorzurufen. Jeder solche Versuch würde als ein schwerer Übergriff empfunden werden, der für seine Urheber schlimme Folgen hätte. Natürlich gibt es auch in diesem System immer wieder Spannungen und Krisen. Aber der britische Sinn für ›fair play‹ und der Wettbewerb durch ein unabhängiges kommerzielles Fernsehen sichern doch stets den guten Fortgang der Arbeit. Die BBC – und das ist das Entscheidende – hat sich stets das Vertrauen der Bevölkerung erhalten.

Frankreich war in der schlechtestmöglichen Ausgangslage. Die Presse ist dort von jeher verachtet worden. Den Journalisten begegnet man mit Mißtrauen. Es gehört zum guten Ton, nicht zu glauben, was in der Zeitung steht. Und zugleich ›ist es nicht gut, jede Wahrheit auszuposaunen‹.

In diesem Zustand der Unterinformation konnte die Exekutive das Fernsehen ganz selbstverständlich in die Hand nehmen, ohne auf Widerstand zu stoßen. Eine Regierung nach der anderen. Ein Regime nach dem anderen. Außerdem leidet Frankreich an einem Verwaltungsrecht, das für die pünktliche Auszahlung von Renten und Pensionen geeignet sein mag, aber im Zuge unserer glorreichen nationalen Überlieferung zur Universalstruktur des modernen Staates geworden ist. Also gründete man einfach eine weitere Dienststelle; Frankreich schuf sich das Fernsehen nach seinem Bilde: dem Bilde eines in seinen Traditionen verknöcherten und keiner Entwicklung fähigen Landes.

Jede der aufeinanderfolgenden Regierungen ließ sich von den Annehmlichkeiten des Systems verlocken. Das Fernsehen wurde zu einem neuen Werkzeug im Arsenal der Exekutive. Die Opposition prangerte diese Praktiken an und wartete nur darauf, es genauso zu machen, sobald sie an die Macht kommen würde. Die Interventionen der Regierung, die Verzerrung der Information, der propagandistische Mißbrauch wurden immer wieder lang und breit beklagt; diese – oft berechtigten – Anklagen schufen und erhielten ein Klima verbreiteten Mißtrauens. Die stets mögliche Beeinflussung wurde grundsätzlich als gegeben angesehen. Die Regierung hatte nichts mehr zu verlieren, weil sie ja ohnehin verdächtigt wurde. In politisch interessierten Kreisen war das Unbehagen allgemein. Der Fernsehteilnehmer hatte Angst, belogen zu werden, die Parlamentsmehrheit wünschte eine eindeutigere Unterstützung ihrer Politik, die Opposition wies hämisch auf die Inanspruchnahme des Bildschirms für die Regierungspropaganda hin.

Indem er eine breitere Information der Bürger ermöglichte, hätte der technische Fortschritt das politische Leben und das Funktionieren der Demokratie verbessern können. Die Art und Weise, wie man sich seiner bedient hat, machten ihn zu einem Element der Spannungen und des Mißtrauens. So verpaßt man den Fortschritt.

Das größte französische Presse- und Unterhaltungsunternehmen war zugleich das am schlechtesten geleitete. Systematisch wurden Beamte, die nichts von Showbusiness und Informationstechnik verstanden und für die Zusammenarbeit mit Künstlern und Journalisten denkbar schlecht geeignet waren, an die Spitze der neuen Dienststelle placiert. Schwerfällige, autoritäre, zentralistische Verwaltungsbestimmungen, die in keiner Weise den besonderen Bedürfnissen des Fernsehens entsprachen, belasteten die Arbeit der ›Leute vom Fach‹. Die gleichen Sünden wider den Fortschritt, die einer normalen Entwicklung beim Telefon im Wege gestanden hatten, verhinderten nun ein wirkliches Gedeihen des Fernsehens. Die katastrophalen Folgen waren nicht wirtschaftlicher, sondern sozialer und politischer Natur.

Ein Streik

Die Fernmeldeingenieure sind ein zu offener Auflehnung wenig geneigter Berufsstand. Anders sah es bei den 13.000 Angestellten des ORTF, der französischen Rundfunk- und Fernsehanstalt, aus.

So kam es im Mai 1968 zum ersten modernen Streik. Bei diesem Streik ging es nämlich in erster Linie nicht um Lohnerhöhungen, sondern um die Anpassung der traditionellen Strukturen an die Er-

fordernisse einer modernen Technik. Wie üblich hatte die Gesellschaft gewartet, bis die Krise da war, und stand nun unter den denkbar schlechtesten Umständen dem Problem gegenüber.
Die De-facto-Situation war leider gegeben. Das System war da, die Gewohnheiten waren in Fleisch und Blut übergegangen. Es wäre leicht gewesen, im Jahre 1950 ein gutes Fernsehstatut zu schaffen, als die Zahl der Empfänger noch gering war. Die damaligen Regierungen durften davon ausgehen, daß sie nicht mehr an der Macht sein würden, wenn das Fernsehbild erst einmal in jedes Haus kam. Sie hätten also ein begründetes Interesse daran haben können, die Unabhängigkeit des Fernsehens sicherzustellen. Damals hielten die Regierungen aber ganz andere Probleme für vordringlich: Indochina, Wiederaufbau, Konfessionsschule ... So schob man die Angelegenheit vor sich her, bis der Konflikt unvermeidlich wurde. Die Exekutive, von ihrer Mehrheit im Parlament nachdrücklich unterstützt, wollte ein so bequemes Privileg nicht mehr aufgeben. Nur eine außerparlamentarische Krise konnte die Situation noch auflösen.
Trotz ihrer sehr verschiedenen politischen Ansichten waren sich die Leute vom Fernsehen darin einig, daß bestimmte Reformen unbedingt notwendig seien. Eine Reihe von Grundsätzen wurden einstimmig gutgeheißen, vor allem Unabhängigkeit von der Regierung, Unabhängigkeit von privaten Interessen, Abschaffung der fiskalischen Verwaltungsformen.
Ist es nicht bezeichnend, daß Arbeiter, Schriftsteller, Journalisten und Techniker, daß Kommunisten, Sozialisten und Gaullisten sich so ohne weiteres auf diese Forderungen einigen konnten? Was war ihnen gemeinsam? Sie kannten das neue Medium. Es waren ihnen einige seiner Erfordernisse auf politischem und juristischem Gebiet deutlich geworden, die berühmten ›Notwendigkeiten des Fortschritts‹, für die wir in diesem Buch plädieren. Und dieses Beispiel zeigt deutlich, welche gesellschaftlichen und politischen Auswirkungen jede technische Innovation hat.
Natürlich kann man es nicht ganz den ›Leuten vom Fach‹ überlassen, diese Notwendigkeiten zu definieren. Oft sind sie selber ein Hemmschuh für die Entwicklung, weil sie ihre wohlerworbenen Rechte sichern wollen. So gesehen können die Gewerkschaften eine ebenso konservative Kraft sein wie die Arbeitgeber. Aber in diesem Falle zielten die Forderungen der streikenden Mitarbeiter auf das wirkliche Problem.
Von gewissen politischen Kreisen in Frankreich wurden diese For-

derungen als ein Angriff auf die Autorität des Staates betrachtet. Das vereinfachende Schema von der Nation, die sich im Staat, und vom Staat, der sich in der Regierung verkörpert, ist äußerst zählebig. In dieser Perspektive wäre es eine Amputation des Staates, der Nation eine Macht zu geben und der Regierung ihre Ausübung zu verweigern.

Aber die immer zahlreicheren und vielfältigeren Gemeinschaftsaufgaben lassen eine solche einheitliche und zentralisierte Organisation der Staatsbehörden nicht mehr zu. Wenn der Staat seine Tätigkeiten ausweiten muß, so muß er zu einer Verschiedenheit der Strukturen finden. Die überkommenen Institutionen entsprechen einer sehr engen Auffassung von der Funktion des Staates. Man hat diese Institutionen schon geändert, um ein öffentliches Eingreifen in Industrie und Handel möglich zu machen. Jetzt muß wieder etwas Neues geschaffen werden, um die öffentliche Dienstleistung ›Information durch Fernsehen‹ sicherzustellen. Eine vierte Gewalt ist entstanden, die nach einer legalen Existenz verlangt. Nicht in der Form von Verwaltungsvorschriften, sondern durch Gesetze oder, besser noch, Verfassungsbestimmungen.

Das Bild einer Nation

Wie die meisten technischen Neuerungen ist das Fernsehen heute ein zweckfreies Instrument. Und wieder stellt sich die Frage nach den Zielen, die definiert werden müssen, bevor man Strukturen schafft. Es hat noch niemand gesagt: »Das französische Fernsehen hat ein Werkzeug der Regierungspropaganda zu sein.« Aber weil man es praktisch in die Verwaltung einbaute, indem man es der Regierung unterstellte, ist man zu diesem Ergebnis gelangt.

Zwei Dinge leuchten jedem ein: Das Fernsehen ist von großer Bedeutung. Und: Es verändert die Lebensweise des Menschen.

Zunächst zur Bedeutung des Fernsehens. Es ist zu spät, sich darüber zu freuen oder zu lamentieren: der Mensch von heute ist Fernsehzuschauer. Das Fernsehbild spielt in seinem Leben eine entscheidende Rolle.

In Frankreich will eine ›geistige Elite‹ diese Tatsache nicht wahrhaben. Sie prangert die ›Massenproduktion von Kultur und Information‹ an. Im Grunde aber leidet sie unter dem Trauma, daß sie ihr Monopol verloren hat. Es gehörte zu ihrem Selbstverständnis, daß nur ihre Mitglieder über ein bestimmtes Wissen verfügten. Jetzt wird die Wissensvermittlung kollektiv. Die Arbeiter können, wenn sie

morgens ins Werk kommen, über die Religionskriege, die Süßwassergewinnung aus dem Meer oder die kubanische Revolution viel besser informiert sein als der Ingenieur ohne Fernsehgerät.
Unter diesen Umständen gelten für die Bildung neue Maßstäbe. Man muß nicht nur wissen, man muß auch beurteilen können. Das ist sehr viel schwieriger, sehr viel weniger eindeutig. Die Generation, die diese Entwicklung hinnehmen muß, sträubt sich verständlicherweise dagegen. Die nächste Generation wird sich ganz von selber anpassen. Das Fernsehgerät wird für alle zum Bezugspunkt, zum wichtigsten Kontakt mit der Welt.
Aber die Conditio humana ändert sich, der Fortschritt verleiht ihr eine nie gekannte Dynamik. Die neue Situation verlangt von jedem, daß er mitmacht. Statische Lebensumstände können einfach hingenommen werden, dynamische nicht. Dieses Mitmachen jedoch erfordert vor allem das Informiertsein. Steht der Zug, verlieren die Fahrgäste sehr bald das Interesse an der Landschaft. Fährt er, so blicken sie gern aus dem Fenster, ja, sie schauen sogar vorher auf die Karte, um zu wissen, durch welche Gegenden die Reise führt.
Dieses Bedürfnis wird um so stärker, je toleranter die Gesellschaft ist, je pluralistischer, je mehr Alternativen sie bietet. Der Mensch des 20. Jahrhunderts muß sein Verhalten ständig neu überdenken. Ob es sich um seinen Beruf handelt, um seinen Wahlzettel, um seine Automarke, um seine Religion oder um seine Kleidung – er hat eine Entscheidung zwischen mehreren Möglichkeiten zu treffen. Die Entscheidung kann niemals mehr auf einem von allen anerkannten und für alle zwingenden Gebot beruhen. Fortschritt bringt Zweifel.
Die Allmacht des Fernsehens und die Unsicherheit des einzelnen sind die grundlegenden Fakten. Ihre Verbindung ist offensichtlich. Denn der Fernsehzuschauer wird unvermeidlich vom Bildschirm die Botschaft fordern, die er braucht, um sein Verhalten zu bestimmen und sich sein Leben zu gestalten, das ihm nicht mehr von der Gesellschaft aufgezwungen wird.
Vom Fernsehgerät wird der Mensch Lösungen und Gewißheiten verlangen. Freiheit ist unbequem. Die meisten Menschen hassen zwar die Unterdrückung, wünschen sich aber deswegen noch lange nicht eine Freiheit, die ihnen Verantwortung abverlangt. Ein gewisser Konformismus, der gerade so weit geht, daß man nicht selber zu entscheiden braucht, sich aber auch nicht eingeengt fühlt – der wäre ihnen am liebsten. Das Fernsehen ist das ideale Werkzeug, um eine solche Selbstaufgabe zu befördern.

Damit zerstört der Fortschritt, was er Gutes schafft. Er vergrößert den individuellen Freiheitsraum und engt ihn gleichzeitig wieder ein. Aufgabe des Fernsehens kann es nur sein, dem einzelnen zu helfen, bei der Ausübung seiner Freiheit und seiner Verantwortung zu einem gewissen Gleichgewicht zu finden. Und hier sind die Möglichkeiten immens. Das Fernsehen als das Medium, das die moderne Welt entdecken hilft, kann dazu beitragen, daß Menschen ihr Gewissen befragen, daß sie ihre Ansichten überdenken. Es kann Elemente für die Urteilsfindung, Lösungsvorschläge und Entscheidungsmöglichkeiten anbieten. So verstanden bezieht es den Betrachter in den Gang der modernen Welt ein, denn ob er zustimmt oder ablehnt, ist gleichgültig: er lernt, daß ihn diese moderne Welt etwas angeht, und darauf kommt es an.

Eine solche Aufgabe kann weder von der Regierung wahrgenommen werden, die stets die Zustimmung aller auf dem Wege über das Nichtbeteiligtseinwollen der einzelnen sucht, noch vom Industriesystem, das dem Verbraucher nachläuft und das Individuum vergißt. Alle Strukturen, die ein Übergewicht eines dieser beiden Faktoren vorsehen, sind ebenso zum Scheitern verurteilt wie bürokratische Verwaltungsmethoden.

Ein Rechtsgelehrter des 19. Jahrhunderts hätte aus einer solchen Situation keinen Ausweg gewußt. Für ihn war alles privat, was nicht öffentlich war, und umgekehrt. Entweder Staatsverwaltung oder privatwirtschaftliches Unternehmen. Das Fernsehen aber kann weder das eine noch das andere sein. Wie die meisten neuen Gemeinschaftsaufgaben braucht es einen eigens zu schaffenden Rahmen. Es lassen sich viele solcher Möglichkeiten denken. Zunächst allerdings muß das Problem klar gestellt werden, und zwar ausgehend von den technischen Gegebenheiten und ihren gesellschaftlichen Auswirkungen, nicht dagegen ausgehend von überkommenen Grundsätzen und bestehenden Institutionen.

Man könnte sich zum Beispiel ein Ratsgremium aus Vertretern von Regierung, Gewerkschaften, Parteien, Funkmitarbeitern, Hochschulen usw. vorstellen, das die Aufsicht über das Fernsehen hätte und die Abteilungsleiter und einen Direktor wählen würde, die diesem Gremium verantwortlich wären. Die Körperschaft als solche müßte durch garantierte finanzielle Mittel unabhängig sein und nach privatwirtschaftlichen Methoden arbeiten.

Die persönliche Sicherstellung der Verantwortlichen und ein echter Wettbewerb zwischen den Programmen sind andere Wege, die in

die gleiche Richtung führen. Aber solche Reformen verstoßen gegen ein ganzes Bündel von Traditionen und rufen um so stärkere Widerstände hervor, je später sie verwirklicht werden.
Obwohl diese Schlußfolgerungen jetzt auf der Hand liegen, können sie wegen der einmal geschaffenen Situation nur sehr schwer in die Praxis umgesetzt werden. Zu den gleichen grundsätzlichen Folgerungen hätte man auch schon vor zwanzig Jahren kommen können, und damals wäre die Durchführung einfach gewesen. Statt dessen hat man gewartet, bis die Krise da war. Das ist das Drama des Fortschritts.

Eine Welt in Kommunikation
Das Telefon

Ausgangslage	Kommunikation durch Wort und Schrift.
Technische und wissenschaftliche Fortschritte	Erfindung des Telefons. Entwicklung des elektronischen Telefons. Datenfernübertragung.
Primäre Auswirkungen	Entwicklung des Fernmeldewesens. Möglichkeit zur sofortigen Übermittlung immer größerer Datenmengen.
Sekundäre Auswirkungen	Schaffung eines für den Fortschritt auf allen Gebieten notwendigen Nervensystems in den verschiedenen Ländern.
Sünden wider den Fortschritt	Frankreich verkennt Bedeutung und Eigenart dieser Technik, die es als Luxusgegenstand ansieht und in einen ungeeigneten Verwaltungsrahmen zwingt.
Krise	Katastrophale Zustände im französischen Fernsprechwesen.
Notwendigkeiten des Fortschritts	Strukturen industriellen Managements zur sinnvollen Lenkung der stürmischen Entwicklung dieser Technik.

Eine Welt in Kommunikation
Das Fernsehen

Ausgangslage	Vortrag und Bücher als einzige Medien für die Informationsvorbereitung.
Technische und wissenschaftliche Fortschritte	Erfindung des Hörfunks und des Fernsehens.
Primäre Auswirkungen	Massenmedien. Möglichkeit der Information eines ganzen Landes durch Bild und Ton aus einer einzigen Quelle.
Sekundäre Auswirkungen	Auftreten einer vierten Gewalt in der Gesellschaft. Notwendigkeit einer Massenbildung und -information im Zeitalter der großen Veränderungen.
Sünden wider den Fortschritt	Fehlen jeder vorausschauenden Perspektive und jedes Verständnisses. Verwaltetes Regierungsfernsehen. Fernsehen in den Händen des Produzenten-Konsumenten-Systems.
Krise	Ständige Auseinandersetzungen. Indoktrinierung. Unzulänglicher Beitrag zur Bildung.
Notwendigkeiten des Fortschritts	Schaffung einer eigenen Organisationsform für Hörfunk und Fernsehen. Unabhängigkeit von Privatinteressen. Moderne Betriebsführung. Privatwirtschaftliche Methoden, Mitbestimmung der Fernsehmitarbeiter. Garantien für die Informations- und Bildungsaufgabe.

10. KAPITEL

Der Computer und seine Folgen

Das Zeitalter der Elektrizität. Das Atomzeitalter. Das Zeitalter der Raumfahrt ... Die moderne Welt möchte sich unter dem Banner der Technik placieren. Aber sie hat bislang zweifellos die falschen Embleme ausgesucht. Auf dem Panier des Fortschritts prangt, für alle, die es sehen wollen, unverkennbar ein Computer.

Der *Homo sapiens* erlebt noch einmal das Abenteuer des *Homo faber*. Er entdeckt das Werkzeug, das Denkwerkzeug. Der Computer erweitert seine intellektuellen Möglichkeiten, setzt Reflexionskapazität frei. An die Stelle des individuellen tritt das kollektive Denken. Die Gesellschaft erfährt einen immensen Zuwachs an Gehirn- und Nervensubstanz und kann nun ihrerseits dem Denken des einzelnen helfen, indem sie eine Nährlösung von Informationen zur Verfügung stellt und die Früchte seiner Arbeit ganz anders auswertet.

Mutationen sind etwas Gnadenloses. Die neue Art verdrängt, was vorher da war. Was sich nicht ändern kann, ist zum Aussterben verurteilt. Kein einziger Neandertaler hat überlebt. Die Länder, die in der Datenverarbeitung miteinander konkurrieren, liefern sich den Kampf um die Zukunft. Wer als erster die Umstellung schafft, hat alle Aussicht, einen nachhaltigen Vorsprung zu gewinnen. Es heißt schnell ans Ziel kommen. Vor den anderen.

Der Wettbewerb in der Datenverarbeitung ist zur wichtigsten Disziplin im Vielkampf der Völker geworden. Erst unter seinem Einfluß hat der Fortschritt alle Fesseln gesprengt. Aus der Evolution ist die Revolution geworden. Die Menschheit begibt sich mit gesenktem Kopf im Sprintertempo in eine entscheidende Phase ihrer Entwicklung. Fünfzehn Jahre nach dem Start ist einer der Wettbewerber unaufhaltsam davongezogen.

Die anderen haben die Gefahr bemerkt und machen sich an die Verfolgung. Ausreißer und Verfolger kennen nur einen Gedanken: so rasch wie möglich das Zeitalter der elektronischen Datenverarbeitung, der Informatik, zu erreichen.

Die ahnungslosen Väter

Ein gefährlicher Wettstreit. Denn kein Fortschritt muß so sehr geplant, organisiert und kontrolliert werden wie die Informatik. Und keine Technik hat sich so sehr im Zeichen der falschen Prognosen und des mangelnden Verständnisses entwickelt wie diese. Die Pioniere der Datenverarbeitung waren schlechte Auguren; sie haben sich in ihren Voraussagen mit schöner Regelmäßigkeit geirrt. Sie waren die Väter einer Revolution, an die sie selber nicht glaubten.
Mark 1 und Eniac, die ersten nach dem Kriege in den USA gebauten Computer, waren Ungetüme mit Tausenden von Röhren und Schaltern; sie füllten ganze Häuser, verbrauchten soviel Strom wie eine kleine Fabrik und machten gewaltige Kühlsysteme erforderlich; das alles, um Rechenvorgänge in Zehntel- oder Hundertstelsekunden auszuführen. Es gab ja noch keine Halbleiter. Elektro- und Funktechnik erlaubten keine nennenswerten weiteren Fortschritte. Erst die aus der Physik kommende Technologie ermöglichte später den Durchbruch.
Die amerikanische Firma Univac war praktisch die einzige, die sich der Sache annahm. Hatten ihre verantwortlichen Männer also die Möglichkeiten erkannt, die in der ›Informatik‹, wie sie später heißen würde, steckten? Ganz und gar nicht. Sie hielten diese Maschinen für aufwendige Einzelstücke wie Teilchenbeschleuniger oder Riesenteleskope. Ganz gewiß würden sie keinen breiten kommerziellen Erfolg haben können. Und IBM, der König der Bürorechenmaschinen, interessierte sich schon gar nicht für die neue Technik.
Bis 1954 bleibt Univac alleiniger Herr des Marktes. Aber die Firma sieht diesen Markt nicht. Sie stellt ihre Maschinen in Einzelfertigung her. An eine Serie denkt sie nicht. Schließlich wacht IBM auf und muß Remington Rand zu Hilfe rufen, um den technischen Rückstand aufzuholen. Aber die Zukunftsvorstellungen des neuen Wettbewerbs sind auch nicht hochfliegend. Man denkt an die Wissenschaftler und an die Militärs, die wohl ein paar Geräte brauchen werden. Das ist alles. 1954 bringt IBM seine ›650‹ heraus. Ein unglaublicher Erfolg: über tausend Geräte dieses Typs werden gebaut. Unter Aufbietung seiner großen Fertigungs- und Vertriebskapazität verdrängt IBM den Branchenführer Univac. Von nun an ist die Geschichte der Informatik praktisch die Geschichte dieses Hauses. Man spricht von

›einer IBM‹, aber man meint einfach einen Computer, der durchaus von einem Konkurrenten kommen kann.
Die Bedeutung dieser Rechenanlagen war ihren Erfindern völlig verborgen geblieben. Sie hatten nur an die außerordentlich komplizierten Berechnungen für militärische und wissenschaftliche Zwecke gedacht. Den kommerziellen Sektor und das Management hatten sie völlig außer acht gelassen. Es war ihnen nicht klar, daß die Hauptaufgabe der Maschine die Erledigung der alltäglichen, stets gleichen Arbeiten in einem vorgegebenen Rahmen sein würde. Sie konnten sich ihr Kind nur in den Forschungslaboratorien vorstellen, dieses Kind, das so rasch in allen Verwaltungen, Industrieunternehmen, Banken usw. zu finden sein würde und dazu bestimmt war, überall verwendet zu werden wie Telefon oder Auto.
Die Entwicklung der neuen Technik hat die Prognosen der Zukunftsplaner ständig überrollt. In den Jahren 1962/63 sagten die US-Fachleute eine Zuwachsverlangsamung voraus. In der Zeitschrift *Computer-Automation* wurde dargelegt, die höchste Zuwachsrate sei in den Jahren 1959 bis 1961 erreicht worden, jetzt würde sie erheblich sinken. Aber noch im Jahre 1969 war keine Abflachung der Kurve zu verzeichnen.
Am 1. Januar 1968 gab es in der Welt 80.500 EDV-Anlagen*, davon 52.000 in den Vereinigten Staaten. In den einzelnen Ländern wächst der Bestand jährlich um 30 Prozent bis 50 Prozent. In den Jahren 1970 bis 1980 wird die Informatik zum drittgrößten Industriezweig der Welt werden, nach der Automobil- und der Erdölindustrie. Es deutet alles darauf hin, daß die derzeitige Expansion weitergehen wird, denn die Verbesserung der Technik öffnet immer neue Anwendungsbereiche und zwingt zu einer raschen Erneuerung der Anlagen. Die Anlagekosten sinken alle fünf Jahre um den Faktor 10. Die Arbeitsgeschwindigkeit steigt alle zehn Jahre um das Zehnfache, die Leistung alle fünf Jahre. Bis zum Jahre 1980 könnten nach Schätzungen etwa 240.000 Computer in den Vereinigten Staaten installiert sein.
Die Anlagen der sogenannten ›Dritten Generation‹, die jetzt auf dem Markt sind, stellen nur eine Etappe dar. Der nächste Schritt wird die Verwendung von superintegrierten Schaltungen (LSI) sein, die nicht mehr Dutzende, sondern Hunderte, ja, Tausende von Tran-

* Es gibt noch keine präzise Standarddefinition dafür, was als Computer, EDV-Anlage, ›ordinateur‹ usw. zu bezeichnen ist. Je nach Definition kommt man auf andere Zahlen.

sistoren umfassen. Viele andere Neuerungen sind zu erwarten: optische Großspeicher, Visualisierungssysteme, neue Programmiermethoden usw. Der Computer selber wird weiter miniaturisiert, seine Arbeitsgeschwindigkeit und seine Kapazität vergrößert werden, sein Preis wird sinken, seine Verwendung wird einfacher werden. Die Revolution beginnt ja erst. Bald wird es möglich sein, komplexere Aufgaben zu bearbeiten: Lesen der Handschrift, Verstehen der menschlichen Stimme, automatische Übersetzung, Simulierung der großen wirtschaftlichen und gesellschaftlichen Mechanismen usw.
So haben die Amerikaner durchaus keinen Weitblick bewiesen. Der Erfolg hat sich ihnen aufgedrängt. Aber: die Strukturen, um rasch auf dieses Phänomen zu reagieren, waren vorhanden. Diese Strukturen der Industrie schufen überhaupt erst den Markt.

Die zu spät Aufgewachten

Die Sowjetunion blieb lange blind. Dabei hatte sie alle Trümpfe in der Hand. Die Informatik als die moderne Technik schlechthin beruht ja auf dem vorhandenen Denkpotential, und daran fehlt es in Rußland nicht. Leider sahen aber Stalin und auch Chruschtschow, die offenbar in den alten Ideologien befangen waren, in den neuen Maschinen nichts als eine ›kapitalistische, arbeiterfeindliche Erfindung‹. So kam es zu einem katastrophalen Rückstand. Und als die Verantwortlichen endlich begriffen, was geschehen war, ließen die schwerfälligen, zentralisierten vertikalen Strukturen es nicht zu, daß so schnell gehandelt wurde, wie es nötig gewesen wäre.
Nach – stets unzuverlässigen – Schätzungen dürfte die Zahl der EDV-Anlagen in der Sowjetunion zwischen 3.000 und 5.000 liegen; also ein Zehntel des amerikanischen Bestandes und annähernd vergleichbar mit dem europäischen. Erst auf dem XXIII. Parteitag der KPdSU hat Breschnew diesen Fehler heftig angeprangert, und seither ist der Informatik höchste Planpriorität eingeräumt worden. Aber weil alle Konkurrenten, vor allem die USA, ähnlich intensive Anstrengungen unternehmen, ist es sehr unwahrscheinlich, daß die UdSSR ihren Rückstand in absehbarer Zukunft aufholen kann.
Der Vergleich mit der Weltraumfahrt bietet sich geradezu an. Hier hatte die Sowjetunion die neue Technik richtig eingeschätzt, während die Amerikaner nicht begriffen, was sich da tat. Politische Klischeevorstellungen und die fehlende kreative Einstellung ihres Industriesystems hatten dazu geführt, daß die Sowjets die Revolution der Datenverarbeitung verpaßten. Das System des freien Unternehmer-

tums hat die Vereinigten Staaten daran gehindert, die Eroberung des Weltraums rechtzeitig ins Auge zu fassen.

Der Richtigkeit halber muß man allerdings noch einmal darauf hinweisen, daß sich auch die Amerikaner nicht die wirkliche Zukunft des Computers vorstellen konnten. Nur wurde diese anfängliche Fehleinschätzung sofort korrigiert durch die Dynamik der US-Industrie, die dann auch den Erfolg des Apollo-Programms möglich machte. Man kann aber eine falsche Prognose nicht immer in dieser Weise ausgleichen. Die amerikanische Weltraumfahrt wird darunter noch jahrelang zu leiden haben.

Dem Sowjetsystem, das große Vorhaben (Raketen, Atombomben, Überschallflugzeuge) auf der Grundlage solider Vorausberechnungen durchführt, fehlt die nötige Flexibilität, um Irrtümer rasch zu kompensieren. Beide Systeme haben in der Bewährungsprobe ihre Unzulänglichkeiten erkannt. Jetzt treiben die Amerikaner Prospektive, und die Sowjets bemühen sich, ihre Industriestrukturen anpassungsfähiger zu machen. Zunächst einmal aber ist festzustellen, daß die Sowjetunion im Wettlauf um die Datenverarbeitung abgefallen ist.

Europa steht durchaus nicht besser da. Die USA haben 64,5 Prozent des Computerbestandes der Welt; Europa nur 20,5 Prozent. Und der eigentliche Rückstand ist nicht in der Verwendung, sondern in der Fabrikation festzustellen. 87,5 Prozent der Computer in der Welt kommen aus amerikanischer Fertigung, und ein erheblicher Teil der verbleibenden 12,5 Prozent werden unter amerikanischer Lizenz hergestellt. Die Informatik ist also zu über 90 Prozent amerikanisch. Wie konnte es geschehen, daß die Alte Welt und auch Japan so weit zurückblieben?

Großbritannien hat noch am besten reagiert. 1968 hat man dort alle einheimischen Hersteller in einer Gesellschaft, der ICL, zusammengefaßt, und sie ist die einzige nichtamerikanische Firma, deren Erzeugnisse der IBM Konkurrenz machen können. Der britische Trust hat heute 51,4 Prozent Marktanteil in Großbritannien. Das ist eine Ausnahmesituation, die sich aus der Entschlossenheit der Engländer erklärt, in allen Spitzentechniken vertreten zu bleiben. Diese Entschlossenheit ist in der Luftfahrt- und Atomindustrie ein teures Vergnügen gewesen. In der Datenverarbeitung aber hat sie sich gelohnt.

Deutschland dagegen hat sich abhängen lassen. Die amerikanischen Firmen haben in der Bundesrepublik 80 Prozent Marktanteil. Siemens arbeitet mit RCA-Lizenzen. Es gibt keinen deutschen Großrechner.

Frankreich verliert die Schlacht

In Frankreich gibt es nur ein Fabrikationsunternehmen, die Compagnie internationale pour l'Informatique (CII). Eigene Entwicklungen sind allein in den mittleren Größen lieferbar. Für größere Rechner verwendet die CII amerikanische Lizenzen. Der erste ›nationale‹ größere Computer (IRIS 50) befindet sich in der Einführungsphase. Der Markt wird praktisch hundertprozentig von ausländischen Firmen versorgt. Wissenschaftlich, wirtschaftlich, technologisch, kaufmännisch gesehen haben zwanzig Jahre Fehlleistungen zu diesem Fiasko geführt, das für ein Land, das gute Trümpfe in der Hand hatte, unverzeihlich ist. Denn Frankreich besaß nicht nur die nötigen Fachleute, sondern sogar eines der ganz wenigen Unternehmen, die sich von Anfang an mit der Datenverarbeitung beschäftigten.
In den Jahren zwischen 1950 und 1960 ist die Firma Bull in der Lage, mit den Amerikanern Schritt zu halten. Dann wagt sich das Unternehmen an den Bau eines Großrechners. Ohne Erfolg. Hinzu kommt ein schlechtes Management. Die ersten Schwierigkeiten tauchen auf. Viele Experten schlagen Alarm. Aber die Behörden reagieren erst 1963, als Bull schon vor dem Konkurs steht. Die Leute von General Electric, die zu spät zum Sturm auf die ›Festung IBM‹ angetreten sind, möchten die Firma übernehmen. Aber sechs Monate lang bemühen sich Wissenschaftler, Techniker und Industrielle erst einmal, eine ›nationale‹ Lösung zustande zu bringen. Ohne entschlossene Beteiligung der Großindustrie und Hilfe des Staates ist nichts zu machen, und an beiden fehlt es. Zunächst einmal muß sich die Überzeugung durchsetzen, daß Frankreich nicht ohne Datenverarbeitung auskommen und daß sich diese Datenverarbeitung in den bestehenden Strukturen der Industrie nicht entwickeln kann. Es müssen also Zusammenschlüsse geschaffen, neue Formen der Zusammenarbeit zwischen Staat und Industrie organisiert, kohärente Programme auf lange Sicht in Angriff genommen werden. Nichts dergleichen tun die Verantwortlichen. Sie halten sich an die überkommenen Methoden. Die Firmen finden nicht zusammen und bringen es nicht fertig, sich über persönliche Differenzen und Wünsche hinwegzusetzen. Dem Staat widerstrebt es einzugreifen, weil er die Angelegenheit immer noch für ein klassisches industrielles Problem hält. Und General Electric übernimmt bei Bull das Kommando.

Die Regierung war von allen Seiten eindringlich gewarnt worden. Im Jahre 1963 hat Frankreich 775, die USA 15 000 Computer. Für die Eingeweihten (und deren gibt es zu dieser Zeit schon viele) ist die Zukunft der Datenverarbeitung klar. Und trotzdem verliert Frankreich sehenden Auges die Schlacht um die Informatik.
Wie üblich rächt sich der Fortschritt an denen, die ihn nicht wahrhaben wollen. Zwei Jahre nach der Bull-Niederlage muß die Regierung zugeben, daß ein Industriestaat ohne EDV-Anlagen nicht lebensfähig ist. Aber inzwischen hat sich die Lage verschlechtert: der Rückstand ist größer geworden, die qualifizierten Leute haben sich anderweitig umgetan. Unter diesen sehr viel ungünstigeren Bedingungen wird der ›Plan Calcul‹ ins Leben gerufen mit dem Ziele, eine einheimische Industrie zu schaffen und die Datenverarbeitung zu fördern. Jetzt muß alles getan werden, was zwei Jahre zuvor abgelehnt worden ist: Die Sünde wider den Fortschritt abbüßen, also Staatsmittel zur Verfügung stellen, die Industrie zu Fusionen zwingen, ein Gesamtprogramm aufstellen, Behörden und privatwirtschaftliche Unternehmen an einen Tisch bringen ... Wieder einmal mußte erst die Krise da sein, bevor die alten Methoden kapitulierten, und ob ihr Widerstand für die französische Datenverarbeitung nicht tödlich war, werden wir erst in einigen Jahren wissen.
Jedenfalls hat sich Frankreich jetzt der Informatik angenommen. Auf einer sehr zerbrechlichen Grundlage, und vielleicht insofern allzu waghalsig, als man sich mehr auf die Geräte als auf die Programmierung konzentriert. Aber der Anfang ist gemacht. Und schon zeichnen sich außer den Fertigungsproblemen zwei Engpässe ab, die sich in naher Zukunft als bedrohlich erweisen könnten: die Fernmeldeverbindungen und die Ausbildung.
EDV-Anlagen lassen sich ja nur dann wirklich voll ausnutzen, wenn sie in ein Fernmeldenetz eingebaut werden können, das den Dialog Mensch-Maschine und Maschine-Mensch ermöglicht. Das französische Fernsprechnetz aber ist, wie wir gesehen haben, in einem katastrophalen Zustand. So werden die Datenfernübertragungs- und Datenfernverarbeitungssysteme erheblich benachteiligt sein. Der Rückstand könnte sich kumulieren.
Und: für die Datenverarbeitung braucht man Fachkräfte. Nach den Schätzungen des Wirtschafts- und Sozialrats werden in den Jahren zwischen 1970 und 1980 10.000 bis 12.000 Ingenieure und Techniker benötigt, 20.000 bis 25.000 Analytiker, 40.000 bis 50.000 Programmierer und über 100.000 Operatoren. Wird man diese Kräfte rasch

genug ausbilden können? Vor allem aber: wird man alle leitenden Männer der Wirtschaft mit der EDV vertraut machen können? »Das Problem der Ausbildung unserer Nachwuchsführungskräfte in der Managementdatenverarbeitung ist noch in keiner Weise gelöst«, betont Pierre Lhermitte in seiner Studie *Le pari informatique*, in der sein Bericht an den Wirtschafts- und Sozialrat verarbeitet ist. Und Georges Elgozy schreibt in seinem Buch *Automation et humanisme*: »An den Technischen Hochschulen ist das Fach Automatisierung und Datenverarbeitung am unzulänglichsten vertreten.« Die Fachleute also halten mit ihrer Besorgnis durchaus nicht hinter dem Berge.

Die Datenverarbeitung am Rande der Legalität

Mit vielen Fehlern behaftet, mit großem Rückstand und trotz etlicher ›Sünden wider den Fortschritt‹ ist die Revolution der Datenverarbeitung überall in der Industrie im Vordringen. Gesellschaftspolitisch aber sieht es ganz anders aus: nachdem wir die Computerindustrie in Gang gebracht haben, ist es dringend an der Zeit, daß wir die Gesellschaft auf die neue Technik hin entwickeln. Und wiederum beginnt die Revolution in einem Klima kurzfristiger und kurzsichtiger Handlungen und in völliger Anarchie. Die Fabrikanten liefern immer neue Geräte, die Firmen und die Behörden rüsten sich damit aus, und die Gesellschaft verändert sich. Ohne Vorbereitung, ohne zusammenhängende Pläne, ohne Vorstellung von der Zukunft.

Fünfzehn Jahre nach der Geburt des Computers hat der Gesetzgeber die elektronische Datenverarbeitung noch nicht zur Kenntnis genommen. Die Programme sind völlig ungeschützt. Der Diebstahl eines Speichermagnetbandes wird als Diebstahl der Sache, nicht der aufgezeichneten Information gewertet. Wenn ein Komponist wie Pierre Barbau seine Partituren auf dem Computer entstehen läßt, so ist das Schutzrecht an die Papierbahnen gebunden, die aus dem Schnelldrucker kommen. Das Programm dagegen ist nicht geschützt. Jeder kann es verwenden, um eine weitere Partitur herzustellen. Der Komponist kann ihn aus diesem Rechtsgrund nicht belangen: für ein Programm gibt es kein Eigentumsrecht.

Eine Luftverkehrsgesellschaft, die Millionen ausgibt, um ein automatisches Platzbuchungssystem zu entwickeln, kann ungestraft plagiiert werden. Es ist in diesem Zusammenhang sogar schon ein Verfahren zwischen zwei Gesellschaften anhängig.

Mit der weiteren Entwicklung der Datenverarbeitung werden solche

Situationen immer häufiger vorkommen. Nun könnte man einwenden, das Problem sei ja nicht erst mit der EDV entstanden. Von jeher hat der Unternehmer seine betrieblichen Organisationsmethoden nicht schützen lassen können. Aber die ›Software‹, also die Erarbeitung der Programme, stellt jetzt einen solchen Wert dar, daß es schwer vorstellbar ist, ihr keine rechtliche Existenz zuerkennen zu wollen.

Das Problem ist sehr heikel. Auf keinen Fall würde es ausreichen, die bestehenden Rechtsvorschriften anzuwenden. Das Verfahren des patentrechtlichen Schutzes wäre gefährlich. Was soll dann aber geschützt werden? Schützt man ein methodisches Prinzip, kann man damit einen ganzen Sektor der Datenverarbeitung lahmlegen. Man stelle sich vor, die American Airlines, die sich als erste mit der Platzbuchung über EDV beschäftigt haben, hätten ihr Verfahren patentieren lassen. Sie hätten sich jeder Verwendung dieser Technik durch Dritte widersetzen können. Das wäre undenkbar. Wenn der Schutz dagegen nur einem bis in die letzte Einzelheit kompletten Programm gewährt würde, verlöre er jede Wirksamkeit. Denn es kann ja ohnehin keine Firma das Programm ihrer Konkurrentin so übernehmen, wie es ist. Ein zu sehr ins Detail gehender Schutz würde alle Plagiate möglich machen. Es muß also eine völlig neuartige Gesetzgebung geschaffen werden.

Unser Handelsrecht kennt die Datenverarbeitung und die Information auf Magnetband überhaupt nicht. Wie steht es mit der Beweiskraft bei unmittelbar von Maschine zu Maschine vorgenommenen Geschäften? Welche Rechtsgarantien werden die Benutzer der Datenfernverarbeitung genießen? Das alles ist nicht klar fixiert. Und dennoch sind Industrie, Handel und Banken dabei, ihr ganzes Management auf EDV zu übernehmen. Das heutige Handelsrecht ist einer ›scheck- und bargeldlosen Gesellschaft‹, auf die die Datenverarbeitung hinausläuft, in keiner Weise gewachsen. Also wäre es höchste Zeit, an dem juristischen Rahmen zu arbeiten.

Das internationale Privatrecht, die Zollbestimmungen, die Außenhandelsvorschriften haben den modernen Datenfluß auch noch nicht zur Kenntnis genommen. Programme, die Millionen wert sind, gelangen unbeanstandet über die Grenzen wie Liebesbriefe. Der Rohstoff-, Fertigerzeugnisse- und Kapitalverkehr ist reglementiert, nicht dagegen der Transport von Informationen. Dabei kann man eine Firma in wenigen Minuten durch bloße Datenübertragung ›importieren‹. Alles andere findet sich ja an Ort und Stelle. Gerade

bei dem Programm handelt es sich, wie wir sahen, heute um das eigentliche Kapital. Aber es erscheint in keiner Statistik, in keiner Buchhaltung. Die Weltgesellschaft weiß offenbar nicht, daß es so etwas wie Informatik gibt.
Wir erleben, wie ein neuer Beruf entsteht: der des Datenbankiers. Die großen EDV-Firmen haben Rechenzentren eröffnet, die nach dem Prinzip der Datenfernübertragung und des ›Time-Sharing‹ mit Großrechnern arbeiten. Ein Terminal, also ein Datenendplatz in der Form einer Schreibmaschinentastatur, wird beim Kunden eingerichtet und gibt ihm die Möglichkeit, über das Fernmeldenetz mit dem Rechner in Kommunikation zu treten. Der Kunde hat auf diese Weise Zugang zur Zentralanlage, kann eigene Programme in die Speicher eingeben und, umgekehrt, Daten abrufen, die er eingebracht hat. Gemeinsame Programme stehen ihm zur Verfügung, um bestimmte Rechenvorgänge vornehmen zu lassen. Die Speicher einer solchen Datenbank enthalten dann zum Beispiel die Buchhaltungen etlicher kleiner Betriebe, Forschungsprogramme, Unterrichtsprogramme von Ausbildungszentren, Ablage und Dokumentation einer Rechtsanwaltspraxis. Damit tragen die neuen Bankiers eine schwere Verantwortung. Und: es gibt kein Gesetz, das diesen Beruf regelt.
Die Firmen haben sich ganz empirisch bemüht, dieser neuen Verantwortung gerecht zu werden. Im Rechenzentrum von Bull-General Electric zum Beispiel gibt es einen speziellen Code, der dafür sorgt, daß das gewünschte Programm nur vom Terminal seines Eigentümers abgerufen werden kann. Ein noch strengerer Code für geheime Programme gibt im Einzelfall die Möglichkeit, sie zu benutzen, aber nicht zu entnehmen. Das ist dann nur auf schriftliche Anforderung des Eigentümers möglich.
Andererseits muß die Datenbank außerordentlich aufwendige Maßnahmen treffen, um die ihr anvertrauten Programme vor Zerstörung oder Entwendung zu schützen. Deshalb werden Kopien auf Magnetband gezogen und dieses wertvolle Archiv in Stahlkammern verwahrt. Auch hier wird man baldmöglichst einen Gesetzesrahmen schaffen müssen, bevor das System allgemein verbreitet ist. Denn die ›Datenbank‹ dürfte eine sehr entwicklungsträchtige Einrichtung sein. Alle Länder werden für ihre Finanzministerien Banken mit den Wirtschaftsdaten schaffen. Das würde ein besseres Verständnis des Wirtschaftsgeschehens, eine präzisere Lagebeurteilung und das rechtzeitige Erkennen von Trends, Widersprüchlichkeiten und drohenden Krisen ermöglichen und damit eine bessere Politik.

Nur: eine solche Bank will gefüttert sein. Sie taugt zu nichts, wenn die Unternehmen und die staatlichen Stellen nicht alle erforderlichen Informationen liefern. So wie es jetzt aussieht, möchte aber jede Firma ihre Geschäftsvorgänge für sich behalten und veröffentlicht im allgemeinen nur Teilinformationen oder gar Falschmeldungen.
Um diese Neigung abzuschwächen und die Mitteilungsbereitschaft zu erhöhen, müssen ganz konkrete Garantien hinsichtlich der Verwendung der zur Verfügung gestellten Informationen gegeben werden. Neue Bestimmungen, neue Institutionen werden notwendig sein. Aber im Augenblick denkt man fast ausschließlich daran, die Techniken weiterzuentwickeln.
Alle Berufe werden sich um Datenbanken der jeweiligen Branche herum neu strukturieren müssen. Kleinbetriebe, die davon ausgeschlossen bleiben oder sich draußenhalten, werden zum Aufgeben verurteilt sein. Immobilienmakler, Architekten, Notare, kleine Handelsunternehmen werden sich zusammenschließen müssen, um die EDV einsetzen zu können. Auch diese Anpassung dürfte schwierig werden: die Beteiligten werden auf liebgewordene Gewohnheiten und auf ihren berufstypischen Individualismus zu verzichten haben. Der Fortschritt will vorbereitet sein, die neuen Anforderungen müssen definiert, die zukünftigen Benutzer informiert, neue Organisationsformen ausgearbeitet werden.

Der Computer als Beamter

Die Schaffung eines Rechtsrahmens für die Datenverarbeitung wäre noch relativ einfach. Die Anpassung der Staatsverwaltung an die Möglichkeiten des Computers dagegen dürfte viel schwieriger werden. Das würde tatsächlich die große Verwaltungsreform bedeuten, von der alle Welt redet und die nie realisiert würde. Die aber diesmal nicht verpaßt werden darf. Drei Möglichkeiten sind denkbar: Die Zustände verschlimmbessern, indem man die alten Strukturen und die neuen Techniken zusammenzwingt. Es ›zu gut‹ meinen, indem man den einzelnen in ein tadellos funktionierendes und gänzlich unmenschliches System zwingt. Erfolg haben, indem man die neuen Methoden dazu benutzt, eine gerechtere und menschlichere Ordnung zu schaffen.
Die erste Möglichkeit: das Alte und das Neue in einen Topf werfen. Auf diese Weise haben sich etliche Firmen an den Rand des Konkurses gebracht. Das Drehbuch ist schon geradezu klassisch geworden. Der Generaldirektor sagt sich, ›wir müssen auch EDV haben‹, denn

für ein modernes Unternehmen ist das eine Frage der Imagepflege. Er stellt fest, daß sich einige Vorgänge (Lagerbestandsrechnung, Lohn- und Gehaltsabrechnung, Buchhaltung, Fakturierung usw.) recht vorteilhaft über ein eigenes Rechenzentrum abwickeln lassen. Also her mit dem Computer. Aber nur ja nichts an der bestehenden Betriebsorganisation ändern. Das Ergebnis ist ein alles komplizierendes Nebeneinander von Halbleiter und Kugelschreiber, von Plattenspeichern und handgeschriebenen Journalen, von langsamer Menschenarbeit und superschneller Elektronik. Die Resultate sind enttäuschend. Man wirft die EDV hinaus, um gerade noch eben die Katastrophe zu vermeiden.

Diese wahre Schauergeschichte erzählen die geschulten Berater allen Neulingen, die sich auf die moderne Technik umstellen wollen. Und dann erläutern sie ihnen das klassische Schema: Zielfestlegung und Problemanalyse, Untersuchung des Datenflusses, Definierung einer rationellen Betriebsorganisation, die eine Verarbeitung dieser Daten sicherstellt, Integration der verschiedenen Funktionen in ein einheitliches System, Übergangsphase für die Umstellung auf die neuen Strukturen. Und alle Beteiligten werden darüber aufgeklärt, daß sie wahrscheinlich noch eine ganze Reihe von unvermeidlichen Fehlentwicklungen zu korrigieren haben werden. Der Betrieb geht aus dieser Prozedur völlig verwandelt hervor. Er ist fast nicht mehr wiederzuerkennen. Unter diesen Bedingungen kann die EDV rentabel sein. Geht man aber von der Vorstellung aus, der Computer sei eine Art Riesenbüromaschine, ein gigantischer Ablegeordner oder ein Superbuchhalter ohne Ärmelschoner und die alten Betriebsstrukturen könnten beibehalten werden, so darf man sich auf schwere Enttäuschungen gefaßt machen.

Das alles klingt so, als habe es nichts mit den Problemen der Staatsverwaltung zu tun. Aber ist nicht der Staat das größte aller Unternehmen? Es leuchtet ein, wie komplex der Vorgang sein muß, wenn man ihn auf alle öffentlichen Aufgaben ausdehnt, von der Hochschule bis zur Sozialversicherung, von den Gemeinden bis zur Armee. Die Aufgabe ist geradezu entmutigend groß, und zwar auch deshalb, weil sich die Strukturen des Staates nicht durch eine einzige Generaldirektors-Unterschrift ändern lassen. Parlament und Kabinett müssen zunächst überzeugt werden. Es ist zweifellos viel einfacher, schrittweise, ohne zusammenhängende Gesamtplanung vorzugehen und die alten Organisationsformen aufrechtzuerhalten. Dann kann man die EDV für Teilaufgaben einsetzen: Steuerveranlagung, Ein-

berufung und Verteilung der Wehrpflichtigen, Standesamtsregister usw. Und wenn dann die Pariser Polizeipräfektur ihre Verwarnungs- und Bußgeldbescheide über die EDV abwickelt, stellt sie fest, daß sie nach den geltenden Vorschriften die Rechenergebnisse noch einmal handschriftlich übertragen muß. Schon jetzt läßt sich absehen, daß die verschiedenen Behörden nicht in der Lage sein werden, die benötigten Angaben unmittelbar von Maschine zu Maschine austauschen zu lassen, weil völlig verschiedene Codierungssysteme verwendet werden, so daß der Beamte mit all seiner menschlichen Langsamkeit die notwendige Drehscheibe für jeden Vorgang bleibt.
Der moderne Staat hingegen wird gerade davon leben, daß er über ein weitverzweigtes Netz von Datenübertragungs- und Datenverarbeitungsmöglichkeiten verfügt. Jede einzelne Aufgabe, die der EDV anvertraut wird, hat problemorientiert definiert zu werden, damit die benötigten Daten automatisch für jeden Fall zusammenkommen. Die Verwaltung wird somit zu einem Nervensystem, das auf dem Dialog zwischen Maschinen aufbaut, die als Zentralarchive und Datenverarbeitungsstellen die Rolle der Ganglien spielen und jeweils für Regionalbehörden, Dienststellen, Gemeinden und Ministerien den Datenfluß sicherstellen. Eine bestimmte Information regionaler Bedeutung geht automatisch zugleich an das Landwirtschafts-, das Innen- und das Industrieministerium, eine Hochschulstatistik wird zugleich in den Speicher des Verteidigungsministeriums eingegeben. Bis es soweit ist, werden etliche Jahre vergehen: 10, 20, 30 – keiner weiß es genau. Vielleicht wird es niemals zu einer solchen Idealverwaltung kommen. Aber die Techniken weisen in diese Richtung, und die Vorbereitung muß in dieser Perspektive geschehen. Das französische Verwaltungssystem hat Jahrhunderte gebraucht, bis es seine nun schon altvertrauten Strukturen entwickelt hatte. Jetzt bleiben ihm ein paar Jahre, um sie völlig zu verändern. Was könnte dabei für den Staatsbürger herauskommen?

Eine bessere Welt oder die beste der Welten

Die Datenverarbeitung ist eine Technik, also ein Werkzeug. Ein Werkzeug, von dem man das Schlimmste und das Beste erhoffen kann.
Nehmen wir einmal an, die »technische« Verwaltungsreform würde hervorragend klappen. Eine ungeheure Datenmenge wird in das EDV-Informationssystem eingegeben. Der Staat ist über jeden Staatsbürger ständig genau informiert: über seine Ausbildung, seine

berufliche Situation, seinen Gesundheitszustand, seine Reisen, sein Privatleben ... Alles ist aufgezeichnet, nach verschiedenen Ordnungskriterien gespeichert und steht auf Abruf zur Verfügung. Theoretisch wäre das auch ohne Datenverarbeitung schon möglich gewesen. Einige totalitäre Staaten haben es sogar versucht. Aber bei Verwendung der herkömmlichen Methoden wird die Verarbeitungskapazität sehr rasch vom Datenfluß überschwemmt. Die Akten können nicht mehr zweckentsprechend geordnet und nicht mehr auf dem laufenden gehalten werden. Nur eine kleine Anzahl ›interessanter Personen‹ nimmt man sich besonders vor und legt für sie jeweils eine eigene Akte an mit Informationen, die in aller Regel unvollständig oder sogar falsch sind.

Wenn man sich dagegen für ein rationelles System mit vollständiger Übernahme auf EDV entscheidet, gibt es keinen Sättigungspunkt mehr. Das Netz von Datenverarbeitungsanlagen kann für jeden Staatsbürger den Inhalt eines ganzen Buches speichern und auf dem neuesten Stand halten. Man braucht nur die Rechnerkapazitäten entsprechend zu erhöhen. Auch die Datenerfassung stellt kein grundsätzliches Problem dar. Sobald eine Behörde eine Information bekommt, gibt sie sie automatisch in das System ein. Die Armee zum Beispiel kann heute unmöglich jeden Vorgang in zwanzig Exemplaren kopieren und allen jeweils interessierten Behörden zustellen. Ebenso ist es bei der Hochschule, bei der Rechtspflege oder bei der Sozialversicherung. Jeder Verwaltungsbereich archiviert, was er an Informationen braucht, und versucht sich auf das wichtigste zu beschränken, um nicht unter der übergroßen Menge zusammenzubrechen. Um eine komplette Akte für eine bestimmte Person zusammenzutragen, müssen lange und mühsame Nachforschungen unternommen werden.

Beruht die Verwaltung dagegen auf einem integrierten EDV-System, so braucht man nur das entsprechende Programm bereitzustellen, und schon werden die Informationen von einer Kartei (›Datei‹) zur anderen übertragen, vervielfältigt, nach einem bestimmten Schlüssel verteilt und stehen überall zur Verfügung, wo sie gebraucht werden. Das Ordnen und Ordnunghalten ist einfach. Die Daten werden in die EDV eingegeben, wie sie kommen. Der Rechner übernimmt es, sie zu verarbeiten und in die richtigen Wege zu lenken. Dann sind die Zeiten vorbei, da der Beamte auf einen Schemel steigen mußte, um ein selten gebrauchtes Register aus dem Regal zu holen. Die Elektronik tut das mit Lichtgeschwindigkeit.

Hinzu käme, daß jede Angabe durch die Verarbeitungskapazität überhaupt erst richtig ausgewertet werden könnte. Heute bietet ein Fingerabdruck zunächst überhaupt keine Informationen. Man kann ihn nur nach entsprechender Vorarbeit verwenden, um bereits Verdächtigte zu überführen. Morgen könnte der Computer in wenigen Sekunden die zum Fingerabdruck gehörige Person aus fünfzig Millionen Franzosen herausfinden. Ebenso könnten fotografische Aufnahmen des Umschlags von jedem an eine bestimmte Person gerichteten Schreiben gespeichert werden. Im Zuge der automatischen Sortierung bei der Post wäre es möglich, die betreffenden Umschläge zu fotografieren, die Bilder zu ordnen und in einen Archivspeicher zu geben. An den Grenzen könnten automatische Systeme die polizeilichen Kennzeichen aller Autos festhalten. Dazu wäre nicht einmal ein Mann der Grenzpolizei notwendig: eine richtig aufgestellte Fernsehkamera würde genügen. Zehn Jahre später könnte man noch belegen, daß am Soundsovielten der und der Wagen die Grenze passiert hat. Heute werden solche Informationen nur in bestimmten Fällen festgehalten. Morgen können sie grundsätzlich und lückenlos erfaßt und gespeichert werden.

Auf ähnliche Weise ließe sich jeder Kauf, jede nennenswerte Handlung, jede Ortsveränderung festhalten. Weil alles über Maschinen laufen würde, müßte man nur die Daten in das System einbringen. Unwichtige, zum Teil lächerliche Daten. Aber in unvorstellbarer Menge, wohlgeordnet, eindeutig festgehalten und ständig abgeglichen. Die Geheimdienste bemühen sich heute, die gesuchten Informationen auf direktem Wege zu bekommen. In der Regel haben sie keinen Erfolg. Sie müssen Tausende von Einzeldaten vergleichen, die jeweils für sich genommen nichts besagen. Erst die Akkumulation und die Verarbeitung lassen entstehen, worauf es ankommt. Die Spionage hat es mit einem armen Mineral zu tun. Aber die zehn Gramm Gold, die aus zehn Tonnen tauben Gesteins gewonnen werden, sind gleich viel wert wie ein Nuggett gleichen Gewichts. Man muß nur wissen, wie man sie herausholt. Der Computer kann das. Die CIA hat eines der leistungsfähigsten Rechenzentren der Welt und hat längst den Punkt erreicht, wo sie mehr Informationen aus allgemein zugänglichen Quellen bezieht als von ihren Agenten.

Natürlich sind solche Infrastrukturen beim jetzigen Stand der Technik unerschwinglich. Aber der technische Fortschritt drückt ständig die Preise. Heute ist alles technisch möglich, morgen könnte alles wirtschaftlich ausführbar sein.

In einem vollständig nach den Prinzipien der Datenverarbeitung verwalteten Staat hat die Regierung die Möglichkeit, jederzeit alles über jeden Staatsbürger zu wissen. Die Folgen für die individuelle Freiheit lassen sich leicht ausmalen. Zwar erleben wir, daß Polizeistaaten auch ohne EDV florieren können: wenn eine Regierung eine Diktatur errichten will, braucht sie dazu keinen Computer, und wenn sie die Regeln der Demokratie respektieren will, wird sie den Computer nicht als Mittel der Unterdrückung einsetzen, theoretisch jedenfalls. In der Praxis aber wäre es sicher notwendig, die Staatsmacht gar nicht erst in Versuchung zu führen und den Einsatz der EDV mindestens so strengen Bestimmungen zu unterwerfen wie den Einsatz der Polizei.
Die Gefahr ist ja gerade, daß ein solches System in der denkbar besten Absicht eingerichtet wird. Es liegt im Interesse der Gemeinschaft, daß die Staatsverwaltung möglichst gut funktioniert. Also legen sich die einzelnen Behörden Computer zu. Sie erfassen immer mehr Daten und werten sie immer besser aus. Es entstehen ganze EDV-Systeme, die nebeneinander her arbeiten. Nach und nach zeigt es sich, daß eine Koordinierung notwendig wäre. Die verschiedenen Systeme werden zu einem nationalen System integriert, ohne umfassende Vorausplanung. Die Exekutive hat damit ein außerordentlich starkes Druckmittel in der Hand. Es ist nur niemandem aufgefallen, weil es sukzessive entstanden ist. Keinerlei Verfassungs- oder Gesetzesbestimmungen schränken die Verwendung dieses Systems ein. Die Männer, die gerade an der Macht sind, bedienen sich seiner nach Belieben. Und ziemlich bald merken sie, was sie alles damit anfangen können. Die Opposition wird gelähmt, die Wahlstrategie der Mehrheit wird perfektioniert, Skandale werden ad libitum aufgedeckt oder vertuscht. Natürlich wird das nicht über Nacht geschehen, sondern fünf oder zehn Jahre dauern. Es werden Praktiken eingeführt, die jede neue Regierung verwendet und verbessert. Und unmerklich ist man in einen idealen Polizeistaat hineingeschlittert. Aber die Datenverarbeitung als fünfte Gewalt neben der Exekutive, der Legislative, der richterlichen Gewalt und dem Fernsehen wird in der Verfassung überhaupt nicht erwähnt. Ein Mittel, das der Gesellschaft ihr Leben erleichtern könnte, vergiftet dieses Leben.
So sieht das Schema stark vereinfacht aus. Langwierige Untersuchungen wären erforderlich, um das Problem genau zu definieren, die möglichen Gefahren, die zu vermeidenden Fehler und die notwendigen Maßnahmen im voraus zu bestimmen. Aber das muß eben vor-

her geschehen. Wenn eine Regierung, ganz gleich welche, dieses Instrument erst einmal in der Hand hat, läßt sie es sich nicht mehr nehmen. Der Präzedenzfall des Fernsehens ist ja erschreckend genug. Es wäre durchaus möglich, schon jetzt sehr vieles zu tun, Organisationsformen zum Schutz des persönlichen Freiheitsraumes zu schaffen, ehe sich das System entwickelt hat. Man hat doch auch den Zugang zum Strafregister und die Löschungsfristen festgelegt. Man hat dem Nationalen Institut für Statistik und Wirtschaftsuntersuchungen ein ganz eigenes Statut gegeben. So wären viele Rechtsgarantien denkbar, aber sie müßten möglichst rasch erarbeitet werden.

Eine Verwaltung, die dem Regierungseinfluß entzogen ist? Undenkbar! Nein, sie war undenkbar, solange die Regierung nur über rudimentäre Möglichkeiten verfügte. Jetzt hat der Fortschritt diese Möglichkeiten zu gefährlichen Waffen gemacht. Der Staat muß neu erfunden werden. Kein System, keine Ideologie kann von sich aus die notwendigen Absicherungen bieten. Alle Regime, ob sie nun links, rechts oder in der Mitte stehen, müssen sich in gleicher Weise auf und durch das Neue umstellen. Im Zeitalter der Datenverarbeitung kann man nicht mehr mit dem Verwaltungsrecht des 19. Jahrhunderts leben.

Es gibt Skeptiker, die mit Vorliebe darauf hinweisen, daß der einzig wirksame Schutz der Grundrechte in einer schlecht funktionierenden Staatsverwaltung besteht. Aber es sieht ganz so aus, als könnte der Staat morgen schon ganz hervorragend verwaltet werden. Das gilt es zu bedenken. Der Kongreß der Vereinigten Staaten hat mit der Einsetzung einer Sonderkommission zur Behandlung dieser Frage schon einen Anfang gemacht. Frankreich bleibt nicht mehr viel Zeit, um diesem Beispiel zu folgen.

Es läuft immer alles nach dem gleichen Drehbuch ab. Das Management des Staates wird durch die EDV verbessert. Das nächstliegende, das angestrebte Ziel ist damit erreicht. Und die nicht vorhergesehene sekundäre Folge? Die Demokratie ist in Gefahr. Dabei ist es durchaus möglich, daß die Informatik geradezu unentbehrlich ist, um eine Gesellschaft nicht nur moderner, sondern auch menschlicher zu machen.

Die Gerechtigkeit aus dem Computer

Die Organisation des Kollektivs muß ihrer Definition nach ungerecht sein, weil sie allgemeine Regeln aufstellt, obwohl es nur individuelle Situationen gibt. In einem ersten Schritt hat man die Ungerechtigkeit bewußt institutionalisiert. Das war das Privileg. Die legale Konsekration der Ungleichheit. Dieses Privileg haben die Menschen verworfen. Sie führten die Gleichheit vor dem Gesetz ein: die allgemeine Regel, auf alle in gleicher Weise anzuwenden. Also die Verkennung der natürlichen, gesellschaftlichen und wirtschaftlichen Ungleichheit. Der Reiche und der Arme, der Gesunde und der Kranke, der Analphabet und der Gebildete – alle wurden nach den gleichen Vorschriften behandelt. Das nannte man Gleichheit. Und man mußte erleben, daß auch das eine Ungleichheit war.

Daraufhin griff die Gesellschaft vermittelnd ein, indem sie weiterhin Unterschiede machte. Diesmal nicht zugunsten der Mächtigen, sondern in dem Bemühen, den Schwachen, den Armen, den Benachteiligten zu helfen. Sie nahm dem einen und gab dem anderen. Man verhielt sich ›sozial‹, indem man die Lage des einzelnen berücksichtigte. Leider ist es aber gar nicht einfach, jede individuelle Situation zu bewerten. Es muß schematisiert werden, und zwar in groben Zügen. Denn mehr als ein oder zwei Kriterien kann man sich nicht leisten. So ist der Sozialstaat hin- und hergerissen zwischen einer ungerechten Vereinfachung und einer undurchführbaren Gerechtigkeit. Das eine Extrem bilden Maßnahmen wie der Mietstop, der auch dem finanzkräftigen Mittelstand die Möglichkeit gab, praktisch umsonst in hübschen Wohnungen zu bleiben. Das andere Extrem ist gekennzeichnet durch die unerfreulichen Nachforschungen und voluminösen Aktenstöße, die für etliche Eingriffe des Staates erforderlich sind. Ungleichheit oder Papierkrieg – so lautet die Alternative.

Zur Gerechtigkeit gehört die Berücksichtigung der speziellen Umstände jedes Einzelfalles. Einkommen, Alter, Gesundheitszustand, Familienverhältnisse, Beruf, Vorbildung usw. Zehn oder hundert soziale Kriterien, die ermittelt sein wollen. Geht man auf diesem Wege zu weit, hat man schließlich mehr Verwaltungsbeamte als Verwaltete. Die Gerechtigkeit wird ruinös.

Dem Computer macht die Zahl der Parameter nichts aus. Ihm ist es gleich, ob er ein oder fünfzig Kriterien berücksichtigt und gegeneinander abwägt. Das kompliziert das Programmieren, aber einmal getan, nehmen die eigentlichen Arbeitsvorgänge nicht nennenswert mehr Zeit in Anspruch.

Schon jetzt bemüht sich die Verwaltung, jeden Fall nach den persönlichen Umständen zu behandeln, aber ihre Mittel halten mit ihrem guten Willen nicht Schritt. Die soziale Gerechtigkeit erstickt unter Bergen von Papier. Bei Verwendung der EDV könnte die einzelne

Akte fast automatisch entstehen. Ist es nicht im Grunde unsinnig, daß heute der Bürger selber seinen ›Vorgang‹ zusammenstellen muß, indem er von den verschiedensten Behörden die Unterlagen zusammenholt? Im nationalen Datenverarbeitungssystem würden die meisten Angaben enthalten sein. Ein Programm würde dafür sorgen, sie zusammenzuführen. Es gäbe keine Nachforschungen und keine Belege mehr. Man befragt den Computer, und der liefert nicht eine riesige Akte voller nicht betreffender Angaben, sondern eine individualisierte, bewertete und interpretationsfähige Darstellung des Sachverhalts. So kann die Verwaltung miteinander vereinbaren, was bisher unvereinbar war: Gerechtigkeit, Schnelligkeit und Einfachheit.
Alle Kontrollen könnten reduziert werden. Nehmen wir ein konkretes Beispiel: es ist allgemein bekannt, daß das ›Krankschreiben‹ häufig mißbraucht wird. Ein bestimmter Arzt hat viele Patienten, weil er in dieser Hinsicht verständnisvoll ist. Sein Name spricht sich schnell unter den Arbeitnehmern herum. Soll man nun in jedem Einzelfall eine komplette Akte anlegen, gar noch mit dem Gegenbefund eines zweiten Arztes? Das ist gar nicht durchführbar.
Der Computer aber kann statistisch ohne alle zusätzlichen Formalitäten die ›Großzügigkeit‹ jedes Arztes feststellen. Bei jedem Attest, jedem Krankschreiben vermerkt er den Namen des Arztes und führt diese Daten je Arzt zusammen. In regelmäßigen Abständen ruft er von der zentralen Steuerdatenverarbeitung die Zahl der von dem Betreffenden im gegebenen Zeitraum behandelten Patienten ab. Er vergleicht die Zahlen, errechnet den Durchschnitt, vergleicht ihn mit dem allgemeinen Durchschnitt und weist auf signifikante Abweichungen hin. Das kostet ein paar Mikrosekunden. Die Behörden können auf diese Weise auf Grund eindeutiger Zahlenangaben gegen gewisse demagogische Praktiken einschreiten. Pedantische Einzelüberprüfungen und zeitraubende vertrauensärztliche Untersuchungen werden überflüssig.
So könnten auch nachträgliche Kreditrahmenüberprüfungen vorgenommen werden, die sehr viel unkomplizierter in der Durchführung wären als die vorherigen Genehmigungen des Finanzministeriums.
Die soziale Gerechtigkeit, der Kampf gegen Steuerhinterziehungen und betrügerische Machenschaften können Aufgabe des Computers werden. Er kann auch in der Rechtspflege helfen. Die Göttin mit der Augenbinde braucht ihn dringend, und zwar auf allen Ebenen. Um den Verfahrensablauf, der ständig zu Unzuträglichkeiten führt, zu verfolgen, um die Akten zusammenzuführen, um die Gesetzestexte

und die einschlägige Rechtsprechung bereitzustellen, vor allem aber, um das Strafmaß vorzubestimmen. Denn eine Bewertung der Person im Hinblick auf das Strafmaß ist schrecklich subjektiv. Die Rechtsprechung ist ja weitgehend auf die Berücksichtigung mildernder Umstände aufgebaut – die Eltern sind geschieden, der Vater ist Trinker, der Angeklagte ist unehelich geboren usw., ganz zu schweigen von den diversen psychopathologischen Faktoren. Wie stark ist der Einfluß dieser vielen Elemente auf das Urteil? Ein Zeuge, der bei seiner Aussage weint; ein sympathischer Staatsanwalt; ein ausländischer Akzent oder ein flehender Blick beim Angeklagten – das kann ohne weiteres fünf Jahre Freiheitsstrafe bedeuten. Die Geschworenen haben keinerlei objektive Anhaltspunkte, um ihr Urteil abzuwägen.

Nehmen wir an, man würde die gesamte Belegschaft der Gefängnisse untersuchen. Bei jedem Häftling bemüht man sich zu ermitteln, inwieweit Kindheit und äußere Einflüsse ihn geformt haben. Das Ergebnis wäre eine Reihe von signifikanten sozialen Merkmalen: Umwelt, Vererbung, Familienleben usw. Der Computer würde die Möglichkeit geben, das Straffälligkeitsrisiko in Abhängigkeit von diesen Faktoren statistisch zu errechnen. Man müßte dann nur die gleiche Untersuchung bei einem repräsentativen Querschnitt der übrigen Bevölkerung vornehmen, und schon könnte man den Geschworenen konkrete Unterlagen in die Hand geben, aus denen zum Beispiel hervorgehen würde, daß der Angeklagte von seinem zehnten Lebensjahr an mit 50 Prozent Wahrscheinlichkeit auf der Anklagebank landen mußte, während für den durchschnittlichen Staatsbürger nur eine Wahrscheinlichkeit von, sagen wir, 1 Prozent gegeben ist. Man kann die beiden nicht in der gleichen Weise verurteilen. Natürlich wäre ein solches System niemals auch nur annähernd vollkommen. Aber es würde die Möglichkeit geben, der Gerechtigkeit ein Stück näherzukommen.

In Wirklichkeit würde es auch zugleich mehr Probleme aufwerfen als lösen. Denn die Gesellschaft kann einem einzelnen nicht alle Verbrechen nachsehen, nur weil er aus einem sozialen Determiniertsein gehandelt hat. Also wären solche Untersuchungen im Grunde als Ausgangspunkt für Vorbeugungsmaßnahmen geeignet, um die Kinder herauszufinden, bei denen die Gefahr des Kriminellwerdens besonders gegeben ist. Aber wird die Gesellschaft dann verhüten können, daß sie straffällig werden? Das ist sehr die Frage. Auf jeden Fall aber wäre die Gesellschaft deutlich mit ihrer Verantwortung konfrontiert.

Die Datenverarbeitung als ein Faktor der Vermenschlichung

Idyllische Vereinfachungen? Phantastereien à la Science-Fiction? Utopien? Die Zukunft wird es erweisen. Natürlich können wir hier nur schematische Darstellungen geben und gar nicht erst versuchen, die Wirklichkeit in ihrer ganzen Komplexität zu erfassen, sondern müssen uns bemühen, das Bezeichnende herauszustellen. Werden sich die Menschen so oder so verhalten? Das ist nicht die eigentliche Frage. Tatsache ist, daß der Computer den Widerspruch zwischen Gerechtigkeit und Einfachheit auflösen kann. Er kann also die Gesellschaft menschlicher machen. Das ist seine eigentliche Berufung. Im Unterrichtssystem, im Gesundheitswesen, in der Rechtspflege, in der Verwaltung muß er der Gemeinschaft die Möglichkeit geben, sich wieder um den einzelnen zu kümmern.

Und zu welchem Zweck? Um ihn zu unterdrücken oder zu befreien? Diese Frage muß jetzt aufgeworfen werden, solange es noch nicht zu spät ist. Nichts hindert eine Regierung daran, sich eine Organisationsform zu geben, die ihr in der Zukunft alle Möglichkeiten der Datenverarbeitung eröffnet. Aber wenn die Informatik erst einmal ganz da ist, ist alles entschieden.

Die Meinung der Öffentlichkeit dazu ist durch mangelnde Sachkenntnis deformiert. »Wir wollen uns nicht auf Karten ablochen lassen!« erklärten die Demonstranten im Mai 1968. Ein sinnloser Protest. Sie werden in die Speicher der EDV kommen, ob sie das wollen oder nicht. Aber man muß wissen, wofür diese ›Erfassung‹ gut sein soll. Wenn schon, muß der Protest an diesem Punkt ansetzen.

Die meisten Leute sehen nur die negativen Möglichkeiten des Computers. Die unmenschliche, anonyme Welt der bloßen Funktion. Ein Computer im Justizpalast? Schon denkt man an ein Ungetüm, das in Unkenntnis der menschlichen Faktoren automatisch das Strafmaß zuteilt. Natürlich gibt es diesen negativen Aspekt. Wer als Arbeiter mit automatischen Systemen zu tun hat, gewinnt ihnen wenig Befriedigung ab: ihre sture Monotonie wirkt geradezu traumatisierend. Aber liegt das nicht gerade daran, daß diese Systeme noch unvollkommen sind? Der Mensch soll eben nicht mit dem Computer oder mit automatisierten Systemen arbeiten, er soll sich ihrem gnadenlos gleichmäßigen Funktionsrhythmus nicht unterwerfen müssen. Bei voller Automatisierung hat der Arbeiter zu überwachen, zu reparieren, zu organisieren. Er arbeitet nicht mit der Maschine. Deshalb wäre es falsch, sich die Zukunft auszumalen nach dem, was man heute sieht. Wir leben ja noch gar nicht in einer von der EDV geprägten Gesellschaft. Anstatt sich bei ihren Unvollkommenheiten aufzuhalten, sollten wir lieber an die Zeit vorher und an das denken, was kommen soll. Die Welt eines Kafka ist eine Welt ohne Computer, eine Welt, in der die Entscheidungen von Menschen auf Grund schlecht definierter Faktoren getroffen werden, in der Subjektives und Objektives hoffnungslos ineinander verwoben sind. Da wird so und nicht anders entschieden, nur weil der Betroffene ein gewinnendes Äußeres hat, weil der Zuständige schlechte Laune hat oder zufällig gerade abgelöst worden ist. Der berühmte ›menschliche‹ Aspekt ist sehr oft der willkürlichste, der ungerechteste, ja, der unmenschlichste.

Von der Datenverarbeitung werden die ›menschlichen‹ Faktoren von Anfang an einbezogen. Und die Entscheidung muß sie dann in einem präzisen Rahmen berücksichtigen. Das ist nicht unbedingt die beste der Welten, aber es kann eine bessere Welt sein.

Doch kann die Maschine nichts von selber tun. Sie hat keine politische Meinung. Verlangt man von ihr, sie soll nur die Rentabilität berücksichtigen, so interessiert sie sich nicht für den Menschen. Die Entscheidungen werden nur klar und einsichtig. Irrt sich der zuständige Mann, so weiß er warum und wie sehr. Der Computer ist das denkbar beste Werkzeug, um festzustellen, wer für etwas verantwortlich ist. Mehr allerdings darf man nicht von ihm verlangen, weil die Frage, wie der Fortschritt genutzt werden soll, nur vom Menschen beantwortet werden kann.

Die Herren über den Computer

Die Automatisierung des Staatsapparats könnte durchaus das Problem der Macht und ihrer Ausübung aufwerfen. Zunächst bedient man sich der Datenverarbeitung als Entscheidungshilfe. Sie zerlegt das Problem in seine Bestandteile, ordnet sie und simuliert gegebenenfalls die zu erwartenden Auswirkungen. Der Mensch faßt dann die Beschlüsse. So eingesetzt, überschwemmt die EDV den zuständigen Mann nur allzuoft mit einem Schwall von Daten. Allein die Pariser Sozialversicherung stellt täglich für 60.000 Auszahlungen 40 Kilometer Lochstreifen her.

Je besser aber die Programme werden, um so häufiger können die Computer selber die Routineentscheidungen treffen. Das Programm gibt ihnen die Möglichkeit, situationsabhängig Befehle zu erteilen. Der Ablauf wird stärker automatisiert. Der Mensch greift nur noch

ein, um in Sonderfällen zu entscheiden. Enthält das Problem Anomalien, die das automatische Programm nicht vorsieht, so meldet die Maschine dies und liefert die Elemente für die Enscheidung. Dann ist der Mensch zuständig. Das ist das ›Management by exception‹.
Eine solche Automatisierung kann eine gewisse Gefahr bedeuten. Der Computer kann höchst unerwartete Entscheidungen treffen. So wollte zum Beispiel eine Mineralölgesellschaft die günstigsten Transport- und Raffinierungsmöglichkeiten für ein bestimmtes Produkt berechnen. Zur Überraschung der Fragesteller kam von der Datenverarbeitung der Rat, mit der Raffinierung an der Mittelmeerküste zu beginnen und sie in der Gegend nördlich von Paris zu beenden. Eine absurde Lösung. Die Ingenieure überprüften das Programm, weil sie überzeugt waren, einen Fehler hineingebracht zu haben, aber sie fanden keinen. Sie kalkulierten die Kosten der verschiedenen möglichen Verfahren. Und tatsächlich: der Computer hatte die billigste gewählt, wie es von ihm verlangt worden war. Die Entscheidung war programmkonform, aber bei der Ausarbeitung des Programms hatte man nicht alle Möglichkeiten bedacht.
Bei völlig automatisierter Betriebsführung würde es oft geschehen, daß die Verantwortlichen sich den überraschendsten oder gar unerwünschten Phänomenen gegenübersähen. Sie würden dann das Gefühl haben, es entschiede da jemand anderes für sie. In Wirklichkeit würde es sich um die logische Folge ihrer vorher getroffenen Entscheidungen und ihrer Analyse des Problems handeln.
In der Praxis wird ein solches System aber nicht von einem Tag auf den anderen automatisiert, sondern schrittweise. Ein Programm wird besser während der Benutzung, wird ein Jahr lang oder länger ständig abgeändert, bevor es für das ›Management by exception‹ eingesetzt wird.
Die unzähligen Fälle, in denen beim Einfahren eines Programms zunächst heilloses Durcheinander entsteht, sind berühmt. Da bekommt ein Privatmann zehntausend Exemplare einer Zeitschrift unter Einzelstreifband, einem bescheidenen Untermieter wird wegen rückständiger Grundsteuer mit Zwangsversteigerung gedroht, ein und derselbe Artikel wird wegen einer Falschcodierung unter zehn Nummern geführt und ergänzt ... Solche groben Schnitzer verschwinden rasch.
Aber mit zunehmender Automatisierung des Staatsapparats wird es für die Politiker und die Analytiker, die an den Programmen arbeiten, immer schwieriger werden, miteinander auszukommen. Die Mi-

nister werden sich der gnadenlosen Logik der Programmierung unterwerfen müssen: Ja-Nein-Entscheidungen treffen, Prioritäten setzen usw. Und dann werden sie sehen, daß sie kaum mehr Einfluß auf die Auswirkungen ihrer Entscheidungen haben. Die Durchführung wird etwas Unausweichliches bekommen. Der Politiker ist ja nicht immer geneigt, seine Absicht allzu deutlich werden zu lassen; er möchte im Einzelfalle die Grundregel immer wieder durchbrechen können. Die unbarmherzige Transparenz des automatischen Ablaufs dürfte diese Handlungsfreiheit einengen. Im kleinsten Maßstab ließ sich das schon bei den Strafmandaten im Straßenverkehr erkennen. Weil es fortan unmöglich sein sollte, ein Strafmandat auf besondere Anweisung ›unter den Tisch fallen zu lassen‹, haben etliche Leute der Automatisierung des Verfahrens nur sehr zögernd zugestimmt. So werden sich die Politiker mit der Datenverarbeitung vertraut machen müssen. Nicht mit dem Computer: das wäre nicht weiter schwierig, weil immer neue periphere Geräte den Umgang mit der Maschine noch leichter machen werden. Ihre Sprache wird sich ständig mehr der menschlichen Ausdrucksweise annähern, die gelieferten Ergebnisse werden vorbehandelt, bereinigt, visualisiert usw. Die ohnehin seltenen Kontakte von Führungskräften mit der EDV werden immer unproblematischer werden. Nein, es geht darum, sich mit der neuen Art des Denkens, des Entscheidens und des Handelns vertraut zu machen, die sich zwingend aus der Verwendung der Computer ergibt. Bei den Unternehmensleitern ist diese Entwicklung schon sehr weit fortgeschritten. Im Bereich der Politik gibt es bisher allenfalls schüchterne Ansätze.

Aber es ist nicht zu leugnen: der Computer macht den Leuten Angst. Im Augenblick grassiert noch der Mythos von der ›unmenschlichen Maschine‹. Für die Zukunft fürchtet man die ›Herrschaft der Roboter‹. Ein schöner Beweis ist ein Film wie »2001, Odyssee im Weltraum«. Was wird da gezeigt? Ein Computer steuert die lebenswichtigen Funktionen an Bord eines Raumschiffs, das zum Jupiter unterwegs ist. Die Astronauten sind beunruhigt wegen seiner Fehlentscheidungen und beschließen ihn abzuschalten. Der Computer ahnt ihre Absicht, rebelliert und versucht sie umzubringen: Es kommt zu einem Kampf auf Leben und Tod zwischen Mensch und Maschine. Aufstand der Roboter.

Es ist schlimm, wenn der Öffentlichkeit falsche Vorstellungen in den Kopf gesetzt werden. Der Siegeszug der EDV stellt schon genügend Probleme und bringt genügend Gefahren. Solche unsinnigen Geschichten können höchstens die Aufmerksamkeit von den wirklichen Schwierigkeiten ablenken.

Der ›Aufstand des Computers‹, was ja wohl bedeuten würde, daß er über sein Programm hinausgehen könnte, ist eine absurde Vorstellung. Aber im Rahmen der Programmierung sind alle Risiken des Abenteuers Wissenschaft vorhanden. Alles Gute und alles Böse. Die Datenverarbeitung ist kein Fortschritt. Sie ist eine Möglichkeit zum Fortschritt. Und diese Möglichkeit besteht nur dann, wenn eine folgerichtige Politik durchgehalten wird. Zum erstenmal verfügt der Mensch über technische Sklaven, die echte Denkfähigkeiten haben. Wir brauchen keinen Spartakus zu fürchten. Die Sklaven werden Sklaven bleiben. Aber sie werden nur dann nützliche Sklaven sein, wenn sie gute Herren haben. Es genügt nicht, den Computer erfunden zu haben, man muß ihn beherrschen. Da liegt das ganze Problem der Datenverarbeitung.

Natürlich ist es frustrierend, eine Methode angeboten zu bekommen, zu der weder präzise Programme noch detaillierte Verhaltensregeln gleich mitgeliefert werden. Auf fast allen Gebieten ist die Situation durch die früheren Fehler so verfahren, daß jeder Versuch, eine Patentlösung einsetzen zu wollen, scheitern würde. Nur die Regierung ist in der Lage, Männer mit der nötigen Kompetenz und Autorität zusammenzubringen, damit sie die notwendigen Untersuchungen vornehmen. Das bloße individuelle Nachdenken kann höchstens zu unrealistischen Schlüssen führen.

Soweit es aber um die EDV selber geht, sieht die Sache anders aus. Der Acker ist noch jungfräulich. Man kann organisieren, ohne sich mit den vorhandenen Strukturen oder Interessen herumschlagen oder abfinden zu müssen. Die Aufgabe ist also viel leichter. Deshalb erscheint es besonders interessant, einmal zu hören, was bei einem der eigentlichen Informatik-Probleme durch einen Fachmann von unbestreitbarer Kompetenz herauskommt. Eine solche Untersuchung gibt es. Sie ist vor einiger Zeit von Pierre Laroque, dem Vorsitzenden der Sektion für Soziale Fragen im französischen Staatsrat, beim UNESCO-Kongreß über »Automatisiertes Management und Humanismus« vorgetragen worden. Wir drucken hier mit freundlicher Erlaubnis des Verfassers die wichtigsten Abschnitte ab, um zu zeigen, wie aufschlußreich eine vorausschauende Untersuchung der gesellschaftspolitischen Auswirkungen der Technologie sein könnte. Bei der Lektüre dieses Textes kann man nicht umhin, an die vielen Fehler zu denken, die vermieden worden wären, wenn solche Arbeiten jeweils vor der Einführung des Fortschritts auf den verschiedenen Gebieten menschlicher Tätigkeit unternommen worden wären. In vielen Fällen hätte man auf diese Weise die zu respektierenden Regeln und die zu vermeidenden Fehler bestimmen können. Eine ganze Anzahl von Krisen wäre uns erspart geblieben. Es wird nun darauf ankommen, solche Gedanken in die Praxis umzusetzen, ohne erst zu warten, bis die Datenverarbeitungssysteme eingerichtet sind. Auch wäre es angebracht, auf allen Gebieten so zu verfahren, wo die Vervollkommnung der Wissenschaften und der Techniken in der Zukunft zu nachhaltigen Veränderungen führen könnte.

Der Computer und die Freiheitsrechte

Auszüge aus einem Vortrag von Pierre Laroque

Der technische Fortschritt, vor allem die Entwicklung der Mechanisierung, werden im allgemeinen eher im Hinblick auf ihre wirtschaftlichen und sozialen Auswirkungen betrachtet, seltener dagegen in ihren Beziehungen zum Öffentlichen Recht und zur Politikwissenschaft. Das erklärt sich daraus, daß in der Vergangenheit die Maschine fast ausschließlich die Erzeugung, die Verarbeitung und die Verteilung von Waren und Dienstleistungen beeinflußt hat, fast gar nicht aber die Ausübung der Staatsgewalt und der individuellen Freiheitsrechte. Die Erfindung und Entwicklung der Computer schaffen insofern eine neue Lage, als diese Maschinen Daten erfassen und verarbeiten, die alle Bereiche des öffentlichen und privaten Lebens und der kollektiven und individuellen Handlungen betreffen ... Die kollektiven und die individuellen Freiheitsrechte sind bedroht oder scheinen es jedenfalls zu sein. Wie sieht es damit in Wirklichkeit aus? Und, wenn die Gefahr besteht, welche Möglichkeiten haben wir, ihr zu begegnen?

I. Der Computer und die kollektiven Freiheitsrechte

Vom Standpunkt der Gemeinschaft her gesehen ist die Datenverarbeitung ein Machtinstrument. Über den Computer verfügen heißt, heute schon und in der Zukunft noch mehr, über die Macht verfügen; manchmal sogar das Monopol der Macht zu haben.

A) Computer sind teuer, sowohl hinsichtlich der Anlage- oder Mietkosten wie hinsichtlich der Betriebskosten. Andererseits können sie nur dann sinnvoll eingesetzt werden, wenn diejenigen, die über sie verfügen, sie auch mit Daten aus einem möglichst breiten Bereich auslasten können. Das Zusammentreffen dieser Faktoren hat fast zwangsläufig (mit Ausnahme der Computer, die für rein betriebliche Zwecke verwendet werden) zur Folge, daß die Datenverarbeitung

den Behörden und der kleinen Zahl großer, finanzkräftiger privater Organisationen vorbehalten bleibt ...
Damit stellt sich ein erstes Problem: wie kann man gewährleisten, daß die verschiedenen Sektoren der öffentlichen Meinung gleichberechtigten Zugang zu den Informationen, also zu den Computern, erhalten, und zwar ganz gleich, welche öffentliche oder private Körperschaft jeweils über sie verfügt. Das Problem ist kein ganz neues, sondern ist schon im Zusammenhang mit den großen Presseagenturen aufgetreten, und die Verstaatlichung der ehemaligen Agentur Havas unter gleichzeitiger Gründung der Agence France-Presse ist nur eines von mehreren Anzeichen für diese Bemühung, nicht einigen wenigen ein Informationsmonopol zu überlassen. Aber die Informatik gibt den Problemen ganz andere Dimensionen und wird zu einem entscheidenden Aspekt der Pressefreiheit im weitesten Sinne des Wortes.

B) Weltweit gesehen wird der sehr verschieden große Bestand an Datenverarbeitungsanlagen die Ungleichheit zwischen den Ländern vergrößern. Die schon jetzt beträchtlichen Unterschiede hinsichtlich der militärischen und politischen Macht werden wachsen. Die internationalen Beziehungen können davon erheblich beeinflußt werden, weil die Staaten ohne EDV-Strukturen zunehmend von denen, die das Monopol an solchen Anlagen haben, abhängig werden. Ist das eine befriedigende Situation? Wenn nicht, was wäre dagegen zu tun? Das ist ein neues Problem.

II. Der Computer und die individuellen Freiheitsrechte

Für die individuelle Freiheit scheint die EDV die größten Risiken mit sich zu bringen. Tatsächlich kann ja der Computer immer vollständigere Informationen über alle Lebensbereiche jedes einzelnen sammeln und so mit jedem Tag seine Bewegungsfreiheit und seine Privatsphäre stärker einengen. Es wird alles ›aktenkundig‹. Aber ist das, wird man fragen, denn wirklich eine gänzlich neue Erscheinung? Und: muß es unbedingt von Übel sein?
... Ohne die Dinge ins Absurde zu treiben, läßt sich sagen, daß die allgemeine Verwendung des Computers – vor allem, sobald die Querverbindungen vorhanden sind und damit das System des ›overall computer‹ geschaffen ist, wie es die Amerikaner nennen – zu einer erheblichen Verstärkung der Überwachung durch die Gesellschaft führen wird. Diese Überwachung als solche ist tatsächlich

keine ganz neue Erscheinung. Jeder einzelne unterliegt mit seiner Familie dem ständigen Druck der Umwelt und der Gemeinschaft, in der er lebt. Aber dieser Druck ist je nach Milieu sehr verschieden stark und wird gerade durch seine Vielfalt abgeschwächt, weil der Mensch, vor allem in der Stadt, von jedem Amt oder Mitmenschen nur in einem Teilbereich seiner Persönlichkeit gekannt wird. Die Datenverarbeitung aber erlaubt eine Synthese der gesellschaftlichen Kontrollen und verleiht ihnen starke Autorität durch die Unfehlbarkeit der Maschine. Alle werden zu einem stärkeren Konformismus gezwungen.

Muß das unbedingt von Übel sein?

Grundsätzlich gewährt die Abgleichung von Einzelinformationen aus vielen Quellen eine höhere Sicherheit für die Richtigkeit dieser Informationen und vermindert die Gefahr einer unvollständigen oder falschen Unterrichtung. Das gilt für Behörden ebenso wie für Privatpersonen.

Andererseits aber wird der einzelne zum Gefangenen seiner Vergangenheit, einer Verkettung von Elementen, die er nicht mehr ändern und denen er sich nicht mehr entziehen kann. Er ist nicht mehr frei. Am auffälligsten ist das wohl bei den Arbeitnehmern. Jahrzehntelang haben die Arbeiter für die Abschaffung des ›Arbeitsbuches‹ gekämpft, das jedem Arbeitgeber auf Grund seiner Kenntnis des beruflichen Vorlebens eines Lohnempfängers die Möglichkeit gab, unerwünschte Leute, zum Beispiel aktive Vertreter der Arbeitnehmerinteressen, gar nicht erst einzustellen. Mit dem Computer ist diese Gefahr wieder gegeben und sogar noch verschärft; sie bedroht die Freiheit des arbeitenden Menschen.

Man kann sogar noch sehr viel weiter gehen und sich fragen, ob nicht die Datenverarbeitung schon allein deshalb, weil sie es auf die ›absolute Wahrheit‹ abgesehen hat, eine Gefahr für die Menschheit darstellt. So paradox das klingen mag, erscheint gerade das ›Recht auf Irrtum‹ häufig als ein wesentliches Attribut der Freiheit. Ja, es ist sogar oft eine Vorbedingung des Fortschritts, weil auch die Bemühung, einen Fehler zu bekämpfen und auszuschalten, zu neuen Erkenntnissen führen, unser Wissen vergrößern und sogar die Wissenschaft voranbringen kann.

So läßt sich vom Computer das Beste und das Schlimmste erwarten, je nach der Art, wie man ihn verwendet. Er kann und wird sehr weitgehend dazu beitragen, die moralischen und materiellen Lebensumstände des Menschen zu verbessern. Er kann aber auch ein Werkzeug sein, den einzelnen zu knechten, und die bloße Tatsache, daß diese Möglichkeit besteht, verpflichtet uns dazu, sie nach besten Kräften rechtzeitig abzuwenden.

III. In welcher Richtung wären Lösungen zu suchen?

A) Der Computer ist wie jede Maschine sittlich indifferent. Er ist weder gut noch böse. Wie er verwendet wird, hängt von den Menschen ab, die über ihn verfügen. Aber er ist ein Machtinstrument. Und »es ist eine Erfahrung von ewig her, daß jeder Mensch, der Macht hat, dazu neigt, sie zu mißbrauchen; er geht darin so weit, bis er an eine Grenze stößt ... Damit die Macht nicht mißbraucht wird, müssen die Dinge so eingerichtet sein, daß die Macht der Macht Einhalt gebietet.« Diese berühmte Formulierung Montesquieus *(Vom Geist der Gesetze*, XI, 4) erhält ihre volle Bedeutung erst im Hinblick auf die heute und in Zukunft sehr kleine Zahl von Menschen, die über den Computer gebieten.

Die Datenverarbeitung wirft über ihre technischen, wirtschaftlichen und finanziellen Aspekte hinaus ein juristisches und politisches Problem auf, und zwar hinsichtlich der Ausübung der Macht und vor allem hinsichtlich der Kontrolle dieser Ausübung. Die herkömmlichen Rezepte der politischen Demokratie reichen dafür nicht mehr aus. Es müssen neue, der anzuwendenden neuen Technik konforme Wege beschritten werden.

Zunächst erscheint es vordringlich, daß die Verwendung der EDV von einem unabhängigen Organ kontrolliert wird, das die denkbar größte moralische Autorität besitzt. Unabhängig muß ein solches Organ sein, weil es weder den Weisungen der Regierung unterworfen sein darf (es könnte ja sonst die Minderheiten nicht gegen die Regierung schützen) noch dem Druck von seiten der Firmen beziehungsweise der Wirtschafts- und Finanzzusammenschlüsse, die über die Computer verfügen. Große moralische Autorität muß es besitzen, denn es muß sich gegenüber den Behörden ebenso durchsetzen können wie gegenüber den Privatinteressen und allen Bereichen der Öffentlichkeit. Es müssen also Verfahren ausgearbeitet werden, die eine Auswahl von bestgeeigneten Männern und Frauen ermöglichen und ihnen dann die Unterstützung durch die gesamte Bevölkerung oder ihrer großen Mehrheit sichern.

Die Aufsichtsfunktion, die einem solchen Organ gegeben würde, hätte alle Aspekte der EDV-Verwendung zu umfassen.

1. Zunächst geht es um die Festlegung der Bereiche, auf denen die

Verwendung des Computers zugelassen oder ausgeschlossen sein soll. Dafür muß in jedem Einzelfalle das Für und Wider abgewogen werden, und es muß auch die Reaktion der Öffentlichkeit berücksichtigt werden, die ja nicht in allen Ländern und in allen Lebensverhältnissen gleich ist. Zu dieser Aufgabe gehört auch die Genehmigung oder das Verbot der Zusammenführung verschiedener Datenarten.

2. Wichtig ist die Definition der Garantien, und zwar a) für die Richtigkeit der in die Datenverarbeitung eingegebenen Informationen und b) für die Objektivität bei der Auswahl dieser Informationen.

3. Ebenso notwendig ist es, dafür zu sorgen, daß die Männer und Frauen, die mit den Computern verantwortlich umgehen, jede wünschenswerte Garantie bieten. Es muß ein besonderer Status für sie geschaffen werden, der strenge Einstellungskriterien und scharfe Disziplinarvorschriften vorsieht.

4. Auch der Personenkreis, der zu den EDV-Daten Zugang haben darf, muß klar umrissen sein, und zwar für jede einzelne Art von Informationen. In einigen Fällen läßt sich das leicht festlegen: nur Ärzte dürfen medizinische Daten abrufen. Sehr häufig aber ist es sehr viel schwieriger, weil der Computer die Daten ja nicht nur sammelt, sondern auch verarbeitet: Zulassung oder Ausschluß sind demnach nicht nur von der Datenart, sondern auch von der Art der gestellten Frage abhängig.

5. Es muß jederzeit möglich sein, in den EDV-Speichern bestimmte Daten löschen zu können, zum Beispiel Vorstrafen nach einer Amnestie. Es wäre sogar denkbar, daß im Notstandsfalle, also zum Beispiel bei einer Besetzung durch feindliche Truppen, einige im voraus bestimmte Speicher zerstört oder zuverlässig gelöscht werden.

Diese vereinfachende und unvollständige Aufzählung vermittelt schon einen Eindruck von der Fülle und der Schwierigkeit der anstehenden Aufgaben. Es gilt einen völlig neuen Zweig des Öffentlichen Rechts zu schaffen.

Es wäre auch zu erwägen, ob nicht über die notwendige Kontrolle hinaus einem öffentlichen oder halböffentlichen Organ das Monopol für die Datenverarbeitung gegeben werden müßte. Diese Frage ist besonders schwierig zu beantworten. Es ist selbstverständlich, daß die Behörden über Datenverarbeitungsmöglichkeiten verfügen müssen. Ebenso selbstverständlich ist es, daß die betriebliche Datenverarbeitung in die Unternehmen gehört. Eine Arbeitsaufteilung ist also in jedem Falle notwendig. Erwägt man aber eine Verbindung der Systeme, einen ›overall computer‹, der die Möglichkeit gibt, auf re-

gionaler oder nationaler Ebene Daten verschiedenster Art ineinander zu ordnen und zusammenzuführen, so kann nur ein öffentliches Organ diese Aufgabe wahrnehmen, und zwar auch nur dann, wenn es eigenen Vorschriften unterworfen wird.
Die hier skizzierten Möglichkeiten und Notwendigkeiten für den Einsatz der Datenverarbeitung gelten sowohl hinsichtlich ihrer Auswirkungen auf die kollektiven als auch auf die individuellen Freiheitsrechte. Sie können aber für beide durch präzisere Garantien noch weiter abgesichert werden.

B) Garantien für die kollektiven Freiheitsrechte

Die kollektiven Freiheitsrechte, in erster Linie also die Pressefreiheit oder, im weiteren Sinne, die Informationsfreiheit, machen es erforderlich, der politischen Opposition und allen Medien der Meinungsbildung einen Rechtsanspruch auf freien Zugang zu den EDV-Anlagen, zumindest aber zu den darin enthaltenen Daten kollektiven Charakters, zu gewährleisten.
Wie läßt sich dieser Anspruch definieren? Welche Sanktionen sind für die Vorenthaltung dieses Anspruchs vorzusehen? Welche Gerichtsbarkeit soll dafür zuständig sein und welche Befugnisse wären ihr zu geben? Auch das sind bedrängende Fragen, die zunächst einmal nur mit allem Nachdruck gestellt werden können.

C) Garantie der individuellen Freiheitsrechte

Neben der allgemeinen Kontrolle über die gesamten Tätigkeiten auf dem Gebiet der Datenverarbeitung muß unbedingt auch jeder einzelne ein Recht auf persönliche Nachprüfung aller ihn betreffenden in der EDV enthaltenen Daten haben, und zwar sowohl hinsichtlich ihrer Richtigkeit als auch hinsichtlich der Feststellung, ob nicht Informationen über ihn gespeichert sind, die nicht hätten aufgenommen werden dürfen.
Es muß also jedem einzelnen der Anspruch zuerkannt werden, sich die ihn betreffenden Daten ausdrucken lassen zu dürfen, wobei nur bei einigen Datenarten Einschränkungen gemacht werden sollten: medizinische Daten dürften natürlich nur über einen Arzt abgerufen werden.
Ferner muß in allen Fällen, wo die Richtigkeit der gespeicherten Daten bestritten wird, die für die Datenerfassung zuständige Stelle verpflichtet sein, die Stichhaltigkeit nachzuweisen. Andernfalls wäre die betreffende Information zu löschen. Die besondere Bedeutung

dieses Grundsatzes im Hinblick auf die Beweislast braucht gewiß nicht eigens betont werden.

Zur Verwirklichung dieser Rechte wird die Mitwirkung eines Richters erforderlich sein. Es muß also bestimmt werden, welche Gerichtsbarkeit zuständig sein soll und welche Befugnisse ihr einzuräumen wären.

D) Der internationale Aspekt

Auf die weltweiten Auswirkungen der Informatik wurde bereits hingewiesen. Sie sind in zweierlei Hinsicht bemerkenswert:

1. Welche Rolle kann aus der Perspektive der einzelnen Länder die Staatengemeinschaft auf diesem Gebiet spielen? Muß man im Hinblick auf einen gleichberechtigten Zugang aller Länder zur Datenverarbeitung die Schaffung einer internationalen EDV-Organisation erwägen, die allen Regierungen offensteht? Oder würde es genügen, Bestimmungen zu treffen, nach denen die Staaten mit Datenverarbeitung den weniger begünstigten Staaten die Verwendung ihrer Anlagen zu gestatten haben – wenn ja, zu welchen Bedingungen? Das sind Fragen, die noch nicht einmal wirklich gestellt worden sind. Auch wir können sie nur erwähnen.

2. Die internationalen Organisationen dagegen haben sich mit den Auswirkungen der Datenverarbeitung auf die Menschenrechte bereits beschäftigt. Ausgehend von den Beratungen der Versammlung für die Menschenrechte in Montreal im März 1968 und der Internationalen Konferenz für die Menschenrechte in Teheran im Mai 1968 hat die Vollversammlung der Vereinten Nationen am 19. Dezember desselben Jahres eine Entschließung angenommen, in welcher der Generalsekretär der Organisation aufgefordert wird, eine Untersuchung der Probleme durchzuführen, »die für die Menschenrechte von den Entwicklungen in Wissenschaft und Technologie aufgeworfen werden, und zwar insbesondere a) im Hinblick auf die Achtung des Privatlebens der einzelnen und des Bestandes und der Souveränität der Nationen angesichts des Fortschritts der Ton- und Bildaufzeichnungen und anderer Verfahren; ... c) im Hinblick auf solche Verwendungsarten der Elektronik, welche die persönlichen Rechte in Frage stellen könnten sowie auf die in einer demokratischen Gesellschaft erforderlichen Einschränkungen solcher Verwendungen; d) ganz allgemein im Hinblick auf das zu schaffende Gleichgewicht zwischen wissenschaftlichem und technischem Fortschritt und der Hebung des intellektuellen, geistigen, kulturellen und sittlichen Niveaus der

Menschheit«. So wird das Problem ›Computer und Freiheitsrechte‹ in den ungleich größeren Rahmen der Beziehungen zwischen dem Fortschritt und dem Menschen gestellt.

So viele gewaltige und schwierige Probleme haben etwas Erschreckendes. Heute kann man nicht mehr tun, als sie zu stellen. Aber die bloße Tatsache, daß man sich ihrer bewußt wird, bedeutet schon einen ersten Schritt in Richtung auf ihre Lösung.

Es ist völlig undenkbar, die Fortschritte der Datenverarbeitung anhalten oder bremsen zu wollen; sie sind entscheidende Beiträge zum gesamten technischen Fortschritt in unserer modernen Welt.

Aber der technische Fortschritt hat ja seine Daseinsberechtigung nicht aus sich selber. Er wird nur gerechtfertigt durch seinen Beitrag zur Verbesserung der Lebensumstände der Menschen, ihrer sittlichen Möglichkeiten und ihres materiellen Wohlergehens. Und Fortschritte in der Datenverarbeitung sind nur dann möglich, wenn die Menschen nicht das Gefühl haben, daß diese Fortschritte die Freiheitsrechte gefährden, an denen ihnen gelegen ist.

Gerade im Interesse der Informatik also kommt es darauf an, für die hier aufgeführten Probleme Lösungen zu finden, die weitere Fortschritte im wohlverstandenen Interesse des Menschen überhaupt erst möglich machen.

Der Computer und seine Folgen

Ausgangslage	Manuelle und elektromechanische Datenverarbeitung. Langsame und teure Verfahren mit begrenzter Leistungsfähigkeit.
Technische und wissenschaftliche Fortschritte	Verwendung von Technologien auf der Grundlage physikalischer Erkenntnisse. Fortschritte der EDV. Entwicklung von automatischen Datenverarbeitungssystemen mit hoher Kapazität.
Primäre Auswirkungen	Automatisierung von Fertigung und Management. Einsatz von Computern in allen Berufen mit Denkaufgaben. Innervation der Gesellschaft durch Datenfernübertragung und -verarbeitung.
Sekundäre Auswirkungen	Tiefgreifende Veränderung des Arbeitsmarkts. Infragestellung der Strukturen von Handel, Industrie, Politik und Rechtspflege. Neue Denk- und Entscheidungsweisen. Voll wirksame und individualisierte Verwaltung des Staates.
Sünden wider den Fortschritt	Keine präzisen industriellen Zukunftsvorstellungen. Die USA haben die Startschwierigkeiten überwunden, Europa und die UdSSR sind um zehn Jahre zurück. Fehlende Prognosen für die sekundären Auswirkungen. Kein Gesetzesrahmen für die EDV. Ungenügende Vorkehrungen für die Umschulung der automatisierungsverdrängten Arbeitskräfte. Unzureichende Ausbildung von Fachleuten. Fehlende Zielsetzungen für die Einführung der Datenverarbeitung. Die unkontrollierte EDV-Technik kann ebenso Gerechtigkeit und Unterdrückung schaffen.
Krise	Industrielle Vormachtstellung der USA. Ungenügende Zahl von Fachleuten. Gefahr wirtschaftlicher Rückschläge. Angst vor einem Super-Polizeistaat.
Notwendigkeiten des Fortschritts	Kollektive Organisation einer EDV-Gesellschaft. Unterweisung aller Kinder in der EDV. Schaffung neuer, dieser Technik angemessener Industrie-, Verwaltungs- und Rechtsstrukturen. Gründung eigener Institutionen zur Gewährleistung der Freiheitsrechte des einzelnen bei gleichzeitiger Sicherstellung eines höheren Maßes von Gerechtigkeit und einer besseren Staatsverwaltung.

11. KAPITEL

Medizin für jedermann

Die Natur tut das Richtige, aber sie tut es grausam. Sie geht Irrwege und schafft nie etwas für ewig. Gnadenlos eliminiert sie, was ihr mißlungen oder was abgenutzt ist. So erhält sie die wunderbar organisierte und im Gleichgewicht befindliche Welt des Lebendigen. Und so verfährt sie auch, indem sie die Gesundheit der Arten mit Hilfe des Todes sichert.

Die Fortpflanzung der Lebewesen geht nicht ohne Zwischenfälle ab, und ihre Existenz ist untrennbar mit ihrer Abnutzung verbunden. Ist ein Organismus bei seiner Zeugung oder zu einem späteren Zeitpunkt nicht gut genug, wird er unnachsichtig ausgemerzt. Ein anderer, ebenso gefährdet, ebenso instabil, tritt an seine Stelle. Selektion und Elimination. Immer wird das Individuum der Art geopfert, ganz gleich, ob es sich um Bakterien oder um bewußtseinsbegabte Wesen handelt. Nur um diesen Preis bleibt in der ›natürlichen Ordnung‹ auch der Gesundheitszustand einer Bevölkerung intakt.

So unmenschlich dieses Gesetz sein mag, hat es doch einen großen Vorteil. Es belastet das Gewissen mit keinerlei Verantwortung. Die Gesunden leben ohne Probleme, die Kranken werden rasch eliminiert. Ohnmacht bedeutet Unschuld.

Aber der Mensch ist nicht mehr ohnmächtig. Er hat die natürliche Ordnung verworfen. Seine Auflehnung hat ihren Ausdruck im Fortschritt der Medizin gefunden. Hunderte von Millionen sind am Leben, die von der Natur eliminiert worden wären, andere, mindestens ebenso viele, sind in Gefahr, aber die Medizin könnte sie retten. Die jüngste Geschichte bietet eine Folge großer Siege, von denen jeder Millionen Menschenleben erhalten hat: die Vakzine (Jenner 1798, Pasteur 1885), das Chinin (Pelletier und Caventou 1820), die Antibiotika (Fleming 1928), die Sulfonamide (1938), das Kortison (1950). Parallel dazu wurden die immunologischen und chirurgischen Techniken entwickelt, die zu den großen Erfolgen unserer Zeit ge-

führt haben, vor allem auf den Gebieten der Organverpflanzung und der Erhaltung lebenswichtiger Funktionen.
Die Ergebnisse haben alle Voraussagen übertroffen. Vor der Einführung der Antibiotika verlief eine Sepsis in 70 Prozent, eine Lungenentzündung in 32 Prozent, der Typhus in 20 Prozent aller Fälle tödlich. Die entsprechenden Prozentzahlen lauten heute 13 Prózent, 6 Prozent und 0,5 Prozent. Die Lebenserwartung eines männlichen Neugeborenen, die in Frankreich Anfang des 19. Jahrhunderts 33 Jahre betrug, liegt heute bei 70,5 Jahren. Wenn es je einen unbestreitbaren Fortschritt gegeben hat, ist es dieser.
Aber das sind die unmittelbaren, gewollten Auswirkungen. Es gibt andere, mittelbare, die nicht gleich in ihrer ganzen Tragweite vorausgesehen worden sind und heute immer wichtiger werden.
Mit dem Sieg über Krankheit und Tod, mit der Aufhebung einer jahrtausendealten Ordnung hat der Fortschritt bewirkt, daß die Menschen für etwas verantwortlich geworden sind, das früher fatalistisch hingenommen werden mußte. Gestern brachte das Schicksal den Tod, heute ist es der Mensch, der versagt. Diese Verantwortung aber ist nicht leicht zu tragen, weil sie die schiere Existenz der Individuen zum Gegenstand hat. Diese Verantwortung ist der Zwang zwischen dem Tod des einen oder des anderen zu wählen.
Sobald man die Entscheidung nicht mehr der natürlichen Ordnung überläßt, muß man sie selber treffen. Der Fortschritt der Medizin zwingt zur Übernahme von Verantwortung, weil er zur Auswahl zwingt, und auf diesem Gebiet gibt es die eine unbestreitbare, menschlich richtige Entscheidung nicht. So konnte Professor Hamburger von der »Unmoral der Medizin« sprechen. Kein allgemeingültiges Gesetz kann für Tausende von Einzelfällen entscheiden, die immer anders, immer einzig in ihrer Art, immer mehrdeutig sind. Von allen Befähigungen, die sich der moderne Mensch geschaffen hat, ist die Befähigung zum Heilen zweifellos am schwersten zu tragen.
Eine ›Gesundheitspolitik‹ kann nur etwas Abstoßendes sein. Ob man sich dafür entscheidet, lieber eine Nervenheilanstalt als ein Heim für geistig behinderte Kinder zu bauen, ob man der Gesundheitsvorsorge oder der Krankheitsbehandlung den Vorrang einräumt, ob man der Intensivierung der Forschung die Priorität gibt oder der Förderung der klinischen Medizin, lieber den Tod hinnimmt als das Leben zu verlängern, eher eine Schwangerschaftsunterbrechung vorsieht als das Risiko einer anormalen Geburt – jede Entscheidung ist empörend, ebenso empörend wie die entgegengesetzte Entscheidung. Letz-

ten Endes geht es nicht nur für den Arzt, sondern für die ganze Gesellschaft stets darum, in Fragen zu entscheiden, die unlösbar sind, zwischen Lösungen zu wählen, die keiner vollen Beurteilung nach moralischen Kriterien zugänglich sind. In dieser Hinsicht muß der Fortschritt in der Medizin mehrdeutig sein.
Es ist aber auch nicht möglich, der Entscheidung auszuweichen. Sie drängt sich ständig auf, und auch das Nichtentscheiden ist eine Entscheidung, sobald die Möglichkeit zum Handeln einmal gegeben ist. Die Menschheit hat sich aus Leibeskräften bemüht, vor dieser drükkenden Verantwortung wegzulaufen. Mit dem Triumph der Medizin wird die Diskrepanz zwischen den praktischen Möglichkeiten und den Chancen für ihre Realisierung immer deutlicher.
Das ist das Gesetz des Fortschritts in der Medizin. Jeder Gesellschaftsordnung, jeder Moral, jeder Religion bringt er die gleichen Probleme. Er zwingt zwar zu keiner bestimmten Lösung, er läßt die Wahl zwischen etlichen Möglichkeiten, aber die Flucht aus der Verantwortung gestattet er nicht. Die natürliche Ordnung war grausam. Die menschliche Ordnung kann wohl weniger grausam, aber nicht schuldlos sein. Und es ist eine abwegige Vorstellung, daß eine bestimmte Ideologie oder gesellschaftliche Form der Menschheit diese Last, die untrennbar mit dem Fortschritt verbunden ist, abnehmen könnte.
Lange hat man gemeint, in dem bekannten Eid des Hippokrates die Patentlösung gefunden zu haben. Der Arzt hat alles zu tun, um seinen Patienten zu retten. Ein Gesetz von schöner Klarheit! Leider sind die Sachverhalte, um die es geht, niemals so klar. Vereinfachende Formeln werden mit jedem Tag als Antworten ungeeigneter.
Zunächst einmal liegt die Verantwortung bei der Ärzteschaft. Sie hat sich in klarer Erkenntnis der Lage beim 2. Internationalen Kongreß für Moral in der Medizin, der 1966 in Paris stattfand, sehr mutig darum bemüht. Wir werden uns im folgenden immer wieder auf die außerordentlich bemerkenswerten Darlegungen der Professoren J. Bernard, J. Hamburger und F. Lhermitte beziehen. Aber das Problem betrifft längst nicht mehr nur die Ärzte, sondern geht die ganze Gemeinschaft an. Auf dieser Ebene muß es gestellt werden. Denn auch hier wie auf allen Gebieten ist der Fortschritt ein kollektiv zu bestehendes Abenteuer.

Die weltweite Medizin

Eine Aufgabe für die Gemeinschaft und vieldeutige Sachverhalte – das bringt uns der Fortschritt der Medizin, und in dieser Doppelper-

spektive muß man ihn sehen, wenn man ihn im Rahmen unserer Betrachtung charakterisieren will.
Die Medizin ist keine Aufgabe und keine Erfahrung für den einzelnen mehr. Früher war die Medizin als Vorgang in erster Linie eine Privatangelegenheit von Arzt und Patient. Die Heilverfahren waren einfacher, relativ billig und nicht sehr wirksam. Schweren Fällen waren sie gar nicht gewachsen. Der einzelne Arzt konnte die ganze Hilfe bringen, die der Medizin zu Gebote stand. Diese Zeiten sind vorbei.
Selbst der genialste Arzt verliert den Großteil seiner Wirksamkeit, wenn er allein steht. Um zu heilen, muß er auf ein ganzes Angebot an Spezialisten und ein ganzes Arsenal technischer Hilfsmittel zurückgreifen. Das persönliche Verhältnis zwischen Arzt und Patient bleibt so wichtig wie eh und je, aber es steht in einem anderen Kontext.
Dieses Verhältnis ist erforderlich, weil viele Krankheiten eine starke psychosomatische Komponente haben, die als organische Störungen durch psychische Phänomene hervorgerufen oder begünstigt werden. Für die Heilung solcher Zustände spielt die Intensität der menschlichen Beziehung eine erhebliche Rolle.
Die persönliche Beurteilung durch den Arzt ist ferner wesentlich für den mehr oder weniger sinnvollen Einsatz der gewaltigen therapeutischen Möglichkeiten, die sich die Menschheit geschaffen hat. Nur so kann aus Hunderten von in Frage kommenden das richtige Arzneimittel und die geeignete Dosierung gefunden werden, können die qualifiziertesten Fachkollegen zugezogen werden.
Der Arzt ist nicht mehr berufen, alles selber zu wissen und zu tun, sondern als Sachkenner ein gemeinsames Potential einzusetzen. Die Entwicklung der diversen Techniken wird diese Eigenart ärztlicher Tätigkeit immer deutlicher hervortreten lassen. Wer sich an den Arzt wendet, sucht den Zugang zu einem das ganze Land umspannenden, ja, weltweiten Gesundheitsunternehmen, zu einem komplexen Netz von Behandlungsmöglichkeiten – er sucht nicht mehr Zuflucht beim Mann der Vorsehung.
Wer heilen will, braucht die Verfügungsmöglichkeit über Elektronenmikroskope, Analysengeräte, radioaktive Substanzen, Operationssäle usw. Die Behandlung ›mit bloßen Händen‹ verschwindet mehr und mehr. Die ›intuitive‹ Medizin in ihrer alten Form ist zum Abtreten verurteilt. Um mit Erfolg arbeiten zu können, muß der behandelnde Arzt auf eine größtmögliche Informationsmenge zurückgreifen können, und zwar in zweierlei Hinsicht: Für die Dia-

gnose beziehen sich die Informationen auf den Patienten und den derzeitigen Stand des medizinischen Wissens. Bei den möglichen therapeutischen Maßnahmen für den so diagnostizierten Fall geht es um das Informiertsein über die Fortschritte der Medizin.

Um einen Kranken heilen zu können, muß man ihn erst einmal kennen. Die Medizin setzt dafür immer vielfältigere Untersuchungsmethoden ein: Analysen, Röntgenverfahren, Endoskopie, radioaktive Darstellungstechniken usw. Will man die Zahl der Mitarbeiter in den Laboratorien und Untersuchungsanstalten nicht ins Unendliche vermehren, führt diese Entwicklung sehr schnell in Engpässe. Um sie zu vermeiden, gibt es nur eine Lösung: die Automatisierung.

Das automatisierte Labor ist keine bloße Zukunftsvision. Moderne Maschinen wie das Technicon SMA 12/60 können bis zu zwölf Analysen pro Minute automatisch durchführen. Die biologischen Anomalien bei einem Patienten können binnen einer Viertelstunde nach seiner Einlieferung festgestellt werden. Immer neue Verfahren kommen hinzu, die Informationen über den kranken Organismus liefern: Verwendung von Infrarotstrahlen, Radioaktivität, Ultraschall, elektronische Sonden usw. Der Arzt braucht heute ein ganzes technisches Arsenal, um eine begründete und genaue Diagnose zu stellen.

Aber es genügt nicht, den Patienten zu kennen. Mindestens ebenso wichtig ist es, die Möglichkeiten der Medizin zu kennen. Hier ist der einzelne überfordert. Er kann nicht das ganze medizinische Wissen für einen bestimmten Fall präsent haben. Das ist durchaus keine theoretische Erwägung. Professor Hamburger hat es in seiner Nervenklinik nachgeprüft: 45 Prozent der Todesfälle hätten vermieden werden können, wenn der behandelnde Arzt sofort alle für den jeweiligen Fall relevanten Kenntnisse zu seiner Verfügung gehabt hätte.

Dafür gibt es nur eine Lösung: die medizinische Datenbank. Die EDV wird in künftigen Jahren die gesamte Ärzteschaft mit einer neuen Informationsstruktur versehen. Der Computer-Terminal wird in jeder Praxis zu finden sein. Auf einfache telefonische Anfrage wird die Datenbank das gesamte medizinische Wissen zu dem gegebenen Fall liefern. Sinn der Sache ist es aber nicht, den behandelnden Arzt in einer Flut von Literatur zu ersticken. Die Denkmaschinen können eine sehr viel intelligentere Arbeit leisten: sie können die Diagnose vorbereiten.

Der Arzt gibt in den Computer alle Angaben ein, die er über den

Patienten zusammengetragen hat. Der Computer hat die Symptome der verschiedenen Krankheiten gespeichert. Er vergleicht nun die Anamnese-Angaben mit den Symptomen und schlägt Diagnosen vor. Gegebenenfalls empfiehlt er weitere Untersuchungen, damit eine Entscheidung zwischen verschiedenen denkbaren Hypothesen getroffen werden kann. Aber das ist nicht alles. Er hält in seinen Speichern auch das gesamte medizinische Wissen, alle Behandlungsmethoden bereit. Er kann also Therapien vorschlagen, wobei er für jeden Fall die Vor- und Nachteile, die notwendigen Vorsichtsmaßregeln und Kontraindikationen angibt. So verfügt der Arzt über alle Elemente für seine Entscheidung. Jeder Arzt weiß, daß es keine Krankheiten, sondern nur Kranke gibt. Deshalb ist das menschliche Urteilsvermögen letzten Endes immer vonnöten. Aber das Fehlerrisiko wird erheblich geringer. Jeder Patient wird vom ›universalen Arzt‹ behandelt, der über das ganze ärztliche Wissen der Welt verfügt.
Auch das ist nicht Science-Fiction, sondern die Wirklichkeit von morgen, die schon heute im Entstehen ist. Die Amerikaner experimentieren mit dem ›Mediac‹ (Medical diagnostic aiding computer), einem System, bei dem jeder Arzt den zentralen Computer anwählen und ihm die festgestellten Symptome eingeben kann, und zwar unter Verwendung der normalen Wählscheibe des Telefons nach einem besonderen Codesystem. Innerhalb von dreißig Sekunden liefert ihm die Maschine mündlich die Antwort. Der ›Mediac‹ kann bereits über fünfhundert Krankheiten erkennen.

Prinz, aber auch Bettelknabe

Der auf sich gestellte behandelnde Arzt ist machtlos. Das gleiche gilt auch für den Arzt in der Forschung. Um die Wissenschaft vorwärtszubringen, muß er zu einer weltweiten Verschwörung gehören, die ihm die unentbehrlichen Werkzeuge in die Hand gibt: Elektronenmikroskop, ausgewählte Tierrassen, Computer-Chromatographen, qualifizierte Laboranten ... Gleichzeitig muß er mit den anderen Spezialisten zusammenarbeiten, die das gleiche oder gerade ein ganz anderes Thema behandeln. Der Mensch ist im Verständnis des Lebendigen so weit vorangekommen, und die biologischen Phänomene sind so miteinander verknüpft, daß der Erfolg nur noch in Spezialisierung und Zusammenarbeit liegen kann. Der Chirurg braucht für die Organverpflanzung den Immunologen und den Hämatologen. Der Psychiater braucht den Endokrinologen, der Allergologe braucht den Ernährungsspezialisten usw. Es ist durchaus nicht gesagt, daß gerade ein Cancerologe den entscheidenden Durchbruch in der Krebsbekämpfung erzielen wird; er kann ebenso bewirkt werden von Virologen, Embryologen, Diätetikern, Chemikern oder – Mathematikern. Wahrscheinlich wird ein solcher Durchbruch das gemeinsame Ergebnis vieler verschiedener Forschungen sein. Wie die Therapie ist also auch der medizinische Fortschritt eine Gemeinschaftsleistung: die Gemeinschaft der Forschenden arbeitet zusammen, um die Mittel aufzubringen.

Der Patient wird nicht mehr von einem einzelnen Menschen, sondern von der ganzen Gesellschaft behandelt. Nur sie kann die für den Fortschritt notwendigen Forschungen finanzieren, nur sie kann die modernen Heilverfahren ermöglichen. Dieser Zug wird in Zukunft noch deutlicher herauskommen, weil dann, wie wir gesehen haben, jede Handlung des Arztes die Ergebnisse einer seit Jahrzehnten in Gang befindlichen, weltweiten Forschungsanstrengung verwerten und den Einsatz von komplizierten und teuren Maschinen bedingen wird. Es kann dann niemand mehr behaupten, er bezahle seine Behandlung. Die größten Privatvermögen würden dafür nicht ausreichen. Der Milliardär und der Unbemittelte werden ihre Heilung der Gesellschaft verdanken, oder, wie es Jean Guitton bei der Eröffnung des Kongresses für Moral in der Medizin in Paris ausgedrückt hat: »Heutzutage erhöht die Solidarität die Lebenserwartung. Kein Bettelknabe, der nicht wie ein Prinz behandelt würde. Und selbst ein Krösus könnte sich manche Therapien nicht leisten, wenn der Staat nicht helfen würde.«

Jeder Steuerzahler ist an diesem Gemeinschaftsunternehmen beteiligt und verlangt dafür, daß es auch für ihn da ist, wenn er es braucht. Der Staat, der den medizinischen Fortschritt mit Steuergeldern finanziert, muß ihn den Bürgern auch zugute kommen lassen. In den reichen Ländern ist die Ungleichheit in Krankheit und Tod die empörendste von allen.

So sieht sich die Gesellschaft veranlaßt, für die Gesundheit ihrer Glieder zu sorgen. Sie muß jedem nach seinen Bedürfnissen alle therapeutischen Möglichkeiten bieten. Das ist das berühmte ›Recht auf Behandlung‹, das fälschlicherweise häufig als ›Recht auf Gesundheit‹ bezeichnet wird.

Damit bürdet der Fortschritt der Gemeinschaft eine weitere, besonders schwere Verantwortung auf. Selbst wenn es möglich wäre, wie Jean Guitton meint, jeden kranken Menschen wie einen Prinzen zu behandeln, wäre diese Verantwortung schon wegen der Zweideu-

tigkeit der medizinischen Fortschritte kaum tragbar. Aber in Wirklichkeit hat ja kein Land der Welt überhaupt das Geld, um jedem Kranken alle Behandlungen zukommen zu lassen, die sein Zustand erfordert. Kein Land kann es sich leisten, aus der modernen Medizin den vollen Nutzen zu ziehen. Wir werden es bei der Erörterung der Einzelprobleme noch sehen: in Ermangelung der notwendigen Mittel kann die Gemeinschaft nicht alles tun.
Dazu ist sie nicht nur aus wirtschaftlichen Gründen gezwungen, sondern auch aus sittlichen Erwägungen. Die moderne Medizin ist zwischen unvereinbaren Forderungen hin- und hergerissen. Diese verzweiflungsvolle Situation gehört zu ihr, und nichts und niemand wird sie je daraus erlösen können.

Der Tod als nicht mehr eindeutiges Phänomen

Früher erschien der Tod als ein Ereignis von brutaler Eindeutigkeit. Man war am Leben oder man war tot. Es konnte allenfalls kurze Zwischenzustände geben. Seit zehn Jahren weiß jeder Arzt, daß der Organismus nicht auf einmal, sondern Organ nach Organ stirbt. Die Agonie ist ein allmählicher Vorgang, den das Eingreifen des Menschen in gewissen Fällen unter Kontrolle bringen, verlangsamen, ja, für lange Zeit unterbrechen kann. Professor Hamburger hat einen konkreten klinischen Fall vorgetragen:
»Am 2. Juli 1959 wurde der Französischen Gesellschaft für Neurologie der Fall einer siebzehnjährigen Patientin vorgetragen, die in meiner Abteilung unter besonders erregenden Umständen verstorben war ... Das Koma war vollständig, alle Reflexe einschließlich der Pupillenreflexe waren verschwunden. Elektroenzephalogramm null, Kerntemperatur 34,5°. Dennoch war das Elektrokardiogramm annähernd normal, der arterielle Blutdruck wurde durch eine Infusion von 8 Milligramm Noradrenalin je 24 Stunden auf annehmbarer Höhe gehalten, die Urämie war durch Anschließen an die künstliche Niere unter Kontrolle, die Sauerstoffversorgung war unter Benutzung des Beatmungsgeräts zufriedenstellend, die Muskeleigenreflexe normal. Als sich nach einigen Tagen stationären Zustandes kein Anzeichen für ein Wiedereinsetzen der Nervenfunktion zeigte, zogen wir Professor François Lhermitte zur Konsultation zu. Er blieb lange am Krankenbett, untersuchte die Patientin mit größter Aufmerksamkeit und sagte dann, als er wieder auf den Flur kam, etwas für mich Unvergeßliches: ›Ich glaube, die Patientin ist schon seit mehreren Tagen tot.‹

Bald darauf fiel der arterielle Blutdruck ab. Das Herz blieb stehen. Die anatomische Untersuchung wurde fünf Stunden später vorgenommen und ergab einen Gehirnbefund wie bei einer Autopsie mehrere Tage nach dem Tode . . .«
Und Professor Hamburger kommt zu dem Ergebnis:
»Diese Beobachtungen werfen zweifellos ein neues, beunruhigendes Problem auf. Das Ziel, die Erhaltung des Lebens und die Abwehr des Todes, ließ bisher kaum Zweifel aufkommen, weil die Definition des Todes einfach war. Jetzt dagegen erscheint der Tod nicht mehr als ein einmaliges, rasches Ereignis, das alle lebenswichtigen Funktionen zugleich betrifft. Unter der Wirkung moderner therapeutischer Methoden erstreckt sich der Tod über längere Zeit, zerfällt in verschiedene Vorgänge, trifft die verschiedenen Teile des Körpers einzeln, nacheinander. Müssen wir nun warten, bis das letzte Gewebsteil eindeutig tot ist, um sagen zu können, der Organismus habe aufgehört zu leben?«
Der Mensch hält die Hand der Parzen zurück. Er kann sie aber nicht ewig daran hindern, den Faden durchzuschneiden. Eine dramatische Entscheidung. Eine falsche Beurteilung kann dazu führen, daß sinnlos erheblicher Aufwand getrieben wird, um einen lebenden Leichnam zu behandeln, oder, im Gegenteil, daß eine Überlebenschance nicht genutzt wird. Der menschliche Körper ist ja leider keine einfache Konstruktion, und seine Kräfte sind schwer abzuschätzen. So zahlte ein Milliardär mehrere Jahre lang dafür, daß seine junge Freundin, die das Opfer eines Verkehrsunfalls geworden war, künstlich am Leben erhalten wurde. Eines Tages heiratete er und stellte die Zahlungen ein. Die junge Frau wurde in ein anderes Krankenhaus überführt, und bald darauf trat der Tod ein . . .
Vor solchen Entscheidungen stehen die Krankenhausärzte täglich, und Professor Lhermitte hat in seinem Vortrag beim Pariser Kongreß ausführlich darüber berichtet. Das Problem, wie er es darstellte, ist die Frage, sich für die Hoffnung auf Leben oder die Gewißheit des Todes zu entscheiden. »Erst wenn keine Hoffnung auf Leben mehr besteht, was der Gewißheit des Todes gleichkommt, darf und muß der Arzt seine Tätigkeit einstellen.« Aber welchen Tod soll man als Kriterium wählen: den Tod des Organismus oder den Tod der Persönlichkeit? Offenbar sind sich die Ärzte heute weitgehend darin einig, daß der Tod der Persönlichkeit maßgebend zu sein hat. Man kann, wie Pater Riquet schreibt, »nicht dem vegetativen Leben der Zellen eine Achtung entgegenbringen, die nur dem echten

Menschenleben gebührt«. Die entgegengesetzte Auffassung würde im Extrem dazu führen, das Leben in jedem Blutstropfen zu achten.
Aber damit ist die Frage nicht beantwortet. Denn selbst wenn der Arzt grundsätzlich der Auffassung ist, daß es die menschliche Persönlichkeit und nicht das Organsystem zu achten gilt, muß er sich doch auf die biologische Abnutzung verlassen, um das endgültige Verschwinden der Persönlichkeit festzustellen. »Es gibt zahlreiche Beispiele, von der tiefen Demenz bis zur Anenzephalie, bei denen ein Leben ohne alle Attribute des Menschseins fortbesteht, und bei denen wir dennoch unsere Hilfe auf keinen Fall verweigern dürfen«, erklärt Professor Lhermitte.
Die beiden Auffassungen würden also in letzter Konsequenz dazu führen, entweder das kleinste Stückchen menschlichen Gewebes zu achten oder die jeder Denkfähigkeit beraubten Individuen preiszugeben. In der Praxis bestimmen die verantwortlichen Ärzte den Zeitpunkt des Todes nach dem Zeitpunkt des Todes des Zentralnervensystems, aber es handelt sich dabei »um den biologischen Tod des Nervengewebes und nicht um das Ausbleiben seiner Funktionen. Denn das völlige Fehlen von Ausdruck, Reaktionen und Kommunikationsmöglichkeiten läßt noch nicht automatisch auf die Zerstörung der Hirnrinde und der darunter gelegenen Zentren schließen«. Professor Lhermitte beschreibt Fälle von Akinesie, also völliger Lähmung, die alle Anzeichen des bereits eingetretenen Komas aufwiesen, obwohl noch psychische Funktionen verblieben waren.
Diese entsetzlich uneindeutige Situation läßt ihn zu folgenden Grundsätzen gelangen: »Immer wenn die Krankheit die Gefahr des Todes impliziert, im gegebenen Augenblick jedoch eine Hoffnung auf Überleben bleibt, besteht die Pflicht zur Anwendung von Wiederbelebungsverfahren in den Grenzen der praktischen Möglichkeiten.« Das ist der Sachverhalt bei vielen ›Scheintoden‹, Fällen von Atemstillstand oder Kreislaufzusammenbrüchen, die als mehr oder weniger lang anhaltende Zwischenfälle in ganz oder teilweise reversible Krankheitsverläufe eingelagert sein können. Aber wozu dient und welchem Ideal entspricht die gleiche Bemühung bei Krankheitsverläufen, die unvermeidlich zum Tode führen müssen? Dabei denken wir sowohl an die sinnlose Verlängerung des Sterbens bei Kranken mit Gliomen oder Hirnmetastasen als auch an lebensverlängernde Maßnahmen bei Patienten mit amiotrophischer Lateralsklerose, die schwere Angstzustände haben und bei vollem Bewußtsein erleben, daß sie nur noch Parasiten eines Beatmungsgeräts sind . . . Nein.

Solche Maßnahmen sind heute überflüssig und unmenschlich. Wir müssen den Tod akzeptieren«, schließt Professor Lhermitte.
Behandeln, aber auf manche Kämpfe gegen den Tod, grausame, absurde und hoffnungslose Kämpfe, verzichten – das ist für die moderne Medizin ein Dilemma unter vielen, das unmittelbar aus dem medizinischen Fortschritt entstanden ist. Früher gab es dieses Dilemma nicht, weil der Mensch gar nicht in der Lage war, solche Kämpfe zu führen. Heute hat er die Waffen, aber er muß erst lernen, sie einzusetzen.

Bedenkliche Siege

Es ist für den Arzt verhältnismäßig leicht, darauf zu verzichten, einen Todeskampf zu verlängern, wenn keine Aussicht auf Überleben besteht.
Die Zwangslage entsteht aber sofort wieder, und zwar viel beklemmender, wenn solche Behandlungsmethoden in der Tat den Zustand des Patienten bessern könnten. Muß man dann stets ganz automatisch eine solche Behandlung durchführen? Einmal mehr zitieren wir einen klinischen Befund von Professor Hamburger: Ein Schwerkranker wird nach einer Operation in seine Station eingeliefert; der Patient befindet sich in einem besorgniserregenden Infektionszustand: »Die Blutkultur zeigt einen seltenen Erreger aus der Familie der Chromobakterien, einen außerordentlich pathogenen *Serratia,* der gegen alle Antibiotika außer gegen Kanamycin resistent ist. Die Neurotoxizität des Kanamyzin wird aber verzehnfacht bei Vorliegen einer Niereninsuffizienz (der Patient leidet unter einer totalen Harnsperre). Der Einsatz von Kanamyzin führt in diesem Falle mit hoher Wahrscheinlichkeit, ja, eigentlich mit Sicherheit zu einer Schädigung des achten Hirnnervs mit der Folge irreversibler Taubheit. Verzichteten wir auf die Verwendung von Kanamyzin, mußten wir damit rechnen, daß der Patient an der Sepsis, einer der gefährlichsten, die es gibt, sterben würde. Wir entscheiden uns schließlich dafür, Kanamyzin in einer Tagesdosis von 0,50, später 0,75 Gramm zu verschreiben, und zwar unter gleichzeitiger Infusion von 30 Millionen Einheiten Penicillin. Nach einem Monat im Koma, siebenmaliger Hämodialyse, zweimaligem Blutaustausch, mehreren Sauerstoffbehandlungen in der Überdruckkammer, sechs Wochen künstlicher Beatmung und der schwierigen Eindämmung einer eitrigen Arthritis des Hüftgelenks blieb der Patient schließlich am Leben. Er ist geheilt, aber er ist taub und sehr gebrechlich.«

Es gibt ›Siege‹ der Medizin, über die zu urteilen niemand wagen kann. »Darf man von einem Menschen bei dem Versuch, ihm das Leben zu retten, nur den Kopf und den Rumpf übrig lassen?« fragt Professor Hamburger. Darf man, wenn der Sieg über den Tod überhaupt möglich ist, wirklich niemals Vor- und Nachteile für den Patienten abwägen?
Wenn der Betroffene jedenfalls mitentscheiden könnte ... Aber in aller Regel ist er nicht bei Bewußtsein. Und selbst wenn er sich äußern könnte: ist es nicht menschenunmöglich, ihm alle Gefahren darzustellen, denen er sich aussetzt? Darf man darauf eingehen, wenn die Angehörigen die Behandlung ablehnen? Es ist unmöglich, hier etwas Allgemeingültiges zu sagen.
Der Fall des dritten Patienten, dem ein fremdes Herz eingepflanzt wurde, des amerikanischen Arbeiters Mike Kasperak, den der amerikanische Chirurg N. Shumway operierte, hat die Öffentlichkeit im Januar 1968 sehr bewegt. Hier folgt aus der Zeitung *Le Monde* eine Zusammenfassung des ›Leidensweges‹, wie es die Presse nannte, von Dr. Escoffier-Lambiotte: »Mike Kasperak, dessen Gesundheit vor der Herzverpflanzung sehr stark angegriffen war, befand sich vom 6. Januar, dem Operationstag, an in einem außerordentlich kritischen Zustand. Seine Leber gab sehr bald zu lebhafter Besorgnis Anlaß. Am 13. Januar wurde ihm im halbbewußtlosen Zustand die Gallenblase entfernt. In den folgenden Tagen machten wiederholte innere Blutungen zahlreiche Bluttransfusionen und sogar einen Blutaustausch erforderlich. Die Verschlechterung des Zustands zwang am 18. Januar zu einem weiteren Eingriff (Entfernung der blutenden Stellen im Zwölffingerdarm, Vagusdurchtrennung zur Herabsetzung der Magensekretabsonderung). Am 19. Januar entfernten die Chirurgen die Milz. Von nun an kämpfte das Ärzteteam, obwohl es auf das Schlimmste gefaßt war, vergebens gegen die unaufhörlichen inneren Blutungen bei Mike Kasperak, der schließlich am Sonntag um 3.43 Uhr verstarb.«
Wer könnte sich eines Schauderns bei der Lektüre dieses Berichts erwehren? Alle Zeitungsleser reagierten schließlich in der gleichen Weise: »Laßt ihn doch sterben!« Der Tod wurde als ein Recht von der Medizin gefordert! Aber kann man so sicher sein, daß die gleichen Leser an der Schwelle des Todes für sich oder für nahe Verwandte das gleiche Recht gefordert hätten?
Hinzu kommt, daß der Laie nicht weiß, daß ein solches Ringen auch zu einer echten Heilung führen kann. Dr. Escoffier-Lambiotte schreibt

in einem Kommentar zum Tod von Mike Kasperak: »Alle großen Intensivpflegestationen retten heute Kranke, die man früher aufgegeben hätte, und zwar fast immer um den Preis eines verbissenen Kampfes, oft mit sechs oder zehn chirurgischen Eingriffen nacheinander. Dieser Kampf fordert den ganzen Einsatz, das ganze wissenschaftliche, technische und menschliche Potential des verantwortlichen Teams.«

So gibt es bedenkliche Siege an der Schwelle des Todes. Aber es gibt auch bedenkliche Siege an der Schwelle des Lebens. Denn: muß man das ganze Arsenal der Medizin aufbieten, um jede Schwangerschaft zu erhalten, jedes Neugeborene zu retten? Die Frage klingt ungeheuerlich. Aber sie stellt sich für das Gewissen jedes Arztes, und zwar um so schärfer und belastender, je größer die Fortschritte in der Therapie werden. Einst war es dem Menschen praktisch nicht möglich, eine anormale Geburt vorauszusehen, einen Spontanabort zu verhindern, Wesen mit schweren Mißbildungen am Leben zu erhalten. Die Natur tat, was sie zu tun hatte: sie eliminierte, um zu erhalten. Heute ist das anders geworden. Der Mensch muß entscheiden. Und diese Entscheidungen sind stets schwierig und umstritten, wie es sich an den Problemen der Abtreibungen aus eugenischer Indikation, der Rötelnkinder und der Frühgeburten zeigt.

Bei der Zeugung verlaufen 20 Prozent der Befruchtungen anormal. Die Verschmelzung der beiden Keimzellen ist schlecht, das Kind, das daraus entstünde, würde eine Anomalie aufweisen. Wir finden aber nur ein anormales unter hundert Neugeborenen. Was ist da geschehen? Die Natur repariert nicht, sie eliminiert. In vielen Fällen stößt der weibliche Organismus das Ergebnis dieser Zeugung ab. Die Hälfte der Spontanaborte sind Abstoßungen anormaler Embryos.

Früher konnte der Mensch diese Abstoßung nicht verhindern. Heute eröffnen Hormonbehandlungen in etlichen Fällen die Möglichkeit, das Kind austragen zu lassen. Soll man also grundsätzlich den Korrekturmechanismus des Lebens ausschalten und das Risiko eingehen, Kinder mit schweren Mißbildungen zur Welt kommen zu lassen?

Der Fortschritt hat diese Gewissensfrage aufgeworfen und wird sie immer schwieriger gestalten in dem Maße, wie sich die Untersuchungsmethoden verfeinern werden. Vielleicht kann man eines fernen Tages die Mißbildungen des Embryos im Mutterleib genau bestimmen. Sollte man sich auch dann noch bemühen, den Abstoßungsmechanismus zu blockieren, obwohl man weiß, daß das Kind anormal sein würde?

Diese Situation ist im Sonderfall der Röteln schon eingetreten. Es steht jetzt fest, daß diese Krankheit, wenn sie während der drei ersten Schwangerschaftsmonate auftritt, in 100 Prozent der Fälle mißgebildete Kinder zur Folge hat. Aber hier unterbricht die Natur die Schwangerschaft nicht. Wenn also der Mensch nicht eingreift und eine Abtreibung vornimmt, wird das Kind geboren, und zwar mit Mißbildungen. Solange die Beziehungen zwischen Krankheit und Mißbildung nicht eindeutig nachgewiesen war, stellte sich das Problem nicht. Die Entdeckung bringt also eine neue Verantwortung.

Jede Gesellschaftsordnung reagiert darauf nach ihren Moralvorstellungen. Frankreich lehnt es ab, Frauen, die in dieser Lage sind, die Abtreibung zu gestatten. Ein Gericht in den Vereinigten Staaten dagegen hat im Oktober 1968 ein Krankenhaus verurteilt, das sich geweigert hatte, die Schwangerschaft bei einer an Röteln erkrankten Patientin zu unterbrechen. Das Kind war taub und teilweise blind zur Welt gekommen und hatte Zuckungen. Das Gesetz des Staates New York erlaubt den Eingriff, aber die Ärzte hatten ihn nicht für notwendig gehalten. Einige Jahre vorher hatte eine Amerikanerin, die ein conterganähnliches Mittel genommen hatte, die Abtreibung in Schweden vornehmen lassen müssen, weil die amerikanischen Gesetze den Eingriff noch nicht gestatteten.

Es werden heute wahre Wunder vollbracht, wenn es darum geht, Sechs- oder Siebenmonatskinder am Leben zu erhalten. In ›vormedizinischer‹ Zeit hätte keines von ihnen überlebt. Ein echter Triumph der Medizin! Aber etwa ein Drittel dieser ›Wunderkinder der Wissenschaft‹ muß sein Leben mit einer Mißbildung oder einem Gebrechen bezahlen. Außerdem ist das Problem damit nicht ausgestanden. Viele bei ihrer Geburt anormale Kinder können nur um den Preis intensiver Pflege leben. Natürlich ist keine Rede davon, anormale Kinder zu töten, aber muß man in allen Fällen den Kampf mit allen Mitteln der Wissenschaft aufnehmen? Sollte sich der Arzt bei den schwersten monströsen Mißbildungen nicht lieber zurückhalten? Kürzlich ist ein solches Verhalten von Erzbischof Lambrozhini von Perugia empfohlen worden. Es könnte in Zukunft zur Notwendigkeit werden.

Patient oder Versuchskaninchen?

Nicht nur der Sieg ist umstritten, auch der Sinn des Kampfes überhaupt. Was hat das Ziel des Arztes zu sein: die Heilung des Kranken oder der Fortschritt der Wissenschaft? Die beiden Aspekte sind untrennbar verbunden. Jede Behandlung bereichert das ärztliche Wissen, und sei es nur, indem sie dem behandelnden Arzt eine zusätzliche Erfahrung vermittelt. Das versteht sich von selber und ist auch gut so.

Dennoch ist es sehr schwierig, zwischen den beiden Zielen das richtige Gleichgewicht zu finden. Bei der Erprobung einer neuen Behandlungsmethode wird der Patient jedesmal erheblich gefährdet. Trotz aller Tierversuche bleibt ein hoher Unsicherheitsfaktor beim Übergang auf die Humantherapie. Die ersten Versuche sind häufig enttäuschend und bedrohlich. Aber die Behandlungstechnik profitiert sehr rasch davon. Die Therapie hat Erfolg und wird bald Gemeingut aller Ärzte. Leider muß es ›erste Male‹ geben, um die Medizin vorwärtszubringen.

Die Öffentlichkeit hatte den Eindruck, daß Mike Kasperak dem Dr. Shumway auch etwas als Versuchskaninchen diente. Dieser Eindruck hat das Unbehagen verstärkt. Das Problem an sich ist ja nicht neu: alle Pioniere der Medizin haben mit ihrem Gewissen ringen müssen. Aber sie durften die beklemmende Entscheidung mit sich selber ausmachen, während heute Millionen Menschen an ihr teilnehmen. Wie jeder Fortschritt ist auch der Fortschritt in der Medizin ein öffentlicher.

Die ganze Menschheit hat 1968 das Abenteuer der Herztransplantationen miterlebt. Sie hat das Wechselbad von Bewunderung, Entmutigung, Hoffnung und Skepsis zu spüren bekommen. Schon bei der Ankündigung der ersten Verpflanzungen meldeten etliche Ärzte, vor allem in Frankreich, Bedenken an. Die außerordentlich lange Überlebenszeit des Dr. Blaiberg ermutigte die Chirurgen. Aber die Bilanz des Jahres war erschreckend. Bei etwa hundert durchgeführten Herzverpflanzungen überlebten nur drei Patienten um länger als ein halbes Jahr. Die Hälfte der Operierten konnte nicht länger als einen Monat am Leben gehalten werden.

Die Ärzte bedachten die Situation. War nicht doch das Experiment ausschlaggebender gewesen als die therapeutische Absicht? Gewiß, die meisten Patienten waren Schwerstkranke gewesen, die über kurz oder lang hätten sterben müssen, aber hatte man nicht ihr Ende beschleunigt, indem man sich zuviel zutraute? Die Planungsgruppe des britischen Ärzteverbands zeigte sich ablehnend. Im Januar 1969 beschloß das Kardeologische Institut von Montreal, die Herzverpflanzungen einzustellen: bei neun Operationen waren nur zwei Patienten am Leben geblieben. »Ich persönlich habe das Gefühl, daß es un-

ter diesen Umständen unmoralisch wäre, weiterzumachen«, erklärte Dr. David, der Direktor des Instituts.
Hätte man es tun sollen oder nicht? Diese Frage läßt sich nicht mit ja oder nein beantworten. Die Medizin verwendet heute Behandlungsmethoden, die ganz üblich geworden sind, obwohl sie bei den ersten Versuchen sehr enttäuschende Ergebnisse brachten. Professor Jean Bernard führt ein Beispiel an: »Der vollständige Blutaustausch beim Neugeborenen mit Rh-Faktor-Unverträglichkeit erschien außerordentlich gefährlich. Die Männer, die das Wagnis auf sich nahmen, haben das Schicksal dieser Kinder gewendet. Vorher mußten neun von zehn sterben; jetzt werden neun von zehn gerettet. Ebenso erregend, aber technisch noch schwieriger, waren die ersten Blutaustauschversuche bei älteren Kindern und Erwachsenen. Sie haben die Leukämiekranken, an denen man sie vornahm, nicht gerettet. Aber sie gaben zum erstenmal die Möglichkeit einer Besserung und der Blutaustausch wurde später über einen Seitenweg, der so oft in der Forschung zu Erfolgen führt, zur Behandlungsmethode bei anderen Krankheiten. Heute erlaubt er, Patienten mit Vergiftungen und Urämien zu heilen.«
So muß der Arzt es in jedem Einzelfalle mit seinem Gewissen ausmachen, ob der Augenblick gegeben ist, da er das moralische Recht zu haben glaubt, eine neue Behandlungsmethode zu erproben. Er hat es fertigzubringen, im Interesse der ganzen Medizin zu arbeiten und dennoch das Interesse des einzelnen Kranken getreulich zu wahren. Der Dualismus Therapie-Experiment gehört zum Fortschritt der Medizin und kann nicht durch ein einfaches, allgemeingültiges Gesetz aus der Welt geschafft werden. So steht die Medizin zwischen zwei Extremen: den Patienten als Versuchskaninchen benutzen oder die Weiterentwicklung der ärztlichen Kunst anhalten.
Die Ärzteschaft hat sich natürlich ganz eindeutig gegen gewisse Praktiken ausgesprochen, bei denen sich Strafgefangene gegen die Zusage einer Haftverkürzung als ›freiwillige‹ Versuchskaninchen zur Verfügung stellen. Ebenso verurteilte sie die Einspritzung von Krebszellen bei gesunden Personen, wie das eine Zeitlang bei einigen amerikanischen Forschungszentren üblich war. Aber sobald der Sachverhalt weniger eindeutig ist, wird die Entscheidung schwierig.
In einer kürzlich erschienenen Untersuchung hat sich Professor Lenègre ausführlich mit diesem Thema beschäftigt. Er erinnert daran, daß noch 1883 der große Chirurg Billroth der Meinung war, es sei ein Verbrechen, das Herz eines Menschen mit dem Skalpell anzu-

gehen. Nach dem Eid des Hippokrates hat das Interesse des Kranken das einzige Anliegen des Arztes zu sein. »Die ärztliche Ethik, die unmittelbar von der gesellschaftlichen Entwicklung beeinflußt wird, hat zunehmend statt des einzelnen die Gemeinschaft im Auge, und zwar so sehr, daß der Arzt heute nicht mehr nur an seinen Patienten denken kann ... Der einzelne Kranke ist nicht mehr die alleinige Sorge und der alleinige Gegenstand der ärztlichen Kunst; auch die Interessen der Gemeinschaft müssen berücksichtigt werden, die den Fortbestand der Spezies Mensch sichert und heute wie einst und in der Zukunft nur in solidarischer Geschlossenheit bestehen kann.«

Aber wer kann dafür die ständig neuen Regeln schaffen? »In Frankreich wird es darauf ankommen«, meint Professor Lenègre, »aus den Erfahrungen einiger anderer Länder zu lernen und auf der Ebene der biomedizinischen Forschungszentren Ausschüsse von Ärzten zu bilden, die mit der Untersuchung der ethischen Aspekte der Forschungsmethoden beauftragt sind. Über diesen Regionalausschüssen würde eine Instanz für das ganze Land vorzusehen sein ... Sie hätte aus Ärzten zu bestehen, die zugleich Fachleute auf den Gebieten der mitbetroffenen Wissenschaften, also Morallehre und Jurisprudenz, zu sein haben, um eine zusätzliche Gewähr für die Einhaltung strenger moralischer Maßstäbe zu bieten. Vielleicht wäre es sogar eine Aufgabe für den Rat der Internationalen Organisationen für medizinische Wissenschaften, eine internationale Arbeitsgruppe vorzuschlagen, deren Stellungnahmen und Empfehlungen eine Grundlage für die nationalen Gremien darstellen könnten.« Eine solche Organisation könnte nicht nur Regeln aufstellen, sondern auch für besonders schwierige Versuche qualifizierte Spezialisten bestimmen. Das ist die Ansicht eines der Vorkämpfer der Herzverpflanzung in Frankreich.

Verstehen – Verzeihen

Alles verstehen heißt alles verzeihen. Ein beliebtes Aufsatzthema ... Psychiatrie, Psychoanalyse, Psychologie und Soziologie haben es unternommen, den Geist des Menschen verstehen zu wollen. Untergraben sie damit nicht eine der Stützen menschlichen Zusammenlebens: die Möglichkeit, Verhaltensweisen zu verurteilen, Verbote auszusprechen, Strafen zu verhängen?

Der Mensch als Mitglied der Gesellschaft braucht klare Maßstäbe im Sinne von Gut und Böse, Erlaubt und Unerlaubt. Die Wissenschaft entzieht diesen Maßstäben ihre Begründung. Die moralischen Kriterien zerschlägt sie zu Scherben. Sie trägt Verwirrung in die Gemüter und in die Gesellschaftsordnungen.

Gewiß ist die Existenz anormaler Geisteszustände von jeher anerkannt worden. Aber man machte sich die Lösung dieses Problems ziemlich einfach. War er gemeingefährlich, wurde der Geisteskranke verwahrt. War er harmlos, ließ man ihn frei laufen. Galt er als zurechnungsfähig, wurde er nach dem für alle gültigen Gesetz behandelt. War er es nicht, wurde er daran gehindert, Schaden anzurichten. Im Vollbesitz seiner Unwissenheit entschied der Mensch ohne langes Zögern.

Jetzt kennt er seine Ungewißheit. Er hat gelernt, wie komplex die Psyche ist. Simplifizierende Erklärungen genügen ihm nicht mehr als Antwort. Die Wissenschaft ist gekommen, die Moral hat ihren Hochmut verloren. Sie schwimmt im Ungewissen.

Unsicher gewordene Eltern, die ihre Autorität nicht mehr einzusetzen wagen, unsicher gewordene Frauen, die eben noch tugendhaft und nun vielleicht nur noch frigide sind, unsicher gewordene Individuen, die sich fragen, ob sie überhaupt geistig normal sind. Das Unbehagen ergreift alle Gesellschaftssysteme. Sieg der Wissenschaft, die alle traumatisierenden Erziehungsmethoden verwirft, die normale Entfaltung der Sexualität sicherstellen und Neurosen gar nicht erst entstehen lassen will. Und zugleich: bedenkliche Wirkung der Wissenschaft, die mit jeder Gewißheit aufräumt und Zweifel in die Gemüter sät.

Die skandinavischen Länder haben die Folgerungen aus der Psychoanalyse – oder was sie dafür hielten – ins Extrem getrieben. Keine Tabus mehr, keine Schranken. Pornographie und Homosexualität wird Hausrecht gewährt. Etliche Bürger verlangen vom Staat, er müsse die Befriedigung der geschlechtlichen Bedürfnisse jeder Art organisieren. Das alte katholische Europa schaut zu, verblüfft und mit ironischem Lächeln. Sind die Leute verrückt oder allen anderen voraus? Sind sie von einem Modernitätsfimmel besessen? Keiner weiß es. Aber das Schauspiel stiftet Verwirrung oder gar Bestürzung angesichts der ›Sexwelle‹.

Anstatt sich grundsätzlich an überkommene Werte zu klammern, sollte man sich vielleicht fragen, ob man denn wirklich die sexuellen Reaktionen des Menschen wie den Liebestanz der Stichlinge analysieren kann, die trüben Tiefen der kindlichen Sexualität ausloten, den Einfluß hormonaler Faktoren auf homosexuelle Neigungen berechnen – und weiterhin bestimmte Verhaltensweisen als schulhaft behandeln? Wir unterziehen sie andererseits moralischer Bewertung.

Die notwendige Neubesinnung wird uns keine Gewißheit bringen. Aber vielleicht gibt sie uns Gelegenheit, einige unvermeidliche Anpassungen vorzunehmen. Auf bestimmte Rechtsnormen zu verzichten, die ihrer ganzen Art nach auf die Enkel Freuds, Pawlows und der Psychiater nicht mehr anwendbar sind. Auch auf die Entwicklung einzuwirken. Einige Bastionen zu verstärken und unhaltbare Positionen aufzugeben. So gewiß es keine Moral der modernen Sexualität gibt, so gewiß sind manche alten Moralvorstellungen überständig.

In jeden Gerichtssaal trägt die Wissenschaft diese Ungewißheit. Wie exemplarisch eindeutig waren doch die Prozesse früher! Man interessierte sich nicht für das Verhalten der Mutter, nicht für die erbliche Belastung des Angeklagten, nicht für Verdrängungen, nicht für charakterbedingte Neigungen. Man saß über eine Tat zu Gericht. Ganz objektiv. Das Gesetz sah die entsprechenden ›Tarife‹ vor, die man nur anzuwenden brauchte. Jetzt wird die Justiz von der Objektivität im Stich gelassen. Die Subjektivität ist da und verlangt, daß ihr Gesetz zu gelten habe.

Vom Geschworenen wird verlangt, ein moralisches Urteil abzugeben, und zwar in eindeutiger Weise. Aber vorher kommt ein Psychiater und legt einen medizinischen Befund vor. Der Geschworene, völliger Laie auf diesem Gebiet, bekommt vom Gutachter in der geziemenden Fachterminologie die psychischen Mechanismen dargestellt, die den Angeklagten dazu bewegt haben, seine Tat zu begehen. Sehr schön. Um wieviel müßte also die Strafe herabgesetzt werden? Der Psychiater schweigt sich aus. Es ist Sache des Vertreters der Gesellschaft, nach bestem Wissen und Gewissen zu urteilen. Er hat die Schizophrenie, die Paranoia oder die Neurose in Jahre Freiheitsentzug umzurechnen. Er hat die mehr oder weniger willkürliche Unterscheidung zwischen Krankheit und Verbrechen zu treffen.

Die Berücksichtigung der psychologischen Faktoren bedeutet für die Rechtspflege einen erheblichen Fortschritt. Allerdings erhofft sich die Öffentlichkeit von ihr in aller Unschuld eine Klärung der Probleme, obwohl sie nur Ungewißheit bringen kann oder allenfalls die Gewißheit, daß es keine ›gerechte Gerechtigkeit‹ gibt. Der Geschworene fällt seinen Spruch nach bestem Wissen und mit schlechtem Gewissen. Er weiß jetzt, daß er etwas Unwägbares gewogen, über etwas nicht zu Richtendes gerichtet hat. Ein Fortschritt = ist ein Problem. So lautet die Regel.

Seit die Medizin in die Tiefen des menschlichen Geistes eingedrungen ist, seit sie bestimmte Geisteskrankheiten heilen kann, ist jede Einweisung in eine Nervenheilanstalt eine zweifelhafte Sache geworden. Wann darf man einweisen? Wann darf man entlassen?
Und die Öffentlichkeit? Der unvorgebildete, der ›normale‹ Mann von der Straße? Er sieht, wie die Strafen milder, die Einweisungszeiträume kürzer werden. Er liest in seiner Zeitung, daß ein entlassener Strafgefangener rückfällig geworden ist, daß ein sexuell abnorm Veranlagter einen neuen Überfall begangen hat, nachdem er eben wieder in Freiheit gesetzt worden ist. Er entrüstet sich. Er will nicht verstehen. Er wünscht Gewißheit und Sicherheit. Aber das sind überholte Begriffe. Die Moral ist subjektiv und relativ geworden. Der Mensch, von den unvorhergesehenen Folgen des Fortschritts überrascht, nimmt ganz zwangsläufig eine wissenschaftsfeindliche Haltung ein.
Dieses Unbehagen in und an der Justiz hat geradezu dramatische Formen angenommen, seit man die Störungen entdeckt hat, die mit dem Vorhandensein eines zusätzlichen Geschlechtschromosoms verbunden sind. Die gesamte Information, die nötig ist, um Aufbau und Funktionen eines Menschen zu ermöglichen, ist ja in 23 Chromosomenpaaren enthalten. Diese Information steckt in jeder Zelle des menschlichen Körpers. Leider macht die Natur manchmal einen Fehler. Einige Menschen haben ein 47. Chromosom. Wenn es sich dabei um ein Y-Geschlechtschromosom handelt, bewirkt diese Anomalie keine erkennbare Mißbildung, aber bei Untersuchungen an den Insassen von Strafanstalten stellte man fest, daß der Anteil der Träger dieser Anomalie dort zehnmal höher ist als bei der übrigen Bevölkerung. Was folgt daraus? Daß es sich um eine Art erblicher Prädisposition zur Gewalttätigkeit, aber in keiner Weise um ein Determiniertsein handelt. Bei den meisten Menschen sind die antisozialen, aggressiven Neigungen einwandfrei gehemmt.
Bei bestimmten Individuen und unter bestimmten Umständen können sie deutlicher zutage treten. Und in Grenzfällen führen sie zur Gesetzesübertretung oder sogar zum Verbrechen.
Der Arzt, genauer gesagt der Genetiker, kann heute das Vorhandensein dieses zusätzlichen Chromosoms erkennen. Aber er ist nicht in der Lage, dessen Auswirkungen zu verhindern.
Das Problem ist in Frankreich im Oktober 1968 akut geworden. Daniel Hugon war des Mordes an einer Prostituierten angeklagt. Er trug das böse Mal in seinem Erbgut. Die Auseinandersetzung zwi-

schen den Richtern und den medizinischen Gutachtern, wie sie *Le Monde* wiedergab, wirft ein bezeichnendes Licht auf die Ohnmacht der Gesellschaft.
Professor Lafon erklärte dem Gericht, diese Personen stellten »eine gewisse potentielle Gefahr« dar. Dann erinnerte Professor Lejeune, ein Genetiker von Weltruf, an die Grenzen der medizinischen Erkenntnis: »Wir wissen nicht, in welcher Weise ein Chromosom die Person verändert. Aber wir müssen sagen, daß der Träger eines überzähligen Chromosoms als krank angesehen werden muß. Dabei handelt es sich um eine Krankheit, deren Existenz erst seit kurzem allgemein anerkannt wird und von der wir nichts wissen.«
Naheliegenderweise stellt der Staatsanwalt im Namen der Gesellschaft, die klare Auskünfte von der Wissenschaft erwartet, die Frage: »Und was hat mit diesen Menschen zu geschehen?«
»Ich glaube nicht, daß ich diese Frage beantworten kann. Das einzige, was ich als Arzt sagen kann, ist, daß diese Menschen sich freiwillig in geschützter Umwelt behandeln lassen sollten«, erwidert Professor Lejeune.
Der Staatsanwalt fragt weiter: »Glauben Sie, daß Hugon, der bereit ist, sich behandeln zu lassen, der gerettet werden möchte, nach seiner Entlassung bei geeigneter ärztlicher Überwachung und in einem geeigneten sozialen Rahmen Aussicht auf Heilung hätte?«
»Diese Frage kann niemand beantworten. Das Wagnis eingehen hieße: wir rechnen mit einem Erfolg. Und das können wir nicht.«
»Außerdem müßte es erst einmal solche Anstalten geben«, erklärt der Vorsitzende des Gerichtshofs, »und, so bedauerlich das sein mag, es gibt sie nicht.«
Ein bezeichnender Dialog für das Verhältnis zwischen Gesellschaft und Ärzteschaft, bei dem jeder Teil die Verantwortung auf den anderen abladen möchte. Am Ende hat das Gericht Daniel Hugon zu sieben Jahren Freiheitsentzug verurteilt, was annähernd das für solche Verbrechen übliche Strafmaß darstellt. Wer könnte von diesem Ergebnis befriedigt sein? Wer könnte ein befriedigenderes vorschlagen?
Es dürfte in Frankreich fünfzig- bis hunderttausend Personen geben, die diese Anomalie aufweisen. Die Wahrscheinlichkeit, daß sie sich eines Tages gewalttätig verhalten, ist sehr gering. Auf jeden Fall geringer als die Wahrscheinlichkeit für einen guten Fahrer, einen tödlichen Unfall zu verursachen. Es ist undenkbar, sie von der Gesellschaft abzuschließen, und sei es in speziellen Einrichtungen, wo

sie angenehme Aufenthaltsbedingungen hätten. Die Ärzte können allenfalls eine bestimmte Lebensweise, vielleicht auch vorbeugende Behandlungen empfehlen. Und ihre strafrechtliche Verantwortlichkeit werden die Richter noch auf lange Zeit nicht anders bemessen können.

Nach und nach wird die Moral von der Medizin überwältigt. An die Stelle der Repression tritt die Therapie. Man vermeidet Worte wie ›Strafe‹ oder ›Bestrafung‹, weil sie ungeeignet erscheinen. Lieber spricht man von Resozialisierung oder Behandlung. Nur weiß man leider meistens nicht, wie man behandeln soll.

Was soll man verurteilen? Was soll man erlauben? Je größer die Fortschritte in der Kenntnis vom Menschen, um so schwieriger wird es, etwas zu verbieten. Wie weit darf diese Entwicklung führen? Müssen nicht vielleicht wirklich Institute geschaffen werden, wo man sich – nach einem Ausdruck von Professor Fourastié – über die ›prospektive Moral‹ Gedanken macht, also die Auswirkungen des Fortschritts auf die sittlichen Werte zu bestimmen sucht? Wann ist ein Täter als krank anzusehen? Welche Verhaltensweisen müssen auf jeden Fall verboten bleiben? Einfache, allgemeingültige, absolute Normen gibt es nicht mehr. Wir werden zweifellos nachdenken und Richtlinien erarbeiten müssen, aber keine Organisation und kein einzelner kann die alte Gewißheit wieder herstellen.

Die unerschwingliche Medizin

Alle diese Probleme wären nicht so beklemmend, wenn nicht die Gesellschaft in allen Ländern in ihren Möglichkeiten beschränkt wäre durch die begrenzten Mittel, die sie für die Medizin bereitstellen kann. Diese Mittel werden immer kleiner sein als der unendlich große Bedarf. Es ist ja nicht damit getan, daß eine medizinische Entdeckung gemacht wird: es muß auch das Geld da sein, um sie allen Kranken zugute kommen zu lassen. Hier wird es immer eine unüberwindliche Grenze geben. Man kann davon ausgehen, daß die 30 Milliarden Francs, die in Frankreich jährlich für die Krankenversicherung ausgegeben werden, nicht genug sind; daß diese Summe um 25 Prozent oder gar um 50 Prozent höher sein müßte. Damit wäre aber das Problem nicht gelöst. Alles wird niemals zu schaffen sein. Das läßt sich schon an wenigen Beispielen deutlich machen. Das Problem der künstlichen Niere, von dem Professor Hamburger auf dem schon erwähnten Kongreß für Moral in der Medizin sprach, ist besonders einleuchtend.

»Wir haben mit dieser Vorrichtung eine therapeutische Möglichkeit, die theoretisch etwa 10.000 Franzosen, die jährlich an Urämie sterben, vor dem Tod bewahren kann. Aber ein Behandlungszentrum wie das unsere kann das Verfahren bei höchstens 15 bis 20 Kranken anwenden. Unterstellen wir, es würden in Frankreich die 500 Nierenbehandlungszentren, die für die Urämiekranken in unserem Lande notwendig wären, eingerichtet. Wir können von ungefähr 50.000 Francs jährlichen Behandlungskosten je Patient und von Investitionskosten in Höhe von etwa 1,5 Millionen Francs je Behandlungszentrum ausgehen. Natürlich wird sich die Zahl der zu versorgenden Kranken jedes Jahr um die gleiche Zahl erhöhen, weil ja die ersten Patienten weiterbehandelt werden müssen – ein Abbruch der Dialysebehandlung hätte den sofortigen Tod zur Folge. Eine überschlägige Rechnung ergibt bei einer ›Lebenserwartung‹ von zehn Jahren für diese Kranken, daß in Frankreich in zehn Jahren 100.000 Patienten laufend versorgt werden müßten. Das bedeutet eine jährliche Ausgabe von annähernd 35 Milliarden Francs.«
Dieser Betrag liegt also über den jährlichen Ausgaben für die Krankenversicherung. Und Professor Hamburger gelangt zu der Feststellung: »Einige neue technische Möglichkeiten, die verhindern können, daß der Mensch an einer bisher tödlichen Krankheit stirbt, sind offensichtlich zu teuer, um allgemein angewendet zu werden ... Wenn demzufolge nur einige Patienten behandelt werden können, wie soll man entscheiden zwischen denen, die des Weiterlebens würdig sind, und denen, die man sterben läßt?«
So ist die Situation bei vielen hochkomplizierten Heilverfahren, nicht zuletzt natürlich bei den Herzverpflanzungen. Jede Operation kostet ungefähr 150.000 Francs. ›Lohnt sich das?‹ Der Ausdruck klingt erschreckend, aber er ist nicht zu umgehen. Es sterben heute Menschen, weil die notwendige Behandlung so teuer wäre, daß es ›sich nicht lohnt‹, sie durchzuführen. Solche Rentabilitätserwägungen beziehen manchmal sogar die zur Verfügung stehende Menge Blut ein. Professor Bernard weist ausdrücklich darauf hin: »Wir haben schon gelegentlich auf den Blutaustausch bei akuter Leukämie verzichten müssen, weil diese Behandlung nicht immer eine – ohnehin nur geringfügige – Besserung des Zustands bewirkt und weil der Blutbedarf der Patienten, bei denen von der Transfusion eine echte Heilung erwartet werden kann, so groß ist, daß es den für die Blutversorgung Verantwortlichen nicht sinnvoll erschien, größere Mengen für die Leukämiekranken zur Verfügung zu stellen.«

Und er, der Arzt, stellt dann die Frage nach der Wirtschaftlichkeit: »Ist es angesichts der ungenügenden Zahl von Ärzten und Pflegepersonal überhaupt vertretbar ..., die ganze Bemühung einer Krankenhausstation auf einen Patienten zu konzentrieren und andere, weniger schwer Erkrankte zu vernachlässigen, die dann unter einer unzulänglichen Versorgung sehr zu leiden haben?«

Das ist genau der Sachverhalt: was man für den einen tut, unterläßt man bei dem anderen. Die äußerst differenzierten Behandlungsmethoden bei Schwerkranken führen in der Regel nur zu einer Besserung, während die Behandlung der noch nicht in einem so fortgeschrittenen Stadium befindlichen Patienten die völlige Heilung bewirken kann. Damit stellt sich die Frage der vorbeugenden Medizin.

Vorbeugen ist besser als Heilen

Frankreich geht davon aus, soundsoviele Millionen Francs für die Krebsbehandlung aufbringen zu können. Wie ist diese Summe am besten zu verwenden? Soll man trotz geringer Heilungsaussichten alles für die schweren Krebsfälle ausgeben? Soll man die besonders schwer Erkrankten aufgeben und versuchen, die Krankheit möglichst systematisch im Frühstadium zu erkennen, wenn noch eine echte Aussicht auf Heilung besteht? Die Entscheidung ist unmenschlich, aber nicht zu umgehen.

Die Wirksamkeit der Krebsbehandlungsverfahren ist abhängig vom Fortgeschrittensein der Krankheit zum Behandlungszeitpunkt. Es gibt zahlreiche Möglichkeiten der Früherkennung, vor allem in Form von Malignitätstests, also der Suche nach bösartigen Zellen, die offenbar sehr bald vom Primärherd in den Organismus zu wandern beginnen. Man kann sie nachweisen, unter anderem im Speichel, im Urin, in den Exkrementen. Sie sind die Sendboten der Krebsquelle. Durch die Vervollkommnung der Methoden, durch häufigere Untersuchungen könnte man erreichen, daß viele Kranke behandelt werden, bevor die eigentlichen Symptome auftreten.

Durch zytologische Untersuchungen des Scheidenabstrichs kann man den Gebärmutterkrebs im Frühstadium erkennen. Aber diese Untersuchungen müssen regelmäßig, ein- bis zweimal jährlich, vorgenommen werden. Eine zu diesem Zeitpunkt einsetzende Behandlung kostet nur die Hälfte und bietet größere Aussichten auf Heilung. Die Sowjetunion, die auf diesem Gebiet führend ist, hat bereits ein Früherkennungssystem mit jährlich zweimaliger Untersuchung aller Frauen eingerichtet.

Die Japaner haben mit der Früherkennung des Magenkrebses begonnen, der dort geradezu ein Volksleiden ist. Sie verwenden ein fotografisches Verfahren, bei dem ein mikroskopisches Gerät in das Mageninnere eingeführt wird. Bei einer ersten Aktion wurden 392 beginnende Krebse festgestellt, von denen 30 Prozent noch keinerlei Symptome verursacht hatten. 90 Prozent der Betroffenen waren operabel. In 50 Prozent der Fälle war der Krebs im ersten Stadium. Üblicherweise werden nur 10 Prozent der Krebskranken im ersten Stadium behandelt.

Die Pariser Sozialversicherung hat eine systematische Aktion zur Mastdarmkrebserkrankung unternommen. 1123 in Frage kommende Personen wurden untersucht. Man fand 340 gutartige Geschwüre, 72 erschienen präkanzerös, 10 waren bösartig.

Angesichts solcher Erfolge könnte man versucht sein, alle Bemühung in die Vorbeugung zu investieren, und zwar auch deshalb, weil ähnliche Ergebnisse bei vielen Krankheiten erzielt werden können. So leiden beispielsweise 10 Prozent der Bevölkerung an Zuckerkrankheit, ohne es zu wissen. Dänemark hat Reihenuntersuchungen auf Diabetes vorgenommen, und zwar mit bemerkenswertem Erfolg: die rechtzeitig behandelten Kranken bleiben der Gesellschaft erhalten – und haben sogar eine überdurchschnittliche Lebenserwartung, jedenfalls nach Aussage der Statistik.

Andere Krankheiten können überhaupt nur präventiv behandelt werden. Das gilt zum Beispiel für Phenylketoneurie. Dabei handelt es sich um eine Stoffwechselinsuffizienz, die bei Neugeborenen beobachtet wird: der Organismus ist nicht imstande, Phenylalanin abzubauen. Nimmt das Kind Phenylalanin auf, so bleibt es geistig zurück, ja, diese Insuffizienz kann sogar zu unheilbarer Idiotie führen. Es kommt also darauf an, sie rechtzeitig zu entdecken, weil man dann darauf achten kann, daß die Nahrung in den ersten Lebensjahren kein Phenylalanin enthält. Dann wird das Kind völlig normal, während es andernfalls irreversibel geschädigt wird. Stellt man die Anomalie nicht zum Zeitpunkt der Geburt fest, besteht keine Hoffnung. Eines von 15.000 Neugeborenen hat diese Anomalie. Sie läßt sich mit einem sehr billigen Test nachweisen – er kostet nicht einmal einen Franc. Da die Krankheit aber so selten ist, kostet die Erkennung jedes Falles über 10.000 Francs. In Frankreich müßten über 500.000 Francs ausgegeben werden, um 50 Kinder zu retten.

Abgesehen von solchen spezifischen Untersuchungen wird man auch sehr viel häufiger Gesamtuntersuchungen vornehmen müssen, also das bei den Amerikanern übliche ›check-up‹, dessen Vorteile auf der Hand liegen. Bei jedem ihrer Jahreskongresse bietet die American Medical Association den Kongreßteilnehmern eine solche Untersuchung an. Bei 1.771 untersuchten Ärzten wurden 2.202 anormale Ergebnisse festgestellt. Zwei Drittel der Ärzte zeigten Symptome, die ihnen trotz ihrer Sachkenntnis nicht aufgefallen waren. In Schweden hat man 60.000 Personen einer gründlichen Reihenuntersuchung unterzogen: bei 1.200 von ihnen mußte sofort eine Behandlung begonnen werden, obwohl sie sich völlig gesund fühlten. Der geschäftstüchtige Dr. Knock in dem Theaterstück von Jules Romains hatte offenbar gar nicht so unrecht: es steckt wirklich in jedem Gesunden ein Kranker, der nicht weiß, daß er krank ist. Fazit also: vorbeugende Medizin für alle. Nur – wie können wir dann die Schwerkranken behandeln? Denn eine volle Ausnutzung aller Möglichkeiten der Vorbeugung würde zweifellos mehr kosten als das ganze Beitragsaufkommen der gesetzlichen Krankenversicherung. Neue Entscheidungen ...

Die Anormalen

Früher starb ein Neugeborenes mit schweren Mißbildungen bei oder kurz nach der Geburt; später überlebte es eine Zeitlang; heute kann es erwachsen werden. Gestern waren einige Krankheiten tödlich, die heute besiegt sind, aber das Erbgut verändern. Die Gesellschaft ist in Gefahr, einen immer höheren Anteil von geistig Zurückgebliebenen, von motorisch oder sensorisch Gestörten zu bekommen. Die meisten Länder haben vor dieser Auswirkung des Fortschritts praktisch kapituliert.

Die französische Bevölkerung zählt 1,5 bis 2 Millionen geschädigter Kinder. Der Bedarf an Pflegeanstalten ist nur zu 20 Prozent gedeckt, und selbst das verdanken wir vor allem der privaten Initiative vieler Wohlfahrtsverbände. Die Leistung des Staates liegt weit unter diesem Prozentsatz. Auf 682.650 geistig Zurückgebliebene gibt es nur 101.546 Heimplätze, auf 615.000 verhaltensgestörte Kinder nur 30.378. Die gänzlich Zurückgebliebenen werden nur von ganz wenigen Einrichtungen aufgenommen.

Dadurch erst wird die anormale Geburt zur Tragödie. Das Leben der Eltern und Geschwister wird zerstört, und das entwicklungsgestörte Kind wird von der Gesellschaft praktisch im Stich gelassen. Kommt es ins Erwachsenenalter und kann oder will sich die Familie seiner nicht mehr annehmen, so findet es nirgends seinen Platz. Es ist nicht krank, sondern behindert, und die Gesellschaft gesteht ihm das ›Recht auf Behandlung‹ nicht zu.

Hier könnte man versucht sein, von einem Versagen der kapitalistischen Gesellschaft zu sprechen. Schauen wir uns lieber die Zahlen an. Die täglichen Krankenhauskosten für ein stark zurückgebliebenes Kind sind mit 100 Francs anzusetzen. Allein für diesen Teil der Anormalen müßten also jährlich 5 Milliarden Francs ausgegeben werden, das sind 17 Prozent der Krankenversicherung. Wollte die Gesellschaft wirklich alle anormalen Kinder und Erwachsenen in ihre Obhut nehmen, so würde das gesamte Sozialversicherungsbudget nicht ausreichen.

Trotzdem müssen wir uns bemühen, gleichzeitig die Zahl der anormal zur Welt kommenden Kinder zu senken. Wenn die Anomalie schon bei der Zeugung angelegt ist, wenn sie im Bereich der Chromosomen auftritt, kann die ärztliche Kunst zwar nichts ausrichten: sie kann bessern, kann helfen, aber nicht wirklich heilen. Bei weitem nicht alle angeborenen Mißbildungen und Gebrechen jedoch sind genetischer Natur. Viele gehen auf Zwischenfälle beim Geburtsvorgang zurück. Allzu oft hört man die Meinung, die Entbindung sei ein ›natürlicher‹ Vorgang, der keiner besonderen Sorge bedürfe. In Wirklichkeit ist das Kind in seinen ersten Lebensstunden großen Gefahren ausgesetzt. Eine Ungeschicklichkeit, ein Kunstfehler können irreparable Gehirnschädigungen zur Folge haben. Jedes Jahr kommt es in Frankreich zu zwölf- bis fünfzehntausend solcher Geburtszwischenfälle. Unterstellt man, daß jedes dieser Kinder durchschnittlich zehn Jahre lebt, gibt es demnach in Frankreich 120.000 bis 150.000 anormale Kinder, die vollkommen gesund wären, wenn sie nicht bei ihrer Geburt geschädigt worden wären. Dabei könnten die meisten dieser Tragödien vermieden werden, wenn die schwangere Frau häufiger und sorgfältiger untersucht würde und ihr Kind in modern ausgestatteten Entbindungsstationen mit fachkundigem Beistand zur Welt brächte. Der Verhütung von Schädigungen beim Geburtsvorgang müßte also allererste Priorität eingeräumt werden, was erhebliche Aufwendungen bedeuten würde für die Ausbildung von Fachärzten und Geburtshilfepersonal, für die Schaffung entsprechender Kliniken oder Stationen und für die Sicherstellung aller notwendigen Maßnahmen für die werdenden Mütter.

In den psychiatrischen Krankenhäusern ist die Hälfte der Plätze von altersschwachsinnigen Greisen belegt, bei denen keinerlei Aussicht auf Heilung besteht. Aber weil es an geeigneten Einrichtungen für sie fehlt, pflegt man sie in den gleichen Häusern, in denen die jüngeren, heilbaren Patienten behandelt werden. Ergebnis: die Aufnahmekapazität reicht nicht aus. Es müßte also ein nach der Pflege- und Behandlungsintensität gegliedertes System von Krankenanstalten geben. Wenn Frankreich den Geisteskranken bieten wollte, was ihr Zustand erfordert, würde allein diese Aufgabe das ganze Budget der Sozialversicherung verschlingen.

Nun kann aber der Gesundheitszustand einer Bevölkerung nicht nur von der Medizin sichergestellt werden. Eine ganze Reihe von Gemeinschaftseinrichtungen und Sozialmaßnahmen kann zu seiner Verbesserung beitragen. Soll man Spezialkrankenhäuser für Unfallschwerstverletzte errichten oder das Straßennetz ausbauen, um die Zahl der Unfälle zu senken? Soll man das Platzangebot in den Nervenheilanstalten vergrößern oder die Sozialeinrichtungen und die Umwelt des Städters verbessern, um die psychischen Spannungszustände zu vermindern? Soll man neue Krebsbehandlungszentren schaffen oder gegen die Luftverschmutzung kämpfen? Soll man die außerordentlich teuren Einrichtungen für die Behandlung der fortgeschrittenen Leberzirrhose erweitern oder nachdrücklich gegen den Alkoholmißbrauch angehen? Bedenkt man alle diese nichtmedizinischen Ausgaben, so kommt man zu dem Ergebnis, daß der Verzicht auf einen großen Teil der medizinischen Aufwendungen und der Einsatz der Krankenversicherungsbeiträge für solche Aufgaben den Gesundheitszustand der Bevölkerung vielleicht verbessern würden. Soll man also primär gegen die Krankheit angehen oder gegen die ungesunden Lebensweisen, die sie hervorrufen? Die Antwort ist durchaus nicht von vornherein klar.

Das Problem des Alkoholmißbrauchs ist eine besonders einleuchtende Illustration für diesen Aspekt des medizinischen Fortschritts. In Paris und Umgebung werden 42 Prozent der Krankenhausaufwendungen für die Behandlung von Trinkern ausgegeben. Dieser erschreckend hohe Prozentsatz erklärt sich aus den sehr hohen Kosten dieser Behandlung. Die durchschnittlichen täglichen Pflegekosten betragen 12 Francs für einen ›normalen‹ Kranken und 41 Francs für einen Alkoholiker. 37 Prozent der Männer in den geschlossenen Abteilungen der Nervenheilanstalten sind Trinker. Man kann sich also leicht vorstellen, wie rentabel ein erfolgreiches Vorgehen gegen den Alkoholmißbrauch wäre. Doch müßte man das Übel bei der Wurzel pakken, also teure soziale Maßnahmen treffen.

Wenn man alle diese notwendigen Maßnahmen zusammenzählt, kommt man zu dem Ergebnis, daß selbst der ganze Staatshaushalt nicht ausreichen würde, den Fortschritt der Volksgesundheit dienstbar zu machen. Weil man aber nicht auf die Ausgaben für Erziehung, Infrastruktur, Verwaltung, Landesverteidigung usw. verzichten kann, reichen die verfügbaren Haushaltsmittel auf keinen Fall aus. Es muß also die Wahl getroffen werden zwischen Krankheiten, die geheilt und anderen, die nicht geheilt werden können, zwischen der Vorbeugung und den Spitzenleistungen der Medizin, zwischen Forschung und Therapie, zwischen der Erhaltung der Gesundheit und dem Kampf gegen die Krankheit. Diese Zwangslage ist nicht nur für ein Land spezifisch. Sie ist eine unmittelbare Folge des Fortschritts, wird also immer schwerer werden. Die Ärzte sind sich darüber vollständig im klaren.
»Die Verantwortlichen für die Planung und die Männer, deren Aufgabe es ist, die großen Trends in der Zukunft vorauszusehen, haben uns gewarnt: die Fortschritte in der Medizin sind so rapide, daß die Kosten der Krankheit für die Gesellschaft bald nicht mehr aufzubringen sein werden. Es muß darum eine Entscheidung getroffen werden. Wie wird diese Entscheidung aussehen? Wird man die harmloseren Krankheiten vernachlässigen auf die Gefahr hin, daß eine plötzliche Verschlimmerung eintreten könnte? Wird man beschließen, bestimmte Krankheiten überhaupt nicht mehr aktiv zu behandeln?« Soweit Professor Bernard.
Professor Lenègre gelangt zu ähnlichen Schlüssen: »Gewiß, der Preis eines Menschenlebens kann nicht in Zahlen ausgedrückt werden. Aber der Tag wird kommen, ja, er ist schon da, an dem wir ganz klar die Grenzen abstecken müssen, über die der Aufwand für die Medizin nicht hinausgehen darf ... Die finanziellen Möglichkeiten unseres Landes sind nicht unbegrenzt. Deshalb ist es durchaus nicht gesagt, daß die Ärzte immer und unter allen Umständen, mit allen Mitteln und ohne Einschränkung für jeden Menschen sein Recht auf Leben völlig sicherstellen können.«
Und J. Bourgeois-Pichat, der Leiter des Nationalen Instituts für demographische Forschungen, spricht die gleiche Warnung aus: »Der neue Kampf des Menschen gegen die endogene Sterblichkeit ... wird erhebliche Mittel erfordern, die nicht für alle zur Verfügung stehen werden. Es muß also bestimmt werden, wer sterben soll. Schon jetzt gibt es solche Fälle. Man denke an den genialen sowjetischen Physiker, der bei einem Autounfall verletzt und vom Tod gerettet wurde,

indem man alle medizinischen Möglichkeiten der ganzen Welt mobilisierte. In diesem Falle diktierte das Genie die Entscheidung, aber was wird man tun, wenn die Auswahl erst einmal unter Hunderttausenden von Patienten getroffen werden muß? Der Tod von morgen wird ein gesellschaftliches Phänomen sein, für das wir die Gesetze werden finden müssen. Auch das gehört dazu, wenn man die Sterblichkeit in den Griff bekommt.«

Jean Guitton hat recht, wenn er sagt, die moderne Medizin behandle den armen Mann wie einen Prinzen. Aber man muß bedenken, was das bedeutet. Man kann nicht jeden so behandeln. Und: wir sind gewarnt.

Gesundheit als Pflicht

Zur Gesundheitspolitik gehört die aktive Beteiligung aller Bürger – der gesunden und der kranken. Ohne sie ist jede Vorbeugung praktisch unmöglich. So bringt das ›Recht auf Behandlung‹ als natürliche Folge die ›Pflicht zur Gesundheit‹. Heute ist diese Verpflichtung nicht groß und bleibt weitgehend auf den Impfzwang beschränkt. Aber werden diese Forderungen der Gesellschaft nicht zunehmen? Es genügt ja nicht, ein Vorsorgesystem einzurichten; die Öffentlichkeit muß ›mitmachen‹. Nun wünscht zwar der Kranke behandelt zu werden, der Gesunde jedoch (oder der sich dafür hält) denkt gar nicht daran: er begibt sich fast immer zu spät in Behandlung. Beim Auftreten der ersten Symptome mag er sich noch nicht entschließen. Er wartet, bis er Zahnschmerzen hat, ehe er den Zahnarzt aufsucht, und er muß schon ernstliche Beschwerden haben, bevor er zum Arzt geht.

Gynäkologische Untersuchungen ermöglichen die Früherkennung des Gebärmutterkrebses, aber die Betroffenen sind noch nicht darauf eingestellt. »Man darf annehmen, daß jede Frau aus irgendeinem Grunde einmal im Jahr zum Arzt geht«, meint Professor Denoix. »Es muß zur Regel werden, daß bei diesem Besuch jedesmal ein Scheidenabstrich gemacht wird. Um das zu erreichen, muß man die Ärzte, aber auch die potentiellen Kranken überzeugen. Die Frauen wären sicher nicht so ohne weiteres bereit, diese Untersuchung vornehmen zu lassen, wenn man sie damit überfiele. Eine in England durchgeführte Umfrage hat ergeben, daß nur 10 Prozent der Frauen bei der jetzt üblichen Einstellung dazu bereit wären.«

Es ist also durchaus denkbar, daß man diese ›Pflicht zur Gesundheit‹ strenger handhaben, daß man viele regelmäßige Untersuchungen vorschreiben wird. Vielleicht wird es sogar so weit kommen, daß man die Behandlung auf Kosten der Allgemeinheit denen verweigern wird, die es ablehnen, diese in Zukunft wahrscheinlich häufigeren Untersuchungen vornehmen zu lassen. Kann man von der Gesellschaft verlangen, daß sie einen pflegt, wenn man nicht alles tut, um die eigene Gesundheit zu erhalten? Die Frage wird sich immer dringlicher stellen. Sie ist die logische Konsequenz des Kollektivcharakters der modernen Medizin.

Besonders akut ist sie bei den Alkoholikern. In Frankreich findet ein eingefleischter Trinker leichter Behandlung für die Krankheiten, die er selber in seinem Organismus hervorgerufen hat, als eine Mutter, die an ihrem Unglück gänzlich unschuldig ist, einen Pflegesatz für ihr schwachsinniges Kind. Ist das richtig? Andererseits: Darf man einem Menschen ärztlichen Beistand versagen, indem man erklärt, er habe sich ja sein Leiden selber durch übermäßigen Alkoholkonsum zugezogen? Zwischen diesen Extremen muß man eine Zwischenlösung finden, um jeden zu seinen Gesundheitspflichten zu zwingen. Natürlich ist es einfacher, einem rücksichtslosen Fahrer den Führerschein zu entziehen, als einem Trinker den Zugang zum Krankenhaus zu verweigern. Heute bildet sich die Gesellschaft noch ein, sie habe keine Entscheidung zu treffen, sie sei nicht verantwortlich. Unschuldig. Und das, obwohl sie schon jetzt die de-facto-Entscheidung gefällt hat, die anormalen Kinder ihrem Schicksal zu überlassen. Aber die können nicht protestieren, und ihre Eltern haben noch ein unklares Schuldgefühl, das sie daran hindert, offen Klage zu führen. Und das, obwohl fast ein Viertel der französischen Bevölkerung von dieser Entscheidung, die unsere Gesellschaft durch Untätigkeit fällt, unmittelbar oder mittelbar betroffen ist.

Doch wenn man von anormalen Säuglingen spricht, muß man den Mut haben, noch weiter zu schauen. Viele Biologen sind der Auffassung, daß die Medizin dabei ist, die Spezies Mensch dem Individuum zu opfern. Sie kann den einzelnen heilen, aber sie kann nicht die Chromosomstörungen und -anomalien reparieren, die er vielleicht in seinen Zellen trägt. Einst schützte der Tod die Art, indem er den Träger eines anormalen genetischen Materials ausmerzte. Heute kann der Betreffende Kinder zeugen und künftigen Generationen ein verschlechtertes Erbgut mitgeben. Wie lange kann eine Art überleben, wenn sie die natürliche Ordnung ablehnt, die sie gesund erhält? Das weiß niemand.

Große Ärzte und Biologen haben sich in London zur Untersuchung

dieser Frage versammelt. Die Auseinandersetzungen auf diesem Symposium (Thema: »Der Mensch und seine Zukunft«) sind ganz dazu angetan, die Gemüter zu beunruhigen.
Professor Hermann Muller, Nobelpreisträger für Medizin, vertrat die Auffassung, der jetzige Zustand »beschleunige die genetische Verschlechterung«, und schlug deshalb die allgemeine Einführung der künstlichen Befruchtung unter Verwendung »geeigneten Samens« vor. Es müßten also Sperma-Banken eingerichtet werden, und die Befruchtung würde unter Berücksichtigung genetischer Kriterien vorgenommen werden. »Das Ehepaar, das zu wählen haben wird«, erklärte er, »sollte dann in Kataloge Einblick nehmen können und von Ärzten, Psychologen, Genetikern beraten werden, ferner von Fachleuten auf den Gebieten, auf denen die Samengeber tätig sind ... Eine solche von den Eheleuten getroffene Entscheidung hätte einen höchst moralischen Charakter, wäre ein Dienst an der Gesellschaft und schon als solcher Lohn genug: die Eheleute wären stolz darauf und würden sich gar nicht bemühen, den Sachverhalt zu verheimlichen.«
Die Ansichten von Nobelpreisträger Dr. Joshua Lederberg sind mindestens ebenso erregend. Er meint, der Mensch müsse sich bemühen, weniger auf genetischem Gebiet als vielmehr während der Entwicklung des Embryos einzugreifen. Er nennt das ›Euphenik‹ im Gegensatz zur Eugenik. »Wenn wir es ernsthaft wollen«, sagt er, »ist es undenkbar, daß wir nicht sehr bald über die technische Grundlage für ein Entwicklungs-›Engineering‹ verfügen, das uns beispielsweise die Möglichkeit gibt, die Größe des menschlichen Gehirns durch Maßnahmen vor oder unmittelbar nach der Geburt zu beeinflussen.«
Die Äußerungen eines weiteren Nobelpreisträgers für Medizin, Dr. F. H. C. Crick, sind nicht weniger schockierend. »Ich sehe nicht ein«, erklärt er, »wieso es in einer humanistischen Ethik ein Recht auf Nachkommenschaft geben sollte. Ich glaube, wenn wir den Menschen klarmachen könnten, daß nicht nur sie selber betroffen sind, wenn sie den Entschluß zur Zeugung fassen, daß es sich dabei also durchaus nicht um eine Privatangelegenheit handelt, so wären wir einen gewaltigen Schritt weiter.« Und er gibt zu bedenken, ob nicht die Gesellschaft die Genehmigung zur Fortpflanzung erteilen müsse; das Normale für den männlichen Bürger wäre die Sterilität.
Die große Autorität dieser drei Ärzte verbietet es, solche Erwägungen mit einer Handbewegung abzutun. Reagieren sie als wirklich-

keitsfremde Gelehrte? Oder denken sie im Gegenteil gerade ganz realistisch, indem sie jede überkommene Moral beiseite lassen und sich nur an die unvermeidlichen Auswirkungen des Fortschritts halten? Alle drei stellen sie die gleiche Frage. Bis jetzt hat unsere Zivilisation sie nicht wahrhaben wollen. Tatsächlich wäre es ja möglich, daß die genetische Degeneration unserer Art so langsam verläuft, vielleicht über Tausende von Jahren, daß die Menschheit solche Maßnahmen nicht zu ergreifen braucht. Aber auch das Gegenteil ist denkbar. Wir wären sicher richtig beraten, wenn wir die Entwicklung sehr genau verfolgen würden, damit wir nicht eines Tages zu übereiltem Handeln gezwungen sind.
Diese Gelehrten sind ja keine Unmenschen, die auf intelligentere Weise tun wollen, was die Nationalsozialisten stur und brutal versucht haben. Sie sind als Wissenschaftler beunruhigt und stellen sich Fragen. Alle Erwägungen auf dem Londoner Kongreß zeigen das sehr deutlich. Die Zukunft ist besorgniserregend, und den Arzt, der über sie Klarheit zu gewinnen versucht, kommt manchmal ein angstvolles Schaudern an.

Die Rentabilität

Es müssen also Entscheidungen getroffen werden, eindeutige Entscheidungen. Wobei sich alle klar darüber sind, daß die eindeutigen Erkenntnisse auf diesem Gebiet sehr schrecklich sein können. Da darf man sich keine allzu großen Illusionen machen. Die bisherige Politik, durch Nichtstun zu handeln, wird sich immer schwieriger durchhalten lassen. Schon jetzt müssen wir uns auf diese Stunde der Wahrheit vorbereiten, indem wir uns bemühen, Lage und Ziele zu klären.
Der Begriff der Rentabilität wird in Zukunft die Tätigkeit des Arztes bestimmen. Auch hier wird das Schema von F & E gültig werden. Es wird eine kleine forschende Medizin geben, die durch den Fortschritt gerechtfertigt ist, und eine allgemeine, rentable Medizin für die klinische Anwendung. Die Rentabilität wiederum wird nicht nur nach den Kosten, sondern auch nach den zu erwartenden Ergebnissen beurteilt werden. Ein Heilverfahren, bei dem der Patient auf jeden Fall gebrechlich und der Gesellschaft zur Last bleibt, wird als weniger rentabel angesehen werden als ein anderes, das im Erfolgsfalle die Gesundheit vollständig wiederherstellt.
So gesehen ist die Schutzimpfung der Fortschritt schlechthin. Die künstliche Niere dagegen oder die Behandlung schwerer Zirrhosen, die auf unabsehbare Zeit erhebliche Mittel erforderlich machen, wer-

den vielleicht nicht allgemeine Verwendung finden. Das heißt, ein Sieg der Medizin wird nur dann ein echter Sieg sein und sich durchsetzen, wenn die Behandlung wirtschaftlich ist, also entweder eine Krankheit verhindert oder völlige Heilung ermöglicht.

Solche Siege zu erringen, kostet Unsummen und ist mit vielen Fehlschlägen verbunden. Das ist das Feld der Entwicklungsarbeit; sie sorgt für den Fortschritt der medizinischen Technik bis zum Stadium der allgemeinen Einführung.

Die Präventivmedizin zum Beispiel ist undurchführbar, so lange sie teurer und komplizierter Untersuchungen bedarf. Aber mit zunehmendem Fortschritt werden die Analysen automatisiert; die Materialkosten sinken. Die Medizin tut den Schritt von der Forschung zur Anwendung. Die ersten Gesamtuntersuchungen wurden mit Techniken durchgeführt, die viel zu aufwendig waren, als daß sie allgemein hätten verwendet werden können. Vor wenigen Jahren noch kostete ein solches ›check-up‹, selbst wenn es nicht sehr gründlich war, ungefähr 200 Francs. Die Kosten für die Gesamtbevölkerung wären unerschwinglich gewesen. Heute kann das gleiche für 30 Francs getan werden. Die niedrigen Kosten erklären sich aus der Organisation einer systematischen Reihenuntersuchung, aus der Beschränkung auf die wichtigsten Phänomene und aus der Verwendung moderner Auswertungsmethoden. Zu diesem Preis kann man die Gesamtuntersuchung für alle Bürger eines Landes erwägen.

Weder die künstliche Niere noch die Organtransplantationen sind heute rentable Behandlungstechniken. Es ist aber durchaus denkbar, daß in Zukunft billige Prothesen herausgebracht oder Regenerierungstechniken entwickelt werden. Diese Hoffnungen sind jetzt noch sehr unbestimmt. Aber auch wiederum nicht unbestimmter, als es die Aussicht auf Organtransplantationen vor dreißig Jahren war. Der jetzige Stand muß also in Richtung auf eine Rentabilität der Behandlungsmethoden weiterentwickelt werden. Gestern noch war die ›Eiserne Lunge‹ eine grausame und sehr teure Technik. Heute hat die Schluckimpfung auf das Kinderlähmungsproblem die richtige Antwort gefunden. Auch der Kampf gegen den Krebs wird erst gewonnen sein, wenn das Stadium der Vorbeugung erreicht ist – falls es je erreicht wird.

In dieser Perspektive bemißt sich der eigentliche Erfolg nicht mehr daran, ob der Tod besiegt worden ist, sondern ob der Sieg rentabel ist. Leider ist die Öffentlichkeit hier noch gänzlich unaufgeklärt. Für sie bleiben Herzverpflanzungen, künstliche Nieren oder Blutaustausch die großen Siege der Medizin. Die Entwicklung eines Impfstoffes, der Bau eines automatischen Geräts für die Auswertung von Reihenuntersuchungen oder die Entdeckung eines wirksamen und billigen Medikaments beeindruckt die Allgemeinheit kaum. Genauso wie in der Technik sind die ersten Ergebnisse spektakuläre ›Durchbrüche‹, mit denen man aber zunächst wenig anfangen kann. So war es beim Laser, bei der Brennstoffzelle usw. Die Entwicklungsarbeit senkt dann nach und nach die Kosten. Und erst wenn das geschehen ist, ist der Fortschritt da.

Wir müssen uns aber klarmachen, was eine solche Differenzierung nach experimenteller und klinischer Medizin bedeutet: es werden Menschen sterben, die ›eigentlich‹ hätten behandelt werden können. Es wird nicht leicht sein, einem schwer herzkranken Menschen sagen zu müssen, daß man ihm, obwohl das technisch ohne weiteres möglich wäre (wir greifen der Entwicklung vor) kein neues Herz einpflanzt, weil die Operation für die Gesellschaft nicht rentabel sein würde. Die Erklärung wird dadurch nicht leichter gemacht werden, daß man solche Operationen natürlich durchaus vornehmen wird, bei denen der Operierte allerdings eher ›Versuchskaninchen‹ als Patient sein wird. Nur: jeder wird Versuchskaninchen sein wollen, wenn das Experiment zugleich die einzige Hoffnung auf Heilung bietet. Man wird also einige wenige von vielen Kranken auswählen müssen und sie nicht um ihrer selbst willen, sondern im Interesse des medizinischen Fortschritts heilen.

Eine Auslese dieser Art findet schon heute statt. Die Ausarbeitung des Haushaltsentwurfs für das Gesundheitswesen besteht aus lauter solchen Entscheidungen. Man braucht sich diesen Haushalt nur einmal genauer anzusehen. Und der Fortschritt wird diese Entscheidungen noch zahlreicher, noch bedrückender und für die Öffentlichkeit noch beunruhigender werden lassen.

Die Verantwortung der Gemeinschaft

Entscheiden heißt Verantwortung übernehmen. Eine Entscheidung unter vielen Möglichkeiten, die nicht eindeutig sein kann, wird zur schweren Last. Vor diese Situation stellt uns der Fortschritt der Medizin. Wer wird die Verantwortung tragen wollen? Nur die Gesellschaft wird und kann das tun. Der Fortschritt der Medizin ist eine gemeinsam zu bestehende Herausforderung und kann nicht durch viele individuelle, völlig voneinander unabhängige Handlungen bewältigt werden. Der praktizierende Arzt wendet Heilverfahren und Heilmittel an. Wenn ihm die Gesellschaft einige davon verweigert, ist seine Entscheidung prädeterminiert.

Aber wer soll die großen Entscheidungen treffen, wenn das Wollen des einzelnen nicht maßgebend ist? Die Behörden? Allein? Auch das ist nicht möglich. Die Staatsverwaltung benötigt vor solchen Beschlüssen Beratung durch alle erdenklichen Fachleute. In erster Linie werden es Ärzte sein, aber auch Psychologen, Volkswirtschaftler, EDV-Spezialisten, Soziologen, Demographen usw. Das Problem berührt alle Aspekte des Lebens der Gemeinschaft. Man darf dem einzelnen nicht Entscheidungen überlassen, wie jenem britischen Arzt, der den einsamen Beschluß faßte, keine Kranken über einem bestimmten Alter mehr wiederzubeleben.

Wichtig ist vor allem, daß auch hier das Problem zukunftsorientiert angegangen wird und zwar erst nach gründlicher Analyse. Phrasen wie ›Wir müssen den Tod hinnehmen‹, ›Man wird bestimmen müssen, wen man sterben läßt‹ oder ›Es gibt kein Recht auf Fortpflanzung‹ können allenfalls die Gemüter verstören, die ja durchaus noch nicht so weit sind, daß sie die bedrängende Lage in ihrem ganzen brutalen Ernst erkennen. Die meisten Menschen verschließen lieber die Augen, und es wird gar nicht einfach sein, sie dazu zu bringen, die anstehenden Entscheidungen wirklich zur Kenntnis zu nehmen.

Erst aus einer solchen Reflexion kann eine Gesundheitspolitik entstehen. Eine Politik, die Personalbedarf, Geräte- und Einrichtungstypen, vorrangig zu versorgende Bereiche usw. klar festlegt, also alles, was die Tätigkeit des Arztes beeinflußt, alles, was er braucht, um nicht ungerüstet in den Kampf zu gehen. Denn die Ärzteschaft ist eine Armee im Dienste der Nation geworden, die nicht ohne schwere Waffen auskommen kann: Krankenhäuser, aufwendige Geräte, Forschungslaboratorien, Rechenzentren ... Jede Armee führt so Krieg, wie es ihre Ausrüstung zuläßt, aber die Gesellschaft, die sie ihr zu stellen hat, bestimmt die Strategie.

Ausgangslage	Machtlosigkeit gegenüber der Krankheit. Kollektive Gesundheitsregelung durch den Tod. Einfache Situationen. Keine Verantwortung. Die Tätigkeit des Arztes als individueller Vorgang.
Technische und wissenschaftliche Fortschritte	Heilung gefährlicher Krankheiten. Überleben schwacher, anormaler Individuen. Möglichkeiten der Krankheitsverhütung. Erkennung und Heilung von Geisteskrankheiten. Eingreifen in den Sterbevorgang.
Primäre Auswirkungen	Fortschritte der Medizin. Medikamente, Chirurgie, Hygiene. Erforschung des Organismus und der Psyche des Menschen.
Sekundäre Auswirkungen	Medizin als Aufgabe der Gemeinschaft. Recht auf Behandlung. Die Bedürfnisse der Medizin übersteigen die finanziellen Möglichkeiten. Vieldeutige Situation. Zwang zur Entscheidung. Gefahr einer Verschlechterung des Erbguts. Moral und Gesetz werden in Frage gestellt.
Sünden wider den Fortschritt	Fehlen einer Gesundheitspolitik. Beibehaltung der alten Ethik auf der Grundlage des persönlichen Verhältnisses zwischen Arzt und Patienten. Ablehnung der neuen Verantwortung für die Gemeinschaft.
Krise	Unfähigkeit zu klaren Entscheidungen zwischen mehreren Möglichkeiten. Skandal der sich selber überlassenen anormalen Kinder, der überfüllten Nervenheilanstalten, der vernachlässigten Gesundheitsvorsorge. Besorgnis, die Siege der Medizin könnten zu unsinnigen Kämpfen gegen den Tod und damit zur Verschlechterung des Gesamtgesundheitszustands der Bevölkerung führen.
Notwendigkeiten des Fortschritts	Definition einer Gesundheitspolitik durch die Gemeinschaft. Festlegung der Ziele, kollektive Erarbeitung einer entwicklungsfähigen medizinischen Ethik. Einführung einer allgemeinen ›Pflicht zur Gesundheit‹. Hinnahme des Todes.

12. KAPITEL

Geburten unter Kontrolle

Die Begegnungen zwischen einem Samenfädchen und einem Ei, zwischen zwei winzigen Zellen, verhindern? Dieselben Länder, die einander bekriegen, die ihre Gesetzesbrecher hinrichten und ihre Geisteskranken hinter hohe Mauern sperren, reagieren mit heiliger Scheu auf die Vorstellung, diese Zellvereinigung zu stören. Was man Tag für Tag verachtet und als bewußtes Leben vernichtet, wird als bloße Möglichkeit verehrt und geschützt. Werden unsere Kinder in fünf oder in zwanzig Jahren eine solche Haltung noch begreifen? Werden sie es verstehen, daß Menschen die Guillotine akzeptiert und die Pille verworfen, Atombomben hergestellt und gegen das Intrauterinpessar Bedenken gehabt haben?

Können wir denn noch verstehen, daß unsere Vorfahren den Sklavenhandel akzeptiert und die Mutter eines unehelichen Kindes verachtet haben, die Folter für notwendig hielten und die Nächstenliebe predigten? Immer hat die Menschheit im Widerspruch gelebt, aber sie hat diesen Widerspruch nie in der Gegenwart, stets nur in der Vergangenheit gesehen. Fast scheint es, als würde ein unlogisches Verhalten erst aus einem gewissen Abstand erkennbar.

Wir müssen aber erkennen, was geschieht. Heute. Es haben sich in den letzten fünfzig Jahren zu viele Sünden wider den Fortschritt angesammelt, zu viele Widerstände herausgebildet.

Fünfzehn Schwangerschaften

»Ohne Durst trinken und jederzeit lieben zu können, nur das, Madame, unterscheidet uns von den Tieren«, läßt Beaumarchais in seiner *Hochzeit des Figaro* den Gärtner Antonio sagen. Damit ist das Problem recht gut ausgedrückt. Der Geschlechtsakt und die Fortpflanzung sind physiologisch eins, nicht aber psychologisch. Der Mensch hat keinen auf bestimmte Zeiten beschränkten Liebesdrang. Verglichen mit anderen Arten ist er geradezu ein Sexualprotz. So kann denn auch die Frau bei normalem Geschlechtsleben ohne Geburtenkontrolle zehn bis fünfzehn Schwangerschaften haben. Bei einer Bevölkerung, die sich in diesem ›natürlichen‹ Rhythmus fortpflanzt, kommen jährlich etwa fünfzig bis sechzig Geburten auf tausend Personen (›Geburtenziffer‹ 50 bis 60 Promille).

Aber in einer solchen ›natürlichen‹ Ordnung ist Mutterschaft ein Glücksspiel. Mehr als die Hälfte der Kinder sterben in den ersten Lebensjahren. Krankheiten, Seuchen und Hungersnöte dezimieren die Bevölkerung. Eine sehr hohe Sterblichkeit gleicht die allzu verschwenderische Gebärfreudigkeit aus. Die vielen Geburten führen nicht zu einer übermäßig großen Vermehrung der Art. Das Gebot ›Seid fruchtbar und mehret euch‹ ist gar nicht so leicht zu befolgen, wenn die Lebenserwartung bei nur fünfundzwanzig Jahren liegt.

Das ist der ›Naturzustand‹. Der Zustand, in dem der Mensch völlig der biologischen Determinierung unterliegt. Aber sehr schnell findet jede Gesellschaft mehr oder weniger wirksame Methoden, um ihr Wachstum zu beeinflussen. Kindertötung und primitive Empfängnisverhütung bremsen das Bevölkerungswachstum. Einfache Condome, Scheidentampons und abtreibende Aufgußgetränke werden von den einzelnen Zivilisationen empfohlen, geduldet oder mit hohen Strafen bedroht.

Die Hebräer zum Beispiel schaffen geradezu einen Fruchtbarkeitskult. Unfruchtbarkeit ist eine Strafe Gottes, die Familie kann gar nicht groß genug sein. Andere antike Zivilisationen dagegen treiben Empfängnisverhütung und töten Neugeborene.

Auf dem Wege über die katholische Kirche setzt sich die jüdische Tradition durch und wird in ein System gebracht. Das verpönte Geschlechtsleben wird durch die Fortpflanzung gerechtfertigt. Die christliche Welt lebt entsprechend in der ›natürlichen Ordnung‹. Dennoch wächst die Bevölkerung nur langsam, weil sie in Seuchenzeiten, Kriegen und Hungersnöten immer wieder zusammenschmilzt.

So hat Frankreich zu Beginn des 18. Jahrhunderts ungefähr 21 Millionen Einwohner. Die Geburtenziffer entspricht fast genau der natürlichen Fruchtbarkeit: 38 Promille. Auf der ganzen Welt leben ungefähr 500 Millionen Menschen. Zu Beginn des 19. Jahrhunderts gibt es 28 Millionen Franzosen. Aber in der zweiten Hälfte des 18. Jahrhunderts hat ein erstaunlicher Vorgang eingesetzt: die Geburtenziffer in Frankreich ist gesunken. 1830 beträgt sie schon nur noch 32 Promille. Die Franzosen haben begonnen, Geburtenkontrolle zu betreiben. Erst der Adel, dann die anderen Schichten. Die übrigen

europäischen Länder folgen diesem Beispiel erst ein Jahrhundert später.
Die Bevölkerungskundler stehen noch immer vor einem Rätsel. Zunächst meinte man diesen Sachverhalt mit dem zivilisatorischen Fortschritt erklären zu können. Gewiß haben soziale und wirtschaftliche Erwägungen eine wichtige Rolle gespielt. Aber andere müssen hinzugekommen sein. Zur Zeit des Ancien Régime, schreibt Alfred Sauvy, »kamen die Kinder von selber und man brauchte sich nicht um sie zu kümmern«. Und Dr. J. Sutter meint: »Als die Franzosen anfingen, sich für ihre Kinder zu interessieren, wollten sie nicht mehr so viele davon haben.« Die Entwicklung der wirtschaftlichen Verhältnisse hat diese Bewußtseinsbildung zweifellos sehr gefördert, aber nicht allein bedingt. Das Phänomen steht in deutlichem Kontrast zu der Zeit vorher, als die ›überzähligen Kinder‹ sich selber überlassen blieben, was oft auf ein Todesurteil hinauslief. Alfred Sauvy spricht in diesem Zusammenhang geradezu von ›mörderischen‹ Gesellschaftsordnungen. Es gibt ja viele Formen des Kindermordes ... Aber wie dem auch gewesen sein mag: die Franzosen entdecken die Empfängnisverhütung vor allen anderen Völkern und bleiben dabei. Das ist »das einzige, worin sie sich wirklich einig sind«, schreibt ein Gynäkologe ironisch. Aber sie betreiben diese Empfängnisverhütung mit schlechtem Gewissen, verschämt und heimlich. Theoretisch wird jedes Kind als ›Geschenk des Himmels‹ willkommen geheißen. In der Praxis haben die Familien nur drei oder vier Kinder.
Trotzdem nimmt das Bevölkerungswachstum nicht ab, denn gleichzeitig zeigt sich ein anderes Phänomen: die Sterblichkeit sinkt. Auch hier sind die Gründe nicht recht erkennbar. Hygiene und Medizin haben gegenüber früheren Jahrhunderten keine nennenswerten Fortschritte gemacht. Die Entdeckung der Pockenimpfung durch Jenner erfolgt erst 1798. Aber der Staat ist jetzt besser organisiert. Er verhindert die Ausbreitung von Seuchen. Er sorgt dafür, daß nicht ganze Landstriche hungern. Die letzte verheerende Epidemie, die Pest in der Provence, war 1720, die letzte große Hungersnot 1710.
Diese parallele Entwicklung wird während des 19. Jahrhunderts immer deutlicher. Im Jahre 1870 ist die Geburtenziffer auf 25 Promille gesunken. Während der zweiten Jahrhunderthälfte beginnen alle Industrieländer ihre Geburtenzahl zu beschränken. Aber überall gleichen Medizin und Hygiene dieses Absinken der Geburtenziffer reichlich aus. Und jetzt ist die Ursache klar: der Fortschritt. Seine Wirkungen lassen sich Schritt für Schritt verfolgen. Ignaz Semmel-

weis gelingt der Nachweis, daß die Ärzte das Kindbettfieber verbreiten, wenn sie werdende Mütter mit ihren von anatomischen Arbeiten verseuchten Händen untersuchen. Die Sterblichkeit in den Entbindungsanstalten fällt geradezu spektakulär.
Darmerkrankungen und Diarrhöen werden durch Getränke übertragen. Louis Pasteur und die Sterilisierung setzen dem ein Ende: diese Krankheiten rücken als Ursache der Kindersterblichkeit von der ersten an die fünfte Stelle. Gleichzeitig rettet die Schutzimpfung Millionen Menschen vor dem Tode.
Nach und nach zeigt es sich, wie groß der Einfluß von Hygiene und Medizin auf die Sterblichkeit ist. Aber es fällt niemandem auf, wie sehr sie sinkt, vor allem deshalb, weil sie mit einer sinkenden Geburtenziffer einhergeht.
Und jetzt, im 20. Jahrhundert, ist Frankreich von Entvölkerung bedroht. Der Geburtenrückgang war größer als die Abnahme der Sterblichkeit. Früher mußte jede Frau ungefähr vier Kinder gebären, wenn die Erneuerung der Bevölkerung gesichert sein sollte. Angesichts der Fortschritte der Medizin hätten ›zweieinhalb‹ dann wohl genügt. Aber die Franzosen von 1930 empfanden auch das noch als zuviel. Wenn das Einzelkind zur Regel wird, können alle Fortschritte der Medizin nicht mehr für ein Bevölkerungswachstum sorgen. In Frankreich und vielen anderen Industrieländern entsteht eine neue Sorge: der Geburtenrückgang.

Wenn die Fruchtbarkeit nicht geringer wird

Der Fortschritt kann seinem Wesen nach nur weltweit sein. Er dringt überall hin, aber er findet nicht überall gleiche Bedingungen vor und führt nicht überall zu den gleichen Ergebnissen. Als sich der weiße Mann in allen fünf Kontinenten durchgesetzt hatte, begann er seine Technik einzuführen. Nach dem letzten Krieg unternimmt die Menschheit in der ganzen Welt ihren Kreuzzug gegen den Tod. Mit welchen Waffen? Mit DDT, Antibiotika, Aufklärung der Bevölkerung. Und dazu das ganze bekannte Arsenal. Flugzeuge versprühen Wolken von Insektiziden über tropischen Regenwäldern, in denen primitive Volksstämme leben. Der Hindufrau werden die Sterilisierung von Nahrungsmitteln und die Grundregeln der Asepsis beigebracht. Millionen von Injektionsspritzen leiten Antibiotika in braune, gelbe, schwarze Leiber von Analphabeten oder gerade noch vegetierenden Menschen. Die Krankheit galt es zu besiegen, und sie ist besiegt. Der Fortschritt erringt stets die Siege, die er sich vorgenommen hat. Eine herrliche Sache! Seine triumphierenden Meldungen sind immer die gleichen: die Sterblichkeit ist wieder einmal gesenkt worden!

Aber im Gegensatz zum Ablauf des Geschehens in Europa erfolgt diesmal keine gleichzeitige soziale und wirtschaftliche Weiterentwicklung. Die Fruchtbarkeit bleibt sehr hoch. Die Bevölkerungskurve der Welt strebt rasch in die Höhe: 1,1 Milliarden Menschen um das Jahr 1850, 2,125 Milliarden im Jahre 1900 ... Doch den meisten fällt noch nichts auf.

An konkreten Fällen lassen sich Ursache und Wirkung deutlicher zeigen. In Indien wurde die schwangere Frau als unrein angesehen und war für die Entbindung auf Parias angewiesen, die bei der Geburtshilfe Erdbrei verwendeten. Dann wurden durch abgekochtes Wasser, Seife und Alkohol Tausende von Infektionen vermieden. In einigen Gegenden Madagaskars machten Geschlechtskrankheiten bis zu einem Drittel der Frauen unfruchtbar. Durch das Penicillin wurden viele geheilt und konnten Kinder bekommen. In Ceylon werden die Malaria übertragenden Insekten durch DDT vernichtet: die Sterblichkeit sinkt um 34 Prozent. Die Rockefeller-Stiftung übernimmt in fünf ägyptischen Dörfern eine Hygieneaktion: die Sterblichkeit sinkt um ein Drittel. Die eindrucksvollen Erfolge solcher Einzelmaßnahmen lassen den weltweiten Vorgang erkennen, der noch verstärkt wird durch die Tatsache, daß natürliche Geißeln wie Epidemien und Hungersnöte und soziale Mißstände wie Sklavenhandel oder Stammesfehden seltener werden.

Das alte Gleichgewicht ist gestört. Die neue, ähnlich unbefriedigende Ordnung, wie sie sich in den Industriestaaten durchgesetzt hat, kann dieses Gleichgewicht nicht wiederherstellen. Denn die Früchte des Sieges sind vergiftet: durch die Bevölkerungsexplosion. Bis zum 18. Jahrhundert ist die Weltbevölkerung offenbar sehr unregelmäßig und langsam gewachsen; im Durchschnitt allenfalls um 0,5 Promille jährlich. Im Jahre 1900 sind es schon 8 Promille. Heute liegt das Wachstum bei ungefähr 2 Prozent: alle dreißig Jahre hat es sich verdoppelt.

Wenn man diese Entwicklung einfach hochrechnet, ergibt das für das Jahr 2000 eine Zahl von über 7 Milliarden Menschen auf der Erde. Sollte die Geburtenziffer rasch abnehmen, könnte man eine optimistischere Prognose wagen: ungefähr 5,5 Milliarden. Aber man darf die Verzögerung, mit der sich jede neue demographische Tendenz auswirkt, nicht außer acht lassen. Der ›Bremsweg‹ beträgt mindestens zwanzig Jahre. Auf jeden Fall werden die heute geborenen Kinder ihrerseits Kinder zeugen.

Außerdem sind globale Zahlen nicht sehr überzeugungskräftig. Nehmen wir einleuchtende Beispiele. Die Bevölkerung Afrikas zählte 1920 etwa 155 Millionen Menschen und wird um das Jahr 2000 etwa 770 Millionen stark sein. In weniger als einem Jahrhundert hat sie sich dann verfünffacht. Die Bevölkerung Lateinamerikas wird von Anfang bis Ende unseres Jahrhunderts von 63 auf 624 Millionen Menschen zugenommen, sich also verzehnfacht haben. China wird dann 1,2 Milliarden Einwohner haben, Indien 1 Milliarde, Brasilien 200 Millionen. Versuchen wir zu ermessen, was es bedeutet, wenn Länder wie Algerien 40 Millionen, Formosa 25 Millionen, Mexiko 133 Millionen Einwohner zählen!

Geht man noch wesentlich weiter, wird die Rechnung zum Alpdruck. Mexiko wird in hundert Jahren 1 Milliarde Einwohner haben. Jedem Menschen werden auf unserem Planeten nur 100 qm zur Verfügung stehen, alle Wüsten eingerechnet. So könnte nach unseren heutigen Berechnungen die Welt aussehen, die unsere Enkel noch erleben werden.

Der Papst, aber auch Lenin

Das sind die Tatsachen, die voraussehbaren und unvermeidlichen Auswirkungen des Fortschritts. Wie hat sich der Mensch ihnen gegenüber nun verhalten? Was hat er getan, um diese Folgen abzuwenden? Wenige Zitate werden hier mehr aussagen als lange geschichtliche Erwägungen:

»Es ist für China gut, eine große Bevölkerung zu haben, selbst wenn sie noch um das Mehrfache zunehmen sollte. China ist in der Lage, die Lösung zu bieten: die Produktion.« Mao Tse-tung im Jahre 1949.

»Wir sind absolut gegen den Neo-Malthusianismus [sprich: Geburtenkontrolle].« Lenin.

»In unterentwickelten Ländern wie Brasilien, wo über 50 Prozent der Energie in Form von Muskelkraft aufgebracht wird, stellt die Bevölkerungszahl ein echtes Kraftpotential dar, das unser stärkster Trumpf für den nationalen Fortschritt ist. Deshalb ist uns jeder Anreiz für das Bevölkerungswachstum willkommen.« Der brasilianische Gesundheitsminister, 1964.

»Von streng medizinischer Warte gesehen bedarf es zur Zeit keiner besonderen Maßnahmen unserer Organisation auf dem Gebiet der

Bevölkerungsprobleme.« Antwort der mohammedanischen Staaten auf eine Umfrage der Weltgesundheitsorganisation, 1952.

»Die Geburtenkontrolle durch Empfängnisverhütung kommt einem Selbstmord der Rasse gleich ... Verhütungsmittel sind eine Beleidigung der Frau. Zwischen einer Prostituierten und einer Frau, die solche Mittel verwendet, besteht nur der Unterschied, daß die eine ihren Körper mehreren Männern verkauft, die andere einem Mann.« Gandhi.

»Ebenso ist jede Handlung verwerflich, die entweder in Voraussicht oder während des Vollzugs des ehelichen Aktes oder im Anschluß an ihn beim Ablauf seiner natürlichen Auswirkungen darauf abstellt, die Fortpflanzung zu verhindern, sei es als Ziel, sei es als Mittel zum Ziel.« Paul VI. in der Enzyklika *Humanae Vitae*.

Pater Riquet spricht sogar ganz seelenruhig von der »kleinmütigen Panik angesichts des Abenteuers einer Expansion der Menschheit«!

Wie kann der Mensch so wissentlich in sein Verderben rennen? Wie kann er es ablehnen, etwas gegen die bedrohlichen Auswirkungen des Fortschritts zu tun? Warum diese Verblendung? Wenn wir versuchen wollen, sie zu verstehen, müssen wir die Lehren der moralischen und politischen Kräfte betrachten, die der Menschheit den Weg gewiesen haben.

Die katholische Geschlechtsmoral ist stark beeinflußt von Paulus, der in der Frau ein schwaches und gefährliches Wesen sah, das aber in einer christlichen Ehe dem Mann auf dem Wege zum Heil Helferin sein kann. Die Sexualität bedarf der Rechtfertigung, und zwar nicht durch die menschliche Liebe, sondern durch die Zeugung. Die Kirchenväter stellen eine grundsätzliche, unlösbare Verbindung zwischen Geschlechtsakt und Zeugung her.

»Der Umgang, den verheiratete Personen miteinander pflegen, ist niemals Sünde, wenn er in der Absicht geschieht, Kinder zu zeugen. Geschieht er aber um der Befriedigung der Lust willen, so stellt er für den Ehemann und die Ehefrau nur eine läßliche Sünde dar, weil er in ehelicher Verbindung geschehen ist. Die Ehe zwingt nicht zu einem solchen Exzeß, aber man darf ihn entschuldigen ...«, erklärt Augustinus und fügt ausdrücklich hinzu: »Der eheliche Umgang wird unerlaubt und schändlich, sobald die Zeugung eines Kindes verhindert wird.«

Die Geschlechtslust also ist sündhaft; sie kann nur verzeihlich werden, wenn zwei Bedingungen gegeben sind: Ehe und Zeugungswille. Die einzige Milderung besteht darin, daß die eheliche geschlechtliche

Vereinigung auch dann geduldet wird, wenn die Zeugung aus natürlichen, nicht selber hervorgerufenen Gründen unmöglich ist. Dabei handelt es sich nicht um eine Hygiene- oder Moralvorschrift, sondern um göttliches Gesetz: Geschlechtsakt und Zeugung trennen zu wollen, heißt nach der Enzyklika *Humanae Vitae:* »sich gegen Gottes Plan und heiligen Willen stellen«. Das Gesetz hat absolute und ewige Geltung, es paßt sich nicht dem Fortschritt an, sondern dieser hat sich dem Gesetz anzupassen.

Die Hebräer waren zutiefst fortpflanzungsbewußt. Die Bibel verurteilt Onan, weil er den ›Coitus interruptus‹ ausübte. Auch die Moslems neigen dazu, in zahlreicher Nachkommenschaft einen Beweis für männliche Stärke zu sehen, doch ist der Koran gegenüber einigen empfängnisverhütenden Praktiken sehr viel toleranter. Die Zeugung bleibt aber eine Pflicht, die in den meisten semitischen Religionen hoch bewertet wird.

Die Kommunisten gehen von dem Postulat aus, daß es in einer sozialistischen Gesellschaft keine Bevölkerungsprobleme geben kann. Die Begründer der kommunistischen Lehre wendeten sich wie alle Sozialisten des 19. Jahrhunderts mit aller Schärfe gegen die Schwarzseherei eines Thomas Malthus. »Es gibt nur einen Menschen zuviel auf der Erde, das ist Herr Malthus«, erklärte Proudhon. Die Marxisten sind lange bei dieser Ansicht geblieben. »In der klassenlosen Gesellschaft, die allen Arbeit geben und die Produktion nach den Bedürfnissen ausrichten wird, wird es keine relative und keine absolute Übervölkerung geben«, schreibt J. Fréville. »Die Marxisten fürchten weder Übervölkerung noch Entvölkerung«, betont K. H. Mehlan, ein Gynäkologe aus der DDR. »In einer sozialistischen Wirtschaft stellt das Bevölkerungswachstum einen der wichtigsten Entwicklungsfaktoren dar«, antwortet die Regierung der Sowjetunion auf eine UNO-Umfrage, und Chruschtschow bezeichnet die Furcht vor der Übervölkerung als »eine von der bourgeoisen Ideologie geschmiedete Menschenfressertheorie«.

Wir erleben also die gleiche blinde dogmatische Gläubigkeit, die uns schon bei der Ausbildung der Arbeitnehmer und bei der Organisation des Arbeitsmarktes begegnet ist. Alle diese Schwierigkeiten werden durch das Abtreten der kapitalistischen Gesellschaft und ihrer Widersprüche automatisch gelöst. Die Demographie ist kein Problem an sich, sondern ein Folgeproblem, das mit seiner Ursache (der Klassengesellschaft und der Ausbeutung des Proletariats durch die Kapitalisten) verschwinden wird. Dennoch legen die kommunistischen

Staaten der Empfängnisverhütung grundsätzlich nichts in den Weg. Theoretisch darf jeder so viele Kinder haben, wie er möchte – die Gesellschaft wird sie immer aufnehmen können.

Der Nationalismus wiederum zeigt sich fast immer geburtenfreudig. Die Zahl ist ein politischer Machtfaktor. Diese Überzeugung ist lange vorherrschend gewesen und wird erst nach und nach erschüttert. Nach dem Kriege war sie in der Dritten Welt allgemein verbreitet und um so erklärlicher, als Empfängnisverhütung in armen Ländern nie die gleiche Bedeutung gehabt hat wie in reichen. Bei den einen geht es darum, um jeden Preis die Bevölkerungszahl zu senken: man muß dafür sorgen, daß die ›Unerwünschten‹ nicht geboren werden. Bei den anderen geht es nur darum, dem einzelnen eine unbelastete Sexualität zu sichern, indem man den Geschlechtsakt nicht unbedingt mit der Zeugung koppelt. Deshalb verhalten sich die Staatsmänner der Dritten Welt sehr abwehrend, wenn ihnen die reichen Länder Verhütungsmittel anbieten. Sie sehen darin einen für die Industrieländer bequemen Weg, unnütze Esser loszuwerden. Sie merken, daß es in reichen Ländern offenbar keine unnützen Esser gibt, denn dort wird ja alles getan, um die Geburtenziffer zu steigern. Solche Reaktionen aus verletztem Nationalstolz sind sehr verständlich.

Die Geburtenregelung hatte also von vornherein ein überwältigend starkes Bündnis vieler Kräfte der Vergangenheit gegen sich: Katholizismus, Kommunismus, Islam, Nationalismus, Konservativismus, sexuelle Tabus und etliche eher philosophische Weltanschauungen. Aber während die Ideologien selbstzufrieden weiterwucherten, wurden die Tatsachen mit jedem Tag deutlicher. Einige Männer erkannten die Gefahr und versuchten sie abzuwenden.

Die Propheten galten nichts

Im 18. Jahrhundert melden sich angesichts der Bevölkerungsentwicklung die ersten mahnenden Stimmen. Die Autoren jener Zeit sind alles andere als einer Meinung. Die einen glauben, die Erde werde sich entvölkern, andere fürchten eine allzu starke Vermehrung. Aber die ersten statistischen Untersuchungen zeigen, wie sehr die Bevölkerung zunimmt. 1798 veröffentlicht Malthus seinen *Essay on the Principle of Population* und legt dar, daß die Bevölkerung geometrisch zunimmt, während die Nahrungsmittelmenge nur in arithmetischer Progression wächst. Diese verschieden rasche Entwicklung führt zur Hungersnot und in die Katastrophe. Einzige Lösung: Enthaltsamkeit.

Die Menschheit muß ihr Wachstum planmäßig bremsen durch den Verzicht auf Ehe oder, mindestens, durch das Hinausschieben des Heiratsalters. Das ist seine Schlußfolgerung.
Diese Lehre wird vom Bürgertum rasch akzeptiert und bekommt eine kapitalistische Note; denn beweist sie nicht, daß die Reichen am Elend der Armen keine Schuld trifft? Würden die Armen weniger Kinder haben, ginge es ihnen nicht so schlecht. Jede ›linke‹ Lehre ist es sich schuldig, grundsätzlich anti-malthusianistisch zu sein. Die Angst vor der Übervölkerung wird zur ›bourgeoisen Ideologie‹.* Aber es erscheint ohnehin illusorisch, den einzelnen zwingen zu wollen, sein Geschlechtsleben im Interesse des Gemeinwohls à la Malthus einzuschränken. Die Industriegesellschaft des 19. Jahrhunderts senkt ihre Geburtenziffer, ohne ihrer Sexualität Zwang anzutun. Aber dieses Verhalten erklärt sich natürlich mehr aus individuellem Egoismus als aus Erwägungen des Gemeinwohls.
Von den Malthus-Adepten werden im 19. Jahrhundert die – noch rudimentären – Techniken der Empfängnisverhütung als Beitrag zum sozialen Fortschritt und zur Verhinderung der Übervölkerung angesehen. 1823 verfaßt Francis Place ein Traktat *(Illustration and Proves of the Principle of Population)*, in dem er die Grundsätze eines auf die Empfängnisverhütung aufgebauten Neo-Malthusianismus formuliert. Zugleich geht er über seine Rolle als Theoretiker hinaus und beginnt eine großangelegte Aktion bei der englischen Arbeiterschaft. Während des ganzen 19. Jahrhunderts wächst diese Bewegung in Großbritannien. Dann trägt er seine Lehre in andere Länder. Seine Gegner kommen sowohl aus konservativen beziehungsweise katholischen Rechtskreisen als auch von der sozialistischen und marxistischen Linken. Immerhin wird im Jahre 1900 in Paris eine internationale Konferenz der Neo-Malthusianisten abgehalten. Ab 1912 macht eine amerikanische Hebamme, Margaret Sanger, die Lehre in den Vereinigten Staaten bekannt.
Aber dann kommt der Erste Weltkrieg, der große Aderlaß. Napoleon hatte am Abend nach der Schlacht von Eylau noch sagen können: »Das macht eine Pariser Nacht wieder wett.« Inzwischen haben die Pariser Nächte nicht mehr die gleiche Fruchtbarkeit. In vielen Ländern, vor allem aber in Frankreich, besteht die Gefahr jetzt in der Entvölkerung und nicht in der Übervölkerung. Die neo-malthu-

* Um so erstaunlicher, daß China, der ›Hort der Linken‹, das einzige Land ist, wo systematisch die Malthus-Forderung nach späterem Heiratsalter praktiziert wird.

sianistischen Lehren sind in einer heiklen Lage. Die Geburtenziffer ist auf 17 Promille gesunken. Frankreich entvölkert sich, das läßt sich nicht leugnen. Und selbstverständlich bekommen jetzt die Gegner mühelos die Oberhand. Mit 500 gegen 50 Stimmen verabschiedet das vaterländisch gesonnene erste Nachkriegsparlament 1920 ein Gesetz, das nicht nur den Verkauf von Empfängnisverhütungsmitteln verbietet, sondern jeden mit Strafe bedroht, der »Verfahren zur Verhütung der Schwangerschaft beschreibt, verbreitet oder anbietet.« Es stehen 5000 Francs Geldstrafe darauf, auch nur zu sagen, daß die sicherste Methode, keine Kinder zu bekommen, das Unterlassen des Geschlechtsverkehrs ist!
Nach der Theorie der Volksvertretung würde dieses Abstimmungsergebnis bedeuten, daß neun von zehn Franzosen gegen die Empfängnisverhütung sind. Aber diese Rechnung enthüllt sogleich die kollektive Scheinheiligkeit: das Gesetz hat keinerlei Wirkung. Es hat bestenfalls eine Verlangsamung des Geburtenrückgangs zur Folge, der ohne dieses Gesetz vielleicht noch stärker gewesen wäre. Die Bevölkerungskurve bleibt bis zum Zweiten Weltkrieg fallend. Das individuelle Verhalten läßt sich nicht durch kategorische Verbote reglementieren. Und die Franzosen bezahlen dieses Abdrängen der Empfängnisverhütung in die Illegalität sehr teuer. Auf zwei Geburten kommt nach sachkundiger Schätzung eine Abtreibung. Neurosen, Frustrationen, Frigidität, körperliches Abgestoßensein bei den Eheleuten nehmen rasch zu, nicht zuletzt, weil die Wissenschaft den Lustgewinn von Schuldvorstellungen befreit hat, so daß er auch von den Frauen als ein Recht in Anspruch genommen wird. Es herrscht das große verschämte und unglückliche Schweigen der französischen Sexualität. Das Tabu hat Gesetzeskraft bekommen. Aber es wird ständig und von allen durchbrochen. Jeder ›sieht zu, wie er zurechtkommt‹. Die zur Schau getragene Kraftmeierei verdeckt das heulende Elend im Ehebett. Die Angst vor dem unerwünschten Kind vergiftet die Nächte und verdirbt die Tage.
Die fruchtbaren Tage der Frau werden erst in den dreißiger Jahren bekannt, als Knauß in seinen Arbeiten die Entdeckungen von Ogino aufgreift. Also behelfen sich die Menschen mit dem Coitus interruptus oder verwenden Präservative für den Mann beziehungsweise Verhütungsmittel für die Frau (die 1882 in Deutschland erfunden worden sind). Sie wissen es nicht besser. Geht die Sache schief, so sucht man Zuflucht bei der Abtreibung oder gar bei der Kindstötung.
Die Sowjetunion legalisiert die Abtreibung, erleichtert die Scheidung

und die ›Kameradschaftsehe‹ und gestattet die Empfängnisverhütung. Die Geburtenziffer fällt von 44 Promille auf 30 Promille. 1936 wird Stalin unruhig. Erwägungen im Hinblick auf die internationalen Spannungen werden wichtig. Er verbietet die Abtreibung und startet einen Feldzug für den Kinderreichtum. Erst 1956 wird die Empfängnisverhütung wieder zugelassen.

Die Länder mit protestantischer Tradition, die Angelsachsen und die Skandinavier, wählen zunehmend den Weg der Geburtenkontrolle. Schon 1930 sprechen sich die anglikanischen Bischöfe dafür aus. Nacheinander folgen ihnen die evangelischen Kirchen. Zwischen den Kriegen erreicht die Bewegung auch die Vereinigten Staaten. Die Empfängnisverhütung wird dort 1943 offiziell gebilligt, und zwar nach einer Volksbefragung mit schlagendem Ergebnis: 85 Prozent der Stimmen sind dafür.

Schweden ist eines der wenigen Länder, das versucht hat, das Problem sachlich anzugehen. Schon 1936 betraute die Regierung eine eigene Kommission mit der Untersuchung des Sachverhalts. Nach Abschluß ihrer Arbeiten erklärten die Fachleute, der Begriff der Natürlichkeit sei ›logisch gesehen absurd‹; sie unterstrichen den widernatürlichen Charakter der Enthaltsamkeit und schlugen vor, die Empfängnisverhütung offiziell anzuerkennen.

Von diesen Ausnahmen abgesehen, betrieben am Vorabend des Zweiten Weltkriegs alle Länder eine Politik der Geburtenförderung. Einige wenige Beobachter wie Gaston Bouthoul wiesen auf die Gefahr der Übervölkerung hin, aber die meisten Bevölkerungsexperten sind der Meinung, die Zahl der Menschen werde stagnieren oder sogar zurückgehen. Amerikanische Fachleute schätzen, daß die Vereinigten Staaten niemals mehr als 170 Millionen Einwohner haben würden. Im allgemeinen werden die Regierungen nur immer wieder vor einer drohenden Entvölkerung gewarnt.

Das gilt für die Industrieländer. Um das, was in der übrigen Welt geschieht, kümmert sich offensichtlich niemand. So haben die Experten also weder eine Ahnung von der wegen fehlender Empfängnisverhütung drohenden Übervölkerung in der Dritten Welt (die damals noch nicht so heißt), noch von den schweren Nachteilen der in Europa betriebenen Form der Empfängnisverhütung. Als die Tatsachen bekannt werden, vor denen niemand nachdrücklich genug gewarnt hat, sind die Gemüter nicht darauf vorbereitet. Und die Vergangenheit, die so schwer auf der Menschheit lastet, wird erst in vielen Jahren der Zukunft Platz machen.

Die Wirklichkeit nicht wahrhaben wollen

Nach dem Zweiten Weltkrieg zeigen demographische Untersuchungen eine menschliche Springflut in der Dritten Welt. Schon 1950 ist das Problem für jedermann erkennbar. Der Fortschritt führt unvermeidlich zur Übervölkerung, wenn die Zahl der Geburten nicht reduziert wird. In den Industrieländern stellt sich das Problem ganz anders. Die Geburtenkontrolle wird gefordert als ein Grundrecht des Menschen: ungehindert und vernunftgemäß tun zu dürfen, was jeder ohnehin auf empirische und gefährliche Weise tut.

Wie reagiert die Menschheit auf diese doppelte Herausforderung? Die Statistiken und die Lehren der Psychoanalyse sind da. An Mitteln fehlt es an allen Enden. Es geht darum, so rasch wie möglich Untersuchungen über den Fortpflanzungsmechanismus des Menschen ins Werk zu setzen, um einfache und wirksame Methoden zu finden. Immerhin kann man mit den bekannten Verfahren erst einmal beginnen.

Schon 1946 bringen die angelsächsischen und skandinavischen Länder die Frage vor die UNO. Sie stoßen auf wild entschlossenen Widerstand. Frankreich steht im Lager der Gegner ganz vorn. 1952 beantragt die Weltgesundheitsorganisation gemeinsam mit der von Indien und Ceylon unterstützten norwegischen Delegation die Einsetzung einer Kommission für die Untersuchung der demographischen Frage aus sanitärer Sicht. Ohne Erfolg. 1959 empfiehlt der Draper-Bericht Präsident Eisenhower, die Geburtenkontrolle in das Auslandshilfeprogramm aufzunehmen. Der Präsident lehnt diese Hilfe für alle Länder ab, einschließlich solcher, die den Wunsch selber äußern sollten.

Inzwischen ist aber eine entscheidende Tatsache hinzugekommen: die ›Pille‹. Den Chemikern ist es gelungen, die Hormone synthetisch herzustellen, die den Menstruationszyklus der Frau steuern. Sie können in vorzüglich kontrollierten Tagesdosen eingenommen werden. Professor Pincus entdeckt die Synergiephänomene, die es erlauben, den Eisprung durch eine schwachdosierte Hormonbehandlung zu verhindern. Großversuche in Belgien, Mexiko und Porto-Rico beweisen die Wirksamkeit und Unschädlichkeit des Verfahrens. Zum erstenmal kann die Menschheit Schwangerschaften durch eine hundertprozentig wirksame und den Geschlechtsakt nicht beeinträchtigende Methode verhüten.

Im Dezember 1962 legt Schweden der UNO-Vollversammlung zu

ihrer 17. Sitzungsperiode einen Entschließungsentwurf vor, nach dem »die UNO den Regierungen auf Antrag technische Hilfe leisten sollte, um ihnen die Möglichkeit zu geben, ihre Projekte und Programme im Zusammenhang mit Bevölkerungsproblemen durchzuführen«. Der Text war, wie man sieht, außerordentlich vorsichtig formuliert. Er wurde nicht angenommen. 34 Länder stimmten dafür, 34 dagegen, 32 enthielten sich der Stimme. Eine nähere Betrachtung dieses Abstimmungsergebnisses ist recht aufschlußreich.

Für eine solche Hilfe sind: die skandinavischen und die angelsächsischen Länder, die Hälfte der asiatischen Länder, die arabischen und die fortschrittlich eingestellten afrikanischen Länder. Dagegen sind: die katholischen Länder, die französisch-sprachigen afrikanischen und fast alle südamerikanischen Staaten. Die USA und Kanada enthielten sich der Stimme, ebenso die kommunistischen Länder (außer Jugoslawien, das dafür, und der Tschechoslowakei, die dagegen stimmte), etwa zehn asiatische Staaten und Länder des Nahen Ostens, die englischsprachigen afrikanischen und fünf lateinamerikanische Länder.

Damals hatten die Vereinten Nationen gerade feststellen müssen, daß die Bevölkerungsvoraussagen aus dem Jahre 1954 erheblich hinter der Wirklichkeit zurückgeblieben waren. Und der Vorschlag lief nicht auf eine Empfehlung der Geburtenkontrolle hinaus, geschweige denn auf ihre gewaltsame Durchsetzung. Es ging nur darum, solchen Staaten Hilfe zu gewähren, die selber diesen Weg zu beschreiten wünschten, aber nicht über die notwendigen medizinischen Möglichkeiten an Personal und Einrichtungen verfügten.

So sorgen also Länder wie die Vereinigten Staaten, Frankreich oder die Sowjetunion für die Verbreitung des Fortschritts, sie provozieren geradezu die Bevölkerungsexplosion, aber sie sind nicht bereit, solchen Ländern, die des Fortschritts katastrophale Folgen verhindern wollen, zu helfen. Und Lateinamerika, das die stärkste Bevölkerungszunahme aufweist, hat nicht das Bedürfnis, seine Geburtenziffer in Grenzen zu halten. Die Fakten sind allgemein bekannt, die Menschheit ist vor der Gefahr gewarnt. Aber das Gewicht der alten Ideologien ist zu groß, als daß sich die Menschen der neuen Lage gewachsen zeigen könnten.

Im Jahre 1963 stellten UNO-Fachleute fest, daß »bisher außer Porto-Rico kein lateinamerikanisches Land auch nur den Wunsch hat, eine Politik mit dem Ziel der Verlangsamung des Bevölkerungswachstums zu betreiben, und daß es unwahrscheinlich ist, daß eine solche Politik in absehbarer Zukunft die Unterstützung der Regierenden und der Völker finden wird«.

Erst 1965 änderten die UNO und ihre Sonderorganisationen ihre Einstellung. Zu jener Zeit begaben sich Fachleute der Vereinten Nationen nach Indien, um dort auf Anforderung der Regierung von Neu-Delhi das Problem der Geburtenkontrolle zu untersuchen. Zwanzig Jahre hat die Weltstaatengemeinschaft also verloren. In einigen Ländern hat sich die Bevölkerungszahl inzwischen verdoppelt. Aber es sind auch neue Empfängnisverhütungsmittel entwickelt worden, z.B. 1963 das Intrauterinpessar in moderner Form. Es bietet gegenüber den anderen Methoden den immensen Vorteil, daß es sehr billig ist und für seine Verwendung keinerlei aktive Mitwirkung des Mannes oder der Frau voraussetzt. Im Gegensatz zur Pille, bei der die ständige Aufmerksamkeit der Benutzerin erforderlich ist, muß hier nur das grundsätzliche Einverständnis gegeben sein. Eine einzige Motivation genügt, um eine lange Periode der Unfruchtbarkeit zu sichern.

Und gegenwärtig arbeiten die Wissenschaftler an der ›absoluten Waffe‹: dem Langzeitverhütungsmittel. Solche Mittel werden in den Vereinigten Staaten bereits angeboten: ein einmaliges Einnehmen macht auf sechs Monate zuverlässig unfruchtbar. Darüber hinaus ist man dabei, die ›Pille für Männer‹ und die ›Pille für den Morgen danach‹ zu entwickeln. In einigen Jahren werden Empfängnisverhütungsmittel, die auf immunologischen Phänomenen beruhen, für ein Jahr oder länger wirksam sein. Technisch ist das Problem ganz oder fast ganz gelöst. Jetzt kommt es darauf an, die Wirkung dieser Mittel zu nutzen.

Die ersten Versuche

Die Einstellung der Menschen hat die rasche Entwicklung nicht mitvollzogen. Nur eine Minderheit der Länder der Dritten Welt treibt Geburtenkontrolle. In den meisten Fällen stehen Katholizismus und Nationalismus dem entgegen. Und auch wenn sich die Regierung nachdrücklich bemüht wie in Indien, Pakistan, Ägypten oder Tunesien beispielsweise, sind die Ergebnisse bescheiden. Immerhin beweisen Musterversuche, wie sie mit internationaler Hilfe in Südkorea oder auf Formosa durchgeführt wurden, daß solche Maßnahmen Erfolg haben können. Ein Geburtenrückgang läßt sich nicht ohne intensive Bemühung erreichen, die Fruchtbarkeit nicht durch Ministerialerlässe unter Kontrolle bringen. Es kostet viel Information und

Überredung, die Hindernisse zu überwinden: Sexualtabus, religiöse Verbote, Gleichgültigkeit, Traditionen usw. Die Anstrengungen in den drei großen Nationen Asiens sind in dieser Hinsicht besonders aufschlußreich:

Zunächst macht sich Mao Tse-tung das Dogma zu eigen, nach dem es in einer kommunistischen Gesellschaft keine Übervölkerung geben kann. Im Jahre 1955 gibt er diesen unhaltbaren Standpunkt auf. Als es aber um den ›Großen Sprung nach vorn‹ geht, wird wieder Geburtenförderung betrieben. Seither ist man von neuem realistisch geworden. Die chinesische Regierung erzwingt die Empfängnisverhütung in ihrer striktesten Form: der Keuschheit. Die Worte des Vorsitzenden können zwar die Gesetzmäßigkeiten des Bevölkerungswachstums nicht außer Kraft setzen, aber sie können sehr viel zur Lösung des Problems beitragen. Der chinesische Kommunismus ist heute eine echte Religion, die mit allem gebrochen hat, was vorher war, und deren Stifter noch lebt, so daß sie sich jederzeit umstellen, jederzeit völlig den Kurs wechseln kann. Es gibt nur sehr wenige Regierungen, die so hervorragende Möglichkeiten zur Steuerung der Geburtenziffer haben wie die Männer in Peking.

Japan ist das einzige Land, dem es gelungen ist, sein Bevölkerungswachstum in den Griff zu bekommen. Aber hier handelt es sich schon um einen Industriestaat. Der durchschnittliche Bildungsstand der Japaner war hoch genug, so daß sie die Notwendigkeit der Empfängnisverhütung erkennen konnten. Außerdem hinderten keine nationalen Traditionen eine solche Politik, im Gegenteil, es hat in der Geschichte Japans immer wieder das Phänomen der Säuglingstötung gegeben. Die Geburtenregelung wurde gleich nach dem Kriege durch die Legalisierung der Abtreibung erreicht. Die Geburtenziffer fiel von 34,3 Promille (1947) auf 17,5 Promille (1957). Seit einiger Zeit wird die Abtreibung immer mehr durch Verhütungsmittel verdrängt. Auf diesem wie auf vielen anderen Gebieten ist Japan ein Sonderfall. In den anderen Ländern der Dritten Welt darf man nicht mit ähnlich eindrucksvollen Ergebnissen rechnen.

Schon 1951 hat sich Nehru Gedanken über das Bevölkerungsproblem in Indien gemacht, aber erst 1956 ist ein entsprechendes Programm ernsthaft in Gang gesetzt worden. In der soziologischen und kulturellen Struktur Indiens erschien die Sterilisierung als die einzige erfolgversprechende Möglichkeit. Von 1956 bis 1965 wurden 290.000 Frauen und 615.000 Männer sterilisiert. Jetzt kann ein solcher nicht rückgängig zu machender Eingriff durch die Verwendung von Intrauterinpessaren vermieden werden. Im Verlaufe von 5 Jahren sollen 20 Millionen eingelegt werden. Dieses Verfahren hat, wie gesagt, den Vorteil, daß es sehr billig ist und keinerlei Beteiligung der Betroffenen voraussetzt. Aber das Einlegen der Kunststoffpessare darf nur von ausgebildeten Kräften vorgenommen werden, weil sonst Gebärmutter- und Eileiterentzündungen die Folge sein können. Die Ausbildung von Fachkräften für die Empfängnisverhütung ist derzeit der Engpaß im indischen Programm. Hinzu kommen die vielen Widerstände gegen eine solche Politik. Die Fürsprecher der Tradition, Gandhis Enkel zum Beispiel, verkünden mit gewissem Erfolg die geburtenregelungsfeindlichen Theorien des Mahatma. 1965 jedenfalls lag die durchschnittliche Geburtenziffer für Indien noch bei 40 Promille.

Eine Frage der Zeit

Auch wenn die Regierungen noch so entschlossen handeln würden, darf man nicht mit einem schlagartigen Absinken der Geburtenzahlen rechnen. Der natürliche Faktor für den Geburtenrückgang ist das Steigen des Lebensstandards. In keinem Industriestaat liegt die Geburtenziffer über 25 Promille, und zwar ganz gleich, ob die Empfängnisverhütung erlaubt ist oder nicht.

Es wäre utopisch, bei den unterentwickelten Ländern mit einem solchen Vorgang zu rechnen. Das Steigen des Lebensstandards kann nur durch die Verlangsamung des Bevölkerungswachstums ermöglicht werden, kann ihr also nicht vorausgehen. Es müssen demnach künstliche Mittel eingesetzt werden. Von welcher Seite her man das Problem auch betrachtet: die Notwendigkeit der Empfängnisverhütung bleibt.

Überall tut man so, als sei die Aufgabe nicht so arg dringlich. Dabei handelt es sich um einen Wettlauf mit der Zeit. Man muß sich klarmachen, was geometrische Progression bedeutet. In den nächsten 30 Jahren wird die Weltbevölkerung um 3 Milliarden Menschen anwachsen, aber in den dann folgenden 30 Jahren beträgt der Zuwachs 6 Milliarden, im zweiten Drittel des 21. Jahrhunderts 12 und im letzten Drittel 24 Milliarden. Man kommt also für das Jahr 2100 auf fast 50 Milliarden Menschen. Gut hundert Jahre sind nicht ›ferne Zukunft‹! Angesichts der Fortschritte der Medizin ist es durchaus möglich, daß die Kinder, die heute geboren werden, eine 30-Milliarden-Weltbevölkerung erleben. Gewiß wird es zu Hungersnöten kommen, welche die Menschheit daran hindern werden, solche

Zahlen zu erreichen. Es wird sich zeigen, ob die Empfängnisverhütung sich rechtzeitig genug durchsetzen wird, um Milliarden von Menschen ein schreckliches Leben zwischen Unterernährung und Tod zu ersparen. Alles ist eine Frage der Zeit. Wird das Bevölkerungswachstum nicht sehr bald durch die Geburtenkontrolle gebremst, so wird der Hunger diese Aufgabe übernehmen. Nichtsein oder Sein, um zu verhungern – das ist die Frage. Seit zwanzig Jahren schiebt die Welt die Frage vor sich her und beantwortet sie damit praktisch mit einer Entscheidung für den Hungertod.

Hier mag mancher einwenden, die Verlangsamung des Wachstums würde das Problem des Elends und des Hungers in der Welt auch nicht lösen. Das ist zweifellos richtig. Man könnte damit allenfalls die derzeitige Situation erhalten. Das Entwicklungsproblem bliebe.

Dieses Problem der Unterentwicklung aber ist zum guten Teil eine Folge des Egoismus der reichen Länder. Unter Mißbrauch ihrer wirtschaftlichen Machtstellung kaufen sie die Rohstoffe der armen Länder zu skandalös niedrigen Preisen ein. Oft ist es sogar so, daß sie direkt oder indirekt auch noch einen erheblichen Teil dessen, was sie bezahlt haben, wieder hereinholen. So gesehen erinnern die Ratschläge der Fachleute für Bevölkerungsfragen in unangenehmer Weise an die Redensarten der Unternehmer im 19. Jahrhundert: »Sollen sie doch aufhören, so viele Kinder zu haben, dann würde es ihnen schon besser gehen!« Angesichts dieser Situation ist es nicht leicht, für die Empfängnisverhütung zu werben.

Die Frage lautet also präzis, ob man die unbedingt notwendige Vorbedingung, die Geburtenkontrolle nämlich, ablehnen und damit die Lage noch verschlimmern darf, ›nur‹ weil es an einer wirklichen weltweiten Bemühung um die Wirtschaftsentwicklung fehlt. Es ist zweifellos abwegig, auf die Solidarität aller Länder oder auf technische Fortschritte zu hoffen, die auf unbegrenzte Zeit die hinzukommenden Esser zu ernähren hätten. Selbst wenn es dadurch gelingen würde, die unvermeidliche Welthungerkatastrophe um eine oder zwei Generationen hinauszuschieben, wäre das Problem noch nicht gelöst. Man muß es als eine Zwangsläufigkeit des Fortschritts erkennen, daß ein Geburtenrückgang in der Dritten Welt nicht durch eine Verbesserung des Lebensstandards erreicht werden kann. Es ist schon zu spät, um Hungersnöte ganz zu verhindern, und es ist allerhöchste Zeit, wenn man die Welthungerkatastrophe vermeiden will. Das ist der klare Sachverhalt.

Frankreich verteidigt die ›natürliche Ordnung‹

In den Industriestaaten stellt sich die Situation ganz anders dar. Hier ist keine Bevölkerungsexplosion zu erwarten. Die Empfängnisverhütung ist eine gegebene Tatsache. Es geht um die Freiheit der Sexualität. Denn die in den katholischen Ländern, insbesondere in Frankreich verwendeten Methoden machen den Menschen nicht frei, sondern tragen zu seiner Entfremdung bei. Der Franzose ist in seinem Geschlechtsleben verklemmter als seine Vorfahren, die unbedenklich Kinder zeugten. Umfragen in Entbindungsstationen der Krankenhäuser haben ergeben, daß 40 Prozent der Geburten nicht gewollt waren!

Zwanzig Jahre lang hat sich Frankreich zum Vorkämpfer des in den Uterus gelangenden Spermas gemacht. Ein exemplarischer Kampf. Nicht eine einzige Sünde wider den Fortschritt, die man unterlassen hätte. Es ist dringend an der Zeit, diese Geschichte aufzuschreiben, damit sie unseren Kindern als Belehrung dient. Damit sie sehen, wie man es nicht machen darf, wenn man am Beginn einer wissenschaftsorientierten Gesellschaft steht. Der Kampf hatte die historische Eindeutigkeit der Schlacht von Austerlitz. Die feindlichen Armeen marschierten in schönster Schlachtordnung auf: hie wissenschaftlicher Fortschritt, dort die Kräfte der Beharrung. Die Argumente der Vergangenheit gegen den Druck der Fakten. Ein Elementarkursus in strategisch falschem Verhalten.

Die erste vom Fortschritt geschaffene Tatsache ist die Entwicklung der Empfängnisverhütungsmittel. Pille, Intrauterinpessar, Okklusivpessar einerseits, ›natürliche‹ Methoden andererseits. Die erstgenannten sind bekannt. Wie sieht es mit den anderen aus? In den fünfziger Jahren findet die Methode der periodischen Enthaltsamkeit auf Grund von Temperaturbeobachtungen Verbreitung. Zunächst bevölkerte sie die Entbindungsstationen mit ›Ogino-Kindern‹. Ein erheblicher Teil der französischen Bevölkerung verdankt sein Leben dem berühmten japanischen Wissenschaftler.

Die Veränderungen der Basaltemperatur im Verlauf des weiblichen Zyklus geben die Möglichkeit, den Zeitpunkt des Eisprungs genauer zu bestimmen. Eine ständige Beobachtung der Temperatur senkt den Unsicherheitsfaktor erheblich. Aber, so bedauerlich das für die Methode sein mag, der Organismus des Menschen ist erfreulicherweise kein Präzisionsgerät. Hormonale, psychische und sonstige Einflüsse können den Ablauf der wichtigsten Prozesse beeinflussen. Nach Auffassung eines amerikanischen Arztes, Dr. C. H. Birnberg, kann sogar ausnahmsweise während einer Periode ein mehrmaliger Eisprung erfolgen. Ein solcher zusätzlicher Eisprung werde manchmal durch den Orgasmus ausgelöst. Auch in Frankreich haben die Arbeiten der Professoren Aron und Asch psychische Einflüsse auf den weiblichen Zyklus nachgewiesen. Die Gynäkologen streiten darüber, und ihre Unsicherheit beweist geradezu, daß die Methode nicht wirklich verläßlich sein kann.

Um die Möglichkeit einer Befruchtung noch mehr zu reduzieren, müßte der Geschlechtsverkehr auf die Zeit nach dem Eisprung beschränkt werden. Also bliebe ungefähr eine ›mögliche Woche‹, und selbst dann wäre eine ›erfreuliche Überraschung‹ durchaus nicht auszuschließen. Eine beginnende Grippe, eine starke nervliche Belastung, eine Infektion können das Beobachtungsergebnis verfälschen.

Die Frage ist, wie diese Methode bei einer weniger entwickelten Bevölkerung überhaupt anwendbar sein soll. Man braucht da gar nicht an die Indianerfrau in Bolivien oder an die Frau im Busch von Gabun zu denken. Ist es realistisch, eine solche Disziplin auch nur von Arbeiterfrauen oder Bäuerinnen in den Industrieländern zu erwarten? Eine Disziplin, die sie ja nicht nur selber einzuhalten hätten, sondern auch von ihren Männern fordern müßten? Soziologisch gesehen handelt es sich um eine typisch ›bürgerliche‹ Methode. Das mag man bedauern, aber es ist so.

Die zweite vom Fortschritt geschaffene Tatsache ist mindestens ebenso bedeutsam: die Erkundung des menschlichen Geschlechtslebens durch die Psychoanalyse. Schon bevor Zeugung und Sexualität wirklich getrennt werden konnten, hatte der Fortschritt die Eigenbedeutung der Sexualität postuliert. Vor Freud war die Sexualität eine ›Fortpflanzungsbelohnung‹, die von der Natur gewährt wird. Die biologische Funktion bestand in der Zeugung; der Lustgewinn war eine Zutat. Man sah hier den gleichen Zusammenhang wie zwischen Ernährung und Kochkunst. Jeder kann sich ohne nennenswerte Beeinträchtigung mit einer einfachen Kost zufriedengeben. Ebenso kann sich die Menschheit ohne Lustgewinn fortpflanzen. So gesehen ist der Geschlechtstrieb nichts isoliert zu Betrachtendes, sondern unlösbar an die Notwendigkeit der Fortpflanzung gebunden. Auf dieser Grundlage entstand die christliche Moral, von der die westliche Welt, und zwar Gläubige und Ungläubige, nach wie vor zutiefst geprägt ist. Trennt man den Geschlechtstrieb von der Zeugung, so ist er nichts weiter als eine Äußerung häßlicher Selbstsucht, ein verdammenswürdiges Begehren nach fleischlicher Lust. Unterdrückt man ihn, so kann das nur zur geistigen Vervollkommnung des Menschen beitragen. Läßt man ihm freie Bahn, so öffnet man den niedrigsten Instinkten Tür und Tor.

Was lehrt nun die Psychoanalyse? Die Libido ist eine der fundamentalen Komponenten der Persönlichkeit. Sie leitet sich durchaus nicht von der Zeugungsfunktion ab. Sie vermag schwerste Störungen hervorzurufen, wenn sie nicht normal erlebt werden kann. Gewiß, man wird noch lange darüber streiten, was hier als ›normal‹ zu gelten hat. Es gibt da sehr verschiedene Meinungen, und Freud selber war alles andere als ein Verfechter des hemmungslosen Sich-Auslebens. Aber was anormal, was pathologisch ist, das läßt sich sehr viel einfacher bestimmen. Frustrationen, Komplexe, Neurosen und Verdrängungen sexuellen Ursprungs sind anerkannte Krankheiten wie Tuberkulose, Krebs oder Grippe. Viele schwere Geisteskrankheiten können auf sexuelle Ursachen zurückgehen. Das ist eine wissenschaftlich gesicherte Tatsache. Man muß also auf diesem Gebiet die psychologischen Auswirkungen jedes Verhaltens, jeder Methode bedenken.

Und viele Psychiater sind überzeugt, daß die von den Franzosen seit dem Ende des 18. Jahrhunderts verwendeten Praktiken der Empfängnisverhütung persönlichkeitsgefährdend wirken können. Der Coitus interruptus führt zu Frustration, Frigidität und Spannungen zwischen den Partnern. Die übrigen im 19. Jahrhundert angewendeten Verfahren sind kaum besser. Und die ständige Angst vor einer Schwangerschaft, die untrennbar mit den Methoden der periodischen Enthaltsamkeit verbunden ist, kann ähnliche Folgen haben.

Man darf ferner nicht übersehen, daß unerwünschte Schwangerschaften als Folge unzulänglicher Empfängnisverhütung »das ideale Feld für das spätere Entstehen von Fehlentwicklungen der Mutterliebe darstellen«, wie es Dr. R. Géraud ausdrückt. Von den Gefahren der heimlichen Abtreibung ganz zu schweigen.

Nach dem Krieg wußte man also sehr genau, daß die scheinheiligen Formen der Empfängnisverhütung, mit denen sich die Franzosen zu begnügen hatten, ungesund waren. Man wußte auch, daß die Verbindung zwischen Fortpflanzung und Sexualität eher ›zufällig‹ war, daß sie jedenfalls den psychologischen Gegebenheiten des Menschen nicht entsprach. Und die Wissenschaft bot ständig bessere Möglichkeiten für eine normale Geburtenregelung an. So war der Stand der Dinge im Zeichen des Fortschritts. Wie würde die französische Gesellschaftsordnung darauf reagieren?

Eigentlich konnte sie kaum reagieren, weil das Gesetz nicht einmal die Erörterung der Frage zuließ. Die Verfechter der Familienplanung mußten sich an das Parlament wenden. Sie ließen einen Gesetzesvorschlag bei der Nationalversammlung einbringen, um das Problem überhaupt ohne die Gefahr schwerer Bestrafung angehen zu können. Jahrelang blieben die Ängste der Frauen, die auf ihre Regel warteten, die verzweifelte Suche nach ›guten Adressen‹, die Ausschabungen in den Krankenhäusern nach verpfuschten heimlichen Abtreibungen, die gescheiterten Ehen von einem Mantel tiefsten Schweigens bedeckt. Das wohlhabende Bürgertum fand ja stets eine diskrete Klinik in Frankreich oder in der Schweiz, um die Folgen eines Fehlers zu beseitigen. Das Dienstmädchen versuchte sich das nötige Geld zusammenzupumpen, um die Engelmacherin bezahlen zu können. Und man tat so, als gäbe es das Problem nicht.
Ein Jahrzehnt ging darüber hin, bis die Frage an die Öffentlichkeit gelangte, und zwar durch den mutigen Einsatz einiger weniger Ärzte, die ständig mit dem Entzug der Zulassung, mit Geld- oder sogar Gefängnisstrafen rechnen mußten. Wie verhielten sich in dieser Zeit die großen gesellschaftlichen Gruppen?
Die Kommunistische Partei lehnte es lange Zeit hindurch ab, die Frage überhaupt als Einzelproblem zu sehen. Es kam darauf an, so verkündeten ihre Führer immer wieder, für alle Frauen die materiellen Voraussetzungen zu schaffen, ihre Kinder aufzuziehen. »Der Weg zur Freiheit der Frau führt über Reformen der Gesellschaft, über die soziale Revolution, nicht über Abtreibungskliniken«, schrieb Maurice Thorez 1956 in der kommunistischen Tageszeitung *L'Humanité*. Das ist die bekannte marximalistische Einstellung der Marxisten. Die Empfängnisverhütung löst die gesellschaftlichen Probleme nicht und kann sogar ein Alibi darstellen dafür, daß sie nicht gelöst werden, also ist sie gesellschaftspolitisch gefährlich. Eine akzeptable Geburtenkontrolle kann es allenfalls in einer sozialistischen Gesellschaft geben. In einem kapitalistischen System könnte sie ein weiteres Instrument der Ausbeutung darstellen. Nur sehr zögernd ändert die Kommunistische Partei ihre Haltung, und erst beim Präsidentschaftswahlkampf von 1965 gibt sie ihre Zustimmung.
Die Reformierte Kirche dagegen nahm schon 1956 Stellung: »Mann und Frau sind keine Tiere, die ihre Nachkommenschaft ohne Verantwortungspflicht zeugen. Sie sind Menschen, die Verantwortung tragen für die Kinder, die ihnen Gott schenkt, und beschränken deshalb deren Zahl ...«

1962 stand im *Bulletin de l'Ordre des médecins*, dem Mitteilungsblatt der Standesvertretung der französischen Ärzte, zu lesen: »Der Arzt hat bei der Anwendung empfängnisverhütender Mittel, bei der Beratung der Öffentlichkeit und bei der Anleitung zum Gebrauch solcher Mittel keine Rolle zu spielen und keine Verantwortung zu übernehmen.« 1966 organisiert dieselbe Standesvertretung in Paris den 2. Internationalen Kongreß für Moral in der Medizin. Es wird kein Beitrag zugelassen, der diesen Gegenstand berührt. Nur ein amerikanischer Gynäkologe, Dr. H. C. Taylor, behandelt ihn in seinem Referat. Die französischen Ärzte, so scheint es, haben noch nie davon gehört. Es gibt auch nach wie vor keinen Lehrstuhl dafür: diesbezügliche Anträge sind vom Rat der Medizinischen Fakultät in Paris rundweg abgelehnt worden. Ein Lehrstuhl für Fragen der menschlichen Fortpflanzung könnte nur geschaffen werden, wenn der Inhaber das eigentliche Thema nicht berührt ...

Und die katholische Kirche bleibt die große Kraft des Widerstands. Unter Aufbietung ihres ganzen Einflusses hat sie in Frankreich wie in vielen anderen Ländern erheblich zur Eindämmung der Geburtenregelung beigetragen. In den Jahren 1965–68, während der Vorbereitung der Enzyklika, ließ sich ein gewisses Nachlassen der doktrinären Verhärtung feststellen. Viele Gläubige glaubten der Entwicklung vorgreifen zu dürfen. So konnte auch das französische Parlament das Gesetz von 1920 aufheben. Seit der Veröffentlichung der Enzyklika ist die Kirche unter schweren Gewissenskonflikten wieder zu ihrer ursprünglichen Haltung zurückgekehrt, und so ist die Ablehnung der Empfängnisverhütung in der katholischen Welt am ausgeprägtesten.

Zweieinhalb Kinder

Das erste Argument der Gegner, die Furcht vor dem Geburtenrückgang, ist nicht religionsspezifisch. Die Frage lautet: sind Länder, die der Empfängnisverhütung zustimmen, von Entvölkerung bedroht?

Will man auf diese Frage – soweit das überhaupt möglich ist – eine Antwort finden, so muß man zunächst bedenken, daß der Rückgang der Sterblichkeit die demographischen Grundtatsachen völlig verändert hat. Einst mußte die Durchschnittsfamilie vier Kinder haben, wenn die Erneuerung der Generationen gesichert sein sollte. Heute genügen zweieinhalb Kinder (die Statistik kennt ja Bruchteile von Menschen), um einen vernünftigen Bevölkerungszuwachs zu erzielen. Wie kann man die einzelnen dazu bringen, daß sie das Ihre tun, damit diese Zahl erreicht wird?

Die französische Geschichte zeigt, daß das Verbot von Empfängnisverhütungsmitteln nicht genügt, um die Geburtenziffer zu erhöhen. Das Gesetz von 1920 hat kein Bevölkerungswachstum, sondern allenfalls ein Nachlassen des Geburtenschwundes zur Folge gehabt. Dagegen haben nach dem Zweiten Weltkrieg die Sozialgesetze zu einer völligen Umkehrung des Trends geführt, obwohl man noch heute nach manchen Berechnungen davon ausgehen muß, daß der Lebensstandard eines Ehepaares mit zwei Kindern bis zu 50 Prozent unter dem eines kinderlosen Ehepaares liegen kann. Das ist natürlich nicht sehr ermutigend.

Es wäre auch eine zu grobe Vereinfachung, wenn man behaupten wollte, soziale Maßnahmen würden genügen, um eine ausreichende Geburtenzahl zu bewirken. Die sozialistischen Länder sichern den Müttern außerordentlich günstige materielle Bedingungen. Und der Erfolg? 1965 hatte Ungarn mit 13 Promille die niedrigste Geburtenziffer der Welt, gefolgt von Rumänien mit 15 Promille, Bulgarien mit 16,4 Promille und der Tschechoslowakei mit 17,1 Promille. Die geringste Geburtenfreudigkeit ist also gerade in den Ländern anzutreffen, die sich auf diesem Gebiet am meisten um soziale Gerechtigkeit bemühen. Andererseits hatte im gleichen Jahr 1965 die Sowjetunion bei einem ähnlichen Sozialsystem eine durchaus befriedigende Ziffer von 22,4 Promille. Natürlich erklären sich diese Promillesätze aus naheliegenden gesellschaftlichen und politischen Gründen. Man geht kein großes Risiko ein, wenn man Wetten darauf abschließt, daß die Tschechoslowakei demnächst die niedrigste Geburtenziffer der Welt melden wird, es sei denn, sie griffe zu Zwangsmaßnahmen.

Aber andere sozialistische Länder wie China oder Kuba leiden im Gegenteil unter einem zu starken Bevölkerungswachstum mit Geburtenziffern von ungefähr 35 Promille. Das zeigt sehr deutlich, daß der Sozialismus als solcher das Problem nicht automatisch löst.

Von den Ländern mit Empfängnisverhütung haben etliche eine höhere Geburtenziffer als Frankreich. Das gilt zum Beispiel für Großbritannien, die Vereinigten Staaten, Israel, Australien, die Schweiz und die Niederlande. Andererseits ist festzustellen, daß Länder, welche die Empfängnisverhütung ablehnen, in der Regel etwas höhere Geburtenziffern haben; in Italien, Portugal und Spanien betragen sie etwas mehr als 20 Promille. Was folgt daraus? Sind nicht vielleicht der katholische Glaube und der Entwicklungsrückstand die eigentlichen Ursachen?

Seit kurzem ist ein neues Phänomen hinzugekommen. In den Jahren zwischen 1965 und 1968 ist die Geburtenhäufigkeit in den meisten Industrieländern zurückgegangen. In den Vereinigten Staaten und in der Sowjetunion hat das zu Besorgnis Anlaß gegeben, weil die Geburtenziffer dort von rund 22 Promille auf rund 18 Promille sank. Auch für Frankreich ist der Sachverhalt eindeutig zu erkennen: ein Rückgang der Geburtenziffer um jährlich 2,2 Promille. Bliebe dieser Trend unverändert, so würde die Zahl der Sterbefälle die Zahl der Geburten schon 1976 übersteigen. Diese Angaben sind noch zu neu, als daß man Ursachen und Auswirkungen gründlich untersucht haben könnte. Aber sie lassen immerhin einen Zusammenhang zwischen Empfängnisverhütung und Geburtenfreudigkeit vermuten.

In Ländern, die der Empfängnisverhütung freien Raum gewähren, haben die Eheleute nur so viele Kinder, wie sie wünschen. Geht der Bevölkerungsbestand zurück, so deshalb, weil sie nicht mehr als zwei Kinder haben wollen, also zu den ›zweieinhalb‹ Kindern der Statistik nicht bereit sind. Ist das normal? Gewiß kann man verstehen, daß viele Ehepaare keine Lust zu einem ›Stall voll Kinder‹ haben. Sieben oder acht Kinder verlangen nun einmal von den Eltern vollkommene Selbstaufgabe. Aber ist es nicht ein Zeichen gesellschaftlichen Unbehagens, daß man eine Familie mit drei Kindern als Belastung empfindet? Wenn die Menschen es nicht wagen, zwei oder drei Kinder zu haben, ist nicht die Pille schuld, sondern die Zivilisation.

Und ist nicht genau das die Feststellung, die wir überall in der Welt machen? Liegt der Geburtenrückgang an der Verbreitung der Empfängnisverhütung oder an der Zivilisationskrise, von der wir alle spüren, wie sie überall um sich greift? In Ländern mit freier Entscheidung über die Kinderzahl wird die Geburtenziffer zur Meßgröße für die Gesundheit der Gesellschaft. Man kann das Meßgerät zerschlagen. Aber damit löst man das Problem nicht.

Im Jahre 1966 hatten die Volksdemokratien eine sehr niedrige Geburtenziffer, die Sowjetunion eine hohe. Bedeutete das nicht, daß das sozialistische Regime in der Sowjetunion akzeptiert wurde, in den anderen Ländern dagegen nicht? Heute steckt die UdSSR in einer Krise. Die konservativen Kräfte haben sich einer liberalen Strömung zu erwehren. Die Hoffnungen der Entstalinisierungszeit scheinen sich zu verflüchtigen. Wird sich das nicht in einigen Promillen weniger an der Geburtenziffer ablesen lassen? Die Rassenkonflikte und der Vietnamkrieg scheinen in den USA ähnliche Wirkungen zu haben. Ein Kind zeugen, heißt Vertrauen in die Zukunft haben. Verweigert man sich das Kind, beweist man seinen Pessimismus. Gewiß, es handelt sich dabei um unterbewußte Motivationen. Sie entstehen aus einem allgemeinen Klima. Aber die Fakten sind da. Länder, die kein Selbstvertrauen mehr haben, werden unfruchtbar. Die Volksdemokratien können durch Gesetz die Empfängnisverhütung verbieten, aber damit heilen sie die Krankheit nicht, an der sie leiden. Man darf getrost unterstellen, daß die Entwicklung in der Tschechoslowakei wieder in Richtung auf die alte Geburtenziffer verlaufen würde, wenn die Menschen dort in dem Regime leben könnten, das sie sich wünschen. Das wirksame Mittel gegen den Geburtenrückgang liegt wahrscheinlich in einer positiven gesellschaftspolitischen Aktion und nicht in repressiven Maßnahmen.

Man hat die Franzosen befragt, wie viele Kinder ihnen ›wünschenswert‹ erscheinen, wobei diese Formulierung natürlich sehr unscharf ist. Dabei hat man die bezeichnende Feststellung gemacht, daß die begüterten Klassen jetzt größere Familien für wünschenswert halten als die Arbeiter. Mit anderen Worten: die allgemeine Verbesserung des Lebensstandards dürfte die Kinderzahlen wieder steigen lassen, nachdem sie zunächst zu ihrem Absinken geführt hat.

Es gibt tatsächlich keinen Grund zu der Annahme, daß es unmöglich sei, in einer Zivilisation, die sich der Empfängnisverhütung bedient, ein befriedigendes Bevölkerungswachstum sicherzustellen. Aber dazu gehört ein Gesundheitszustand des Staatswesens, der nicht leicht zu erreichen und zu erhalten ist. Damit wird der Gesellschaft eine weitere Verantwortung aufgebürdet.

Was ist ›natürlich‹?

Das Hauptargument der katholischen Kirche aber ist die natürliche Ordnung. Die Kirche verbietet nicht die Geburtenkontrolle schlechthin, wohl aber stellt sie die periodische Enthaltsamkeit als ›natürlich‹ der Pille, dem Intrauterinpessar, dem Okklusivpessar usw. gegenüber, die nicht ›natürlich‹ sind. Was ist davon zu halten?

Es ist sicher richtig, ja, es kann kein Zweifel daran bestehen, daß die Einnahme synthetischer Hormone einen Eingriff in den Körperhaushalt der Frau darstellt. Die entscheidende Frage ist, ob dieser Eingriff gesundheitsschädliche Folgen haben kann. Die Ärzte sind hier sehr zurückhaltend und vorsichtig, einige von ihnen deutlich beunruhigt. Die statistischen Erfahrungen bei Millionen amerikanischer Frauen scheinen kurzfristig keine bedrohliche Gefahr erkennen zu lassen, soweit die Pille unter ärztlicher Aufsicht genommen wird. Die Wirkungen einer Benutzung über lange Zeit dagegen sind sehr viel weniger bekannt. Drei Faktoren gestatten ein vernünftiges Maß von Vertrauen. Erstens ist die Dosis ständig geringer geworden. Zweitens werden immer neue Erzeugnisse auf den Markt gebracht, so daß man abwechseln kann, um die Akkumulation der gleichen Substanz im Körper zu vermeiden. Und drittens scheint die Entwicklung zu immunologischen Techniken hinzuführen, die weniger Nachteile haben könnten. Es ist also naheliegend, beunruhigt zu sein, es ist unbedingt notwendig, vorsichtig zu sein, aber man muß die Vor- und Nachteile der verschiedenen Verfahren gegeneinander abwägen.

Es ist nämlich durchaus nicht bewiesen, daß die periodische Enthaltsamkeit gefahrlos ist. Da diese Methode niemals ganz sicher ist, kann jederzeit eine ›Panne‹ vorkommen. Eine unerwünschte Schwangerschaft ist in zwei Fällen möglich: Entweder hat der vor den fruchtbaren Tagen eingebrachte Samen besonders lange überlebt (man hat schon eine Lebensdauer von sieben Tagen beobachtet), oder das Ei ist länger als 24 Stunden nach seiner Freisetzung befruchtungsfähig geblieben. Kommt es zur Befruchtung, so ist eine der beiden Zellen ›gealtert‹, und die Fortpflanzung aus einer solchen Zelle erscheint bedenklich. Laborversuche an Tieren haben gezeigt, daß der Anteil von chromosomenbedingten Mißbildungen und Anomalien unter solchen Umständen überdurchschnittlich groß ist.

Professor Thibaut gelangt nach Darlegung dieses Sachverhalts zu dem Schluß: »Die Fehlermöglichkeit oder das ›Risiko‹, das diese Methode [der periodischen Enthaltsamkeit] einschließt, kann also schwerwiegende Folgen haben, und es gibt eigentlich keine Möglichkeit, sich dagegen zu schützen, es sei denn im Extrem durch ein fast völliges Unterlassen des Geschlechtsverkehrs.« Man kann also, wissenschaftlich gesprochen, nicht behaupten, diese Methode sei vom medizinischen Standpunkt weniger bedenklich.

Und psychologisch gesehen? Ist es ›natürlich‹, das Geschlechtsleben nach den Zeiten der Fruchtbarkeit der Frau einzurichten? Der ›Naturzustand‹ ist es doch wohl, daß sich die geschlechtliche Aktivität nach den Wünschen einer mit sich im Gleichgewicht befindlichen Person richtet, ohne daß diese irgend etwas unternimmt, um Folgen zu vermeiden. Mit dem Augenblick, da der Mensch Geschlechtsakt und Fortpflanzung voneinander trennt, verläßt er diese ursprüngliche Ordnung. Er kann das tun, indem er mechanische Möglichkeiten und biologische Faktoren für sich ausnutzt: dann betreibt er Empfängnisverhütung. Er kann das tun, indem er psychologische Faktoren wirksam werden läßt: dann übt er Enthaltsamkeit. Die Frage

ist einzig und allein, welche von beiden Methoden störender in die Persönlichkeit hineinwirkt: das ist dann die widernatürliche.
Bei dieser Betrachtungsweise kommt man zu dem Ergebnis, daß die Enthaltsamkeit zutiefst widernatürlich ist. Die Libido der Frau und die Virilität des Mannes lassen sich nicht nach Belieben unterdrükken. Wenn man nicht gerade aufreizende oder hemmende Mittel verwendet, kann man den Geschlechtstrieb auf die Dauer nicht wecken oder unterdrücken. Was bedeutet aber ›natürliche‹ Methode? Daß die Eheleute mit einer Verkehrsampel über dem Bett leben. Acht bis zehn Tage monatlich steht die Ampel auf Grün. Jetzt hat der Geschlechtstrieb da zu sein. Dann muß er für etwa zwanzig Tage unterdrückt werden. Auf Befehl, zur festgesetzten Zeit, haben die Partner zum Gleichklang zu finden. »Es ist nicht Menschenart, die körperliche Vereinigung unter Zwang und in rascherer Folge in den zehn Tagen nach dem zweiten auf den Eisprung folgenden Tag auszuführen, sondern im Gegenteil, den Zeitpunkt für diesen Akt nach den eigenen Wünschen und nach freiem Ermessen zu wählen«, schreibt Dr. Géraud.
Deshalb weigern sich viele Wissenschaftler, die Methode als ›natürlich‹ anzusehen. Die Schweden haben sie ja schon 1936 als ›logisch gesehen absurd‹ bezeichnet. Für sie ist dieses Verfahren ebenso künstlich wie Pille oder Pessar, aber psychologisch schädlicher. Fortschritt bedeutet die Schaffung einer materiellen und biologischen Ordnung, die eine ungehinderte Entfaltung der Persönlichkeit ermöglicht. Diese Ordnung kann niemals der Naturzustand sein, den der menschliche Erfindungsgeist längst und ein für allemal zerstört hat. Sie kann nur ein künstlicher Zustand sein. Wenn es zwischen materieller Welt und menschlicher Person zu entscheiden gilt, kann immer nur die letztere das Ziel der Bemühung sein. Das biologische Substrat ist nur eine besondere Form des Milieus, in dem sich das Bewußtsein entwickelt. Wenn schon eine Änderung notwendig ist, muß dieses Substrat der Person angepaßt werden, nicht umgekehrt.

Mit der Empfängnisverhütung leben

Letzten Endes sind diese Auseinandersetzungen vollkommen überflüssig. Sie haben nur noch historische Bedeutung. Natürlich oder künstlich, normal oder unnormal, erlaubt oder verdammenswert – in zehn Jahren wird die Empfängnisverhütung in allen entwickelten Ländern üblich sein. Selbst die bescheidenen Einschränkungen der neuen französischen Gesetzgebung wirken geradezu rührend. In ein paar Jahren kann sich ein minderjähriges Mädchen durch einmaliges Einnehmen die Unfruchtbarkeit für ein ganzes Jahr sichern. Wer wollte sie daran hindern, sich diese Dosis zu verschaffen, wenn ihr daran liegt? Außerdem wird sie auf Partner treffen, die sich der Männerpille bedienen. Will man etwa auch den Verkauf dieser Erzeugnisse an volljährige Männer verbieten? Es wäre sogar denkbar, daß Volljährige, die mit minderjährigen Mädchen verkehren, von vornherein die Männerpille nehmen werden. Man kann ja nie wissen ... Es ist zu spät zum Lamentieren, zu spät für ein Verbot durch Gesetz, Bulle oder Enzyklika. Keiner kann mehr etwas dagegen ausrichten. In einer durch die Massenmedien und die modernen Transportmittel eins gewordenen Welt werden wir es nicht fertigbringen, eine Insel sexueller Verklemmung in einem Meer der Freiheiten zu erhalten. In einer verwissenschaftlichten, pluralistischen Gesellschaft werden wir nicht autoritär Verbote durchsetzen. Die Kinder, die heute das Licht des Tages erblicken, werden mit ihrer Pubertät in eine völlige sexuelle Freiheit hineinwachsen. Der zweitbeste Beweis für Intelligenz ist die Hinnahme des Unvermeidbaren. Der beste ist die Einordnung des Unvermeidbaren in eine Organisationsform, die es in die erwünschte Richtung lenkt.

Denn darauf läuft es hinaus: sexuelle Freiheit – wofür? Das Problem ist wahrhaft bedeutend und schwierig genug, um es baldmöglichst unbefangen, also vorbehaltlos zu prüfen, die notwendigen vorausschauenden Untersuchungen in Auftrag zu geben und die passenden Strukturen vorzubereiten, damit nicht wieder einmal aus dem Fortschritt eine Katastrophe wird. Denn die Empfängnisverhütung ist wie jeder Fortschritt nur ein Mittel zum Zweck, sie ist an sich weder gut noch schlecht, sondern das, was man aus ihr macht. Sie kann der Persönlichkeit in einer unmenschlichen und traumatisierenden Umwelt zum Gleichgewicht verhelfen, aber sie kann auch die Instabilität, die Perversionen und die gesellschaftsbedingten Krankheiten noch verschlimmern. Wir haben die Wahl.

So ist der Streit um natürliche und widernatürliche Methoden im Grunde ganz und gar – künstlich. Das Problem ist viel einfacher. Kann sich der Mensch in einem Rahmen sexueller Freiheit einige entscheidende Werte erhalten? Je nachdem, ob man diese Frage mit ja oder nein beantwortet, erblickt man in der Empfängnisverhütung einen Fortschritt oder, im Gegenteil, eine Bedrohung. Für die Kirche stellt sie eine Bedrohung dar. Deshalb bevorzugt sie eine Methode, die das Geschlechtsleben in einem gewissen Zwang hält.

Paul VI. hat es ganz klar gesagt. Nach seiner Meinung würde Empfängnisverhütung »der ehelichen Untreue und der allgemeinen Aufweichung der sittlichen Zucht ... einen breiten und leichten Weg bieten«. Als die Enzyklika erschien, veröffentlichte ein katholischer Schriftsteller, Maurice Clavel, im *Nouvel Observateur* einen aufsehenerregenden Artikel unter dem Titel »Hostie oder Pille«. Für ihn mußte die Empfängnisverhütung zu allen erdenklichen sexuellen Ausschweifungen führen. Damit wird die Richtung deutlich. Nimmt man der Sexualität die Fesseln ab, so wird sie sogleich im weitesten Sinne entfesselt sein, zu den schlimmsten Exzessen neigen, die Familien zerstören und die Jugend verderben ...

Also: Zwang oder Sittenverfall. Das Problem ist beunruhigend, das wird niemand leugnen. Aber, wie gesagt, es ist schon zu spät, um sich die Frage zu stellen, ob wir die Empfängnisverhütung akzeptieren oder ablehnen wollen. Darum geht es nicht mehr. Es geht darum, ob wir sie zum Segen oder zum Fluch werden lassen.

Wieder einmal ist die Menschheit in das Räderwerk des Fortschritts geraten. Sie spürt sehr deutlich, daß die indirekten Auswirkungen katastrophal sein könnten. Aber anstatt das Problem anzugehen, möchte sie es lieber nicht wahrhaben. Dabei ist es seiner Art nach den bisher in diesem Buch behandelten eng verwandt. Die Freiheit, die der Fortschritt bringt, wirkt immer selbstzerstörerisch, wenn sie sich in der Anarchie entwickeln kann. Das gilt für das Auto, den Computer, das Fernsehen, die Medizin. Die Empfängnisverhütung ist eine Bombe, die unsere Geschlechtsstrukturen in die Luft sprengen kann. Es hat keinen Zweck, diese Bombe vor sich herzurollen. Man muß sie entschärfen.

Gewiß, das Thema hat entmutigend viele Aspekte. Aber darf man einfach behaupten, ein Jugendlicher sei keinesfalls in der Lage, sich frei für ein verantwortungsbewußtes Geschlechtsleben zu entscheiden, oder die Familie könne als Struktur den Schock der freiwilligen Elternschaft nicht überleben? Man kann es zweifellos, wenn man Erziehung und Strukturen unverändert beibehält. Nur: könnte man nicht eine neue Ordnung schaffen?

Schon jetzt wäre es gut, einige Erfahrungen des Auslands sorgfältig zu prüfen. Ist Großbritannien ein Land der Zügellosigkeit geworden, seit dort die Empfängnisverhütung freigegeben wurde? Ist die höhere Zahl der Ehescheidungen in den Vereinigten Staaten wirklich eine Folge der Pille? Müssen gewisse Sittenerscheinungen in Skandinavien, die auf die Franzosen erschreckend wirken, unbedingt mit

der sexuellen Freiheit verbunden sein? Solche Fragen sind es wert, genau untersucht zu werden.
Man könnte auch davon ausgehen, daß die Geburtenkontrolle die geschlechtliche Harmonie der Eheleute erleichtert und die Zahl der Scheidungen verringert. Warum sollte die freie Entscheidung über das Kinderbekommen die so oft beklagte ›Flucht aus der Verantwortung‹ fördern? Im Gegenteil, man sollte meinen, daß sich Eltern, die sich ein Kind gewünscht haben, liebevoller mit ihm abgeben werden als Eltern, die ›Pech gehabt haben‹.
Und zu sagen, größere sexuelle Freiheit würde bei jungen Menschen die eigentliche Liebesfähigkeit abtöten, ist eine Behauptung, die erst durch Erfahrung und Analyse erhärtet werden müßte. Es gilt die Grundlagen für einen neuen Humanismus zu schaffen, der die Werte neu zu definieren, die Verbote zu revidieren und etliche Tabus aufzuheben hätte. Er gehört als notwendige Ergänzung zu den technischen Möglichkeiten der Geburtenkontrolle. Der Fortschritt schreitet schnell, die Zivilisation entwickelt sich langsam. Genau das führt zur Krise.
Denn eine neue Zivilisation werden wir brauchen, nicht bloße Regeln, wie der Mensch sich fortzupflanzen hat. Nehmen wir nur ein Beispiel: die Rolle der Frau. Sie wird sich völlig ändern. Bisher waren die aktiven Lebensjahre der Frau mit dem Austragen, dem Gebären und der Erziehung der Kinder ausgefüllt. Im Zeichen der Empfängnisverhütung heiratet sie früh. Mit dreißig Jahren hat sie die zwei oder drei Kinder, die sie sich wünschte. Zwischen dem dreißigsten und dem fünfunddreißigsten Lebensjahr hört sie auf, Kinderbewahrerin zu spielen. Die Kinder gehen zur Schule. Sie ist frei für eine aktive Betätigung in der Gesellschaft. Wie kann man eine große Zahl von dreißig- bis vierzigjährigen Frauen in den Arbeitsprozeß einfügen? Kann man ihnen keine ›gesellschaftliche Daseinsberechtigung‹ bieten, so wird die Emanzipation der Frau wieder einmal nur in die Frustration führen. Ein unermeßliches Potential an Menschen wäre vergeudet. Am einfachsten wäre es natürlich, die Frauen daheimbleiben zu lassen, um Arbeitslosigkeit zu vermeiden, aber eine solche Politik wäre der Beweis für erschreckende Phantasielosigkeit. Diese von ihren Mutterpflichten entbundenen Frauen könnten für die Gesellschaft außerordentlich wertvoll sein, nur müßte die Gesellschaft sie zu nutzen verstehen, ohne daß es Spannungen auf dem Arbeitsmarkt gibt.
So ist die Empfängnisverhütung zugleich ein großer Fortschritt und

eine schwere Bedrohung für den Menschen. Etliche Jahre sind schon verloren, etliche Gelegenheiten verpaßt. Der Start, so scheint es, war schlecht. Wird die Geburtenkontrolle planlos genutzt, wird sie weder die Übervölkerung verhindern noch eine echte sexuelle Befreiung bringen. Richtig gesteuert kann sie eine größere Katastrophe abwenden und das Leben der Menschen zum Guten verändern. Von den Menschen wird alles abhängen, von ihrer Fähigkeit, den Fortschritt zu meistern. Aber wenn ihnen das gelingen soll, müssen in allen Gesellschaftssystemen so bald wie möglich die wirklichen Probleme untersucht werden. Denn es gilt viele neue Lösungen zu finden, die noch in keinem Regime, in keiner Heilslehre da sind. Der Einsatz ist groß. In seinem Buch über die Geburtenkontrolle schreibt Dr. Pierre Simon, der Präsident des französischen Ärzterates für Familienplanung: »Die nichtreproduktive Sexualität bereitet den einzelnen erst wirklich auf die Sexualität im Dienst der Fortpflanzung vor. Die körperliche Vereinigung von der Zeugung abhängig zu machen, hieße den Menschen vom Homo sapiens auf den Homo faber zurückwerfen.«

Geburten unter Kontrolle

Ausgangslage	Biologische Fruchtbarkeit, ausgeglichen durch hohe Sterblichkeit. Einengende Geschlechtsmoral auf der Grundlage der Untrennbarkeit von Geschlechtsverkehr und Zeugung. Geringes Bevölkerungswachstum.
Technische und wissenschaftliche Fortschritte	Fortschritte der Medizin, der Hygiene, der Industrie, der Psychoanalyse.
Primäre Auswirkungen	Absinken der Sterblichkeit. Verständnis des Phänomens der Sexualität. Erste Empfängnisverhütungstechniken.
Sekundäre Auswirkungen	Empirische Geburtenbeschränkung in den Industrieländern. Ungleichgewicht zwischen Geburtenziffer und Sterblichkeit in der Dritten Welt. Entwicklung der Sitten auf sexuellem Gebiet.
Sünden wider den Fortschritt	Mangelnder Weitblick. Widerstand von seiten der Religionen, Ideologien und Traditionen. Weigerung, Geschlechtsakt und Zeugung getrennt zu sehen. Verwendung von unwirksamen sogenannten natürlichen Methoden.
Krise	Abtreibungen, Spannungen zwischen den Ehegatten, Neurosen ... Hunger, Unterentwicklung, Armut.
Notwendigkeiten des Fortschritts	Gleichzeitiger Einsatz von Empfängnisverhütung und medizinischer Hilfe in den Entwicklungsländern. Neue Geschlechtsmoral im Hinblick auf die Empfängnisverhütung. Getrennte Betrachtung von Geschlechtsakt und Zeugung.

13. KAPITEL

Die Verwüstung unseres Planeten

Wird die Erde in einem Jahrhundert noch bewohnbar sein? Die Fachleute wagen diese Frage nicht mehr zu beantworten. Die natürliche Umwelt verdirbt zusehends. Hie und da kommt es auch schon zu Katastrophen. Für die nächsten zehn Jahre besteht noch kein Grund zu akuter Besorgnis. Für das Jahrhundertende ist die Prognose bedenklicher, für die Zeit danach weiß man praktisch nichts. Nach uns die Wüste... Wir hören Kassandrarufe, die uns eine nicht mehr atembare Luft, vergiftetes Wasser, eine verkümmerte Vegetation, eine dezimierte Fauna und unfruchtbar gewordenen Boden prophezeien. Optimisten setzen auf höhere Agrarerträge je Flächeneinheit, auf ein stärkeres Interesse an der Natur, auf die Vernichtung schädlicher Arten, auf die Vervollkommnung der Klärtechniken, auf die Entwicklung nichtverschmutzender Fertigungsverfahren. Was erwartet unsere Nachkommen: ein paradiesischer oder ein toter Planet? Worauf müssen wir uns gefaßt machen: auf das Gute oder auf das Schlimmste? Die Versprechungen des Fortschritts können nur mehrdeutig sein.

Eine organische Einheit

Diese Mehrdeutigkeit zeigt sich bei jedem Eingreifen des Menschen in seine Umwelt. Er stellt sich eine Aufgabe, er erfüllt sie, aber zugleich verursacht er schädliche Folgen, die sich ständig weiter auswirken. Auf keinem Gebiet ist der Mechanismus der Doppelwirkung so augenfällig. Warum ist die Natur auch so ungeeignet, den technischen Fortschritt zu vertragen?

Die Antwort findet man rasch, wenn man sich die Biosphäre anschaut, also die Gesamtheit des Lebenden und seiner Umwelt. Da erblickt man ein fast organisches Verbundensein aller Wesen und aller Vorgänge, und der Vergleich liegt nahe mit der Welt des Meeres, wo sich in einem ununterbrochenen Kreislauf alles gegenseitig auffrißt und zerstört. Immer ist ein Wesen oder ein Mechanismus da, der zerstört, was das Leben geschaffen hat, und neu schafft, was zerstört worden ist. In einem den ganzen Planeten umfassenden Vorgang wird die Materie immer neu ›verwendet‹. Sie wechselt von der mineralischen zur lebenden Welt, von der lebenden zur mineralischen; aus dem Pflanzlichen wird Tierisches, aus dem Tierischen wieder Unbelebtes – und so weiter ohne Ende.

Keine Art, keine Erscheinung steht für sich: alles ist an alles gebunden, wird immer wieder neu vermengt und zerstört. Das Menschengeschlecht bildet keine Ausnahme. Es ist nur Teil des großen Ganzen. Die enzymatischen Vorgänge bei den Bakterien, die fotochemischen Reaktionen in der Atmosphäre, die Meeresströmungen und die Materiewanderungen auf dem Erdball betreffen alle auch den Menschen.

Diese Einheit ist nicht von einem ordnenden Willen geschaffen worden. Sie ist über unendlich lange Zeiträume in einer ganz allmählichen gemeinsamen Entwicklung entstanden. Aber in diesem Organismus unserer Erde ist ein Organ krank geworden, und der Infektionsherd droht jetzt die ganze Biosphäre anzustecken. Die Erde ist am Menschen erkrankt.

Es war für die Natur gefährlich, eine Art entstehen zu lassen, die sich der biologischen Determination entziehen konnte. Die Natur hat ja jedem Lebewesen seine Rolle in seinen Chromosomen vorgeschrieben, und weder Virus noch Elefant können über ihre genetischen Möglichkeiten hinaus. Der Baum sondert keine Silikose ab, der Regenwurm verursacht keinen Waldbrand, der Tiger lebt nicht in der Tiefsee ... Alle sind sie determiniert. Auch ihr Verhalten ist jeder Art ein für allemal vorgegeben, und zwar durch die Grenzen, die ihr von der Umwelt und den konkurrierenden Arten gezogen sind. Jede übermäßige Vermehrung wird gestoppt durch das Ungleichgewicht, das sie hervorruft, also durch die parallele Vermehrung der natürlichen Feinde, durch die unzureichende Reviergröße, durch die Erschöpfung der Nahrungsquelle ... Eine krebsartig rasche Wucherung auf Kosten anderer ist in der Natur nicht zu befürchten: die biologische Entwicklung geht wie die geologische und klimatische langsam vor sich. Sie läßt dem Ganzen genügend Zeit, sich anzupassen und das Gleichgewicht zu halten.

Die Spezies Mensch fällt völlig aus diesem Rahmen des Determiniertseins. Sie sprengt ihre Schmarotzerrolle, indem sie die Natur durch Ackerbau und Viehzucht ausnutzt, sie begnügt sich nicht mit dem, was sie findet, sondern schafft Neues, sie beschränkt ihr Tun nicht auf ihre physiologischen Möglichkeiten, sondern vervielfacht ihre Körperkräfte ins Unendliche. So konnte es ihr gelingen, die Gleichgewichtszustände in der Natur zu zerstören, und zwar sehr rasch. In Jahrzehnten verursacht der Mensch Veränderungen, die von der Natur nur in Jahrtausenden rückgängig gemacht werden könnten. So ist der ganze Organismus unseres Planeten in Unordnung geraten, weil sich eine Art ›nicht an die Spielregeln hält‹.

Das ist die Situation des Menschen. Er befolgt das allen gemeinsame Gesetz nicht. Indem er die Wirkung seines Tuns über die Maßen vergrößert, stört er die ganze Physiologie des Systems. Die Mikroben können die Chemikalien, die er in Mengen produziert, nicht abbauen, die Pflanzen können das Kohlendioxyd aus seinen Schornsteinen nicht mehr verarbeiten, viele Tierarten sind gegen die neuen Waffen, die er gegen sie entwickelt hat, gänzlich wehrlos ... Das Antlitz der Erde wandelt sich besorgniserregend rasch.

Fährt der Mensch fort, als störendes Element die Erde unkontrolliert zu verändern, wird er sie völlig verwüsten. Um die Katastrophe zu vermeiden, muß er zum Planenden werden, der eine neue Ordnung im Hinblick auf einen bestimmten Zweck wissentlich schafft. Denn es geht ja nicht darum, die Natur absolut zu schützen, sondern den Eingriff des Menschen auf einem ›erträglichen‹ Niveau zu halten. Der moderne Mensch mit seinen Techniken und seinen Bedürfnissen hat ohnehin seinen Platz nicht im ›natürlichen‹ Gleichgewicht. Er muß die Umwelt in Abhängigkeit von den Forderungen der Menschheit verwalten.

Das Schema ist immer wieder das gleiche: die Techniken machen Organisation, die Organisation macht vorausschauende Planung erforderlich. Bisher fehlt es an beiden, an Organisation und Planung. Und damit bekommt das Schema seine verzweiflungsvoll klassische Form.

Der Preis der Siege

Der Mensch hat seine Macht über die Natur wohl zum erstenmal gezeigt, als er Waldbrände entfachte, um sich das Wild zuzutreiben. So etwas hatte keine Tierart getan. Aber es war nichts im Vergleich zu dem, was folgte.

Jede neue Technik hat ihr gerüttelt Maß an schädlichen Einflüssen gehabt. Ackerbau und Viehzucht drängten den Wald zurück, die Verwendung fossiler Brennstoffe (Kohle, Erdöl, Erdgas) verunreinigte die Luft, die moderne Agrarwissenschaft störte das biologische Gleichgewicht der Böden, die Chemie überschwemmte die Welt mit zerstörenden, aber unzerstörbaren Stoffen ...

Dennoch waren alle diese Fortschritte Siege für die Menschheit. Anfang des 19. Jahrhunderts lag der Weizenertrag bei ganzen 7 Doppelzentnern je Hektar; heute sind 40 Doppelzentner nichts Außergewöhnliches. Und noch in den letzten dreißig Jahren haben sich die landwirtschaftlichen Flächenerträge in Europa und den Vereinigten Staaten verdoppelt. Die Welterzeugung an fossiler Energie machte im Jahre 1800 ganze 300 Kalorien je Mensch und Tag aus; heute beträgt sie über 22.000 Kalorien. Die Zahl der Malariakranken in Indien ist dank DDT in zehn Jahren von 7 auf 5 Millionen gesunken.

Bände könnte man mit der Darstellung der segensreichen Wirkungen füllen, die diese Techniken für die Menschheit gehabt haben, aber mindestens ebensoviel Raum würde man benötigen, um die Schäden zu beschreiben, die sie in der Natur angerichtet haben.

Denn wieder einmal, wie so oft, sind die Menschen den Nebenwirkungen in die Falle gegangen. Sie haben begrenzte Maßnahmen durchgeführt und haben den erwarteten Nutzen auch bekommen. Aber sie haben unerwartete, oft katastrophale indirekte Wirkungen hervorgerufen. Nun kann aber die Menschheit auf diese Techniken nicht einfach verzichten, und seien sie noch so umweltschädigend. Die Nahrungsmittelerzeugung würde zusammenbrechen, die Tropenkrankheiten würden einen neuen Siegeszug antreten, Millionen von Menschen würden verhungern. Wir müssen also einen Schritt weitergehen: die primitiven Methoden, die wir bislang verwendet haben, von Grund auf verbessern und wirksame Gegenmaßnahmen entwickeln. Ganz gewiß jedenfalls nicht das Rad zurückdrehen.

Einmal, ein einziges Mal, hat die Menschheit die Falle vorher gesehen: bei der Atomenergie. Der Märtyrertod der Pioniere auf dem Gebiet der Radioaktivität, das Sterben der Bombenopfer von Hiroshima und Nagasaki haben die Gefahr eindrucksvoll vor Augen geführt. Seither weiß die Welt, daß mit dem Atom nicht zu spaßen ist. Untersuchungen wurden angestellt, alle erdenklichen Vorsichtsmaßnahmen getroffen, um eine radioaktive Verseuchung der Natur zu vermeiden. Bei den in unverantwortlichster Weise durchgeführten Atombombenversuchen ließ sich die Verseuchung nicht verhindern. Die friedliche Nutzung der Kernenergie dagegen geschieht unter allen erdenklichen Schutzvorkehrungen. Obwohl das Problem des

Atommülls noch nicht wirklich gelöst ist, steht es den Verantwortlichen so klar vor Augen, daß seine Lösung allenfalls kompliziert und aufwendig, aber nicht gefahrbringend sein kann.

Ein Physiker hat einmal den bitteren Satz geprägt, die fossile Energie hätte nur nach der Kernenergie entdeckt zu werden brauchen, und kein Mensch wäre auf die Idee gekommen, so ›schmutzige‹ Brennstoffe zu verwenden. Bei Ausstellungen zum Thema Kernenergie lassen es sich die Atomreaktorbauer nie nehmen, ein eindrucksvolles Foto von der rauchverpesteten Atmosphäre unserer Großstädte zu zeigen: als einen diskreten Hinweis darauf, daß die ›schmutzigere‹ Energiequelle gerade nicht die ist, an die man im allgemeinen zuerst denkt.

Denn eine chemische Verunreinigung beunruhigt die Gemüter von vornherein weniger als eine radioaktive Verseuchung. Vor einigen Jahren brachten bretonische Fischer aus dem Ärmelkanal Behälter mit, die in ihre Netze geraten waren, und es verbreitete sich das Gerücht, es handele sich um Atommüll. Große Aufregung. Bei näherer Untersuchung stellte es sich heraus, daß es sich um stark fluorhaltige Abfallstoffe handelte. Schon legte sich die Beunruhigung. Dabei ist ein Gift wie Fluor kaum weniger gefährlich als radioaktive Isotope. Aber das eine Wort macht Angst, das andere nicht. Deshalb ist es nicht weiter erstaunlich, daß das eine Vernunft, das andere Unvorsichtigkeit zur Folge hat.

Leider sind die Gefahren der chemischen Verunreinigung nicht von Anfang an erkannt worden. Die ersten Autofahrer starben ja durchaus nicht am Lungenkrebs. Die ersten Schornsteine verpesteten die Luft der Städte nicht. Die Technik konnte sich ausbreiten, ohne daß man Grund zur Besorgnis, geschweige denn zu Gegenmaßnahmen sah.

Der bequeme Abladeraum Luft

Wie immer in solchen Fällen mußte es erst zu dramatischen Ereignissen kommen, bevor sich die Verantwortlichen zum Handeln veranlaßt fühlten. Diese Ereignisse traten bald nach dem Zweiten Weltkrieg auf. Die Luftverschmutzung hielt sich – und hält sich nach wie vor – in annehmbaren Grenzen. Die Geduld der Menschen ist ja unermeßlich. Es ist erst dann mit ihr vorbei, wenn eine unmittelbare Beziehung zwischen einem bestimmten technischen Vorgang und unerträglichen Belästigungen erkennbar wird. Diese Toleranzschwelle aber kann überschritten werden, sobald bestimmte meteorologische Bedingungen zusammentreffen. Die Luft wird nicht rasch genug erneuert, die Verschmutzungskonzentration steigt. Die Luft wird zum Gift.

Eine der ersten derartigen Krisenerscheinungen trat 1948 in der Stadt Donora (im US-Staat Pennsylvanien) auf. Weil der Nebel die Verteilung des Industrierauchs bremste, bekamen 40 Prozent der Einwohner Beschwerden. Ungefähr zwanzig Tote waren zu beklagen.

In den folgenden Jahren überschritt die Luftverschmutzung die kritischen Schwellenwerte in etlichen großen Industriestädten, unter anderem in Los Angeles, Pittsburgh, Philadelphia und London.

In der kalifornischen Riesenstadt entlassen 3,5 Millionen Kraftfahrzeuge täglich 4 Millionen Liter unverbrannten Benzins in die Atmosphäre. Da die geographische Lage von Los Angeles häufige Inversionswetterlagen zur Folge hat, stagnieren die Luftschichten, anstatt in die Höhe zu wandern. Die Sonneneinstrahlung zerlegt die Kohlenwasserstoffe und läßt eine besondere Form des Sauerstoffs entstehen: das Ozon, das die Schleimhäute reizt und heftige Beschwerden hervorrufen kann. Das ist das berüchtigte Phänomen des ›Smog‹. Die Behörden mußten drakonische Maßnahmen ergreifen, um gegen diese Verschmutzung zu kämpfen. An Smog-Tagen werden Kraftfahrzeugverkehr und Industrietätigkeit völlig gestoppt. Natürlich können das nur Notmaßnahmen sein. Denn man rechnet für 1980 mit einer gegenüber 1945 um das Dreifache höheren Zahl von Autos im Stadtgebiet. So ist es nicht erstaunlich, daß der Staat Kalifornien als erster Abgasreinigungsvorrichtungen an Autos vorgeschrieben hat. Die Abhilfemaßnahmen erfolgten, als die Krise schon da war – wie üblich.

Der Fall des Industriezentrums Pittsburgh ist ebenso berühmt. ›Ich bin in Pittsburgh geboren und habe in Washington das Licht der Welt erblickt‹, ist eine gängige Redensart. ›Black humour‹ – so schwarz wie der Himmel über dieser Stadt, wo die Sichtweite während tausend Stunden im Jahr zwischen null und einem Kilometer betrug. Durch einen unerbittlichen Kampf gegen den Rauch ist es gelungen, die Lage bis zu einem gewissen Grade zu ›klären‹.

In den meisten amerikanischen Industriestädten ist die Luft ein schmutziges und ungesundes Gasgemisch. Die Luft von Philadelphia muß täglich 830 Tonnen Schwefeldioxyd, 300 Tonnen Stickoxyde, 1.350 Tonnen Kohlenwasserstoff und 470 Tonnen Industriestaub aufnehmen. Monatlich fallen im Umkreis von 25 Kilometer 7.000 Tonnen Schmutzstoffe zur Erde. Die Stadt hat an zweihundert Tagen im Jahr Inversionswetterlagen, und an etwa hundert Tagen wird die Situation kritisch.

Die Vorgänge in den USA sind deshalb meistens aufschlußreich, weil sie einen Vorgeschmack von dem geben, was auf uns zukommt. Aber es sind solche Situationen auch schon in Europa eingetreten. Besonders bekanntgeworden ist, was im Winter 1952/53 in Großbritannien geschah. Im Dezember, Januar und Februar war London in einen gesundheitsschädlichen Nebel gehüllt, einen ›sauren‹ Smog. In einer Woche zählte man 4.700 Sterbefälle gegenüber 1.850 in normalen Zeiten. Die Zahl der tödlichen Bronchitiserkrankungen stieg auf das Achtfache. Monatelang lag die Sterblichkeit im ganzen Land um 15 Prozent über dem Durchschnitt der Vorjahre.

So sieht es an den besonders gefährdeten Stellen aus. Aber in der übrigen industrialisierten Welt ist die Lage kaum weniger beunruhigend. Paris kennt keinen echten Smog, aber die Situation ist immer nahe an der kritischen Grenze. Man darf nicht vergessen, daß dort Tag für Tag 920 Tonnen Schwefeldioxyd in die Luft abgegeben werden. Mehrfach hat leichter Smog in den Wintermonaten eine spürbare Zunahme der Sterblichkeit zur Folge gehabt. Der Kohlenmonoxydgehalt der Luft ist mit 7 bis 8 ppm (= parts per million = ein millionster Teil) so hoch, daß das Städtische Laboratorium von Paris schon vor Gefahren für die Gesundheit warnen mußte. Die ganze Atmosphäre unserer Erde ist bereits verschmutzt. Auf den Hawaii-Inseln haben amerikanische Forscher festgestellt, daß die Luftverunreinigung alle zehn Jahre um 10 bis 20 Prozent zunimmt. Im Himmel über den Vereinigten Staaten verdoppelt sich die Staubdichte alle zehn Jahre. Im Kaukasus haben sowjetische Wissenschaftler Meßwerte ermittelt, die sich durchaus mit solchen Feststellungen decken.

Autos, Haushaltsheizungen, Industrieschornsteine, Wärmekraftwerke, Dampfmaschinen emittieren alle erdenklichen verschmutzenden Stoffe in die Luft: Staubpartikel, Kohlendioxyd, Kohlenmonoxyd, Kohlenwasserstoff, Schwefeldioxyd, Stickoxyde, Blei, Fluor usw. Welche Substanzen sind schädlich? Wo liegt die kritische Dosis? Wie verändern sich die Stoffe im Laufe der Zeit? Wie verteilen sie sich im Luftraum? Wie wirkt ihr Zusammentreffen? Die Fachleute können solche Fragen durchaus nicht ohne weiteres beantworten. Lange hat man beispielsweise den Stickoxyden kaum Beachtung geschenkt. Heute ist man der Ansicht, daß sie außerordentlich gefährlich sein können, denn mit Wasserdampf bilden sie Salpetersäure, so wie

Schwefeldioxyd zu Schwefelsäure wird. Ebensowenig kennt man die genaue Wirkung des Kohlenmonoxyds in seinen verschiedenen Dosierungen auf den Organismus. Die Experimente haben keine eindeutigen Ergebnisse geliefert. Die Fachleute wissen, daß ihre Kenntnisse nicht ausreichen, und gerade das macht sie noch besorgter. Und unterdessen bemüht sich jedes Land, die Industrietätigkeit, den Automobilbau zu fördern – und damit die Luftverschmutzung.

Gefahr für Eis und Sauerstoff

Das Kohlendioxyd-Problem ist ein gutes Beispiel für dieses unzureichende Wissen. Kohlendioxyd ist zunächst ein als unschädlich anzusehendes Gas. Doch es hat die Eigentümlichkeit, das Licht, nicht aber infrarote Strahlung durchzulassen. Nun strahlt die Erde die Energie, die ihr durch das Sonnenlicht zugeführt wird, vor allem im infraroten Bereich ab. Würde die Kohlendioxydkonzentration in der Atmosphäre stark ansteigen, könnte die infrarote Strahlung nicht mehr in den Weltraum entsandt werden, und die Temperatur auf der Erde würde steigen. Man könnte meinen, das sei doch nur erfreulich: wir hätten ewigen Sommer! Die Wirklichkeit ist weniger verlockend.

Die Eiskappen der Pole bilden eine Masse von 32 Millionen Kubikkilometer. Würden sie schmelzen, so würde der Wasserspiegel der Weltmeere um 120 Meter ansteigen. Die meisten großen Städte würden überschwemmt werden. Eine geringfügige Erwärmung würde genügen, um den Vorgang auszulösen. Natürlich würden die Gletscher nicht in ein paar Jahren schmelzen. Aber selbst wenn es tausend Jahre dauern sollte, würde der Meeresspiegel in jedem Jahrhundert um 12 Meter steigen, was sehr bald katastrophale Folgen hätte.

Es wäre also wichtig zu wissen, ob der steigende Kohlendioxydgehalt der Atmosphäre tatsächlich ein Wärmerwerden zur Folge haben könnte. Die Fachleute schätzen, daß das Kohlendioxyd nur ein halbes Tausendstel der Atmosphäre ausmacht. Das ist ein winziger Anteil, bedeutet aber immerhin 2.350 Milliarden Tonnen. Die Menschheit verbrennt jährlich 4,5 Milliarden Tonnen fossiler Stoffe, das bedeutet fast 100 Millionen Tonnen Kohlendioxyd, die Jahr für Jahr in die Atmosphäre entweichen. Ein Teil verbleibt dort, ungefähr die Hälfte nach Meinung der Experten. Und sie haben berechnet, daß unter diesen Umständen der Kohlendioxydgehalt der Atmosphäre bis zum Jahre 2000 um mindestens 25 Prozent steigen wird. Was wird dann geschehen?

Niemand weiß es genau. Das Phänomen ist abhängig vom Wasserdampfgehalt der Atmosphäre, von der Auswirkung der Fotosynthese, von der Luftverschmutzung usw. Die Fachleute neigen zu der Ansicht, daß die Durchschnittstemperatur nur sehr langsam anzusteigen droht, aber ihre Schätzungen bewegen sich zwischen einem Zehntelgrad und mehreren Graden je Jahrhundert. Aus dieser Debatte sind für uns zwei Fakten interessant.
Das Kohlendioxyd spielt für das Gleichgewicht der Biosphäre eine komplexe und entscheidende Rolle. Nach einigen Theorien ist seine Zu- und Abnahme sogar der Grund für das Phänomen der Eiszeiten gewesen. Nun wird die in der Atmosphäre vorhandene Kohlendioxydmenge von etlichen Erscheinungen beeinflußt, deren gegenseitige Abhängigkeit von den Wissenschaftlern noch nicht voll erforscht ist: Bindung des Gases durch Fotosynthese, Bildung von Karbonaten, Entstehung durch Atemvorgänge usw. Wir kennen weder den Kohlendioxydkreislauf wirklich, noch die Rolle, die er spielt, aber wir wissen, daß wir ihn stören.
Andererseits werden wir von dieser Gefahr zweifellos nicht unmittelbar bedroht. Vor Ende des 21. Jahrhunderts wird es keine Katastrophen geben. Was danach geschehen wird, wissen wir nicht. Wir spielen mit dem Schicksal unserer Enkel.
Bedenklich aber ist die Aussicht auf eine Verknappung des Sauerstoffs. Dieses Gas verdanken wir der Vegetation. Würde die Fotosynthese aufhören, enthielte die Atmosphäre nach zweihundert Jahren keinen Sauerstoff mehr. Die Erzeugung muß also ständig den Verbrauch decken. Und genau das scheint nicht mehr der Fall zu sein. Die Vegetation wird zurückgedrängt, und Verbrennungsvorgänge aller Art verzehren immer größere Sauerstoffmengen: man bedenke, daß eine Boeing während eines Transatlantikfluges 35 Tonnen Sauerstoff bindet. Außerdem wird die Sauerstoffproduktion zu 70 Prozent durch pflanzliches Plankton gesichert. Da nun die Menschheit jährlich eine halbe Million Tonnen Chemikalien in die Weltmeere schüttet, fragt es sich, ob die Kieselalgen, die besonders wichtige Sauerstofflieferanten sind, nicht vergiftet werden. Kürzlich vorgenommene Untersuchungen geben Anlaß zur Besorgnis. An der New Yorker Universität hat Charles F. Wurster festgestellt, daß die Anwesenheit von DDT in außerordentlich schwacher Konzentration (wenige ppm) genügt, um die Fotosyntheseleistung des Phytoplanktons zu reduzieren.
Wenn die Verschmutzung der Weltmeere wirklich die Sauerstoff-

erzeugung verringern sollte, so wäre die weltweite Katastrophe entsetzlich und praktisch irreparabel. Wir wissen nicht, wo die kritische Schwelle liegt, vor allem deshalb nicht, weil die verschiedenen Chemikalien Kombinationseffekte haben können, die größer als die Summe der Einzelwirkungen sind. Auch hier ist es nicht wahrscheinlich, daß in absehbarer Zukunft eine Katastrophe droht. Aber wie wird sich die Situation in einem Jahrhundert darstellen?
Nichts, gar nichts hat die Menschheit vorausgesehen. Schon 1930 zeigten sich erste Smog-Erscheinungen im Maastal. Aber sie waren eben nicht eindrucksvoll genug. Heute entziehen sich die Schäden durch Luftverunreinigung jeder Berechnung. Was ›kosten‹ die Krebserkrankungen, die durch das 3,4-Benzpyren hervorgerufen werden, die Zersetzung der Steine des Kolosseums und des Titusbogens oder die Tausende von chronischen Bronchitisfällen? Der Staat Kalifornien schätzt allein die Luftverschmutzungsschäden an den Kulturpflanzen auf jährlich 12 Millionen Dollar. Einige US-Experten, die ja alles gern in Dollar umrechnen, sprechen von 11 Milliarden Dollar als Größenordnung für die ganzen Vereinigten Staaten.
Aber mit wieviel ist die Gefahr zu bewerten, daß wir unseren Kindern eine Atmosphäre hinterlassen, die man nicht mehr atmen kann? Und nicht nur diese Gefahr nehmen wir hin, sondern wir verhalten uns auf allen Gebieten gleich, ob es sich nun um das Wasser, den Boden, die Fauna oder die Flora handelt.

Pestizide für alle

1938 wird das DDT entdeckt. Der Krieg bietet ihm eine einzigartige Gelegenheit, seine Wirksamkeit zu beweisen. Innerhalb weniger Jahre wird DDT zur Wundersubstanz, zur absoluten Waffe gegen alles, was da kreucht und fleucht und unerwünscht ist. Es rettet Millionen Menschen vor Malaria, Schlafkrankheit und Typhus, ganze Ernten vor der Zerstörung durch alle erdenklichen Schädlinge, wertvolle Bekleidung vor dem Mottenfraß. Im Kielwasser des DDT entsteht eine gewaltige Industrie, die immer neue synthetische Insektizide herausbringt. Bald ist der Begriff ›Insektizide‹ schon zu eng; man spricht von ›Pestiziden‹. Die Amerikaner verwenden davon nicht weniger als 500, die in 54.000 Zusammensetzungen lieferbar sind; die Franzosen begnügen sich mit 4.000 Präparaten.
Auf allen Schlachtfeldern – ungesunde Sumpfgebiete, Baumwollfelder, Gemüseplantagen, Textilfabriken, Schlafzimmerschränke – wird am Materialeinsatz nicht gespart. Es sprüht und sprüht überall.

Von 1955 bis 1965 verdoppelt sich der Verbrauch in den USA und erreicht 437 Millionen Tonnen; in Frankreich schätzt man ihn auf 50 Millionen Tonnen. Aber was geschieht mit diesen Substanzen in der Natur? Darum scherte sich zunächst niemand. Die ersten verblüffenden Erfolge rechtfertigen ja die Verwendung offenbar voll und ganz!

Nach zwanzig Jahren des Mißbrauchs wurde die Öffentlichkeit durch das Buch einer amerikanischen Biologin, Rachel Carson, alarmiert: *Der stumme Frühling.* Die Vorstellung von einem Frühling, der schweigen mußte, weil die Vogelwelt blindlings vernichtet worden war, machte die Menschen betroffen. Die Presse nahm sich der Sache an. Sie enthüllte etliche besorgniserregende Feststellungen, die von den Fachleuten schon seit Jahren gemacht wurden. Chlorierte Kohlenwasserstoffe wie das DDT werden nicht abgebaut, sondern bleiben im Boden außerordentlich lange erhalten. 35 Prozent des DDT ist dort noch nach fünf Jahren vorhanden. Alle Lebewesen, einschließlich der Pinguine in der Antarktis, enthalten heute DDT. Die Amerikaner allein dürften ungefähr hundert Tonnen in ihren Körpern gespeichert haben. Das Wasser eines großen Flusses wie des Missouri ist derart mit Dieldrin (einem noch wirksameren Stoff als das DDT) belastet, daß die Fische daran eingehen. An vielen Orten kann Trinkwasser nicht mehr zum Füllen von Aquarien verwendet werden. Die Erde ist mit Pestiziden verseucht.

Ist das eine Gefahr? Grundsätzlich hat man die nötigen Vorsichtsmaßregeln getroffen. Sie sind aber in der Praxis höchst unverläßlich, weil selbst die Fachleute nicht genug wissen. In den Vereinigten Staaten haben Freiwillige monatelang täglich 35 Milligramm DDT zu sich genommen. Offenbar hat es ihnen nicht geschadet. Aber andere Beobachtungen lassen eine erhebliche Unsicherheit bestehen. Das Fettgewebe von Menschen, die an Zirrhose oder Krebs gestorben sind, enthält zwei- bis dreimal mehr Pestizide als das von Straßenverkehrsopfern.

Was darf man aus solchen Beobachtungen schließen? Diese stammen aus dem Jahre 1968, so daß sie noch keinen Schluß zulassen. Aber immerhin hat Professor Heim schon 1964 geschrieben: »Unter den bemerkenswertesten Fakten fällt die Parallelität der Zunahme von Leberentzündungen und Zirrhosen einerseits und der zunehmenden Pestizideverwendung andererseits ins Auge. Nun ist aber gerade die Wirkung auf die Leber bei Kohlenwasserstoffen besonders ausgeprägt ... Andererseits gehört das DDT zu den Substanzen, die das Kleinhirn und den Bereich der Großhirnrinde beeinflussen ... Ferner ist die Wirkung dieser Substanz zuweilen remanent, was die Möglichkeit gibt, die Ursache der Krankheit nach einer sehr einleuchtenden Methode experimentell zu ermitteln: Der Patient zeigt Vergiftungserscheinungen, und man vermutet die Beteiligung eines bestimmten Insektizids; man behandelt ihn und hat Erfolg, die Symptome klingen ab; man bringt ihn wieder in Kontakt mit dem verdächtigten Insektizid, und die Symptome sind wieder da: der Beweis ist erbracht.«

Die Pestizide werden vor allem im Fettgewebe gespeichert. So kann die Konzentration in der Muttermilch sehr viel stärker sein als im übrigen Organismus. Nach Mitteilung eines Biochemikers der Universität Stockholm »hat das Schwedische Institut für Volksgesundheit festgestellt, daß die Muttermilch durchschnittlich 0,117 ppm DDT oder ähnliche Verbindungen enthält. Das bedeutet: ein Kind, das gestillt wird, absorbiert eine Menge von DDT und ähnlichen Verbindungen ..., die um 70 Prozent über der heute als zulässig anerkannten Höchstmenge liegt.« Es ist uns also gelungen, die Muttermilch zu vergiften ...

Der Begriff der höchstzulässigen Dosis bedarf im übrigen selber noch der Präzisierung, weil unsere derzeitigen Kenntnisse viel zu gering sind. Der Bericht zu dieser Frage an den Präsidenten der Vereinigten Staaten aus dem Jahre 1965 stellt fest: »Bis heute sind ungefähr 300 verschiedene Grenzwerte festgelegt und von der Industrie übernommen worden. Davon können höchstens zehn als niedrig genug angesehen werden, um auf ein Menschenalter eine gesunde Umwelt zu erhalten.« Diese Feststellung gilt für alle Verseuchungen, vor allem aber für die Pestizide. Der schwedische Experte Dr. Göran Löfroth erklärt sogar, die zugelassenen Toleranzen seien um das Zwanzigfache überhöht. Er bezieht sich auf Arbeiten, die darauf hinzudeuten scheinen, daß DDT im Organismus die Entstehung von Tumoren und Leberveränderungen begünstigt.

Besteht wirklich Grund zur Besorgnis? Wird sich der Organismus nicht vielleicht doch an diese neuen Stoffe gewöhnen? Gerade weil man das nicht weiß, wäre größte Zurückhaltung angezeigt. Denn die alarmierenden Beobachtungen häufen sich. Es werden ja auch Textilien mit Pestiziden aus chlorierten Kohlenwasserstoffen behandelt. Schon 1961 hat Maier-Bode festgestellt, daß der Schweiß das Dieldrin auflöst und ihm so die Möglichkeit zum Eindringen durch die Haut gibt. In der britischen Zeitschrift *New Scientist* vom

10. Oktober 1968 veröffentlicht Dr. B. D. Smith von der Universität Bristol einen Artikel über Chemikalien, die als Pflanzenwachstumshemmer verwendet werden (das Verfahren ermöglicht es vor allem, die Pflanzen gegen Schädlinge widerstandsfähiger zu machen), und einen Monat später bringt dieselbe Zeitschrift einen Aufsatz von Dr. David B. Carlisle, der auf die genetischen Gefahren durch die Verwendung solcher Substanzen hinweist. Er hat festgestellt, daß die meistverwendete, das CCC, bei den Insekten zu grotesken Mißbildungen führt. »Unterstellen wir für einen Augenblick«, schreibt er, »die Wirkung auf Säugetiere wäre ähnlich, und man würde CCC zur Behandlung des Weizens verwenden. Eine schwangere Frau ißt CCC-haltiges Brot (die Substanz wird ja vom Getreide begierig gespeichert). Die Tochter, die sie zur Welt bringt, macht einen völlig normalen Eindruck bis zur Pubertät, die etwas später als gewöhnlich einsetzt. Als Ehefrau hat diese Tochter Kummer, weil sich kein Kind ankündigt, aber schließlich wird sie doch schwanger und bekommt ein verkrüppeltes Kind mit mißgebildeten Gliedmaßen und funktionsuntüchtigen Organen ...« Das alte Problem: wenn die Folgen in zwei Generationen aufgetreten sind, ist es reichlich spät ...

Es trifft alle

Auf jeden Fall ist es dann unwiderruflich zu spät, um die Tierwelt, die von diesem Angriff dezimiert worden ist, wieder entstehen zu lassen. Pestizide wirken ja nicht selektiv, und von den unendlich vielen Lebewesen, die es gibt, ist nur ein kleiner Teil schädlich. Der chemische Kampfstoff aber kennt keine Unterschiede. Wird er rücksichtslos ausgebracht, rottet er ungefähr die Hälfte der Fauna aus.

Die Vögel und die Fische sind die Hauptleidtragenden dieses Krieges. Die Giftstoffe werden im lebenden Organismus angereichert, vor allem im Gewebe der Fleischfresser. So enthält zum Beispiel das Wasser des Lake Clear in Kalifornien nur 0,02 ppm DDD. Zwei Hundertmillionstel dieses Pestizids sind wirklich sehr wenig. Aber im Plankton sind es schon 5 ppm, und im Fettgewebe der Fische mehrere Hundert ppm.

Die Farmer in Wisconsin und Michigan hatten ihre Bäume reichlich gespritzt, um sie gegen die Ulmen-Grafiose (»holländische Ulmenkrankheit«) zu schützen. Bald darauf mußten sie feststellen, daß es in den Wäldern keine Wanderdrosseln mehr gab. Die Regenwürmer hatten sich von den Blättern ernährt, an denen das Insektizid

noch haftete, und es hatte ihnen nicht geschadet. Aber die Vögel hatten die verseuchten Regenwürmer gefressen und waren daran eingegangen. Professor Heim berichtet von einem Fall im Departement Eure-et-Loir südwestlich von Paris. Man hatte Maisfelder mit Insektiziden behandelt. Wenig später litten die Einwohner unter Allergien; Bienen und Vögel waren verschwunden.
Oft ist das Ergebnis sogar das Gegenteil des angestrebten Erfolges. Im Kongo führte ein Pestizideinsatz gegen die Kaffeeschmierlaus nur dazu, ihren natürlichen Feind, den *Apollodatus*, zu vernichten. Der Schädling selber vermehrte sich um so stärker. Als man die Kiefern von der Prozessionsspinnerraupe befreien wollte, tötete man nur die Käfer, die sie bis dahin dezimiert hatten.
Aber es kommt noch schlimmer. Immer häufiger stellt man fest, daß die Insekten gegen die Insektizide resistent werden. Dann muß entweder die ausgebrachte Menge erhöht werden, oder es müssen neue Verbindungen gefunden werden, die noch toxischer sind.

Angriff auf breiter Front

Als die Detergentien entdeckt wurden, dachten Industrie und Hausfrauen nur daran, wie herrlich sie an Stelle von Seife benutzt werden konnten. Keiner fragte sich, was anschließend in der Natur aus ihnen werden würde. Tatsächlich findet sich in der Regel ein Mikroorganismus, der einen bestimmten organischen Stoff abbaut. Aber diesmal konnten die Bakterien ihre Arbeit nicht verrichten: diesen Molekülen waren sie nicht gewachsen. So sammelten sich die Detergentien in den Flüssen und bildeten ganze Schaumpolster.
Die Antibiotika haben Tausende von Menschenleben gerettet, aber sie können noch mehr: sie können die Fleisch- und Geflügelerzeugerpreise senken. Wenn man den Tieren von vornherein diese Substanzen verabreicht, wachsen sie schneller und werden nicht krank. So werden jetzt in der ganzen Welt bei der Viehhaltung Antibiotika verwendet: jedes Tier bekommt seine Dosis. Der erwünschte Erfolg ist nicht ausgeblieben: Fleisch und Hähnchen sind noch nie so billig hergestellt worden. Aber die Ärzte machen sich Sorgen wegen der Folgeerscheinungen: Nichts könnte gefährlicher sein als die planlose Verwendung von Antibiotika. Man kann damit Allergien hervorrufen, vor allem aber entsteht eine Abwehrreaktion des Organismus. Professor Hugues Gounelle, Mitglied der französischen Akademie der Medizinischen Wissenschaften, konstatierte nach einer Umfrage bei 1.800 Ärzten: »Die Umfrage hat ergeben, daß die

Ärzte eine starke Zunahme allergischer Krankheiten feststellen müssen, wobei gewisse Phänomene unmittelbar auf Antibiotikareste in der Nahrung zurückgeführt werden. Sehr häufig wird auch der Besorgnis wegen möglicher Antibiotikaresistenz und Darmfloraveränderungen Ausdruck verliehen.«

Am Schluß stellt er in seinem Bericht fest, daß die allgemeine Verwendung von Antibiotika bei der Schlachtviehhaltung »von außerordentlich vielen Medizinern abgelehnt wird, praktisch von der gesamten befragten Ärzteschaft«. Die Ärzte also weisen nachdrücklich auf die Folgeerscheinungen hin, aber niemand hört auf sie, und es wird weitergemacht, überall. Ja, es wird jetzt sogar erwogen, Antibiotika für die Haltbarmachung von Lebensmitteln zu verwenden. In vielen Ländern setzt man sie ein, um die Fische beim Transport frischzuhalten. So senkt man den Preis der Nahrungsmittel – und gleichzeitig die Wirksamkeit der Medikamente.

Die Liste der vom Menschen begangenen ›Verbrechen gegen die Natur‹ ist endlos: Ausrottung von Tierarten, Erschöpfung der Rohstoffvorkommen, Anhäufung aller erdenklichen Abfälle ... Die Erde ist heute in echter Gefahr. Jeden Augenblick können die Schwellenwerte überschritten und irreversible Prozesse ausgelöst werden.

Im Herbst 1968 veranstaltete die UNESCO in Paris eine internationale Konferenz, bei der 250 Biologen den derzeitigen Stand der Dinge zu bestimmen versuchten. Diese Konferenz über das Thema »Sinnvolle Benutzung und Erhaltung der Möglichkeiten der Biosphäre« wurde zu einem Forum für die Sorge, den Pessimismus und die Alarmstimmung der Fachleute. Angesichts der bedrohlichen Situation verlangten die Teilnehmer, es müsse eine weitere Konferenz auf Ministerebene einberufen werden. Das wäre eine naheliegende Entscheidung, weil das Problem längst zu einem Problem der Staaten, ja, der ganzen Welt geworden ist.

Natürlich florieren in dieser Lage alle wissenschaftsfeindlichen Mythen: die gute alte Zeit, zurück zur Natur, der Mensch als Zauberlehrling ... Man kauft ›naturreine‹ und ›ohne künstliche Düngung‹ erzeugte Lebensmittel oder sucht sich ein Plätzchen irgendwo auf dem Lande. Das ist die individuelle Fluchtreaktion, die Suche nach einem unmöglich zu schaffenden ›Naturzustand‹.

Fortschritt und Sauberkeit

Die Lösung des Problems kann nur im wissenschaftlichen Fortschritt selber liegen. Eine rationelle Entwicklung der Verfahren muß dazu führen, die unerwünschten Wirkungen zu vermeiden. Bereits jetzt ist die Lösungsmöglichkeit meistens schon im Verfahren enthalten.

Für die Luftreinhaltung kann man weniger verschmutzende Brennstoffe schaffen (indem man Steinkohle und Erdöl den Schwefel entzieht und die toxischen Beimengungen verringert, vor allem das Blei im Benzin), kann Filter und Abscheider an den Fabrikschornsteinen anbringen und die Zahl der Haushaltsfeuerstätten durch eine allgemeine Einführung der Fernheizung senken. Die Kraftfahrzeuge sind ein schwieriges Problem. Noch gibt es keinen abgasfreien Explosionsmotor. Beim heutigen Stand der Technik läßt es sich nicht völlig vermeiden, daß Kohlenmonoxyd und unverbrannte Kohlenwasserstoffe aus dem Auspuff kommen. Ja, selbst wenn die Verbrennung hundertprozentig wäre, kämen Stickoxyde zum Kohlendioxyd und zum Wasser hinzu. Es mag erstaunlich sein, daß der Mensch Raketen baut und zum Mond fliegt, aber keine ›sauberen‹ Motoren bauen kann. Es ist aber so.

Immerhin läßt sich diese Verunreinigung erheblich reduzieren. Vor allem kann man die Verbrennungsgase ›nachverbrennen‹. Seit Jahren schwanken die Techniker zwischen dieser Lösung einer Nachverbrennung und einer katalytischen Oxydation. Die Katalysatoren machen ihnen noch sehr zu schaffen, während Motoren mit Abgasverbrennung längst serienmäßig hergestellt werden. Dagegen ist bislang niemandem ein Verfahren eingefallen, mit dem man die Stickoxyde beseitigen könnte.

Da somit unsere Kraftfahrzeuge in der herkömmlichen Form ein Verschmutzungsfaktor sind, scheint nur das Elektroauto die Möglichkeit zu bieten, die Luft in den Städten wieder sauber zu bekommen. Leider ist das Problem des Nachladens immer noch nicht gelöst. Die üblichen Akkumulatoren machen das Fahrzeug schwer und geben ihm keine genügende Reichweite. Auf mehr als 80 Kilometer ohne Nachladen darf man wohl nicht hoffen. Das ist nicht genug für Überlandfahrten, aber für den innerstädtischen Verkehr könnte es ausreichen. Man müßte nur ein einfaches System schaffen mit Aufladen über Nacht. Weil die Luftverschmutzung nur in den Städten problematisch ist, könnte man schon jetzt kleine Elektrowagen bauen. Im Ausland gibt es bereits Prototypen. Wenn der Staat den Nachladestrom billig anbieten und solche ›sauberen‹ Wagen von der Kraftfahrzeugsteuer befreien würde, stünde einer baldigen Einführung nichts im Wege.

Auf längere Sicht – zehn, vielleicht fünfzehn Jahre – arbeitet die Wissenschaft an der Verwendung von Brennstoffzellen. Sobald die heute noch bestehenden technischen Schwierigkeiten überwunden sein werden, wird es mit der Luftverschmutzung durch Kraftfahrzeuge endgültig vorbei sein.

Die Wissenschaft kann auch das Problem der Insektizide lösen. Schon heute verfügen wir über eine ganze Reihe von Möglichkeiten zur Bekämpfung schädlicher Insekten. Die ›natürlichste‹ Methode ist die, den Feinden der zu vernichtenden Tiere nachzuhelfen. Jede Art hat sich solcher Feinde, Schmarotzer usw. zu erwehren.

Greift man in diesen biologischen Kampf ein, kann man außerordentlich selektive Wirkungen erzielen. Die Idee ist durchaus nicht neu (Erasmus Darwin, der Großvater von Charles Darwin, hat sie schon zu Beginn des 19. Jahrhunderts vorgeschlagen), und die Wirksamkeit der Methode ist längst bewiesen. 1869 wurden erst die Vereinigten Staaten und bald darauf Europa von der australischen Schildlaus (*Icerya purchasi*) heimgesucht, die erhebliche Schäden anrichtete. Die Entomologen fanden in der Heimat dieses Insekts eine andere Schildlaus (*Novius*), die als Schmarotzer von ihr lebt. Ihre Einführung ließ die schadenstiftende Art rasch zurückgehen.

Solche Methoden haben oft Erfolg gehabt. Aber sie erfordern erhebliche Bemühungen. Ein gutes Beispiel ist die Geschichte des Kampfes gegen den Ölbaumblattsauger. Dieses Insekt kann bis zu 800.000 Tonnen Oliven in einem Jahr vernichten. Als Parasit lebt aber von ihm ein nordafrikanischer Hautflügler, der *Opius Concolor*, der sich nur leider in Frankreich nicht akklimatisiert. Es mußte also ein anderer natürlicher Feind gefunden werden. In diesem Falle war es eine Fruchtfliege. Und parallel dazu entwickelten die Wissenschaftler außerordentlich komplizierte Methoden, um Wirtslarven für den *Opius Concolor* zu züchten. Nach langen Forschungsarbeiten, nach der Errichtung teurer Anlagen und um den Preis unablässiger Bemühung haben sie ihr Ziel erreicht: jetzt können jährlich Hunderttausende dieser Parasiten in den Obstpflanzungen ausgesetzt werden.

Ein anderes, ebenso wirksames Verfahren ist die Ausbringung einer Mikrobe oder eines Virus, der die unerwünschte Art dezimiert. Man verwendet den *Bacillus Thurigensis* zur Bekämpfung bestimmter Insekten, vor allem von Schmetterlingen. Für Wirbeltiere ist dieses Bakterium völlig unschädlich. Es wird dem großen Haushalt der Natur entnommen und kann sich nicht im Boden speichern und ihn verseuchen. Aber es sind jedesmal viele Untersuchungen notwendig,

um den Virus, das Bakterium oder den Pilz herauszufinden, der die Aufgabe ohne schädliche Nebenwirkungen erfüllen kann.
Auch die Radioaktivität bietet eine gute Möglichkeit zur Bekämpfung unerwünschter Arten. Man setzt die Männchen der Strahlung aus und läßt sie dann fliegen. Da sie durch die Bestrahlung unfruchtbar geworden sind, begatten sie zwar die Weibchen, befruchten sie aber nicht. Nach und nach stirbt die Art aus. Die texanischen Viehzüchter verwenden dieses Verfahren in großem Stil zur Bekämpfung der Schraubenwurmfliege, die den Tieren schadet. Sie verursachte den Viehhaltern Verluste von jährlich 20 Millionen Dollar. Woche für Woche wurden nun unfruchtbar gemachte Männchen zu Millionen ausgesetzt, und die Rinder waren nach einiger Zeit von ihren Parasiten befreit.
Bei vielen Insekten verwendet das Weibchen zum Anlocken des Männchens Duftreize, die über sehr weite Entfernung wirken. Einige dieser Stoffe hat man synthetisch herzustellen gelernt und benutzt sie, um die Männchen in die sterilisierende radioaktive Strahlung zu locken.
Auch die Biochemie kann erheblich zu diesen Bemühungen beitragen. Heute können die Wachstumshormone bestimmter Insekten schon künstlich hergestellt werden, und seltsamerweise verhindert dieses Hormon die Eientwicklung oder die Verpuppung der Larve. Auch hier lassen sich selektive Wirkungen ohne Verseuchungserscheinungen erzielen. Aber wiederum bedeutet die Analyse dieser Substanzen und ihre Synthetisierung einen erheblichen Arbeitsaufwand. Es ist natürlich viel einfacher, tonnenweise Pestizide zu versprühen.
Die Wissenschaft bietet also viele Verfahren an, wie man schädliche Arten bekämpfen kann, ohne störend in die Natur einzugreifen. Sie kann auch für saubere Wäsche sorgen, ohne daß die Flüsse deshalb verschmutzt werden müssen. Die Bakterien können zwar die jahrelang üblichen Detergentien nicht zerstören, wohl aber neu entwickelte Produkte mit gleicher Waschkraft. Noch ist es nicht möglich, schnell und restlos biologisch (also durch Bakterien) abbaubare Detergentien herzustellen, doch die Petrochemie macht auf diesem Gebiet sehr rasche Fortschritte und bietet schon sehr weitgehend abbaubare Produkte an. Wird die Forschung intensiv weiterbetrieben, werden in den nächsten Jahren zweifellos ›saubere‹ Waschmittel herauskommen, die keinerlei Verschmutzungsgefahr mehr bedeuten. Sicherlich werden sie erheblich teurer sein als die jetzt im Handel befindlichen.

Die Verwendung von Antibiotika in der Viehhaltung soll vor allem zur Produktivitätssteigerung beitragen. Man kann den Gesundheitszustand der Tiere auf diese Weise mit weniger Untersuchungen und weniger Sorgfalt sicherstellen. Wären wir also bereit, Fleisch und Geflügel ein bißchen teurer zu bezahlen, könnte man die Verwendung von Antibiotika verbieten.
Ebenso könnte man jeder Fabrik die Errichtung von wirksamen Kläranlagen vorschreiben, um die gefährlichen Industrieabwässer völlig zu unterbinden. Aber solche Maßnahmen würden nicht nur bauliche Investitionen, sondern auch erhebliche Forschungsaufwendungen erforderlich machen und damit die Herstellungskosten erhöhen.
So ist die Verseuchung und Zerstörung der Natur durchaus nicht untrennbar mit der Technik verbunden. Es ist praktisch immer möglich, eine verbesserte Technik zu verwenden oder eine ›Gegentechnik‹ einzusetzen, um schädigende Einflüsse zu verhindern. Aber wie sollte oder könnte das erreicht werden?

Umweltpolitik

Von jeher beklagt sich jeder über die Belästigungen durch seinen Nachbarn, aber niemals über die von ihm selber verursachten. Die Industrie klärt ihre Abwässer nicht freiwillig, die Hausfrau kauft nicht aus eigenem Antrieb biologisch abbaubare Waschmittel, der Autofahrer rüstet sein Fahrzeug nicht von selber mit einer Abgasreinigungsanlage aus, der Landwirt verzichtet nicht spontan auf die preiswerten Pestizide. In den meisten Fällen ist die verschmutzende Technik einfacher, wirksamer und billiger. Den kurzfristigen Nutzen hat der einzelne, den Schaden auf lange Sicht hat die Gesellschaft. So führt der Fortschritt, wenn man ihn gänzlich der Privatinitiative überläßt, unfehlbar zur Verwüstung der Natur. Der Kampf gegen die Umweltverschmutzung ist per definitionem eine Gemeinschaftsaufgabe.
Dieser Kampf ist teuer. Die Amerikaner schätzen, daß sie jährlich 3 Milliarden Dollar ausgeben müßten, um wieder eine saubere Luft atmen zu können. Direkt oder indirekt hat die Wirtschaft die Kosten des Kampfes zu tragen. Der Staat muß die steuerliche Belastung erhöhen, um Gemeinschaftseinrichtungen zu finanzieren, die Unternehmen müssen teurere Installationen bezahlen ... Der Staatshaushalt ist bekanntlich ohnehin niemals in der Lage, alle Aufgaben des Kollektivs zu erfüllen und erscheint den Steuerbürgern stets als eine zu große Belastung.

Die Regierungen meinen, zu wirtschaftlichen Erfolgen gezwungen zu sein, und zögern, diesen Weg zu beschreiten. Sie fürchten, ihre Volkswirtschaft im Wettbewerb auf dem Weltmarkt zu schwächen. Außerdem sind Bemühungen um den Umweltschutz nie sehr populär. Sie kosten viel Geld, und sie zwingen zu Disziplin und gesellschaftlichen Organisationsformen, die für die Freiheit des einzelnen und für das Eigentumsrecht Einschränkungen bedeuten. Früher war ihre Ausübung nur dann eingeschränkt, wenn sie andere unmittelbar, spürbar und in schädigender Weise beeinträchtigte. In Zukunft werden diese Rechte mit viel größeren Auflagen verbunden sein. Sie werden als gesellschaftliche Funktionen angesehen werden müssen, zu denen sehr belastende Pflichten gehören.

Jede Tätigkeit wird sich der von der Gemeinschaft festgelegten Organisation der Umwelt anzubequemen haben. Der Landwirt darf dann nicht mehr anbauen, was und wie er will, der Unternehmer darf keine unklärbaren Stoffe mehr herstellen, Kraftfahrzeuge werden nicht zugelassen, wenn sie die Luft verschmutzen ... Lauter Einschränkungen der individuellen Freiheit. Auch das liegt ja in der Gesetzmäßigkeit des Fortschritts: die Technik vergrößert die Möglichkeiten des Menschen, seine Umwelt zu verseuchen, also zwingt die Technik zu weiterer Reglementierung. Das alte liberale Ideal wird sich mit dieser Tatsache abzufinden haben. Die Gemeinschaft wird nach und nach Boden, Luft, Wasser, Fauna und Flora in ihre Obhut nehmen müssen. Die Eigentümer sind dann nur noch privilegierte Verwalter dieser nicht vermehrbaren, allen gehörenden Güter.

Diese Neuorientierung ließe sich relativ einfach verwirklichen, wenn wir erst am Anfang der technischen Zivilisation stehen würden. Dann könnten wir die von jeder neuen Technik verursachten Schäden abschätzen und würden die Einführung dieser Technik nur mit Auflagen hinsichtlich der zu treffenden Gegenmaßnahmen zulassen. So hat es die Menschheit ja bei der Kernenergie gehalten. Aber leider sind alle übrigen Techniken schon in Anwendung und die Umweltverschmutzung ist in vollem Gange.

1964 hat ein Sonderausschuß dem Präsidenten der Vereinigten Staaten einen Bericht über die »Wiederherstellung der Umweltqualität«, wie der Titel lautete, vorgelegt. Der Ausschuß unterstellt ein Recht auf »quality of life«, das durch die Qualität der Umwelt und verantwortungsbewußtes Handeln jedes einzelnen auf seinem Gebiete hinsichtlich Verunreinigung gewährleistet wird. Der Ausschuß empfiehlt ein System steuerähnlicher Abgaben auf alle verunreinigenden Abfälle und befürwortet eine strenge Kontrolle der Pestizide: Verwendung nur nach vorheriger, befristeter Genehmigung, Überwachung der Bestäubungsflugzeuge ... Die Experten vertreten die Auffassung, daß man schon beim heutigen Stand der Technik mit der halben Menge an Pestiziden auskommen könnte. Es folgt die Aufzählung vieler praktischer Maßnahmen: Überwachung der Zusätze zu Kohlenwasserstoffen, Kampf gegen die Verschmutzung als Bestandteil von Staatsaufträgen, Stadtentwicklungsplänen usw.

So entstehen aus dem Fortschritt neue Rechte und Pflichten. Das Fernsehen bringt für den Staatsbürger das Recht auf Information und für die Gesellschaft die Pflicht zur Information. Die Medizin ein ›Recht auf Behandlung‹ und eine ›Pflicht zur Gesundheit‹. Die umweltverunreinigenden Techniken ein ›Recht auf gesunde Umwelt‹ und die ›Pflicht zum Unterlassen von Verunreinigungen‹. Das ist eine Entwicklung, die unter allen Regimen, in allen Systemen unvermeidlich ist.

Eine immer größere Zahl von Tätigkeiten wird schlicht und einfach verboten werden. Gewisse landwirtschaftliche Anbaumethoden, gewisse nicht klärfähige Erzeugnisse werden scharf überwacht werden. Das Wasser wird nicht mehr umsonst benutzt werden dürfen, weil jedermann weiß, daß die zur Verfügung stehende Menge in den kommenden Jahren nicht für jeden beliebigen zusätzlichen Bedarf ausreichen wird, zumal dann, wenn man es weiterhin so vergeudet wie jetzt. Über das Wasser wird also ›abgerechnet‹ werden, auch über das Wasser der Flüsse und Seen, nicht nur über das Trinkwasser. Nicht zuletzt aber wird jede Verunreinigung bezahlt werden müssen. Heute sind verunreinigende Techniken im Vergleich zu ›sauberen‹ Techniken nicht benachteiligt, im Gegenteil. Ein Elektroauto wird nicht niedriger besteuert als ein ›schmutziges‹ Auto, Fern- und Elektroheizung genießen keine bevorzugte Behandlung im Vergleich zu der herkömmlichen Beheizung der Wohnungen, landwirtschaftliche Produkte, die ohne Schädigung der Umwelt erzeugt worden sind, treffen ohne jede Unterstützung im Wettbewerb auf Konkurrenzprodukte, die durch die Verwendung von Pestiziden niedrigere Erzeugungskosten verursacht haben. Alles bestärkt den einzelnen darin, verunreinigende Techniken zu verwenden.

Wenn jede verunreinigende Technik mit einer Abgabe belegt würde, so würden sich die Techniken sehr rasch ändern. Das Elektroauto könnte eher rentabel werden, ebenso wie die neuen Detergentien und die biologischen Verfahren der Schädlingsbekämpfung. Aber dazu gehört ein ständiges Eingreifen der Gesellschaft, die jede Tätigkeit zu überwachen und auf ihr Verunreinigungsrisiko zu prüfen hätte. Das alles ist in dem Bericht an den Präsidenten der Vereinigten Staaten im Ansatz vorhanden. Wie der Bericht von Pierre Laroque, aus dem wir Auszüge abgedruckt haben, ist es ein exemplarisches Dokument, die Darstellung einer neuen Art, die Probleme unserer Zeit zu behandeln, und zwar ausgehend von den technischen und wissenschaftlichen Realitäten.

Einmal mehr schafft der Fortschritt ein Problem, das nur in gemeinsamer Bemühung um eine weltweite Ordnung gelöst werden kann. Die Menschheit ist in die Falle gegangen, die Erde ist in Gefahr. Ein dramatischer Wettlauf hat begonnen zwischen der sich verschlimmernden Situation und dem nur langsam erwachenden kollektiven Gewissen. Wird die Menschheit noch rechtzeitig vollends aufwachen? Erst unsere Kinder werden darauf antworten können.

Ausgangslage	Einheit der Biosphäre. Die ökologischen Zyklen im Gleichgewicht. Der Mensch stört die Naturvorgänge nicht.
Technische und wissenschaftliche Fortschritte	Chemie. Fortschritte der Agrartechnik. Insektizide. Detergentien. Fossile Energie. Motoren. Neue, wirksamere Techniken.
Primäre Auswirkungen	Industrialisierung. Erhöhung der Agrarproduktion. Neue Maschinen. Verkehrsmittel. Verstädterung. Erhöhung des Lebensstandards.
Sekundäre Auswirkungen	Umweltverschmutzung. Störung der ökologischen Zyklen. Weitgehende Eingriffe in die Biosphäre. Vernichtende Eingriffe in Fauna und Flora. Irreversible Veränderungen der Natur.
Sünden wider den Fortschritt	Anwendung neuer Techniken ohne vorherige Untersuchung der Auswirkungen auf die Umwelt. Die Natur als Müllabladeplatz. Gewagte Eingriffe in die ökologischen Zyklen.
Krise	Naturkatastrophen. Aussterben ganzer Arten. Sorge um Luft, Wasser, Lebensmittel, Wetter. Verbreitete Verunreinigung der Umwelt. Gefahren für die menschliche Gesundheit und die von der Natur gebotenen Existenzmöglichkeiten. Auf lange Sicht Risiken für das Überleben der Menschheit.
Notwendigkeiten des Fortschritts	Überwachung jedes Eingreifens in die natürliche Umwelt. Suche nach neuen, weniger verunreinigenden Techniken. Einführung ›sauberer‹ statt ›schmutziger‹ Verfahren als Gemeinschaftsaufgabe. Schaffung einer ›Pflicht zur Unterlassung von Verunreinigungen‹. Neuordnung der Umwelt nach den Bedürfnissen des Menschen.

Erwägungen

Wie sollte man nicht an die Geschichte vom Zauberlehrling denken? Nur daß hier der Lehrling nie einen Meister gehabt hat und auch nie einen haben wird. Auf sich allein gestellt, muß er es zum Meister bringen, noch ehe er nicht wiedergutzumachende Katastrophen angerichtet hat.

Ein Meister hätte gewußt, daß man keine Experimente auf Teilgebieten versuchen darf, ohne zu wissen, wohin das später führen könnte. Er hätte es gewußt – aber er war nicht da. Die Menschheit mußte ohne ihn auskommen und ihre Experimente auf der Bahn des Fortschritts auf eigene Faust wagen und ständig Irrtümer, Fehlschläge und Enttäuschungen in Kauf nehmen. Bei diesem Vortasten ins Unbekannte, bei diesem Hereinfallen auf blendende Lichter, die doch nur Fallgruben verdeckten, ist sie nicht nur nicht klüger geworden, sondern hat im Gegenteil viele schlechte Gewohnheiten angenommen. Es wird Zeit, daß sie endlich daraus lernt und ihre alten Illusionen ablegt.

Die Zauberlehrlinge der Neuzeit hielten sich für frei. Sie hatten sich die Materie, die Energie und die Natur dienstbar gemacht. Sie glaubten, nun könnten sie tun, was ihnen beliebte. Als Herren und Meister. Ihre Vorfahren hatten ihren Ehrgeiz zügeln müssen, zu hoch hängende Trauben hatten ihnen als sauer zu gelten. Sie hatten sich abgefunden mit dem Bruch zwischen der Freiheit, die sie sich ausmalten, und dem Determiniertsein, das sie in einem engen Rahmen hielt. Doch was die Väter akzeptiert hatten, wollten die Söhne nicht wahrhaben. Anstatt sich den Dingen anzupassen, paßten sie die Dinge sich an. ›Es steht geschrieben‹, sagten die Altvordern. Die Jungen klebten die Seite zu. Sie wollten selber schreiben.

Doch was wollten sie eigentlich schreiben? Davon hatten sie keine rechte Vorstellung. Sie nahmen ihre Wünsche für die Realität und die Realität für ihre Wünsche. Sie richteten Utopien auf oder gaben

sich damit zufrieden, frei zu tun, was sie von jeher hatten gezwungen tun müssen. Sie hatten nicht begriffen, daß sie nach dem Eindringen in das Geheimnis weder so leben konnten, wie sie gelebt hatten, noch so, wie sie eigentlich leben wollten.
Seine ganze Geschichte hindurch hatte das Menschengeschlecht die Fügungen des Schicksals hingenommen, indem es den Kopf einzog. Es war zu einer ›Art mit eingezogenem Kopf‹ geworden. So wie die Mikroben, die es schließlich auch fertigbringen, sich an die Antibiotika zu gewöhnen. Und wie die Mikroben hätten auch die Menschen gar nicht anders überleben können. Sie hatten sich den äußeren Bedingungen angepaßt. Nun aber änderten sich die äußeren Bedingungen. Sie änderten sich so stark, wie sie sich in den Jahrmillionen vor dem Auftreten des Menschen geändert hatten, als die ursprüngliche Atmosphäre aus Wasserstoff, Ammoniak und Methan von der Luft abgelöst worden war, die Gebirge sich aufgefaltet, die Kontinente sich getrennt hatten. Zu Millionen waren Arten ausgestorben, die nicht mit ihrer Umwelt Schritt halten konnten. Einige Mutanten sorgten dafür, daß es weiterhin eine Fauna gab. Was nicht angepaßt war, wurde eliminiert.

Fortschritt ohne Verantwortung

Der Mensch verändert seine Beziehungen zur Umwelt. Die Erde war unermeßlich groß im Verhältnis zu seinen Fortbewegungsmöglichkeiten – er bezwingt die Entfernungen. Sein Körper war wehrlos gegen den Angriff der Mikroben – er besiegt die Krankheit. Die Materie widersetzte sich seinem Willen – er unterwirft sie. Sein Geschlechtsleben war eins mit dem Zeugungsvorgang – er trennt sie voneinander.
So ändern sich die Lebensbedingungen des Menschen. Die Söhne der Bergarbeiter bauen Computer, die Söhne der Kutscher steuern Düsenflugzeuge, die Söhne der Medizinmänner operieren am offenen Herzen. Mit den gleichen Vorstellungen, den gleichen Tabus, den gleichen Wertvorstellungen. Wie hat diese weiße Techniker- und Naturbeherrscherrasse höhnisch heruntergesehen auf die Araber, die Kohlen in die Badewanne füllten, auf die Schwarzen, die das Medikamentenröhrchen als Amulett trugen, auf die Inderinnen, die alle Pillen am ersten Tag des Monatszyklus schluckten! Sie sah den Balken im Auge des Nächsten, aber nicht den Splitter im eigenen Auge. Er war ja so winzig. Er tat ja fast gar nicht weh. Aber nun hat er sich entzündet. Und wird für den ganzen Organismus gefährlich.

Ist es lächerlicher, wenn ein Bantu glaubt, aus dem Telefon sprächen Geister, oder wenn die Franzosen eine fortschrittsfeindliche Bürokratie beibehalten? Ist es lächerlicher, wenn die Frauen in Bengalen die Tage nicht zählen können, oder wenn sich die Französinnen im Zeitalter der Empfängnisverhütung an alte Moralbegriffe klammern?

Ein großer weißer Magier regiert die Welt. Ein Wundermann der Macht, der Zielstrebigkeit, des Erfolgs. Von Sieg zu Sieg wächst sein Reich. Als Forscher, als Techniker, als Manager ist er eine eindrucksvolle Maschine, die Wissen und Verfügungsgewalt über die Dinge liefert. Für wen? Für was? Solche Fragen stellt man Menschen, nicht Maschinen. Sie sind handelnde Kräfte. Der Wissenschaftler in seinem Forschungslabor, der Ingenieur in seinem Werk sind keine Menschen. Sie sind handelnde Kräfte. Erst wenn sie ihre weißen Kittel an den Nagel gehängt haben und sich nach getaner Arbeit in ihr Auto setzen, werden sie wieder zu Menschen. Und stellen sich Fragen. Nicht als die Bewerkstelliger der großen Verwandlung, sondern als Individuen, wie jedes Individuum. Der Metallkundler fragt sich nicht, ob seine Arbeiten zur allgemeinen Einführung der Ultrazentrifuge und zur Verbreitung der Atombombe in vielen Ländern führen werden, der Physiker macht sich keine Gedanken, ob seine gleichsetzenden Theorien die Grundlagen der überkommenen Religionen untergraben werden, der EDV-Fachmann grübelt nicht über die Auswirkungen der Automatisierung auf das Los der Arbeiter. Da soll die Gesellschaft sehen, wie sie zurechtkommt. Die Gesellschaft? Die Politiker, die Philosophen. Irgendein anderer. So genau wollen wir das gar nicht wissen. Man kann der Verantwortung am einfachsten ausweichen, indem man sie auf die Gesellschaft abschiebt.

»Die aus militärischen Erwägungen in Gang gesetzte stürmische Entwicklung von Forschung und Entwicklung hat die Wissenschaftler in die Lage versetzt, in einer Doppelrolle zu leben: während der Arbeitszeit im Labor die Haupttriebkräfte der tiefgreifenden Veränderung unserer Welt zu sein, sich aber für die Auswirkungen dieser Veränderungen auf unseren Alltag nicht zuständig zu fühlen. Die Reinheit der Absicht und die Weigerung, die Folgen zur Kenntnis zu nehmen, werden in einer wirklich von der Wissenschaft geprägten Gesellschaft nicht mehr vereinbar sein.« So steht es in dem Bericht der OECD über die amerikanische Wissenschaft zu lesen.

Es wäre nicht schlimm, daß die Wissenschaftler nicht Herr ihrer Handlungen sein wollen, wenn andere es für sie tun würden. Aber wer mag den Arbeiten der Wissenschaft einen Sinn geben in einer Gesellschaft, die Wissenschaft und Humanismus säuberlich trennt und sich eine Ordnung gibt, in der die Technologie gar nicht zum Gegenstand der Reflexion werden kann?

Von der Technik kolonisiert

In einem Kreis gebildeter Menschen würde niemand zuzugeben wagen, daß er noch nie etwas von Sartre, Debussy oder Manet gehört hat. Selbst schwer zugängliche Werke wollen gekannt und möglichst auch verstanden sein. Nichts von Kubismus, Strukturalismus oder Zwölftonmusik zu wissen, wäre unverzeihlich. Solche Wissenslücken verbirgt man wie einen abstoßenden Makel.

Sobald es um wissenschaftliche Dinge geht, sieht es ganz anders aus. Man muß ein paar Namen kennen: Pasteur, Einstein ... Die Straßennamen erinnern an einige Berühmtheiten. Hat man einen dürftigen Bestand parat, kann man im übrigen so unbeschlagen sein, wie man mag. Die Naturwissenschaft gehört nicht zur Bildung.

Ein Rechtsanwalt, ein Arzt oder ein kaufmännischer Direktor dürfen ohne weiteres zugeben, daß sie eigentlich nicht recht wissen, worin der Unterschied zwischen Atomspaltung und Atomverschmelzung besteht, daß sie keine Ahnung haben, was ein Transistor ist, oder daß es ihnen unerklärlich bleibt, wieso sich ein Satellit auf seiner Umlaufbahn hält: niemand wird ihnen einen Vorwurf daraus machen. Wenn sie in aller Unschuld verkünden: »Ich verstehe nichts von Naturwissenschaft«, so nimmt ihnen das keiner übel.

Im Gegenteil. Wenn man keine naturwissenschaftliche Ausbildung hat, ist es sogar besser, gar nicht erst von solchen Dingen zu sprechen, weil man doch nur Unsinn reden würde. Umgekehrt zwingt die Konvention den Naturwissenschaftler zu großer Zurückhaltung, damit er seinen Gesprächspartnern nicht lästig fällt. Zwischen Naturwissenschaftler und Nicht-Naturwissenschaftler entsteht eine immer tiefere Kluft. Jeder lebt in seiner Welt.

Lange Zeit hindurch war die Schulbildung daran schuld. Es ist erst wenige Jahre her, daß ein guter Schüler selbstverständlich Griechisch wählte. Moderne Fremdsprachen und schon allemal der naturwissenschaftliche Zweig waren etwas für Leute, die einer humanistischen Bildung nicht würdig waren. Inzwischen hat sich diese Einstellung geändert, aber viele Erwachsene sind noch davon geprägt. Der gesellschaftliche Wert des Menschen bemißt sich nach seiner nicht-naturwissenschaftlichen Bildung.

Als gute Akademiker tun die Wissenschaftler nichts, um diese Kluft zu überbrücken. Sie weisen nach wie vor den Gedanken weit von sich, daß die Information der Allgemeinheit auch zu ihren Aufgaben gehören könnte. Ein guter Journalist weiß sehr viel genauer, was an der Universität von Kalifornien vor sich geht als an der Naturwissenschaftlichen Fakultät im eigenen Lande.

Seriöse Wissenschaft

Diese Situation ist schon deshalb so zählebig, weil die Hochschulen größten Wert darauf legen, nur ja ›seriös‹ genug zu sein. Diese an sich löbliche Strenge kann auch zur Selbsteinengung führen und die Wissenschaft innerhalb der Gesellschaft isolieren. Allzu leicht und allzu gern wird der Forscher zum Esoteriker.

Wer seriös sein möchte, beschränkt sich auf seine Rolle als Spezialist einer Disziplin – nach außen hin und in der Sache. Zu einer Zeit, da das menschliche Gehirn nur noch einen ganz kleinen Teil des menschlichen Wissens überhaupt speichern kann, bedeutet ein solches Verhalten die Beschränkung auf die jeweilige Fachrichtung und schließt in der Praxis jede Neigung zur interdisziplinären Zusammenarbeit aus. Denn in den Naturwissenschaften wirkt jede nicht einwandfrei begründete Meinungsäußerung besonders peinlich. Die Gelassenheit, mit der gerade hier die größten Dummheiten verkündet werden, ist in der Tat bemerkenswert. Auf einer Party dauert es meistens nicht sehr lange, bis vom Elektroauto oder von der langfristigen Wettervorhersage als von im Grunde schon gelösten Problemen gesprochen wird.

Gerade der Naturwissenschaftler ist deshalb allergisch gegen Laien, die in seinem Garten herumtrampeln. Und die Laien bleiben auch gern draußen. Es gilt ja nicht als taktlos, Musikfreund zu sein ohne zu komponieren, Kunstsammler ohne zu malen, Leser ohne zu schreiben. Über Philosophie, Volkswirtschaft oder Politik darf man getrost als Nichtfachmann sprechen, ohne als unseriös zu gelten. Nur bei naturwissenschaftlichen Fragen hat man das Tabu zu respektieren.

Systematisch wird der Naturwissenschaftler in seiner Gleichgültigkeit gegenüber dem, was aus seinen Arbeiten entstehen könnte, bestärkt. Wer seinen Gedanken eine interdisziplinäre Wendung gibt, gilt bei seinen Kollegen als nicht ganz ernstzunehmend. Natürlich hat er das Recht, sich mit Wissenschaftspolitik zu beschäftigen, also mit der Forschungsorganisation und der Rentabilität wissenschaftlicher

Arbeit. Sobald er sich aber an Zivilisationsprobleme heranwagt, kommt er in der Fachwelt leicht in Verruf. Zukunftsstudien und allgemeine Erwägungen sind ganz offensichtlich weniger seriös als mathematische Gesetze und gesicherte Ergebnisse von Experimenten. So etwas ist ›Philosophie‹.

Man braucht gar nicht allzusehr zu überzeichnen, um zu der Feststellung zu gelangen, daß der naturwissenschaftliche Laie nichts von der Naturwissenschaft versteht oder auch nur verstehen will, und daß der Naturwissenschaftler nur von ihr, ja, oft genug nur von seiner Fachrichtung etwas versteht.

Proteste ohne Computer

Die französische Gesellschaft ist also noch weit entfernt von dem ›wissenschaftsgeprägten Bewußtsein‹, ohne das die Mitarbeit an der neuen Zivilisation nicht möglich ist. Die Naturwissenschaften waren an den spektakulären Ereignissen im Mai 1968 überhaupt nicht beteiligt: da wurden wichtige Postulate aufgestellt, aber niemand dachte auch nur einen Augenblick an die Forderungen des Fortschritts. Man bastelte eine Gesellschaftsordnung aus dem Baumaterial des 19. Jahrhunderts, eine Gesellschaftsordnung ohne Computer, ohne wissenschaftliche Technologie, ohne moderne Medizin, um nur einige Beispiele zu nennen.

Es gibt in Frankreich einen Wirtschafts- und Sozialrat, aber keinen Wissenschaftsrat. Bis vor kurzem war unter den Regierungsmitgliedern kein Naturwissenschaftler, und in der Verwaltung sind nur einige wenige zu finden, ganz im Gegensatz zu den Vereinigten Staaten. Die Wissenschaft hat ihren Platz weder in den Strukturen der Gesellschaft noch im Bewußtsein der Staatsbürger. Viele Menschen, und zwar auch viele mit erheblichen Kompetenzen, haben nicht die geringste Ahnung vom technischen Fortschritt, von seiner Bedeutung und seinen Auswirkungen. Die notwendige Entwicklung ist jedoch nur möglich, wenn die Betroffenen mitmachen. Es ist nicht der Sinn der Sache, aus jedem einzelnen einen Wissenschaftler zu machen, wohl aber, daß er nicht länger meint, so etwas gehe ihn nichts an, sondern im Gegenteil spürt, wie sehr es darauf ankommt, daß er teilnimmt.

Schon in zehn Jahren wird eine Reflexion unter Verkennung der naturwissenschaftlichen Phänomene keinen Bezug mehr zur Wirklichkeit haben. Dann könnte es in der Gesellschaft ein Nebeneinander geben von Forschern, die in einer engen Perspektive für das Voranschreiten der Naturwissenschaften arbeiten, Intellektuellen, die völlig abstrakt und spekulativ über die Probleme nachdenken, und ›Managern‹, die sich bemühen, mit bloßen taktischen und pragmatischen Methoden die Technologie auszuwerten. Eine solche Entwicklung wäre schlimm. Denn die Gleichgültigkeit gegenüber der Wissenschaft führt zum Mißerfolg und damit zur Ablehnung und Feindseligkeit. Dann werden selbst Forderungen aus den menschlichsten Motiven in ihrer Formulierung zutiefst reaktionär.

Es ist also nichts dringlicher, als der Wissenschaft ihren gebührenden Platz einzuräumen. So wie die Jugend heute auf den Gymnasien unterrichtet wird, kann sie kein Interesse an naturwissenschaftlichen Fragestellungen bekommen. Ein abstraktes, totes, überholtes, abstoßendes Wissen wird ihr in einer wirklichkeitsfremden Darstellungsweise vorgetragen. Nichts geschieht, um das Kind auf das Leben in einer wissenschaftsgeprägten Gesellschaft vorzubereiten. Das törichte System der zwei Bildungswelten hat seine Wurzeln in den Gymnasien.

Der Staatsapparat wiederum ist geradezu eine Inkarnation dieser Verständnislosigkeit für den technisch-wissenschaftlichen Fortschritt. Die in sich geschlossene Welt der Beamtenschaft kann gar keinen Kontakt mit den Forschungsstätten bekommen. Solange eine Verwaltungslaufbahn als eine besondere Berufung angesehen wird, die den Menschen vom Abitur bis zur Pensionierung ausfüllt, besteht wenig Aussicht, daß die sich wandelnde Wirklichkeit ihren Niederschlag in den Gesetzen und Institutionen findet.

Es geht nicht darum, die ›Gelehrtenrepublik‹ zu schaffen. Nur das nicht! Sondern die Republik der Juristerei in eine Republik der Wissenschaft zu verwandeln. Die wissenschaftliche Denkweise muß auf der Entscheidungsebene Heimatrecht bekommen. Um Pierre Aigrain zu zitieren: »Die Regierung kann sinnvolle, also zur Verbesserung der Gesellschaft beitragende Maßnahmen nur dann treffen, wenn sie informiert ist, wenn sie auch die wissenschaftlichen Fakten kennt, auf die sie ihre Entscheidungen gründen muß . . .«

Wenn hier ein grundsätzlicher Wandel eintreten soll, müssen sich die Männer der Wissenschaft an den Angelegenheiten des Staates beteiligen und die für jede Entscheidung unentbehrlichen Informationselemente beitragen. Die Schaffung von horizontalen Verbindungen, ja, auch von Übertrittsmöglichkeiten zwischen Wissenschaft, Verwaltung, Universität und Industrie ist eine Notwendigkeit für alle wissenschaftsgeprägten Gesellschaftsordnungen.

Wir haben in unserer Betrachtung immer wieder darauf hingewiesen, daß es darauf ankommt, der Entwicklung zuvorzukommen anstatt sie hinzunehmen. Um das tun zu können, muß man den Fortschritt in seinem Entstehungsstadium verfolgen, im Forschungslaboratorium. Es wäre also sicherlich angebracht, ›Wissenschaftsbeobachter‹ heranzubilden, um diesen Vorgang zum System werden zu lassen. Es kann sich nicht darum handeln, so etwas wie Forschungsaufsichtsbeamte oder gar despotische Laborpräfekten einzusetzen, sondern Forscher unter Forschern, die den Auftrag hätten, nach allen zukunftsträchtigen Fakten Ausschau zu halten. Was wirklich zukunftsträchtig ist, läßt sich in diesem Stadium zweifellos schwer bestimmen. Man würde also nicht von ihnen verlangen dürfen, die indirekten Auswirkungen in zehn oder zwanzig Jahren vorauszusehen, sondern zu sagen, was man nicht aus den Augen verlieren sollte. Die Perspektive würde dann mit dem Fortgang des jeweiligen Forschungs- und Entwicklungsprozesses immer präziser, die Unterlagen immer aussagekräftiger werden, bis das Produkt da wäre, noch nicht industriell verwertbar, aber definiert. So könnte die Reflexion rechtzeitig zu klaren und konkreten Folgerungen führen.

Während die Ingenieure die Fertigungsprobleme lösen, könnten Arbeitsgruppen aus Wissenschaftlern, aber auch Psychologen, Politikern, Soziologen, Volkswirtschaftlern, Unternehmern usw. die indirekten und langfristigen Auswirkungen prüfen. Gewiß würden sie nicht alles voraussehen können. Sie würden sich auch häufig irren. Aber sie könnten Beurteilungskriterien und wichtige Daten beitragen und vor manchen Phänomenen warnen. Sie würden sich bemühen, die unvermeidliche Weiterentwicklung einer Innovation zu bestimmen. Sie würden die Diskrepanzen zwischen angestrebtem Ziel und unerwünschten Nebenwirkungen darlegen, mit denen immer zu rechnen sein wird. Sie würden bestimmte Anpassungsmaßnahmen vorschlagen, und zwar nicht als politische Entscheidungsmöglichkeiten, sondern als gesellschaftspolitische Erfordernisse von der gegebenen Neuerung her. Der Bericht des französischen Wirtschafts- und Sozialrats über die Probleme der Datenverarbeitung oder der Umweltschutz-Bericht an den Präsidenten der Vereinigten Staaten zeigen deutlich, worauf es dabei ankommt. Nur sind das bisher Einzelfälle, die zur Regel werden und institutionell verankert werden müssen.

Eine solche Form der Organisation wäre etwas sehr Bescheidenes. Sie wäre durchaus keine Lösung, von der man Wunder erwarten dürfte. Allenfalls eine Verbesserung. Wenn man bedenkt, wie unvollkommen die Humanwissenschaften entwickelt sind, wie wenig sich die Zuständigen über die gegenseitige Abhängigkeit von Wissenschaft und Wirtschaft klar sind, wie unsicher die Prognosetechniken sind, wird man mit vielen Enttäuschungen rechnen müssen. Aber man muß dem Fortschritt der Zivilisation seine Chance geben, so wie man sie dem Fortschritt der Technologie gegeben hat. Man muß darauf setzen, daß das Verständnis für wirtschaftliche und gesellschaftliche Erscheinungen, die Kenntnis vom menschlichen Verhalten und die Techniken der Voraussage ständig besser werden, und zwar um so rascher, je fester dieser Fortschritt in die Strukturen des Handelns eingebaut wird.

Im Dienste des Handelns

Denn darauf kommt es an: Handeln statt frommer Wünsche. Wenn nur Berichte dabei herauskommen, die niemand liest, Vorschläge, die niemand zur Kenntnis nimmt, dann hat die Sache keinen Sinn. Deshalb muß vorher die Symbiose zwischen wissenschaftlichem und politischem Denken geschaffen werden. Eine Verwaltung und eine Regierung, die von der wissenschaftlichen Wirklichkeit abgeschnitten sind, können mit Expertenempfehlungen nichts anfangen, weil sie nicht verstehen, was eigentlich gemeint ist.

Ein hoher Beamter war Skeptiker genug, seine Aktenvorgänge in wichtige und dringende zu trennen: »Die Verwaltung«, erklärte er, »kann sich nur mit den letzteren beschäftigen.« So werden auch die Schwierigkeiten, die der Fortschritt bringt, nur in Angriff genommen, wenn es nicht mehr anders geht. Man schmiedet nur die Eisen, die gerade heiß sind. Die anderen läßt man liegen. Therapie ja, wenn es sein muß, aber Vorsorge? Nein.

Nun darf man die Schwierigkeiten, die mit einer vorausschauenden Politik verbunden wären, nicht unterschätzen. Grundbedingung wäre – nach der Parole der Pariser Maiunruhen – die ›Machtergreifung der Phantasie‹. Keine ideologiegenährte Phantasie, sondern das kreative Nachdenken des Wissenschaftlers, der sich auf die Fakten stützt. Nur dann kann die Anpassung an das Neue eine echte, systematisch auszubauende Disziplin werden, die in der Lage wäre, die alte Ordnung in Frage zu stellen, bevor die Ereignisse das tun, und für jedes Einzelproblem originäre Lösungen anzubieten.

Denn Behörden als ›Mädchen für alles‹ sind überholt. Die zunehmende Zahl der Phänomene, für welche die Gemeinschaft zuständig ist, zwingt zu einer außerordentlich starken Auffächerung der Strukturen. Die Gesellschaft von morgen wird in ein sehr viel engeres, komplizierteres und vielfältigeres Raster eingebettet sein müssen. Sie kann nicht mehr wie heute nach den gleichen Bestimmungen ihre Verantwortung für Landesverteidigung, Bildung, Gesundheitswesen, Städtebauförderung, Umweltschutz und Information wahrnehmen. In jedem einzelnen Falle müssen neue, von der Situation geprägte Formen konstituiert werden. Die Organisation muß von den Fakten und nicht von Grundsätzen herkommen.
Die juristische Tradition in Frankreich sorgt dafür, daß meistens das Gegenteil geschieht. Sie zwingt das Handeln in einen starren, präzisen, rationalen Rahmen. Sie benutzt grundsätzlich die alten Rechtsnormen, um neue Vorgänge in den Griff zu bekommen. Der Pragmatismus der Angelsachsen ist Veränderungen sehr viel besser gewachsen. Er läßt die Tatsachen sprechen. Was ist denn so Schlimmes daran, wenn Probleme anfänglich in halbamtlichen Gremien geregelt werden, die noch keinen legalen Status haben? Wichtig ist, daß die Probleme gelöst werden. Das Fließende ist das Lebenselement des Neuen. Starrheit könnte es verkrüppeln.

Der einzelne und die Moral

Natürlich ist es nicht einfach, eine gewisse Harmonie zwischen den gesellschaftlichen und politischen Strukturen und der technischen Umwelt sicherzustellen. Aber vielleicht ist das auf lange Sicht gar nicht das eigentliche Problem. Es wird sich immer ein Gesetzesrahmen für die Datenverarbeitung, für das Fernsehen oder für die Organverpflanzung finden. Die wirklich schwer zu meisternde Krise dürfte das Problem des Lebens in der Gemeinschaft überhaupt bringen. Dafür wird man nicht ohne neue Gesetze und neue Institutionen auskommen.
Die ganze Gesellschaft beruht ja auf dem Postulat, daß sich das Verhalten des einzelnen nach kollektiven Normen zu richten hat. Es gibt Bezugswerte, die von der Gesellschaft allen ihren Mitgliedern aufgezwungen werden. Als die Anarchisten meinten, sie könnten Diebstahl als ›individuelle Rückerstattung‹ rechtfertigen, lehnten es die Richter ab, ihrer Argumentation zu folgen. Die Gesellschaftsordnung ist immer eine exklusive: ethische Vorstellungen einzelner, die den ihren widersprechen, werden ignoriert, und zwar ungeachtet

der Tatsache, daß jeder weiß, wie verschieden die Sachverhalte und die Menschen sind. Und was tut man, um die Gleichheit der Normen und die Verschiedenheit der Individuen miteinander zu vereinbaren? Man erkennt den Normen einen höheren Wert zu, der durch moralische Argumente gerechtfertigt und durch gesellschaftlichen Zwang abgesichert wird.

Was erlaubt und was verboten ist, darüber wird nicht diskutiert, denn es ist eine Konsequenz dessen, was gut und was böse ist, und das wiederum hat nicht der einzelne nach seinem Gewissen zu definieren, sondern die Gesellschaft. Dieses moralische Alibi gibt das Recht zum körperlichen Zwang, zum Ignorieren des Individuellen und zum Durchsetzen der für alle gültigen Regel.

Der Fortschritt ist ein Faktor, der in Frage stellt und Ungewißheit schafft. Er untergräbt die Dogmen, läßt sich nicht mit unantastbaren Wahrheiten abspeisen und bringt die Subjektivität der Werte und Werturteile ans Licht. Die Wissenschaft beruht auf dem Zweifel, der Fortschritt auf dem Unzufriedensein. Was heute wahr ist, wird es morgen nicht mehr sein. Was hier wahr ist, ist es anderswo nicht. Was heute gut ist, wird morgen besser sein. Nichts ist ein für allemal erreicht, nichts ist vollkommen, nichts endgültig.

Die Gesellschaft kann tun und vorschlagen, was sie will, der Mensch unserer Tage fragt immer zuerst: ›Warum?‹ Ungleichheit – warum? Krankheit – warum? Könnte man das nicht anders, vielleicht besser machen? Der Zweifel als weltweite und stets parate Reaktion und die Information über alles, was überhaupt geschieht, haben die Menschen gelehrt, daß es immer auch andere Lösungen gibt.

Fortschritt bedeutet stets, daß der Bereich des Machbaren wächst. Das Determiniertsein wird geringer, die Wahlmöglichkeiten zahlreicher. Jedem Menschen bietet die moderne Welt Tausende von Schicksalen an, aber dic Entscheidungen werden um so fragwürdiger, je mehr Möglichkeiten es gibt. Die Freiheit in der Ungewißheit. Die Verantwortung im Unbekannten.

Soziologie, Medizin und Psychologie lassen uns eine Persönlichkeit erkennen, deren Wünsche der kollektiven Ordnung immer stärker widerstreben. Wir haben dieses Phänomen am Beispiel der Rechtspflege und der Sexualmoral gezeigt, aber es trifft ebenso zu für die sozialen, politischen, administrativen und beruflichen Ordnungen. Immer und überall muß die Gesellschaft Sonderfälle in Rechnung stellen, und je mehr sie das tut, um so eher darf man sie als gerecht und menschlich bezeichnen. Bei ihrer Anwendung differenzieren sich die allgemein gültigen Normen vollends, und zwar so sehr, daß sie sich beinahe auflösen. Die individuellen Anliegen setzen sich durch, die Gemeinschaft steckt ihre Forderungen zurück. Autoritäre Regime, dogmatische Moralbegriffe und erzwungene Verhaltensweisen müssen in dem Maße zurückgehen, wie Wissenschaft und Technik fortschreiten. Jean Fourastié hat diese Erscheinung in seinem Essayband *Gesetze der Wirtschaft von morgen* ausführlich untersucht. »Die herkömmliche Moral beruhte auf der Gewißheit, daß die menschlichen Lebensumstände unveränderlich seien. Wir dagegen glauben, daß sie sich wandeln werden, wir beweisen, daß sie Fortschritte machen ... Ein Grundzug in der Entwicklung des moralischen Klimas ist also, wie mir scheint, die Aufspaltung der Vorstellung von Gut und Böse in mindestens drei Bereiche: Wahr und Unwahr, Gesund und Krank, Normal und Anormal.«

Das ist eine notwendige Folge des Fortschritts. Beziehungen des Typus Herrschaft und Unterwerfung sind nicht mehr durchsetzbar. Die Gemeinschaft ist gezwungen, toleranter zu werden. Das Gewissen stellt Fragen und zweifelt. Die Gesellschaftsordnung hat keine unangefochtene moralische Autorität mehr. Sie ist geschwächt. Aber sie bleibt notwendig.

Wenn bewiesen wäre, daß die Straffälligkeit in 80 Prozent der Fälle auf soziale Faktoren zurückzuführen ist, für die der Schuldige nicht verantwortlich ist, oder daß die Homosexualität als Krankheit und nicht als Perversion betrachtet werden muß, so bleibt doch die Tatsache bestehen, daß die Gesellschaft weder Straftaten noch Homosexualität hinnehmen und sich ausbreiten lassen darf. Sie muß zum Zwang greifen. Ohne moralische Rechtfertigung. Ob der einzelne, der ein zusätzliches Chromosom hat, nun für sein Verhalten verantwortlich ist oder nicht – die Staatsbürger werden nicht zulassen wollen, daß gemeingefährliche Menschen frei herumlaufen dürfen.

Der Zuwachs an Freiheit, den der Fortschritt bringt, kann nur in seinem sehr genau abgesteckten Rahmen wahrgenommen werden. Man führt auf der Straße Geschwindigkeitsbegrenzungen ein, man macht Impfungen und Vorsorgeuntersuchungen zur Pflicht, man verbietet die Verwendung von umweltschädigenden Erzeugnissen. Die neuen Möglichkeiten kitzeln das Gefühl, unabhängig handeln zu können, die neuen Vorschriften dämpfen dieses Gefühl sofort wieder. Das moderne Leben ist eine ständige Aufforderung zum Mißbrauch. Also muß unaufhörlich eingeschränkt, verboten, unterdrückt werden.

Gleichzeitig sorgen die technisierte Umwelt, die Massenfabrikation und die neuen Informationsmedien ständig für eine gewisse Gleichschaltung. Die Persönlichkeit wird stimuliert, aber zugleich auch nivelliert. Alle sehen die gleichen Fernsehprogramme, essen die gleichen Produkte, fahren die gleichen Autos, lesen die gleichen Bücher und erleben die gleichen Ereignisse. Gerade über die Technik, mit der die Menschen leben, bewirkt die Gesellschaft ein normgerechtes Verhalten, das sie kraft moralischer Autorität nicht mehr erzwingen kann. Daß die Menschen am Wochenende aus den Städten in die Umgebung strömen, ist ihnen nicht als eine moralische Verpflichtung auferlegt, sondern durch den Besitz des Autos nahegelegt worden. Daß man seinen Kindern eine längere Ausbildung ermöglicht, wird als Notwendigkeit für das spätere Berufsleben akzeptiert, nicht als selbstverständliche sittlich begründete Elternpflicht. Der Erfolg ist der gleiche. Tugend ist ein der künstlichen Umwelt konformes Verhalten ...

Höchst widersprüchlich sind diese Tendenzen. Die Mehrheit wird stets den Verlockungen der gesellschaftlichen und technischen Umwelt nachgeben. Die Jungen, die Intellektuellen, etliche Minderheiten werden sich dagegen sträuben. Bei den einen wird der nivellierende Einfluß größer sein als der Trend zur Individualität. Bei den anderen wird es gerade entgegengesetzt sein. Für die einen braucht man nur die nötige Infrastruktur zu schaffen, um die Pawlowschen Reflexe auszulösen. Die anderen wird man überzeugen, ihr Widerstreben hinnehmen oder unterdrücken müssen.

Alle Regierungen werden in diesen Zwiespalt geraten und angesichts der verschiedenen Lösungsmöglichkeiten zögern. Kann man denn überhaupt eine Zivilisation auf einer solchen Grundlage aufbauen? Ganz gewiß nicht, indem man sein Schicksal in die Hände der Technologen und der Wissenschaftler legt und die Notwendigkeit politischer und moralischer Entscheidungen zwischen eindeutig definierten Lösungen nicht wahrhaben will. Solche Entscheidungen sind und bleiben so wichtig wie eh und je.

Nur ein Versuch

Alle diese Probleme verändern sich ständig. Nicht eines könnte sofort und endgültig gelöst werden. Die Situationen sind so wandelbar, daß ein unaufhörliches Sich-Anpassen unvermeidbar sein wird. Mit ein wenig Vorbedacht wäre das möglich.

Es konnte hier keine Rede davon sein, Lösungen anzubieten. Wir vermochten allenfalls ein Verfahren vorzuschlagen, wie man die Fragen angehen könnte, und zwar auch die vielen, die wir nicht betrachtet haben: Städtebau, Freizeit, Verkehrswesen, Familie, Armee ... Es lag nicht in unserer Absicht, alle Aspekte der Welt von heute zu behandeln, und wir haben ja immer wieder betont, daß sie alle in der gleichen Weise zu analysieren wären. Auch haben wir durchaus nicht gemeint, wir könnten in jedem Falle zu konkreten, eindeutigen Schlüssen gelangen. Um ein echtes Ergebnis zu erzielen, ist eine lange Arbeit von Fachleuten notwendig. Wir haben uns bemüht, eine bestimmte Methode herauszustellen. Deshalb war es gewiß richtig, bei der Problemanalyse haltzumachen, anstatt übereilte Antworten geben zu wollen, mit denen wir unsere Kompetenzen zweifellos überschritten hätten.

Wir haben festgestellt, daß die verschiedenen Industriegesellschaften auf einer gemeinsamen wissenschaftlich-technischen Grundlage aufbauen. Wir sind davon ausgegangen, daß es bestimmte gesellschaftspolitische Folgeerscheinungen gibt, die für die Technologie und nicht für das System, in dem sie sich entwickeln, spezifisch sind. Weil die Naturwissenschaft überall die gleiche ist, müssen deshalb auch gewisse Auswirkungen dieser Naturwissenschaft universal gültig sein? Das ist letzten Endes die eigentliche Frage. Am Ende unserer Studie meinen wir feststellen zu dürfen, daß wir die Frage mit ja beantworten können.

Es gibt Wahrheiten, die keiner Ideologie unterworfen sind: die wissenschaftliche Technologie trägt Unsicherheit in das Industriesystem und vergrößert die Bedeutung des Wissens, die Informatik kann die Freiheit des einzelnen gefährden, die Medizin führt in nichtindustrialisierten Ländern ohne Empfängnisverhütung zur Übervölkerung, ein reines Regierungsfernsehen oder ein bloßes kommerzielles Fernsehen können der gesellschaftlichen Aufgabe dieses Mediums nicht gerecht werden, das Anwachsen des Kraftfahrzeugbestandes macht die Umgestaltung des städtischen Lebensraumes notwendig, in der Medizin werden die Bedürfnisse stets größer sein als die verfügbaren Mittel, das Streben nach höherer Produktivität in der Landwirtschaft gefährdet die natürliche Umwelt – und so weiter. Es gibt keine Religion, keine Philosophie, kein politisches Regime, das diese Ursache-Wirkung-Beziehungen außer Kraft setzen könnte.

Sie müssen also die Grundlage der neuen Ordnung bilden und zu einem möglichst breiten Konsensus der Meinungen führen. Das ist der Prüfstein für alle modernen Gesellschaftsordnungen: sie haben sich auf den Weg des technisch-wissenschaftlichen Fortschritts begeben, und es ist ihnen nun zwingend geboten, die Organisation der Gemeinschaft zu verstärken. Diese Verstärkung läßt sich aber nur über die Mitwirkung aller politischen, wissenschaftlichen und gesellschaftlichen Kräfte erreichen. Wie kann man diese Kräfte zur Arbeit am gemeinsamen Werk gewinnen? Die einfachste Methode ist die Integration alles Notwendigen in einer einheitlichen, von allen akzeptierten und anerkannten Politik. Das ist das Prinzip der totalitären Gesellschaftsordnungen. Die Beteiligung beginnt dort zwangsläufig mit der einen und ausschließlichen Willensbildung.

Die liberalen Gesellschaftsordnungen wollen die Pluralität der politischen Meinungen respektieren. Jede politische Richtung, jede wirtschaftliche Kraft soll ihre Ansichten und Interessen vertreten können. Die Lage ändert sich ständig, weil sie jeweils aus dem Kräfteverhältnis zwischen den einander widerstrebenden Tendenzen resultiert. Kann man in einem solchen System überhaupt die notwendige kollektive Ordnung schaffen?

Um das zu erreichen, kommt es wesentlich darauf an, die Notwendigkeiten für eine politische Entscheidung klar abzugrenzen, also nicht Entscheidungen treffen zu wollen, wo sie ohne Wirkung bleiben müssen. Bei jeder Handlung der Regierung wird man unterscheiden, ob eine politische Option notwendig ist (Wahl des Bündnissystems, Aufstellung der Prioritäten, Aufteilung der Investitionen usw.) oder ob es um das bloße Management des Fortschritts geht. Im ersten Fall ist die zu erzielende Übereinstimmung eine politische, im zweiten nicht. Die engere oder weitere Staffelung der Lohn- und Gehaltsskala ist eine politische Entscheidung. Hier läßt sich keine Einstimmigkeit erreichen. Die Bekämpfung der Umweltverschmutzung oder die Organisation des Arbeitsmarktes dagegen muß keine politische Entscheidung sein.

Deshalb können völlig verschiedene Überzeugungen, einander gänzlich widersprechende Interessen sich zur Verwirklichung einer Maßnahme verbinden. Auch die Gesellschaft als Ganzes kann als ›Verband‹ die divergierenden Kräfte zusammenhalten und zugleich respektieren. Wird dagegen die gesamte Tätigkeit der Regierung wegen des ursprünglich politischen Dissens abgelehnt, so zerfällt die Gesellschaft und ist zur Ohnmacht verurteilt. Die Spielregel kann also nur lauten: einige Forderungen stellen sich überall in der gleichen Weise und führen deshalb zu ähnlichen Lösungen.

Aber nichts ist schwieriger, als diese Übereinstimmung trotz grundsätzlicher Verschiedenheit der Ansichten zu bewirken. Für die Rechte ist die Versuchung immer groß, alle Schwierigkeiten mit der demagogischen Obstruktion der Linken zu erklären; für die Linke ist es ebenso verlockend, sie mit der konservativen Einstellung der Rechten zu begründen. Es ist naheliegend für die Arbeitgeber, die Verantwortung für eine wirtschaftliche Stagnation auf die Gewerkschaften abzuschieben, und für die Gewerkschaften, der Raffgier und Unfähigkeit der Unternehmer die Schuld an allen Krisen zu geben. Es ist ja durchaus normal, daß jeder meint, die Verwirklichung seiner Politik würde zur Lösung der Probleme beitragen. Wenn aber diese Überzeugung soweit geht, jede Zusammenarbeit abzulehnen und der jeweils durchgeführten Politik auch die Tatsache anzulasten, daß es das Problem überhaupt gibt – dann wird jedes konkrete Handeln unmöglich gemacht.

Die Verantwortung einer Mehrheit ist in dieser Hinsicht durchaus nicht geringer als die einer Opposition. Wenn sie nämlich die Macht allein ausüben möchte und alle gemeinschaftlich zu tragende Verantwortung an sich zieht, fordert sie die Minderheit nachgerade dazu heraus, eine solche feindselige Haltung einzunehmen.

Hier könnte das Problem unlösbar erscheinen. Denn schließlich ist die Mehrheit zum Regieren berufen. Wäre die Opposition bereit, die Regierungspolitik mitzumachen, könnte sie ja in die Mehrheitskoalition eintreten. Doch hat per definitionem der eine zu entscheiden, der andere in Frage zu stellen, bis er selber eines Tages entscheiden darf.

Um aus diesem Dilemma herauszukommen, muß man sich das Problem der Institutionen vornehmen. In vielen Ländern, vor allem aber in Frankreich, liegen alle Herrschaftsvollmachten des Kollektivs bei der Regierung. Wer sich ›systemgerecht‹ verhält, billigt damit implizite die Politik der Regierung, also der Mehrheit. Es ist sehr fraglich, ob es unbedingt notwendig, ja, ob es überhaupt wünschenswert ist, die Dinge so zu organisieren.

Wir haben bei unseren Darlegungen immer wieder festgestellt, daß sich das Management des Fortschritts nicht durch eine autoritäre, zentralistische Tätigkeit der Regierung realisieren läßt. Im Gegenteil. Dazu sind neue, von der Exekutive mehr oder minder unabhängige Strukturen erforderlich, die sich weitgehend auf die aktive Mitarbeit der betroffenen gesellschaftlichen Kräfte stützen. Auf dieser Ebene müssen Übereinstimmung und Beteiligung erreicht werden.

Es gilt heute als selbstverständlich, daß die Leitung des Französischen Rundfunks (ORTF) nur einem Mann der Mehrheit anvertraut

werden kann. Tatsächlich konnte das nicht anders sein, solange das Fernsehen weitgehend von der Regierung abhängig war. Sobald es einmal von den verschiedenen gesellschaftlichen Gruppen unserer Nation unabhängig geführt wird, dürfte die Frage völlig überholt sein. Wenn die Regierung in den verschiedenen Gremien, die den technischen Fortschritt mit den Forderungen der Gesellschaft in Einklang zu bringen haben, nur noch eine Beteiligte unter anderen ist, werden solche Probleme ganz allgemein viel einfacher zu lösen sein.
Der Weg führt also über eine tiefgreifende Reform des Staates. Und dafür ist Frankreich in einer sehr schlechten Ausgangsposition. Die Institutionen sind bei uns alles andere als ein Faktor der Konzertierung. Die Allmacht und Allgegenwart der Regierung und der Verwaltung führen zu einer grundsätzlichen Anti-Haltung. Alles ist Sache der Regierung, also wird alles zum Politikum im engsten Sinne des Wortes und mit der Folge lähmender Auseinandersetzungen.
Muß man über die Guerillas in Südamerika, die Göttlichkeit Jesu Christi oder die politische Aufgabe der Gewerkschaften wirklich gleicher Meinung sein, wenn es darum geht, für die Umschulung von Arbeitskräften oder die Organisation des Fernsprechnetzes zu sorgen? Viele werden das spontan bejahen. Dann helfen den einen tatsächlich nur totalitäre Strukturen, und die anderen müssen wirklich eine konfliktorientierte Obstruktionspolitik treiben, um die bestehenden Widersprüche aufs äußerste zu steigern. Ein gefährliches Abenteuer. Man kann aber auch im Gegenteil die Auffassung vertreten, daß ein stärkeres Sich-Heraushalten der Exekutive die Möglichkeit geben würde, eine ganze Reihe von Problemen gemeinsam zu lösen, ohne auf die politische Auseinandersetzung zu verzichten.
Denn ein gutes Management des Fortschritts liefert noch keine Definition einer Zivilisation, ja, nicht einmal einer Politik. Ziele und Prioritäten werden nicht auf dieser Ebene bestimmt, sondern als die eigentlich politischen Aufgaben von der Regierung wahrgenommen.
Die weitere Entwicklung des Individualverkehrs zu Lasten der öffentlichen Verkehrsmittel kann eine vorrangig zu behandelnde oder sekundäre Frage sein: diese politische Entscheidung ist Sache der Regierung.
Ob Stadtautobahnen oder Parkgaragen gebaut werden sollen, ob die Abgasreinigung oder eine andere Stadtentwicklung der Zunahme des Kraftfahrzeugbestandes besser gerecht werden, das hat nichts mit ideologischen Erwägungen zu tun. Der Verbrennungsmotor ist weder kapitalistisch noch kommunistisch, er ist eine die Umwelt ver-

schmutzende Maschine zum Antrieb von Fahrzeugen. Die politischen Entscheidungen in der Frage des Autos dagegen können durchaus kapitalistische, sozialistische, kommunistische Entscheidungen sein hinsichtlich der Priorität, die man diesem Fortbewegungsmittel gegenüber anderen gesellschaftlichen Zwecken, vor allem gegenüber den öffentlichen Verkehrsmitteln, einräumen will.

So könnte man versuchen, die verschiedenen Funktionen auseinanderzuhalten. Die Regierung setzt Ziele und Prioritäten. Die kollektive Organisation übernimmt die Verantwortung für die neuen Aufgaben der Gesellschaft durch Gremien, die keine Behörde sind und die verschiedenen betroffenen Gruppen zusammenführen. Die eine bestimmt den einzuschlagenden Weg, die andere kümmert sich darum, daß die Sache richtig läuft.

Ein solches Schema ist weder kapitalistisch noch sozialistisch im herkömmlichen Sinne. Es muß überhaupt erst erfunden werden. Weil die Veränderungen, denen sich alle politischen Systeme heute gegenübersehen, von den gleichen Kräften hervorgerufen werden, scheint sich hier eine konvergierende Tendenz abzuzeichnen. In den USA übernimmt der Staat immer neue Aufgaben, während er in der Sowjetunion seinen Griff lockert. Nichts aber deutet darauf hin, daß diese Tendenz zu einer gleichartigen Gesellschaft führen müßte. Die Gleichheit der Probleme bedingt nicht automatisch die Gleichheit der Politik. Das ist von denkbar größter Bedeutung.

Der Fortschritt schafft überall die gleichen Schwierigkeiten. Überall geht es darum, durch besseren Unterricht die industrielle Fortentwicklung sicherzustellen, ohne Arbeitslosigkeit die Produktion zu automatisieren, ohne Verwüstung der Natur die Agrarerträge zu erhöhen usw. Jeweils die gleichen Probleme, die gleichen Imperative, die gleiche Politik – nämlich gar keine Politik. Weil es eben nicht darum geht, eine Politik, sondern Fortschritt zu betreiben.

Die moderne Gesellschaft ist in Gefahr, unpolitisch zu werden. Das Verfahren, alle Probleme politisch lösen zu wollen, hat solche Enttäuschungen gebracht, daß die Menschen jede Ideologie für überflüssig zu halten geneigt sind. Technokraten, Bürokraten und Manager erklären immer häufiger, sie träfen ›reine Sachentscheidungen‹. Der Fortschritt verändert die Welt, wir werden uns bemühen, aus diesen Veränderungen entstehende Spannungen zu vermeiden – das reicht. Ideologische Auseinandersetzungen verdecken ja doch nur die für alle gleiche Wirklichkeit, die überall ohnehin in annähernd gleicher Weise gemeistert werden muß ... Diese Haltung ist verführerisch.

Aber es wäre eine gefährliche Illusion, wenn man glauben wollte, die neue Welt werde sich auf rein empirischen Grundlagen aufbauen lassen. Ein sachbezogenes Vorgehen kann der Politik die nötige Kohärenz geben. Aber zur Politik gehört auch ein Wertsystem.

Der neue Realismus darf nicht zu geistfeindlichen Positionen führen wie etwa: eine gesellschaftspolitische Besinnung ist überflüssig, große politische Gesamtvorstellungen sind auf jeden Fall unrealistisch ... Solche Haltungen haben von jeher zu einem reaktionären, bornierten Pragmatismus geführt. Das Ergebnis wäre der Lobpreis der reinen, nur von der praktischen Vernunft geleiteten Tat. Unsere Kritik in diesem Buch zielt auf das genaue Gegenteil. Die politische Besinnung ist heute notwendiger denn je. Aber die großen Denksysteme haben an Wirksamkeit verloren, weil sie sich von der technisch-wissenschaftlichen Realität gelöst haben; sie müssen sich regenerieren, indem sie diese Realität einbeziehen.

Die technologische Entwicklung darf keine Ersatzzivilisation werden. Zu befürchten steht ja gerade, daß sie zur Konkurrentin des Denkens werden könnte. Was soll man sich noch lange den Kopf zerbrechen – man kann sich ja die Antworten vom Fortschritt liefern lassen! Um die Kapitulation vor Wissenschaft und Technik zu verhindern, kommt es darauf an, die Mechanismen des Fortschritts so zu verdeutlichen, daß sie für alle erkennbar werden. Man beherrscht sein Auto, wenn man seine Technik kennt, nicht, wenn man sie verachtet. Im ersten Falle lenkt der Fahrer den Wagen dorthin, wo er hin möchte. Im zweiten wird er irgendwann aus der Kurve getragen. Die Politik muß lernen, die technisch-wissenschaftliche Entwicklung zu steuern.

Heute ist es noch so, daß der Wagen in voller Fahrt ist und die Menschheit drinhockt und sich allenfalls festhalten kann. Am Steuer sitzt offenbar niemand. Wir haben die Wahl: Fahrenlernen oder Aussteigen. Die Menschheit ist fortschrittsgefährdet. Es gibt nur zwei Möglichkeiten: den Fortschritt in den Griff bekommen – oder ihn sich selber überlassen und zu den Hippies überlaufen.

Inhalt